JAMES DAVIES

Pre moju mamu, bratov,

– tím „JET“ –,

pre moju manželku a deti.

LEKÁRSKA POZNÁMKA

Táto kniha obsahuje informácie a rady týkajúce sa zdravia. Kniha by vám mala slúžiť iba ako doplnok a v žiadnom prípade nemôže byť náhradou za rady vášho ošetrujúceho lekára alebo iného zdravotníckeho pracovníka. Pri podozrení na možné zdravotné komplikácie sa dôrazne odporúča najprv návšteva ordinácie všeobecného lekára a konzultácia zdravotného stavu prv, než sa začne s liečbou. Autor vyvinul maximálne možné úsilie, aby všetky informácie obsiahnuté v tejto knihe boli presné a správne a zodpovedali vedeckým poznatkom dostupným ku dňu publikácie tejto knihy. Vydavateľ a autor sa zriekajú zodpovednosti za zdravotný stav pacienta, ktorý môže byť následkom dodržiavania postupov opísaných v tejto knihe. Niektoré mená a skutočnosti uvedené v tejto knihe boli pozmenené, aby bolo chránené súkromie zainteresovaných osôb. V niektorých prípadoch autor opísal skutočné udalosti a uviedol skutočné mená, ak k tomu mal písomný súhlas dotknutých osôb. Niektoré z udalostí vylíčených v tejto knihe sú vymyslené a slúžia čisto len na ilustračné účely.

Všetko je možné

Keď som mal dvanásť rokov, mal som plán. Skvelý plán. Budem reprezentovať Veľkú Britániu na olympijských hrách. Určite si o mne pomyslíte, že som len obyčajný rojko s hlavou v oblakoch. Vtedy to však bolo viac než reálne. Keď som mal sedem, vyhral som prvú školskú športovú súťaž a vedel som, že som najrýchlejší v triede. Netrvalo dlho a uvedomil som si, že som najrýchlejší nielen v triede, ale aj na celej škole. Obedné prestávky sme s kamarátmi trávili na ihrisku a uzatvárali sme stávky, či ma niekto dokáže predbehnúť. Nikomu sa to nepodarilo.

Po jednom futbalovom tréningu na strednej škole si ma môj učiteľ telesnej pán Raicevic zavolal a povedal mi, že by som mal začať s riadnym tréningom. Videl vo mne talent. Tvrdil, že som všestranný, ale podľa neho by ma mohla čakať skvelá bežecká budúcnosť. To, že si ma takto vybral môj učiteľ, ma neskutočne hnalo dopredu. Začal som rozmýšľať o svojej budúcnosti a o tom, kam sa môžem dostať za päť rokov. Mojím idolom bol Linford Christie. Nedokázal som sa odlepiť od televíznej obrazovky, keď v roku 1992 bežal na olympijských hrách v Barcelone svoj zlatý beh. Predstavoval pre mňa vzor, čo môže obyčajný človek ako ja dosiahnuť, ak má talent a odhodlanie tvrdo pracovať. Chcel som sa stať druhým Linfordom Christiem.

Beh bol mojou radosťou, prvou láskou, vášňou. Vďaka nemu som pociťoval slobodu, akú mi trieda nikdy nedokázala poskytnúť. V škole som sa trápil, ale nemyslite si, že som bol obyčajný lajdák. Problém nebol v tom, že som nedokázal sledovať učivo a nerobil si úlohy, bolo to oveľa osobnejšie: zajakával som sa. Nikdy som nevedel, kedy sa znova prihlási ten starý známy dusivý pocit. Niekedy som zo seba celé minúty nedokázal dostať ani slovka. Pociťoval som úzkosť, keď som mal na angličtine čítať nahlas. Mal som pocit, že prečítať jednu stranu mi trvá celé roky. Spolužiaci ma nikdy nešikanovali, ale niektorí sa mi smiali. Snažil som sa nepripúšťať si to, vedel som, že sa mi nechcú vysmievať. Preto ma ešte viac nakoplo, keď mi povedali, že mám nadanie na niečo, čo skutočne milujem. Chcel som dokázať, že na to mám. V tejto dobe som bol presvedčený, že talent mi otvorí všetky dvere. Trénoval som poctivo, po škole som sa nikdy neflákal. Bol som si istý, že ma čaká úspech. Mal som predsa talent – čo viac treba?

Moje telo bolo stavané na rýchlosť, vynikal som v krátky šprintoch na 100 a 200 metrov, ale rovnako ma bavil basketbal, futbal a dokonca aj vytrvalostný beh. Keď som mal trinásť, začal som pri behu na dlhšie trate pociťovať bolesť v spodnej časti chrbta. Povedal som si, že to nič nie je. Nedokázal som si predstaviť, že by som robil nejakú chybu pri tréningu či sa zle staral o svoje telo. V škole sme sa vždy štandardne rozcvičili, ale teraz viem, že tieto cviky pre mňa neboli

NEZNIČITEĽNÝ

ani vhodné, ani účinné. Behával som napriek bolesti, alebo som pár dní netrénoval, kým sa tupá pulzujúca bolesť v mojom chrbte nevytratila. Mal som trinásť. Bol som neporaziteľný.

Všetko vychádzalo podľa plánu, ale keď som dovŕšil šestnásť rokov, môj plán sa zrútil ako domček z karát. Bol to jeden z tých jesenných dní, keď je vzduch taký svieži, až vidíte vlastný dych. Behal som na mieste. Snažil som sa udržiavať v teple, kým som čakal na svoju chvíľu. Mal to byť deň, keď oslním učiteľa telesnej a získam cenné body na záverečné hodnotenie. Trénoval som aj mimo školy, v miestnom bežeckom klube, a vyhrával som okresné kolá atletických súťaží, ale nemal som to správne vedenie ani tréningový proces.

Nadišiel môj čas. Zasunul som nohy do blokov, roztiahol prsty na štartovacej čiare, jemne som zaoblil chrbát a boky zarovnal k palcom. Trénoval som tak nespočetnekrát, až som sa nad svojimi pohybmi nemusel zamýšľať. Učiteľ zapískal a ja som vyštartoval. Navreli mi paže. Vedel som, že sa mi darí a že bežím rýchlo.

LANIE

Po desiatich krokoch som do stehna, tesne nad kolenom, dostal kŕč. Nikdy som ešte takú bolesť nezažil – bola intenzívna a mal som pocit, akoby ju sprevádzal elektrický výboj. Spravil som ďalší krok a zviezol som sa na zem. Chvíľu som ležal na zemi, šok som ani nevnímal. Trápilo ma len jediné: ako pred všetkými svojimi kamarátmi ležím na zemi ako mastný fľak. Keď som sa pozviechal na nohy, chcel som to vybehať. Myslel som si, že je to rozumné, veď predsa v minulosti mi to zabralo. Dostal som však ďalší kŕč do nohy a bolo mi jasné, že si musím dať od tréningu na pár dní pauzu. Dokríval som k fyzioterapeutovi. Povedal mi, že si na to mám dať niečo teplé. Dnes už viem, že to bola tá najhoršia vec, akú som mohol urobiť.

A odvtedy to išlo dolu vodou.

Keď sa poškodí sval a nesprávne sa lieči, môže svalové tkanivo vápenatieť – akoby sa začalo formovať kostné tkanivo. Táto diagnóza sa volá *myositis ossificans*. Vtedy však nikto nevedel, že ňou trpím. Nikto sa ani len nepokúsil zistiť, v čom je problém, namiesto toho ma rovno začali liečiť. Najprv ma poslali k masérovi. Jeho prístup bol však príliš agresívny a môj problém len zhoršil. Potom som bol u niekoľkých fyzioterapeutov, ktorí mi povedali, aby som cvičil. No cvičenie môjmu svalu ublížilo ešte viac. Je nad slnko jasnejšie, že ak sa nestanoví správna diagnóza, môžete zavrieť oči a hádzať pomyselné šípky do terča s možnými liečebnými postupmi. Možno trafíte a možno nie.

Nakoniec som absolvoval vyšetrenie magnetickou rezonanciou. Ukázalo sa, že som mal trhlinu v svalovej hmote a tá zvápenatela. Mal som

> „MAL SOM LEN ŠESTNÁSŤ A BOL SOM SI ISTÝ, ŽE ČOSKORO BUDEM V PORIADKU."

dve možnosti: steroidové injekcie alebo operácia. Rozhodol som sa pre operáciu. Bolo to najhoršie rozhodnutie v mojom živote. Prišiel som o veľkú časť svalu a po prepustení z nemocnice sa mi nedostalo starostlivosti, ktorú som potreboval. Vždy, keď som napol sval, videl som, že časť z neho chýba.

Stále som však mal nádej. Mal som len šestnásť a bol som si istý, že čoskoro budem v poriadku. Rodina aj priatelia všetkým hovorili, že pôjdem na olympiádu. „James tam bude medzi nimi. O chvíľu

JE TO MOŽNÉ

sa už naňho budete pozerať len v televízore, tak si radšej vypýtajte jeho podpis už teraz!" Vychutnával som si pozornosť, pridával sa k vtipkovaniu a dúfal, že všetkým raz ukážem, že mali pravdu.

Z týždňov sa stali mesiace a ja som začal s tréningom do britskej reprezentácie. Stále som bol zranený, napriek tomu som nevynechal ani jeden deň. Vtedy som prvýkrát prehral. Mal som sedemnásť a už nikto viac nehovoril o mojej bežeckej budúcnosti.

Keď sa do reprezentácie začali dostávať športovci, proti ktorým som kedysi víťazil, ale ja nie, voľky-nevoľky som sa vzdal sna, s ktorým som prežil celú pubertu. Vtedy som zistil, že iba talent nestačí. Aby ste skutočne uspeli, potrebujete správny tréning, postupy, trénerov a terapeutov, ktorí vás podporujú.

Mal som sedemnásť, chorú nohu a nemal som žiadny plán či predstavu, kto vlastne som. Pre niekoho, kto bol presvedčený, že talent a tvrdá práca ho dotiahnu kamkoľvek, to vôbec neznie ako dobrá východisková situácia. Popravde, bolo to veľmi temné obdobie. Moji rodičia sa rozviedli, starší bratia odišli študovať na vysokú školu a ostal som bývať s mamou sám. Mám veľmi milujúcu rodinu, ale aj tak som mal pocit, že musím držať všetko v sebe a jednoducho ísť ďalej. Netrvalo mi dlho, kým som zistil, že potrebujem nový plán.

Vedel som, že práca pri počítači nie je pre mňa a rovnako by som sa pre zajakávanie trápil aj pri práci, ktorá by vyžadovala celodenné rozprávanie. Myšlienky na olympiádu ma stále neopúšťali, ani keď som ju už nemal na dosah. Vtedy som sa na to všetko pozrel z iného uhla: nikdy síce

15

nevyhrám olympijskú medailu v behu, ale môžem pomôcť ostatným športovcom, aby si svoj sen splnili. A už vonkoncom som nechcel, aby si niekto musel prejsť tým, čím som si prešiel ja. Mal som pred sebou dlhú cestu a na jej konci nový cieľ: budem pracovať ako terapeut pre športovcov z britskej reprezentácie.

Začal som sa zaujímať o to, ako môžem pomôcť ľuďom a aký druh liečby by sa najviac hodil k mojim schopnostiam. Čoskoro na mojom zozname zostali len tri možnosti: lekár, osteopat a fyzioterapeut. Keď som sa zahĺbil do štúdia, prišiel som na to, že mojím poslaním bude osteopatia. Osteopatia je uznávanou diagnostickou metódou už vyše dvesto rokov. Osteopati štyri roky študujú anatómiu, neurovedu, farmakológiu a patológiu a na diagnostikovanie používajú svoje ruky. Pomocou metód manuálnej terapie zmierňujú zranenia a predchádzajú im, či všeobecnému zhoršeniu stavu. Najdôležitejšie však je, že na telo nahliadajú ako na celok. Chápu, že všetko je prepojené a nekoncentrujú sa iba na jednu oblasť, akou sú chrbtica, mäkké tkanivá či nervový systém. Práve tento holistický prístup ma presvedčil, že som si vybral správne.

Mal som osemnásť a mal som plán.

Pohrúžil som sa do štúdia ľudského tela a ani som si neuvedomil, ako rýchlo prebehli tie štyri roky na univerzite. Stále som sa zajakával, stále som sa bál prezentovať pred triedou, ale nevzdal som sa. A to napriek tomu, že kdesi vnútri sa skrýval strach, či si o mne ľudia nebudú myslieť, že som nevzdelaný, lebo nedokážem vyjadriť svoje myšlienky. Počas štúdia som sa veľa naučil aj o vlastnom zranení. Zistil som, že bolesti v spodnej časti chrbta mali byť pre mňa varovaním. Pochopil som, ako jednotlivé časti tela fungujú v spoločnom rytme a že aj najmenšia odchýlka v jednej časti tela môže naznačovať devastačné následky na inú časť tela.

„MAL SOM OSEMNÁSŤ A MAL SOM PLÁN."

Hneď ako som doštudoval, začal som pracovať – ďalší z dôvodov, prečo som si vybral toto povolanie. Moji rodičia ma vychovali tak, aby som pracoval desaťkrát usilovnejšie než ostatní, preto som takmer okamžite začal s budovaním vlastnej ordinácie. Môj cieľ bol jasný: pomôcť zbaviť ľudí bolesti. A chcel som ho napĺňať s každým pacientom – či už to bol deväťdesiatročný dôchodca alebo žena v poslednom trimestri tehotenstva. Keď sa na to obdobie pozriem spätne, nechápem, ako som mohol vydržať štrnásťhodinové služby, ale presne pri nich sa mi remeslo dostalo pod kožu. Popri vlastnej ordinácii som sa venoval aj mladým športovcom, ktorí sa nachádzali na dôležitej životnej križovatke, keď sa mali vydať na cestu k profesionálnemu športu. Ponúkal som im pomoc s nádejou, že ich kariéru neukončí podobne fatálne zranenie ako to moje.

Asi vás to neprekvapí, ale stále som poškuľoval aj po olympiáde. V čase, keď som so svojou praxou začínal, bolo neslýchané, aby sa osteopat stal súčasťou športového tímu. Toto miesto bolo rezervované striktne pre fyzioterapeutov. Keď som si teda zaumienil pracovať so športovcami, išiel som hlavou proti múru. Napriek tomu som sa na túto cestu podujal. Vo svojej súkromnej ordinácii som začal ošetrovať dorastencov z reprezentačného družstva a neskôr ku mne začali prichádzať aj ich starší kolegovia. Slovo dalo slovo a mnohí z nich ma odporučili aj svojim americkým či karibským súperom, ktorí ku mne zavítali počas zápolenia na britských ostrovoch.

Vďaka mojim výsledkom si ma všimol aj Britský atletický zväz. Bol v tom však háčik – teda skôr riadny hák. Musel by som zatvoriť svoju ordináciu, len aby som dostal šancu byť vybraný do tímu olympijských terapeutov. Bolo to obrovské riziko, ale odhodlal som sa ho podstúpiť, aby som si splnil svoj sen. Naplno som sa venoval športovcom, snažil sa zlepšovať ich výkonnosť, liečil ich zranenia a snažil sa im predchádzať.

A potom nadišla chvíľa, na ktorú som po celé tie roky čakal. Britský reprezentačný tím mi ponúkol miesto terapeuta na olympiáde v Riu de Janeiro 2016. Mal som sa starať o športovcov, ktorých som pravidelne porážal, keď som mal šestnásť rokov. Iba vtedy som si začal uvedomovať, že všetok ten risk, obetovanie sa, stres, práca, kompromisy a tlak skutočne stáli za to.

Dokázal som to.

ÚLOHA
SPLNENÁ.

Mal som tridsať a práve som si splnil svoj najväčší sen. Tak prečo som nebol spokojný so svojím životom?

Keď som sa vracal z olympiády v Riu naspäť domov do Veľkej Británie, v lietadle som premýšľal nad svojím životom. Mal som dve malé deti a manželku, rodinu, ktorú nesmierne milujem. Keby som sa naďalej naháňal za prácou v medzinárodnom prostredí či na olympiáde, prišiel by som o všetky tie vzácne chvíle s deťmi a neuvidel by som, ako dospievajú. Približne v tom čase mi, bohužiaľ, zomrel otec. Pracoval ako stavebný inžinier v Indii a bol stelesnením vorkoholika. Centrom jeho života bola práca a nevyvažoval ju ničím iným. Opustil sám seba a zaplatil za to tú najvyššiu cenu.

„MAL SOM TRIDSAŤ A PRÁVE SOM SI SPLNIL SVOJ NAJVÄČŠÍ SEN. TAK PREČO SOM NEBOL SPOKOJNÝ SO SVOJÍM ŽIVOTOM?"

Uvedomil som si, že si z neho musím vziať ponaučenie a vyvážiť svoj život. Stále som toho mohol dosiahnuť veľa, ale rozhodol som sa na to ísť rozumnejšie. Stiahol som sa z medzinárodnej scény a začal som sa obzerať po tom, čo by som mohol robiť doma v Spojenom kráľovstve. Znovu som otvoril svoju ordináciu a chýry sa rýchlo rozniesli.

Vždy ma charakterizovalo spojenie „všetko je možné". Stalo sa mojím východiskom. Ak sa môj klient zranil pri behu, nepoviem mu, že už nikdy behať nebude, ale pracujem s ním a spolu objavujeme spôsoby, ako si môže znova zaviazať šnúrky na teniskách a ísť si zabehať. Prišlo ku mne mnoho ľudí, ktorým terapeut povedal, že sa už nikdy nebudú venovať aktivite, ktorú tak milovali. S týmto kategoricky nesúhlasím − je to tá najľahšia cesta. Namiesto striktného „nie" preto chcem preskúmať, či je to ešte stále možné. Ak klientovi poviete, že sa o to stále môže pokúsiť, pracuje na sebe s väčšou radosťou.

MENTÁLN

„AK BY SOM ĽUĎOM DOKÁZAL VYSVETLIŤ, PREČO MAJÚ BOLESTI, PRISTUPOVALI BY K SVOJEJ LIEČBE OVEĽA HORLIVEJŠIE."

Čoskoro som ošetroval futbalistov z Premier League, filmové hviezdy, ale aj tých, ktorých mená nie sú verejnosti známe, no ich bolesti a liečba pre mňa mali rovnaký význam. Raz ku mne napríklad prišiel požiarnik s bolesťami v spodnej časti chrbta. Rýchlo som si uvedomil, že bolesti môže spôsobovať rakovina prostaty a chorobu sa nám podarilo zachytiť v ranom štádiu. Za tie roky som mal to šťastie na klientov ako David Beckham, Kylie Minogue či Eva Mendes. Pomyslel by si len desaťročný ja, keď sledoval, ako David Beckham skóruje zo stredovej čiary, že ho bude jedného dňa ošetrovať?

Zlatým klincom mojej kariéry bola spolupráca s mojím detským idolom Linfordom Christiem počas šesťtýždňového tréningového sústredia národného tímu v Kapskom Meste. Keď vstúpil do ošetrovateľskej miestnosti, znova sa vo mne prebudil ten sedemročný chlapec, ktorý prvýkrát uveril, že všetko je možné.

Po olympiáde v Riu som sa začal venovať mentálnemu trénerstvu. Klientom som pomáhal plniť si sny, počnúc odbehnutím prvého maratónu až po prestup do vysnívaného rugbyového tímu. Našiel som pre nich vhodných trénerov či terapeutov. Dostali odo mňa kompletný balíček, kompas, ktorý im vždy ukázal tú správnu cestu. Viedol som ich a pomohol im vybudovať ten najlepší tím, vďaka ktorému mali svoje sny na dosah. Môj diár praskal vo švíkoch a bolo mi jasné, že ak sa budem denne venovať desiatim klientom, kvalita mojich služieb poklesne. Som len obyčajný človek, nedokážem sa rozštvrtiť. Ale ako potom pomôcť čo najviac ľuďom?

Y TRÉNER

Rozhodol som sa napísať knihu. Ak by som ľuďom dokázal vysvetliť, prečo majú bolesti, naučiť ich, ako byť súčasťou diagnostického procesu, odporučiť im rôzne dostupné spôsoby liečby, pristupovali by k svojej liečbe oveľa horlivejšie. Spravil som si prieskum a nič podobné som na trhu nenašiel.

Mojím cieľom je aj to, aby si ľudia uvedomili, ako fungujú ich telá a že aj z malých úkonov – napríklad pohyb počas dňa – môžeme mať obrovský úžitok. Naše telo je jedinečný a vzácny výtvor, o ktorý sa treba starať. A na to občas zabúdame. Zároveň je aj komplexným systémom, ku ktorému treba pristupovať s rešpektom. Vo všeobecnosti predpokladáme, že čím sme starší, tým menej sa hýbeme, ale to nie je pravda. Existujú spôsoby, ako takémuto zmýšľaniu zamedziť. Mal som šťastie a vďaka svojej práci som precestoval svet. Spoznal som rôzne spôsoby života, ktoré pomohli vykresať môj svetonázor. Ľudia, ktorých som na svojich cestách stretol, možno neboli bohatí, ale boli zdraví a vydržali čupieť celé hodiny. S údivom som sledoval, ako sa osemdesiatnici rezko zohli a chytili si prsty na nohách. Priznajte si, koľkí z vás to dokážu?

„NEMUSÍTE BYŤ ŠTÍHLI AKO PRÚTIK ANI MAŤ TEHLIČKY NA BRUCHU, ABY STE BOLI ZDRAVÍ."

Ale dokážete to zmeniť. *Všetko je možné.* A nemusíte tomu vôbec obetovať hodiny svojho života – uvedomujem si, že pre väčšinu z nás je to nemožné. Roky praxe mi ukázali, že najlepší spôsob, ako niečo zmeniť, je napasovať zmenu do každodennej rutiny. Mne sa takto podarilo zabojovať so zajakávaním sa: bol som príliš zaneprázdnený a nedokázal som si nájsť čas na niekoľko hodín terapie týždenne, tak som dychové cvičenia vykonával ráno pri obliekaní.

Rovnako nevidím zmysel koncentrovať sa iba na chudnutie či naberanie svalovej hmoty. Väčšinou odvšadiaľ počúvame, že na to, aby sme boli zdraví, musíme schudnúť. Toto tvrdenie je, samozrejme, pravdivé, ak máte extrémnu nadváhu. Ale chcem vás uistiť, že nemusíte byť štíhli ako prútik ani mať tehličky na bruchu, aby ste boli zdraví. Dôležité je to, čo sa odohráva vo vašom vnútri. Nech už máte akúkoľvek postavu, ak sa nedokážete plnohodnotne hýbať, je potrebné niečo napraviť. A ja vám viem ukázať, ako na to.

Moje zajakávanie sa prešlo za posledných desať rokov výraznou premenou: zo statusu „otvorené" na „utajené". Väčšina ľudí, ktorých v súčasnosti stretávam, si ani neuvedomí, že sa zajakávam. To však neznamená, že moje zajakávanie sa navždy zmizlo. Stále je skryté niekde vnútri, číha na svoju príležitosť a ustavične si naň musím dávať pozor. Vie to byť veľmi vyčerpávajúce a väčšinou ma prekvapí v tie dni, keď som príšerne unavený či vystresovaný. Nedá mi sa nepousmiať, vždy si vyberie perfektné načasovanie. Aj keď sa zajakávania nikdy nezbavím, stal sa zo mňa dobrý spoločník, pri ktorom sa ľudia cítia uvoľnene. Neboja sa mi zdôveriť či sa ma opýtať na radu. Zo svojej najväčšej slabosti som spravil silnú stránku. A v tie dni, keď sa mi zajakávanie naplno zapletie do života, môžem ľuďom pomáhať vďaka písaniu − slová vtedy plynú a pristávajú na papieri s ľahkosťou.

„ZO SVOJEJ NAJVÄČŠEJ SLABOSTI SOM SPRAVIL SILNÚ STRÁNKU."

A toto je len jeden z radostných príkladov toho, že *všetko je možné*, ak využívame tie správne metódy.

VŠETKO JE MOŽNÉ

AKO POUŽÍVAŤ TÚTO KNIHU

Ktokoľvek, kto so mnou strávil nejaký ten piatok, vie, že sa vyžívam v plánovaní a riešení problémov. Tvrdá práca mi pomohla dosiahnuť všetky ciele, ktoré som si vytýčil, či už to bola účasť na olympiáde, ošetrovanie futbalistov z Premier League a hráčov z americkej futbalovej ligy NFL, alebo príprava hercov na ich roly. Najpodstatnejšie je, že som sa naučil, ako čo najefektívnejšie pristupovať ku klientom tak, aby som im pomohol zbaviť sa bolesti a napredovať ďalej v ich životoch.

Bol som úspešný, zaneprázdnený, každý týždeň som letel do inej destinácie. Uvedomoval som si, že mám obrovské šťastie cestovať a spoznávať svet, ale niečo nebolo v poriadku. Každý rok, približne v rovnakom čase, keď som bol s rodinou v Nórsku na pobyte, ktorý by sa dal označiť za dovolenku, ma potrápil podráždený žalúdok alebo vracanie. Stávalo sa mi to aj po dlhej atletickej či futbalovej sezóne. Keď nastal čas odpočinúť si, moje telo jednoducho nezvládlo, že som ho prestal zásobovať adrenalínom. Trvalo mi niekoľko rokov, kým som si uvedomil, že mi v živote chýba rovnováha.

Musel som vyriešiť nový problém: seba.

Práve preto som spravil krok vzad a zamyslel sa nad tým, čo je pre mňa skutočne podstatné: čas strávený so sebou samým, čas strávený s rodinou, pracovať s rozumom, ale nie tvrdo. Keď som sa pozrel na vlastný život, pochopil som, že nie som jediný človek na svete s nevyváženým životom. Počas tých pätnástich rokov som spoznal mnoho ľudí, ktorí rovnako ako ja šliapali na plné obrátky. Každý z nich hovoril to isté:

„Nemám čas."

„Pauzu si spravím budúci rok na dovolenke."

„Oddýchnem si na dôchodku."

Presne viem, čo by som im poradil, ale sám som sa svojich rád nedržal. Preto som si začal každý deň užívať ľadové kúpele, saunu či vírivky a vymyslel tento návod, o ktorý sa s vami rád podelím. Prvýkrát v živote som sa staral v prvom rade o seba a zrazu všetko zapadlo na svoje miesto.

Túto knihu som napísal na mieru vášmu uponáhľanému spôsobu života. Nesnažím sa pridať do vášho života ďalšie povinnosti či nechcené záväzky, naopak, chcem vám poskytnúť pomocnú ruku a pomyselnú barličku, za ktorú sa môžete kedykoľvek načiahnuť a nechať si poradiť. Každému vyhovuje pri učení niečo iné, kniha preto obsahuje mnoho ilustrácií, textových polí s detailnejšími informáciami a symbolov, ktoré vás upozornia na najdôležitejšie fakty. Nižšie nájdete hlavné symboly, ktoré vás budú sprevádzať celou knihou:

Tento symbol zobrazuje varovné signály, pri ktorých by ste mali spozornieť. Môžu byť znakom závažnejšieho problému vyžadujúceho si okamžitú lekársku starostlivosť.

Symbol „Pozor na symptómy" je nástrojom, ktorý vám pomôže zistiť, či sa za vaším symptómom skrýva potenciálna hrozba. Tento symbol využívame pri zisťovaní intenzity bolesti či obmedzeniach pohybu.

Lupa predstavuje rýchly samodiagnostický test konkrétneho ochorenia.

Tento symbol vám krok za krokom pomôže diagnostikovať konkrétne ochorenie.

Náplasť symbolizuje spôsoby liečby, ktoré vám pomôžu prekonať zranenie alebo ochorenie. Rozdeľujú sa na dve skupiny: tie, ktoré zvládnete aj doma, a tie, pri ktorých bude potrebná pomoc terapeuta.

Nádejam sa, že si moja kniha nájde miesto vo vašej knižnici a spomeniete si na ňu vždy, keď vám niektorý z vašich priateľov či blízkych povie, že ho začalo pobolievať rameno či pichať v boku. Spolu môžete v knihe nalistovať tú správnu kapitolu a zistiť, aká diagnóza sa za bolesťou môže skrývať. Aby vám táto kniha mohla poslúžiť ako odborná príručka, rozdelil som ju do štyroch sekcií:

PRVÁ ČASŤ

SILA VEDOMOSTÍ

V tejto časti nájdete všeobecný prehľad o bolesti. Tvorí pomyselný základ, ktorý potrebujeme, aby sme pochopili všetky signály, ktoré nám naše telá vysielajú. Zároveň vám v tejto časti predstavím nástroje na opísanie a posúdenie bolesti, ktoré nám pomôžu pri diagnostike jej príčin.

DRUHÁ ČASŤ

ČASTI TELA: DIAGNÓZA A LIEČBA

Pre potreby tejto sekcie som rozdelil ľudské telo do jedenástich kategórií. Môžete si tak pohodlne vybrať tie oblasti, ktoré vás zaujímajú najviac, či tie, v ktorých práve pociťujete bolesť. Po prečítaní daných kapitol sa podľa môjho pôvodného zámeru môžete presunúť na tretiu sekciu o odborníkoch a možnostiach liečby. Samozrejme si môžete prečítať aj všetky kapitoly, rozhodnutie je na vás.

TELO

TELO

TERAPEUTI A LIEČBA

V tejto časti sa spoločne zamyslíme nad tým, aká liečba je pre nás najvhodnejšia a u ktorého špecialistu ju máme vyhľadať. Zamysleli ste sa už niekedy nad tým, čo presne znamená naprávanie a bankovanie a kedy by ste ich mali vyskúšať? Poznáte rozdiel medzi fyzioterapeutom a chiropraktikom? Táto sekcia zodpovie aj tieto otázky.

REŠTART A OSLOBODENIE TELA

Táto sekcia vám ukáže niekoľko jednoduchých krokov, pomocou ktorých udržíte svoje telo v dobrej kondícii a zároveň si plnými dúškami vychutnáte pôžitok z pohybu a zo života bez bolesti. Pretože je jednoduchšie chorobám predchádzať, ako ich liečiť, ukážem vám, ako môžu aj malé, jednoduché zmeny zapadnúť priamo do vašej každodennej rutiny.

Aby som mohol rýchlejšie a lepšie opísať vašu bolesť, určiť jej príčinu, liečbu či spôsob, ako jej predísť, pripravil som pre vás zoznam kľúčových pojmov, s ktorými sa budete stretávať na stránkach tejto knihy. Takto sa k nim môžete vždy jednoducho vrátiť a nemusíme sa zbytočne zdržiavať ich opakovaným vysvetľovaním (a uznajte, takú dlhú knihu by ste čítať nechceli). Takto nájdeme riešenie vašich problémov so zdravím rýchlejšie a vy si budete môcť vychutnávať novozískanú životnú rovnováhu.

KĽÚČOVÉ POJMY

Akupunktúra: Liečebná metóda, pri ktorej sa pod kožu vpichujú tenké ihly. Cieľom je prinavrátiť rovnováhu toku životodarnej energie *čchi*. Akupunktúra sa využíva na zmiernenie bolesti, pri bežných ochoreniach alebo na riešenie špecifických problémov, napríklad pri závislosti od fajčenia.

Chiropraktik: Odborník, ktorý sa špecializuje na nervový systém, diagnostikuje a lieči choroby svalov a nervov. Najčastejšie sa venuje problémom s chrbticou alebo krkom, ale pod jeho expertízu spadajú aj zvyšné časti tela. Chiropraktická liečba spočíva prevažne v mobilizácii a naprávaní (t. j. manipulácii) kĺbov, ale zahŕňa aj masáže.

Naprávanie: Liečebná metóda, ktorá sa používa pri obmedzenej pohybovej schopnosti kĺbov. Odborník pomocou krátkeho trhnutia „napraví" kĺb a obnoví tým jeho prirodzenú funkciu a pohyblivosť. Táto metóda je taktiež známa aj pod pojmami kĺbová manipulácia či mobilizácia kĺbov rýchlymi pohybmi.

LLLT terapia: Nízkoúrovňová laserová terapia, resp. terapia studeným laserom, využíva účinky nízkoúrovňového (studeného) svetla a stimuluje obnovu tkanív a krvného obehu.

Črevná sprcha: Pri črevnej sprche, alebo inak povedané preplachovaní čriev, sa do konečníka vloží tenká trubička a do čreva sa napustí vlažná voda. Voda spolu s akýmikoľvek nečistotami a odpadovými látkami z čreva vytečie.

Bankovanie: Liečebná metóda, pri ktorej sa na kožu prisaje malá nádoba (banka) a vytvorí sa tak vákuum. Podtlak banky popraská drobné cievky v koži, čo zlepšuje krvný obeh.

Metóda suchej ihly: Liečebná metóda, známa aj ako medicínska akupunktúra, sa považuje za „západnú" verziu tradičnej čínskej akupunktúry. Jej princíp spočíva v aplikovaní tenkej ihly pod kožu. Mozog tak dostáva signál, že v mieste vpichu prišlo k zraneniu. Dané miesto sa viac prekrví, čím sa efektívne zníži citlivosť napnutých svalov.

Osteopat: Odborník, ktorý lieči telesnú schránku pomocou masážnych techník či mobilizácie a naprávania kĺbov. Zároveň podporuje krvných obeh cez celé telo do všetkých tkanív. Osteopati považujú telo za jeden celok, preto dbajú na to, aby kostra, svalstvo, väzy a spojivové tkanivá spolu dobre spolupracovali.

Výkonnostná terapia: Druh terapie, ktorej cieľom je zlepšiť schopnosť pacienta vykonávať nejakú činnosť či zručnosť. Sedenie je väčšinou rýchle, efektívne a vedie ho skúsený terapeut.

Fyzioterapeut: Odborník, ktorý sa pozerá na človeka ako na celok a zameriava sa na obnovenie funkčnosti a pohyblivosti tela pomocou cvičenia, masáží či naprávania a mobilizácie kĺbov. Pacientom často predpisuje cvičenia, v ktorých môžu pokračovať aj v domácom prostredí.

Pilates: Druh cvičenia, ktorého cieľom je posilnenie tela, so špecifickým zameraním na držanie tela, rovnováhu, ohybnosť a posilnenie brušného svalstva.

Podológ: Odborník, ktorý sa špecializuje na ochorenia chodidla a členka. Podológ vám môže operačne odstrániť zarastený necht, ale takisto vám pomôže aj pri bežných problémoch, akými sú bradavice, kurie oká, plesňové infekcie či diabetická noha.

Povrchová anatómia: Študuje povrch ľudského tela a skúma vnútorné orgány bez potreby pitvy.

Terapia TECAR: Liečebná metóda, pri ktorej sa využíva elektrický prúd na zníženie bolesti a zápalu. Výrazne skracuje aj čas hojenia.

TENS prístroj: Prístroj na transkutánnu elektrickú nervovú stimuláciu (TENS) uvoľňuje bolesť pomocou slabého elektrického prúdu. Pomáha pri rekonvalescencii po zranení, ale aj pri intenzívnej tréningovej príprave na športové podujatie.

Trakcia: Vykonáva sa potiahnutím kĺbu s cieľom uvoľniť a znížiť tlak na tkanivá, ktoré sa spájajú v kĺbe.

Ultrazvuk: Liečebná metóda, ktorá pomocou zvukových vĺn pomáha pri problémoch s krvným obehom, znižuje bolesť a skracuje rekonvalescenciu. Odrazy zvukových vĺn taktiež vytvárajú obrazce vnútorných orgánov a pomáhajú tak pri diagnostike.

Joga: Druh cvičenia, ktorého jednotlivé pozície a správne dýchanie pomáhajú zvýšiť ohybnosť tela. Cvičenie jogy je tiež pomocníkom pri meditácii.

Sila vedomostí

Pôvod

bolesti

Vždy, keď nás niečo bolí, naše telo sa nám snaží vyslať signál, že sa deje niečo, čomu by sme mali venovať zvýšenú pozornosť. Veľmi často sa nad bolesťou ani nepozastavíme a točíme sa ďalej v každodennom kolotoči povinností. Niekedy možno užijeme proti bolesti tabletku, ale úplne sa nám jej zbaviť nepodarí.

Neuvedomujeme si totiž, že sme vynechali jeden zásadný krok: diagnostiku. Nemôžeme očakávať, že naša liečba bude úspešná, pokiaľ nám nebola stanovená správna diagnóza. A práve v tomto bode vstupujem do hry ja: pomôžem vám stať sa detektívom, pátrajúcim po príčine bolesti.

Pocit bolesti predstavuje prvotný varovný signál, ktorý nás má upozorniť, že sme v ohrození. Už našich prapredkov bolesť upozornila, aby si nelíhali na ostrú skalu či odtiahli ruky od sálajúceho ohňa. Náš nervový systém využíva bolesť ako obranný mechanizmus, ktorý nám má zabrániť ublížiť si ešte viac a prinútiť nás zastaviť sa, postarať sa o seba a napokon sa vyliečiť. Celý život nás učili, že bolesť je zlá, možno až diabolská, ale v konečnom dôsledku vám bolesť môže zachrániť život.

Ale čo všetky tie nenápadné bolesti? Presne tie, ktoré sa k nám prikradnú a pri všetkej našej zaneprázdnenosti sa im ani nestíhame venovať. Alebo tie, ktoré si radšej ani nevšímame, lebo dúfame, že takto sa zázračne stratia. Aj tieto bolesti pre nás predstavujú rovnako

"

Počas trinásťročnej kariéry osteopata som
sa stretol so všetkými typmi bolestí.

"

dôležitý signál. Varujú nás, že sa s nimi môžeme stretávať častejšie, alebo nás prekvapí intenzívnejšia bolesť. Žijeme v neustálom strachu z bolesti, no napriek tomu nepodnikáme všetky kroky, vďaka ktorým by sme jej mohli predísť.

Na druhej strane spektra zas leží chronická bolesť. Jej zdroj často vôbec nepoznáme. Môže postihnúť hociktorú oblasť nášho života, nabúrať nám spánkový cyklus, obrať nás o radosť z našich najobľúbenejších aktivít, ale takisto naštrbiť našu duševnú a emocionálnu pohodu. Pokiaľ sa nám nepodarí rozlúštiť, čo sa nám naše telo snaží povedať, nemôžeme začať s liečbou.

„ZAČAL SOM SA ZAMÝŠĽAŤ, AKO SI MÔŽE PACIENT POMÔCŤ SÁM."

Počas trinásťročnej kariéry osteopata som sa stretol so všetkými typmi a stupňami bolesti, aké si len viete predstaviť. Každou jednou z nich nám telo odkazuje, že niečo nie je v poriadku, niečo treba zmeniť či vyliečiť. Problémom však je nájsť zdroj bolesti. Keď vám stanovia správnu diagnózu, otvorí sa vám aj cesta k liečbe.

Stanoviť správnu diagnózu však nemusí byť otázkou niekoľkých dní. Prebytok rôznych informácií treba pretriediť a vyfiltrovať. Na všetko treba čas a toho nemajú zdravotnícki pracovníci naviac. Prepúšťanie a škrty v britskom zdravotníctve nútia zdravotníkov podať najlepší možný výkon v obmedzenom časovom horizonte. S dôsledkami tohto problému sa s mojimi pacientmi boríme dlhodobo. Mnohí za mnou prídu po tom, čo sa roky neúspešne snažili dostať k správnej diagnóze či riešeniu zdravotných komplikácií.

Z tohto dôvodu som sa začal zamýšľať, ako si môže pacient pomôcť sám. Ako študent osteopatie som sa štyri roky učil, ako rozoznať zdravý a problematický sval iba pomocou dotyku. Nikto však nepozná pacientovo telo lepšie ako sám pacient. Ten však často nevie, aké otázky si má položiť a aké diagnózy sa môžu skrývať za odpoveďami. Ľudia dokážu stráviť hodiny vyhľadávaním svojich symptómov na internete, výsledkom je však jedna potenciálna diagnóza za druhou. Výsledky pátrania môžu byť mnohokrát také odstrašujúce, že pacienti radšej jednoducho vypnú počítač a už ho viac nezapnú. Ich problém sa tak pochopiteľne dostáva do úzadia, potichučky čaká na svoju príležitosť a vráti sa oveľa agresívnejší. A potom už neostáva iná možnosť, ako vyhľadať pomoc.

Usiloval som sa nájsť spôsob, ako môže pacient prispieť k svojej diagnostike a podniknúť kroky k nájdeniu správnej liečby. Mojím cieľom je vyriešiť *váš* problém tak, že sa pozrieme na každý jeden aspekt vášho života a rozličné liečby, ktoré sú vhodné pre *vaše* ťažkosti. To posledné, čo by som chcel, je, aby ktokoľvek míňal svoje ťažko zarobené peniaze na niečo, čo mu nepomôže. Na stránkach tejto knihy vám preto ponúknem aj návod, ako sa zotaviť doma, bez ohľadu na rozpočet či spôsob života.

Ak raz okúsite život bez bolesti, nebudete sa ho chcieť vzdať. Existuje nespočetne veľa spôsobov, ako si udržať obratnosť a rezkosť. A ako veľmi dobre vieme, je lepšie bolesti predchádzať, ako ju liečiť.

Aj keď vás môže pokúšať stanoviť si diagnózu hneď a zaraz, nesmieme vynechať zopár dôležitých krokov a najprv spoznať nepriateľa, ktorému čelíme. Ani na klavíri by ste sa nezačali učiť bez toho, aby ste si vypočuli čo i len jednu klavírnu skladbu. Aj keď je strach z bolesti prirodzený, nádejam sa, že ak pochopíte, čo bolesť je a prečo je súčasťou našich životov, už pre vás nebude predstavovať neprekonateľného strašiaka. Zo zložitého problému sa stane oveľa menší, ktorý sa vám nevymkne spod kontroly – už ho budete vedieť usmerniť, popasovať sa s ním, či nad ním dokonca aj zvíťaziť.

AKO OPÍSAŤ BOLESŤ

Prenikavá, pálčivá, elektrizujúca, tupá, intenzívna, vyčerpávajúca... Vieme ju opísať mnohými prívlastkami, ale čo je vlastne bolesť? Skúsme sa pozrieť na mozog ako na náš hlavný kontrolný systém a na bolesť ako na správu. Prostredníctvom bolesti komunikuje nervový systém a miecha mozgu, že niečo nie je v poriadku. Mozog túto informáciu spracuje a my pociťujeme bolesť.

Existuje mnoho spôsobov, ako klasifikovať bolesť, no mne sa najviac osvedčilo rozdeliť ju do štyroch kategórií (pozri Obrázok 1.1).

Toto je odpoveď hodná učebnice a dobrý východiskový bod. Ale nazdávam sa, že je možné opísať bolesť *každého jedného* pacienta. Ak mám správne opísať *vašu* bolesť, v prvom rade budem potrebovať stupnicu bolesti. Nie, naozaj to nerobím preto, aby som mal dôvod pridať do svojej knihy pekný diagram. A rovnako si nemyslím, že ste sa nikdy nepokúsili priradiť svojej bolesti hodnotu na stupnici od je-

OBRÁZOK 1.1 ŠTYRI HLAVNÉ DRUHY BOLESTI

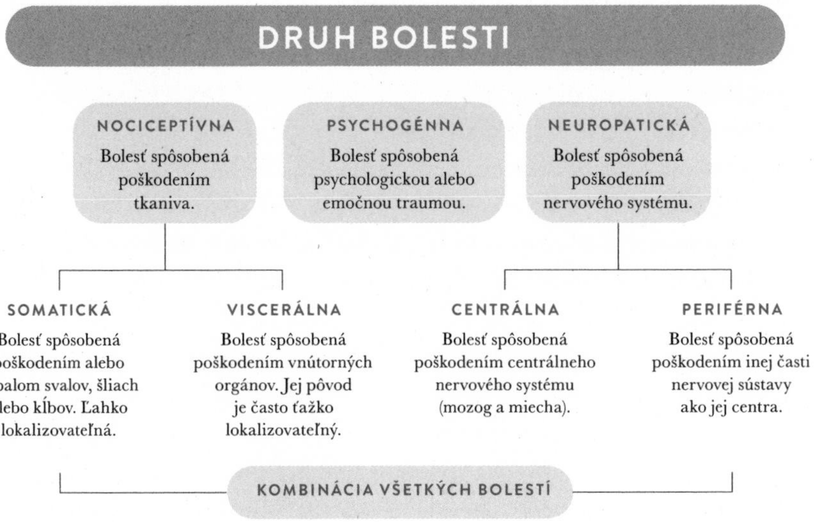

DRUH BOLESTI

NOCICEPTÍVNA
Bolesť spôsobená poškodením tkaniva.

PSYCHOGÉNNA
Bolesť spôsobená psychologickou alebo emočnou traumou.

NEUROPATICKÁ
Bolesť spôsobená poškodením nervového systému.

SOMATICKÁ
Bolesť spôsobená poškodením alebo zápalom svalov, šliach alebo kĺbov. Ľahko lokalizovateľná.

VISCERÁLNA
Bolesť spôsobená poškodením vnútorných orgánov. Jej pôvod je často ťažko lokalizovateľný.

CENTRÁLNA
Bolesť spôsobená poškodením centrálneho nervového systému (mozog a miecha).

PERIFÉRNA
Bolesť spôsobená poškodením inej časti nervovej sústavy ako jej centra.

KOMBINÁCIA VŠETKÝCH BOLESTÍ

NOCICEPTÍVNA BOLESŤ:

Tento druh bolesti je spôsobený poškodením mäkkých tkanív (napríklad aj sval, ktorý som si natrhol v šestnástich rokoch). Jej najčastejšou príčinou je zranenie alebo choroba. Patria sem zlomeniny, vykĺbenia, syndróm podráždeného čreva (IBS) či gastritída. Tieto bolesti najčastejšie opisujeme ako prenikavé, intenzívne či pulzujúce a môžeme pri nich pociťovať aj mravčenie.

KOMBINÁCIA BOLESTÍ:

Často sa stáva, že pacienti bojujú s viacerými vyššie spomínanými bolesťami. Takýto stav sa zvykne objaviť pri fibromyalgii, rakovine alebo po operačnom zákroku.

PSYCHOGÉNNA BOLESŤ:

Tento druh bolesti spôsobuje psychologická alebo emočná trauma. Pociťujeme ju ako skutočnú bolesť, aj keď ju nezapríčiňuje fyzické poranenie.

NEUROPATICKÁ BOLESŤ:

Neuropatickú bolesť spôsobuje poškodenie alebo podráždenie nervov. Vo svojej ordinácii sa s touto prenikavou bolesťou stretávam najčastejšie pri vyskočenej platničke alebo zaseknutom nerve v krčnej oblasti. Môže ju sprevádzať tŕpnutie, pálenie alebo precitlivenosť na dotyk.

den do desať. Dôvod je prozaický: všetci musíme byť na jednej lodi. To, čo niekomu spôsobuje utrpenie, druhý nemusí ani pocítiť. A takto je to úplne v poriadku. Účelom nie je vynášať súdy či sa hrať na odvážnych. Musíme si byť istí, že všetci hodnotíme bolesť rovnako, aby sme vedeli posúdiť, či si váš stav vyžaduje lekárske ošetrenie alebo či budete môcť počas rekonvalescencie cvičiť.

Zároveň vám to uľahčí návštevu lekára. Koľkokrát ste boli u lekára a nedokázali ste opísať svoje ťažkosti, akú bolesť pociťujete či aká je jej intenzita? Nedokázali ste zo seba dostať viac ako napríklad: „Viete, niekedy je to zlé, myslím tým veľmi zlé, a niekedy zas trochu lepšie"? Nebolo by lepšie namiesto improvizácie pri odpovedi prísť na vyšetrenie s vlastnou stupnicou a vopred premyslenou odpoveďou? Len si predstavte, že v ordinácii poviete niečo ako: „Keď sa dobre vyspím, ráno je to trojka, keď cez deň veľa pracujem, zvýši sa na päťku. Keď zdvihnem niečo veľmi ťažké alebo sa náhle pohnem, zvykne vystreliť ako šestka."

Nižšie nájdete stupnicu bolesti, ktorú som pre vás vytvoril (pozri Obrázok 1.2). Je to zároveň prvý nástroj zo série „Pozor na symptómy",

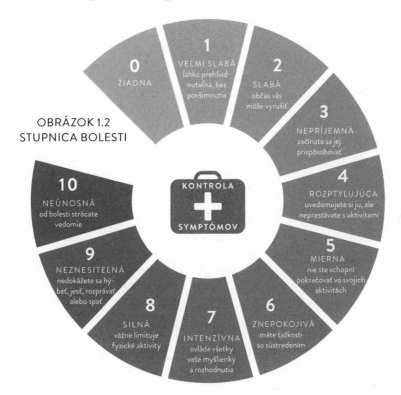

OBRÁZOK 1.2
STUPNICA BOLESTI

0 ŽIADNA

1 VEĽMI SLABÁ
ľahko prehliadnuteľná, bez povšimnutia

2 SLABÁ
občas vás môže vyrušiť

3 NEPRÍJEMNÁ
začínate sa jej prispôsobovať

4 ROZPTYĽUJÚCA
uvedomujete si ju, ale neprestávate s aktivitami

5 MIERNA
nie ste schopní pokračovať vo svojich aktivitách

6 ZNEPOKOJIVÁ
máte ťažkosti so sústredením

7 INTENZÍVNA
ovláda všetky vaše myšlienky a rozhodnutia

8 SILNÁ
vážne limituje fyzické aktivity

9 NEZNESITEĽNÁ
nedokážete sa hýbať, jesť, rozprávať alebo spať

10 NEÚNOSNÁ
od bolesti strácate vedomie

KONTROLA SYMPTÓMOV

ktorý vám pomôže bližšie určiť vašu bolesť. Väčšina ľudí našťastie nikdy nepocíti bolesť na úrovni deviateho alebo desiateho stupňa, ale aj tak musím do stupnice zahrnúť každú intenzitu bolesti.

Najväčšia bolesť, akú som kedy zažil, sa podľa stupnice vyšplhala na hodnotu osem. Privrel som si vtedy ruku kufrom auta. Asi si budeme vedieť predstaviť, že zo začiatku bola bolesť taká intenzívna, až som sa rozplakal (už len pri pomyslení na ten incident sa chvejem). Následné poškodenie nervu sa rovnalo ôsmemu stupňu bolesti. Od bolesti som nemohol spať či akokoľvek hýbať rukou.

Ak sa budete snažiť ohodnotiť svoju bolesť, robte tak v momente, keď je najintenzívnejšia. Ak dosahuje vaša bolesť prvý alebo druhý stupeň, stačí, ak sa budete pozorne sledovať. Ak takúto bolesť nepociťujete dlhodobo, zrejme nejde o nič závažné a podrobnejšie skúmanie nie je potrebné. Ak však bolesť nezmizne ani po pár mesiacoch, mali by ste navštíviť lekára. Aj pri bolesti platí: vždy dôverujte svojim inštinktom. Ak si myslíte, že by sa na váš problém

„KEĎ SOM SI V ŠESTNÁSTICH PRETRHOL STEHENNÝ SVAL, BOLESTI BY SOM PRIRADIL HODNOTU PÄŤ."

mal pozrieť lekár, určite ho navštívte. Je lepšie problémom predchádzať, ako sa boriť s ich následkami.

Keď som si v šestnástich pretrhol stehenný sval, bolesti by som priradil hodnotu päť. Pri takejto bolesti je potrebná bezodkladná zdravotná starostlivosť. Bolesti chrbta, ktoré som začal pociťovať ako 13-ročný, dosiahli hodnotu tri. Moje telo sa mi snažilo naznačiť, že potrebuje moju pozornosť, no ja som si ho nevšímal.

Ak trpíte bolesťami na úrovni tretieho stupňa a začínate svoj život *prispôsobovať* bolesti, je načase začať tento problém riešiť. Aby ste znížili bolesť v jednej časti tela, začnete namáhať iné časti tela ako kompenzáciu. Ak sa napríklad často nedokážete spoľahnúť na pravú ruku, automaticky očakávate, že celú záťaž preberie ľavá ruka bez toho, aby ste ju na to pripravili. Alebo ak vám robí ťažkosti našľapovanie, predsuniete boky a prenesiete váhu na druhú nohu. Akonáhle začnete meniť držanie tela, spôsob chôdze, životný štýl či − ako v mojom prípade – bežeckú techniku, je načase vašu bolesť poriadne preskúmať. Každá jedna zmena vám môže neskôr privodiť ďalšie problémy. Aj keď k svojim bolestiam takto pristupujete už roky, je lepšie pokúsiť sa zabojovať a znížiť alebo úplne zvrátiť všetky škody. Zatváranie očí vám nepomôže. Prvý krok pri liečbe bolesti je priradiť jej číselnú hodnotu. To však ešte nie je všetko. Ešte musíme opísať *charakter* bolesti. Potrebujeme ju opísať podrobne, rozobrať na drobné, pretože rôzne druhy bolesti poukazujú na rôzne druhy problémov.

Mnemotechnické pomôcky síce nemusia vyhovovať každému, ale tú, ktorú vám ponúkam nižšie, používam rád, aby som sa uistil, že som nezabudol na niektorý z aspektov bolesti. Ak dokážeme načrtnúť celistvý obraz o bolesti, ľahšie prídeme na to, či si náš problém vyžaduje bezodkladné riešenie. Zároveň tým uľahčíme prácu aj zdravotníkom, ktorí tak budú môcť venovať viac času vašej liečbe.

Pacientov, ktorí mi opisujú svoju bolesť, sa pýtam nasledujúce otázky:

MNEMOTECHNICKÁ POMÔCKA STOP: AKO OPÍSAŤ BOLESŤ

S

Site – Miesto: Kde presne vás to bolí? Vzniká bolesť na jednom mieste a potom prechádza inam, alebo sa viaže ku konkrétnemu miestu?

T

Type – Typ: Je vaša bolesť bodavá, pulzujúca, intenzívna, tupá, pálčivá alebo elektrizujúca? Pociťujete ju na povrchu tela alebo vychádza z jeho vnútra?

O

Onset – Nástup: Kedy vás to začalo bolieť a ako dlho bolesť trvala? Prišlo to náhle, alebo postupne? Ako sa bolesť vyvíja – zlepšuje sa to, alebo zhoršuje? Ak sa bolesť opakuje, je jej nástup a priebeh rovnaký?

P

Provoked – Spúšťač: Vykonávali ste nejakú činnosť, špecifický pohyb alebo ste zaujali polohu, keď bolesť vznikla? Narastá bolesť pri niektorej z týchto činností?

Ak sa nám podarí presne určiť Miesto bolesti, dostaneme sa bližšie aj k samotnému zraneniu. Napovie nám to aj, či ide o bolesť spôsobenú zranením tkanív alebo nervov. Ak si poraníme nervy, bolesť často prechádza z jedného miesta na druhé. Rovnako dôležité je určiť aj Typ bolesti. Ak je bolesť ostrá alebo bodavá, značí vážnejší problém a vyžaduje si okamžité lekárske ošetrenie. Ak opíšete bolesť slovami ako „pálčivá", „elektrizujúca" alebo „rezavá", zrejme máte dočinenia s bolesťou po poškodení nervov. Prívlastky „ostrá", „tupá" či „prenikavá" zas naznačujú, že bolesť spôsobuje poranenie tkaniva. Nesmieme podceniť ani Nástup bolesti, pretože, ako uvidíme neskôr, ani bolesť na prvej úrovni stupnice, ktorú pociťujete už niekoľko mesiacov, nesmie uniknúť vašej pozornosti. Spúšťač bolesti nám takisto napovie veľa o tom, či naše problémy spôsobilo svalové alebo nervové poškodenie.

„A TERAZ UŽ POZNÁTE PRVÉ KROKY PRI DIAGNOSTIKE BOLESTI."

Ak vás práve teraz niečo bolí alebo vás nedávno niečo bolelo, skúste svojej bolesti priradiť hodnotu podľa stupnice a opíšte ju pomocou mnemotechnickej pomôcky STOP. Nezabúdajte, že by ste bolesť mali posudzovať vtedy, keď je najintenzívnejšia. Je dôležité osvojiť si spoločné používanie týchto dvoch nástrojov kedykoľvek, keď pocítite, že vás niečo začalo bolieť.

A teraz už poznáte prvé kroky pri diagnostike bolesti.

BOLESŤ A NEČINNOSŤ

Za najčastejší dôvod bolesti pokladáme akúkoľvek aktivitu – bolí nás napríklad, keď stúpime na klinec alebo narazíme lakťom do zárubne. Ale rovnako dôležité je zamyslieť sa nad tým, čo sme *neurobili*. Ľudia sú naprogramovaní byť aktívni. Máme telá lovcov a zberačov. Naše telá od nás očakávajú, že budeme chodiť šesť hodín denne a občas vydáme obrovské množstvo energie, lebo potrebujeme utiecť pred tigrom.

My však žijeme v dobe, keď ráno vstaneme, nasadneme do auta alebo električky a potom sedíme osem hodín na rovnakom mieste. Ak čas dovolí, možno rýchlo vybehneme von a kúpime si niečo na jedenie. Potom znovu nasadneme do auta a neskutočne vyčerpaní čakáme uväznení v dopravnej zápche.

Vyčerpáva nás dlhá jazda autom, ale aj deň obzvlášť naplnený stresom. Cítime sa síce vyčerpaní, ale keď sa obzrieme na svoj deň, vlastne sme sa ani *nepohli*. Nevyčerpáva nás fyzická námaha, ale nutnosť celý čas sa sústrediť.

> „BOLESŤ SPÔSOBENÁ NEČINNOSŤOU SA POČAS POSLEDNÝCH PÄŤDESIATICH ROKOV ROZŠIRUJE ČORAZ VIAC A VIAC.“

Bolesť spôsobená nečinnosťou sa počas posledných päťdesiatich rokov rozširuje čoraz viac a viac. Pandémia COVID-19 jej výskyt ešte znásobila. Všetci o tom vieme. Stratili sme každodennú rutinu dochádzania za prácou či šancu prejsť niekoľko kilometrov a namiesto toho teraz sedíme dlhé hodiny pri provizórnych pracovných stoloch. Náhle vzrástli počty pacientov s bolesťami krku a spodnej časti chrbtice. Dôvodom sú zlé držanie tela a nečinnosť. Tí, čo pravidelne navštevovali posilňovne, prestali s cvičením, a keď sa k nemu znovu vrátili, zranili sa.

Naše telá sa vyvinuli s jediným cieľom: hýbať sa a podrobovať sa každodennej záťaži. Musíme sa hýbať na dennej báze, pretože pohyb ovplyvňuje aj náš krvný obeh a telesnú reguláciu. To, že cítime potrebu ísť do posilňovne, naznačuje, že pre svoje telo toho počas dňa nerobíme dostatočne veľa. Väčšina z nás si uvedomuje, že sa počas dňa hýbeme málo, preto sa v posilňovni snažíme vytrestať a za dve hodiny chceme dohnať šesť hodín bez pohybu. Ak sa nad tým trochu zamyslíme, namiesto striedmeho cvičenia, ktoré naše telo potrebuje, utekáme dve hodiny pred tigrom.

Aj niekoľko malých zmien dokáže spraviť zázraky na počkanie a v mojej knihe nájdete tie, ktoré vášmu telu prospejú najviac. Ak sa napríklad zopárkrát natiahnete predtým, než sa posadíte, zmiernia sa každodenné bolesti a pocit súženia. Ponaťahovať si krčné a ramenné svaly môžete dokonca aj v aute. Do svojich životov potrebujeme vrátiť radosť zo slobody pohybu. Musíme sa zbaviť strachu z toho, že na

AKÚTNA BOLESŤ JE
DOČASNÁ.

nás budú ostatní zazerať, ak si čas v zápche skrátime zopár cvikmi na ramená. Tieto drobnosti by sme mali zaradiť do svojej rutiny aj v prípade, že žiadnu bolesť nepociťujeme. Prečo by sme čakali, kým nás prepadne bolesť, ak tomu dokážeme zabrániť?

CHRONICKÁ BOLESŤ

Je vysoko pravdepodobné, že vás už niekedy potrápila chronická bolesť. Ak bolesť opíšeme ako „chronickú", väčšinou si predstavíme ľudí, ktorí pre nepretržitú a vyčerpávajúcu bolesť nedokážu normálne fungovať. Ale toto nie je celkom pravda. Definícia chronickej bolesti je oveľa širšia a navyše ani nemusí byť nepretržitá. Chronická bolesť sa môže objaviť aj zmiznúť v rovnaký deň. Veľa ľudí si neuvedomuje, že aj keď bolesť necítime týždne, mesiace či dokonca roky, ak sa na rovnaké miesto vráti rovnaký typ bolesti, z medicínskeho hľadiska bude považovaná za *chronickú*. Čiže ak sa bolesť znovu objaví, je chronická. Vitajte v klube! Keďže ma v súčasnosti trápia následky zraneného ramena a som teda členom tohto klubu, rád vám to tu poukazujem.

Ako sme si už ukázali, existuje mnoho spôsobov a kategórií, do ktorých vieme bolesť zatriediť. Váš lekár sa však bude zrejme držať rozdelenia na „akútnu" a „chronickú" bolesť. Akútna bolesť je dočasná a jej príčinou môže byť napríklad vyvrtnutý členok alebo popáleniny druhého stupňa. Odtrpíte si svoje, vaše telo sa vylieči a môže sa vrátiť k životu pred zranením. Pravdepodobne si budete dávať pozor na prudké pohyby pri basketbale, budete menej žonglovať s panvicami pri varení či prestanete piť takú horúcu kávu, v každom prípade sa vaše zranenie zahojilo a vy si užívate život bez bolesti.

Chronická bolesť je trvácna. Môžete ju pociťovať po dobu dlhšiu ako tri či šesť mesiacov. Kritériom tu nie je intenzita či závažnosť bolesti, ale jej časové trvanie. Aj tá najukrutnejšia bolesť, ak trvá iba chvíľku, bude považovaná za akútnu. Zato pretrvávajúcu tupú bolesť, ktorej sa mesiace nie a nie zbaviť, označujeme za chronickú.

Chronická bolesť však vôbec nemusí byť neznesiteľná. Na našej stupnici by sme jej priradili hodnotu tri, čiže často s ňou spolunažívame bez toho, aby sme si ju vôbec všímali. Občas sa však bolesť prihlási a my si ani neuvedomíme, že je to chronická bolesť. Možno niektoré veci zmeníme a ide sa ďalej. Pri týchto miernych bolestiach by sme mali pochopiť, že naše telo je náš priateľ, ktorý príde na neohlásenú návštevu a povie: „Prepáč, že ťa vyrušujem, ale chcel som ti len povedať, že niečo nie je celkom v poriadku. Čo to je? Nemáš teraz čas sa tým zaoberať? No čo už, čoskoro sa vrátim a skúsim to znova." Prejde niekoľko mesiacov a náš priateľ nás naozaj párkrát navštívi. Ale ešte stále naňho nemáme čas. O rok sa vráti opäť, no tentoraz už slušne nezaklope, ale vyrazí dvere aj s pántami a vy sa nestačíte čudovať, ako k tomu prišlo. Nedokážete myslieť na nič iné než na bolesť.

„NAŠE TELO JE BYSTRÝ ŠTUDENT A VEĽMI RÝCHLO SA DOKÁŽE BOLESTI PRISPÔSOBIŤ."

Hoci sa dokážete koncentrovať iba na bolesť, vo vašom tele sa bež vášho vedomia odohrávajú aj iné procesy. Naše telo je bystrý študent a veľmi rýchlo sa dokáže bolesti prispôsobiť. My si však musíme uvedomiť, že takéto dlhodobé prispôsobovanie sa nie je pre nás vôbec prospešné. Znova sa vraciame k našej stupnici: ak vaša bolesť dosiahne tretí stupeň, musíte sa sami seba spýtať, či meníte niektoré aspekty svojho života, aby ste bolesť znížili. Bolestiam druhého a dokonca aj prvého stupňa by sme mali venovať pozornosť, ak pretrvávajú viac než tri mesiace.

Ľudia sú presvedčení, že starnutie so sebou prináša bolesť a je teda normálne ju pociťovať. Nie je. Ukážkovým príkladom sú bolesti kolien. Všetci si myslíme, že keď zostarneme, odídu nám kolená, že sa prirodzene opotrebujú. Bolesť kolien je však často následkom kolenného

CHRONICKÁ BOLESŤ JE TRVÁCNA.

TRI NAJUKRUTNEJŠIE BOLESTI:

1. **NEURALGIA TROJKLANÉHO NERVU:**
   Charakterizuje ju náhla, vystreľujúca bolesť prechádzajúca z hlavového nervu do sánky. Bolesť trvá iba niekoľko sekúnd, ale môže sa zopakovať niekoľkokrát za deň. Jeden z pacientov mi povedal, že by radšej prežúval sklo ako dostal ďalší záchvat.

2. **FANTÓMOVÁ BOLESŤ:**
   Po amputácii končatiny pociťujú niektorí pacienti bolesť v končatine, o ktorú prišli. Pôvodne si lekári mysleli, že ide o psychickú bolesť, v súčasnosti však prevláda presvedčenie, že bolesť spôsobujú poškodené nervové ukončenia, resp. nanovo sa „prepájajúce" nervy.

3. **VYSKOČENÁ PLATNIČKA TLAČIACA NA NERVOVÝ KOREŇ:**
   K tomuto stavu prichádza, keď sa tkanivo medzi jednotlivými stavcami posunie a zatlačí na nervový koreň. Pacienti s vyskočenou platničkou nedokážu vstať z postele niekoľko dní, dokonca až týždňov po začatí liečby.

kĺbu vysunutého z kĺbovej jamky. Ak vystriete nohu, vaša píšťala spolupracuje pri poslednej fáze pohybu s kolennými výbežkami stehennej kosti. Ak sa ten mechanizmus zasekne, koleno sa opotrebováva. S takýmto opotrebovaním môžete žiť niekoľko rokov a potom, pri nevinnej partičke futbalu, si roztrhnete jeden z vašich najdôležitejších väzov.

Chronická bolesť často nemá jednoznačný „účel". Keď si udriete kladivom po prstoch, nervové zakončenia v prstoch vám okamžite zašlú signál, aby ste to nespravili druhýkrát. Zato chronická bolesť sa niekedy objaví napriek tomu, že ste sa nezranili, ani neprekonali žiadne ochorenie. Namiesto diagnostikovania tak môže praktický lekár vašu bolesť iba „manažovať". Manažovanie bolesti je pre jej liečbu kľúčové a na stránkach tejto knihy o ňom nájdete viac informácií. Na druhej strane môže mať chronická bolesť, aj keď už neslúži svojmu účelu, jasný dôvod a naďalej pretrváva. Predstavte si situáciu, keď sa spustil požiarny alarm a vy bežíte zachrániť kuchyňu pred následkami prihorených zemiakov, no alarm stále pípa. Nepomôže, ani keď ho vypnete a vytiahnete z neho baterky – alarm je stále pripojený do siete a neexistuje žiaden spôsob, ako ho umlčať.

Naša spoločnosť funguje na princípe liečenia symptómov. Liečbe ich príčiny sa už toľko pozornosti nevenuje. Môžete sa tak dostať do začarovaného kruhu liekov proti bolesti a steroidových injekcií, ktoré vám síce poskytnutú úľavu na niekoľko mesiacov, ale po ich dobratí sa dostanete opäť na začiatok. Lekár vám nemôže pichnúť viac ako tri či štyri injekcie, pretože potom sa podľa smernice musí pacient podrobiť operácii. Pacient sa teda dostane na čakaciu listinu na operáciu, pretože už nemôže dostať ďalšiu injekciu, a celý liečebný plán sa mu rýchlo vymyká spod kontroly. A takto môžu ubehnúť mesiace či celé roky.

Väčšina pacientov za mnou príde až po tom, čo vyskúšali hádam všetko a boli azda u každého lekára-špecialistu, no napriek tomu ich problém pretrváva. Už nevedia, kam ďalej. Rád sa venujem pacientom trpiacim chronickou bolesťou, pretože musím dopodrobna preskúmať aj tie najmenšie detaily a každý jeden aspekt ich životov. Rovnaký prístup nájdete aj v tejto knihe. Nenájdete tu učebnicové poučky, na váš problém totižto treba nazerať individuálne. Chronická bolesť v sebe zahŕňa oveľa viac ako redukcionistický pohľad na vec.

Vo svojej ordinácii sa pacienta vždy hneď opýtam, kedy pocítil bolesť prvýkrát a ako. Postupujem rovnako, ako sme si načrtli pri opise mnemotechnickej pomôcky STOP, a pacientom kladiem otázky: Čo ste vtedy robili? Zabolelo vás to náhle, alebo bol nástup bolesti postupný? Zároveň sa takto dozviem o rozličných druhoch liečby, ktorú už pacient absolvoval minulosti a s akým účinkom. Takisto preskúmam aj diagnózu. Väčšinou lekár

„ČÍM VIAC TOHO O TELE VIEME, TÝM LEPŠIE."

pacientovi oznámi, čo mu je, ale nie vždy je diagnóza správna. Kľúčom je preto začať vždy od začiatku a zistiť, či bol pacient správne diagnostikovaný. Vychádzam pritom zo skúsenosti svojho šestnásťročného ja: ak vám stanovia nesprávnu diagnózu, nemusíte podstúpiť tú správnu liečbu. Takisto radšej urobím čo najviac diagnostických testov. Čím viac toho o tele a jeho fungovaní vieme, tým lepšie. Preto pacientom vždy radím využiť každú jednu možnosť podstúpiť diagnostický test.

V prípade, ak má pacient správne stanovenú diagnózu, vymyslím mu iný liečebný plán. Nechcem spochybňovať svojho predchodcu ani spôsob, akým pristupoval k liečbe, len chcem jednoducho vyskúšať niečo iné.

K pacientom so silnou chronickou bolesťou pristupujem pomocou otázok. Pýtam sa ich, čo by chceli dosiahnuť vo svojom živote alebo k čomu by sa chceli vrátiť. Po čom najviac túžia a čo spravia ako prvé, keď sa zbavia bolesti. Keď mi odpovedajú, prím hrá vždy bolesť, ale vzápätí mi vždy odhalia aj svoje skutočné túžby: „Chcem sa len zbaviť svojej bolesti. Chcem sa konečne dobre vyspať." alebo „Kiežby som nikdy nesadol na tú motorku. Túžim sa aspoň raz znovu prejsť bez bolesti."

Hneď ako mám správnu diagnózu a viem, aké sú pacientove priority, môžem ho poslať za správnym odborníkom. Ak trpíte silnými chronickými bolesťami, skúste sa zamyslieť nad tým, ku ktorému aspektu života by ste sa radi vrátili, a uistite sa, že každý, kto sa podieľa na vašej liečbe, o vašej túžbe vie.

Keď sa chronická bolesť nelieči, nanešťastie sa zhoršuje. Aj keď dokážete svoju bolesť dostať pod kontrolu pomocou analgetík alebo steroidových injekcií, bolesť stále zostáva niekde na pozadí a zaručene sa niekedy vráti. Čakanie na bolesť pritom môže byť rovnako nepríjemné ako bolesť samotná. Aj tieto metódy však majú svoje limity a po ich prekročení už neúčinkujú. Nemusíte však prežiť svoj život v chronických bolestiach. Ak sa na bolesť pozriete ako na komplexný jav, dostanete sa k správnej diagnóze a liečbe a zapracujete do svojho života drobné zmeny, môžete sa tešiť na bezbolestný život.

EXISTUJE ZDRAVÁ BOLESŤ?

ZDRAVÁ BOLESŤ

„Bez práce nie sú koláče.
Bolesť zoceľuje.
Zatni zuby."

Podobné frázy sme už isto počuli z úst rozjareného fitnes inštruktora alebo sme si ich prečítali ako motiváciu v aplikácii na cvičenie, ale je to skutočne tak? Naozaj nás bolesť zoceľuje? A existuje niečo ako *zdravá* bolesť?

Ak chceme túto otázku zodpovedať, musíme si najprv ujasniť, aký je rozdiel medzi *nepohodlím* a ozajstnou *bolesťou*. Nepohodlie je prvá vec, ktorú pocítime, keď sa pustíme do nového cvičenia: pre telo predstavuje nové cvičenie šok, a preto sa rýchlo snaží prispôsobiť tomu, čo odeň žiadame. Nepohodlne sa môžeme cítiť aj na druhý deň po tréningu. Ide o nepatrné podráždenie či bolesť spôsobenú mikrotrhlinami v svaloch a šľachách a zvykne sa označovať ako oneskorená svalová bolesť (*Delayed Onset Muscle Soreness*, DOMS). Pre naše telo môže byť dokonca aj prospešná. Sval sa regeneráciou posilňuje a tým postupne narastá aj sila svalu. DOMS môžete pociťovať na nasledujúci deň – alebo aj niekoľko dní – po cvičení, takže ak pociťujete bolesť pri cvičení alebo krátko po ňom, s najväčšou pravdepodobnosťou nepôjde o DOMS.

Ak je bolesť, ktorú pociťujete, zdravá, ako môžeme oslabiť jej vplyv? Najlepšie, čo pre svoje telo môžete urobiť, je poriadne sa rozcvičiť a dopriať mu dostatok času na upokojenie sa. Niektorí zo športovcov, s ktorými spolupracujem, sa zvyknú rozcvičovať dvadsať minút až hodinu. Uvedomujú si, akú dôležitú úlohu zohráva rozcvička pri znižovaní šance utrpieť zranenie. Samozrejme, že od väčšiny klientov takýto prístup neočakávam, ale ak venujete rozcvičke a regenerácii po cvičení aspoň desať minút, intenzita zdravej bolesti sa výrazne zníži a predídete potenciálnym zraneniam.

Zredukovať pocit nepohodlia sa dá aj zmenou tréningového programu. Nie je to slaboššvo, naopak, je to rozumný ťah. Vyvážený tréning je nesporne dôležitejší ako extrémny tréning. Väčšina ľudí urobí chybu, že to počas jedného tréningu s cvičením preženie. Privodia si tak bolesť a na druhý deň už nie sú ochotní ani schopní v cvičení pokračovať. Liečil som veľa pacientov, ktorých osobní tréneri sú chodiacou reklamou na svoju profesiu, majú vyrysované svaly a ani gram tuku, no napriek tomu naplánujú svojim klientom takýto tvrdý tréning. „Neprestávaj! Prenes sa cez bolesť!" Klient pokračuje v cvičení a zraní sa.

Najdôležitejšou vecou, akú po cvičení môžeme urobiť, je dopriať svojmu telu dostatočný čas zotaviť sa a zužitkovať všetky prednosti, ktoré nám cvičenie prináša.

Keď som mal šestnásť rokov a prvýkrát som si natrhol sval, bol som presvedčený, že bolesť jednoducho „vybehám". Mýlil som sa. Práve preto je písmeno T (typ) v metóde STOP také dôležité. Musíme zistiť, s akým *typom* bolesti máme dočinenia. Niektoré totiž potrebujú neodkladné ošetrenie.

Keby som v šestnástich poznal pomôcku STOP, vedel by som, že som si privodil vážne zranenie. Svoju bolesť by som ohodnotil päťkou a opísal ju ako „bodavú". Keďže som zároveň pociťoval „slabosť v končatine" a „silné kŕče", bolo by mi jasné, že sa po týždni k tréningovému procesu nevrátim, aj keď ma o tom všetci presviedčali.

Vždy majte na pamäti stupnicu bolesti a metódu STOP. Ak pociťujete bolesť vyššiu ako tretí stupeň stupnice, nezatínajte zuby a s bolesťou nebojujte. Pri treťom a štvrtom stupni si doprajte niekoľkodňovú prestávku od cvičenia alebo si medzi tréningami poriadne odpočiňte. K cvičeniu sa vráťte postupne. Namiesto pätnástich opakovaní spravte len dve, bolestivé miesto rozmasírujte a pokračujte ďalšími dvoma opakovaniami. Pri každom kroku však neustále vyhodnocujte intenzitu svojej bolesti. Ak sa zraníte pri raketových športoch ako tenis alebo bedminton, urobte si krátku prestávku a sval ponaťahujte. Ak bolesť neustáva, hru ukončite. Na niekoľko dní odložte raketu do kúta a venujte dostatok času strečingu. Po návrate na kurt začnite zľahka. Ak pri hre stále pociťujete bolesť a nie ste svoju obľúbenú aktivitu schopní vykonávať bez trápenia, vaša bolesť poskočila na piaty stupeň. Je načase navštíviť lekára. V jednej z nasledujúcich kapitol nájdete rady, ku ktorému odborníkovi sa vybrať, ak vás trápi taký či onaký problém.

Ako ste si práve mohli prečítať, „zatnúť zuby" sa jednoducho neoplatí. Existujú ešte aj ďalšie mýty či mylné predstavy o bolesti? Popravde, je ich nespočetne veľa.

NEZABÚDAJTE, ŽE...

... existuje mnoho druhov bolesti, ktoré pre nás predstavujú varovné signály. Ak sa u vás prejaví niektorý z nasledujúcich príznakov, okamžite prestaňte cvičiť.

- **Ostrá bolesť**
- **Bodavá bolesť**
- **Náhly vznik bolesti**
- **Nepoľavujúca bolesť, ktorá sa časom zhoršuje**
- **Bolesť v mieste predošlého zranenia**
- **Bolesť v mieste predošlej operácie**
- **Ostrá bolesť pri pohybe niektorej časti tela**
- **Obmedzená schopnosť pohybu**
- **Neschopnosť pohnúť niektorou časťou tela**
- **Slabosť v končatine, neschopnosť ovládať končatinu**
- **Náhle tŕpnutie končatín, ktoré sa časom zhoršuje**
- **Silné kŕče**

DRUHÁ KAPITOLA

Mýty a mylné predstavy

Keď som otvoril svoju ordináciu, Liam bol jeden z prvých pacientov, ktorí prekročili jej prah. Za tie roky sme si vybudovali priateľský vzťah. Liam si pätnásť rokov úspešne budoval kariéru ako obkladač. Ale bolesti v spodnej časti chrbtice ohrozovali jeho ďalšie, možno až dvadsaťročné pôsobenie v tejto oblasti. Bolesti pociťoval už niekoľko rokov a odrazu sa zhoršili na stupeň štyri a neskôr aj na stupeň päť stupnice. Bez liekov proti bolesti Liam nedokázal pracovať. Bol si vedomý, že ak sa niečo nezmení, nebude môcť pokračovať v kariére obkladača až do dôchodku. Bol čerstvo po štyridsiatke a nepohodlie pripisoval veku. Videl, ako mladší obkladači odpracovali dvanásťhodinovú zmenu a na druhý deň prišli do práce, akoby sa ani nechumelilo. Kedysi tak fungoval aj on.

Keď som sa prvýkrát stretol s Liamom, mal som 23 rokov a práve som otvoril svoju ordináciu. Do veľkého sveta som vykročil plný očakávaní a chcel som pomôcť čo najviac ľuďom. Keď som sa ujal Liama, celá jeho liečba ležala na mojich pleciach – už som sa viac nemohol oprieť o rady svojich učiteľov. Dni som trávil dômyselným vyberaním masážneho stola a stále znova a znova som si čítal skriptá, aby moje vedomosti nezapadli prachom. Pripravoval som sa celé mesiace. Moje police sa prehýbali pod váhou všetkých tých vecí, ktoré by som mohol potenciálne potrebovať. Až potom som bol pripravený otvoriť dvere ordinácie pacientom.

"

Naše telo je stavané na rôzne
druhy pohybov.

"

Premietol som si azda každú jednu situáciu, ktorá by ma mohla na začiatku prekvapiť, ale s jednou vecou som skutočne nepočítal. Nikdy by som si nebol pomyslel, koľko času strávim objasňovaním mylných predstáv o bolesti. Niektoré z nich sa pacientom vryli hlboko do povedomia, o iných im dokonca povedali predošlí terapeuti. Vari každý, koho som ošetroval, veril aspoň jednému mýtu o bolesti. Moja prax tak na jednej strane pozostávala z vyvracania mylných presvedčení a zo vštepovania tých správnych na druhej strane.

Každú diskusiu je dobré začať bez potenciálnych nejasností a to isté platí aj pre diskusiu o bolesti. Preto by som vám rád zreprodukoval a vyvrátil najčastejšie mýty a mylné predstavy o bolesti. Zároveň vám chcem predstaviť niektorých pacientov, ktorí sa za tie roky prestriedali v mojej ordinácii. V ich príbehoch sa možno spoznáte aj vy.

> „RÁD BY SOM VÁM ZREPRODUKOVAL A VYVRÁTIL NAJČASTEJŠIE MÝTY A MYLNÉ PREDSTAVY O BOLESTI."

PRÍBEHY PACIENTOV: ČÍM SOM STARŠÍ, TÝM VIAC TO BOLÍ

Keď Liam dokončil rozprávanie o bolesti, ktorá ho sužuje, snažili sme sa spoločne zistiť, čo sa skrýva na jej pozadí. Použili sme metódu STOP a keď sme prišli k spúšťaču, Liam mi ukázal, ako vyzerá jeho práca obkladača. Kľakol si a napodobňoval pohyby, ktoré vykonáva pri obkladaní. Bol to kľúč k odhaleniu celej záhady. Stačilo mi sledovať ho päť minút a zistil som, že jeho bolesť nemá nič spoločné s pribúdajúcim vekom. Keď si kľakol, vykrútil chrbticu, zohol sa a otočil sa do strany. Následkom toho sa svaly na jednej strane chrbta predĺžili, zatiaľ čo na druhej strane sa skrátili.

Príčinou jeho bolesti bolo teda nadmerné zaťažovanie štvoruhlého driekového svalu (*quadratus lumborum*). Tento sval patrí k hlbokým brušným svalom a pomáha pri stabilizácii tela. Som presvedčený, že moji pacienti musia pochopiť, ako funguje ich telo, na to, aby pochopili príčinu svojej bolesti. Liamovi som ukázal nákres svalu (pozri Obrázok 2.1). Sám tak mohol posúdiť, že štvoruhlý driekový sval je dôležitou súčasťou chrbtového svalstva.

Pomohol som Liamovi vstať a začali sme pátrať v jeho anamnéze. Pred dovŕšením 30. roku života bol Liam účastníkom nehody a poranil si strednú časť chrbta, ktorá nám pomáha pri otáčaní sa. Chrbticu dospelého človeka tvorí 33 až 34 stavcov, pričom stavce krížovej kosti a kostrče sú zrastené. Liam si zlomil stavec T12 hrudnej chrbtice. (Poznámka: Je možné zlomiť si stavec a neskončiť ochrnutý. Paralýza alebo ochrnutie nastáva pri poranení miechy, ktorú stavce chránia.) Liam si teda poranil časť chrbta zodpovednú za rotáciu. Jeho telo sa snažilo zníženú funkčnosť tejto časti vyriešiť tým, že jej úlohu prenieslo do spodnej časti chrbta.

Liam musel zmeniť prístup k práci. Rovnako ako športovec pred športovým výkonom, aj Liam sa pred nástupom do práce musel začať rozcvičovať. Súčasne si musel v práci robiť pravidelné prestávky, aby si ponaťahoval svaly. Každý deň ráno taktiež začal precvičovať cviky na posilnenie štvoruhlého driekového svalu vrátane drepov a cvikov na zlepšenie mobility (napríklad rotácie hrudníka). Počas dňa sa viac nakláňal na ľavú stranu, čiže pri cvičení sa viac koncentroval na pravú stranu chrbtice. Svojmu telu potreboval prinavrátiť stratenú rovnováhu. Bolesť postupne ustupovala a Liam sa nemusel vzdať svojej práce obkladača.

Liam nebol môj jediný pacient presvedčený o tom, že bolesť prichádza prirodzene so starnutím. Je pravdou, že starnutím sa telo prirodzene opotrebováva, lebo je náchylnejšie na zranenia, poškodenia chrupky či problémy s kĺbmi. Vyšetrenie magnetickou rezonanciou u väčšiny tridsiatnikov odhalí prvé znaky degenerácie. Pacienti tak nadobudnú presvedčenie, že odteraz to s nimi pôjde dole vodou. Neuvedomujú si však jedno: rovnaké znaky degenerácie ukáže magnetická rezonancia aj ich rovesníkom v Premier League či iným vrcholovým športovcom. Ak však budete pravidelne cvičiť, zvládne vaše telo proces starnutia bez toho, aby sa ozvala bolesť. Neuvažujte preto o bolesti ako o sprievodnom znaku staroby. Bolesť je signálom, ktorý nám vysielajú naše telá, snažiace sa upozorniť, že niečo nie je

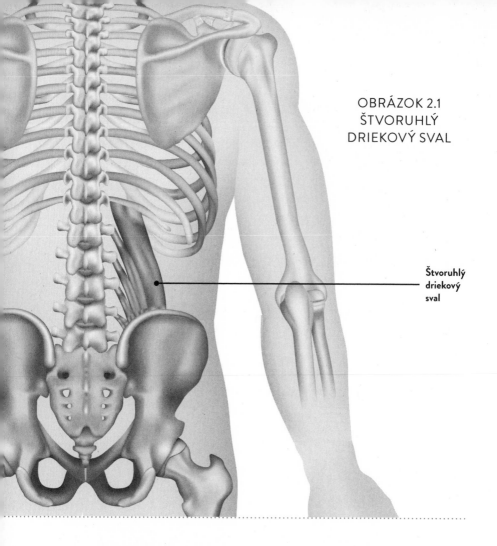

Štvoruhlý
driekový
sval

v poriadku. Znovu sa vraciame k prapôvodnej podstate: telo je stavané na *rôzne* druhy *pohybov* a ak nesplníme základné požiadavky, ktoré od nás vyžaduje, ohlási sa bolesťou.

Liam sa síce v práci hýbal, ale jeho chrbát trpel pre neustále opakovanie rovnakých pohybov. Stavba nášho tela nie je prispôsobená opakovaniu jedného pohybu osem hodín denne, päť dní v týždni. Telo si vyžaduje niekoľkohodinovú chôdzu, ktorú občas prerušíme, keď sa zohneme, aby sme zo zeme vytiahli mrkvu, alebo keď sa natiahneme za šťavnatými čučoriedkami. Nie všetci – rovnako ako Liam – vedia zmeniť svoju profesiu. V takomto prípade by si však mali vyhradiť čas na strečing alebo cvičenie. Takto sa dokážeme vyrovnať s požiadavkami, ktoré na nás naše telo kladie. Ale o tom si viac povieme v inej kapitole.

PRÍBEHY PACIENTOV:
BOLÍ MA RUKA, AJ KEĎ SOM SI JU NEZRANIL

Peta priviedla do mojej ordinácie neustávajúca bolesť v pravom ramene. Na stupnici jej priradil hodnotu šesť. Navštívil viacerých odborníkov, všetci sa však na jeho výsledky iba zmätene pozerali. Nič nenaznačovalo tomu, že by mal Pete problémy s ramenom: tkanivo vyzeralo v norme a Pete nemal problémy s ramenom akokoľvek pohybovať. Už si začínal myslieť, že mu lekári neveria.

Keď sme rozoberali, ako bolesť vzniká, Pete mi povedal, že bolesť sa vždy zhorší večer po jedle. To naznačovalo potenciálne problémy s trávením. Mohli však tráviace ťažkosti spôsobiť bolesť ramena?

Pokiaľ ide o trávenie, narážame tu na jednu vec, o ktorej nikto nechce hovoriť, lebo je to príliš osobné alebo sa to spája s hanbou. Ale aj tak to poviem nahlas: stolica! A teraz sme prekonali tento kritický bod. Ak sa vás lekár nabudúce opýta na stolicu, neberte jeho otázku ľahkovážne, pretože vaša odpoveď veľa napovie o fungovaní vášho tela. Petova stolica plávala, čo môže znamenať viacero vecí. Napríklad môže obsahovať veľa tuku, čo značí, že telo nevstrebáva živiny. Keď som sa ho spýtal na stravovacie návyky, priznal, že pravidelne navštevuje reštaurácie ponúkajúce rýchle občerstvenie. Keď si ľahol, zameral som sa na oblasť, kde som tušil problém – žlčník. Akonáhle som ho nahmatal, Pete vykríkol od bolesti. Ohodnotil ju na osmičku a ja som si bol istý, že som odhalil príčinu problému: Pete mal žlčníkové kamene. Hneď na druhý deň navštívil lekára, ktorý diagnózu potvrdil. Kamene mu krátko nato odstránili a odvtedy Pete nepociťuje bolesti v ramene.

„Prenesená bolesť" je termín, ktorý si, dúfam, dobre osvojíte. Opisuje bolesť, ktorej zdrojom je zranenie alebo ochorenie, ale pociťujete ju v tej oblasti tela, ktorá nie je zranením alebo ochorením postihnutá. Takýto druh bolesti je veľmi rozšírený (pozri Obrázok 2.2). Jej opakom je bolesť „primárna", ktorú charakterizuje bolesť v mieste zranenia. Žlčníkové kamene zväčšili Petov žlčník a ten zatlačil na nerv, ktorý vystrelil bolesť do jeho ramena. Jednoducho povedané, bolesť sa vydávala za poškodené tkanivo v ramene (alebo menej jednodu-

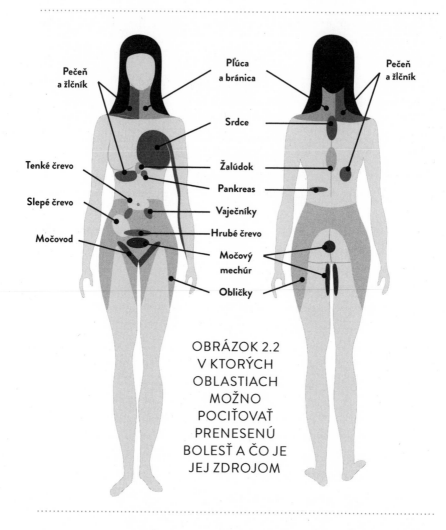

Pečeň
a žlčník

Pľúca
a bránica

Pečeň
a žlčník

Srdce

Tenké črevo

Žalúdok

Pankreas

Slepé črevo

Vaječníky

Močovod

Hrubé črevo

Močový
mechúr

Obličky

OBRÁZOK 2.2
V KTORÝCH
OBLASTIACH
MOŽNO
POCIŤOVAŤ
PRENESENÚ
BOLESŤ A ČO JE
JEJ ZDROJOM

cho, ak chcete používať terminológiu z Obrázku 1.1, bola to somatická nociceptívna bolesť). Petovu bolesť však v skutočnosti spôsobilo orgánové poškodenie, ktoré vyvolalo nervový vzruch (viscerálna nociceptívna bolesť spôsobila periférnu neuropatickú bolesť – ak znova použije terminológiu z Obrázku 1.1). Tento jav je viac ako bežný a za bolesťou v ramene sa okrem problémov so žlčníkom môže skrývať aj poškodená pečeň či problémy so srdcom.

Ďalším bežným druhom prenesenej bolesti, o ktorom ste pravdepodobne počuli, je ischias. Tento pojem v sebe zahŕňa bolesť v spodnej časti chrbtice, ktorá vystreľuje do nohy. Je zapríčinená platničkou

tlačiacou na nerv v spodnej časti chrbta. Bolesť pochádza buď zo za-
seknutého nervu vychádzajúceho z miechy, alebo je dôsledkom pora-
nenia či ochorenia nervu. Mali by ste vedieť, že prenesená bolesť vo
väčšine prípadov naznačuje, že nerv je poškodený alebo pricviknutý.
Preto spozornite, ak bolesť vystreľuje a sprevádza ju pocit pálenia či
tŕpnutia. Tieto príznaky napovedajú, že bolesť má nervový pôvod.
Pri samodiagnostike bolesti majte na mysli, že môže ísť aj o bolesť
prenesenú. Určiť zdroj vašej bolesti tak vôbec nemusí byť také ľahké,
ako by sa na prvý pohľad mohlo zdať.

PRÍBEHY PACIENTOV:
TRPÍM CHRONICKOU BOLESŤOU. ASI BY SOM
MALA OBMEDZIŤ POHYB

Približne dve tretiny mojich pacientov navštívia moju ordináciu
kvôli ťažkostiam s chrbtom. K tejto skupine patrí aj Sonia. Chrbát
je komplexný, multifunkčný systém. Sídli v ňom miecha, hlavný
komunikačný kanál medzi mozgom a zvyškom tela. Vďaka chrb-
tici držia naše orgány na správnych miestach. Taktiež nesie celú
našu váhu a nesie zodpovednosť za flexibilitu nášho pohybu. Aby
toho nebolo málo, od chrbtice sa očakáva, že vykompenzuje stratu
pohyblivosti ostatných častí tela. Ako je všeobecne platné, čím je
niečo zložitejšie, tým väčšia je pravdepodobnosť, že sa niečo pokazí.

Sonia mala niečo vyše štyridsiatky. Pracovala ako predavačka,
čiže väčšinu dňa stála. Trápila ju nepretržitá tupá bolesť v spodnej
časti chrbta, ktorá jej nedovolila spať. Keď sme rozoberali, prečo
bolesť vznikla, spomenula si, že bolesti sa začali pred niekoľkými
mesiacmi po tom, čo si vyvinula nový návyk: každý večer si ľahla na
sedačku a pozerala televíziu. Spýtal som sa jej, prečo zmenila svoje
správanie. Bolo mi jasné, že za novým zvykom sa väčšinou skrýva
zlomový bod v živote. Sonia mi povedala, že si líha, pretože sa bojí
posadiť sa. Nevyhnutne nasledovali ďalšie otázky. Napokon vysvit-
lo, že pred pár rokmi Sonia spadla a poranila si chrupku v kolene.
Podstúpila laparoskopiu, pri ktorej sa koleno vyčistilo. Po prepustení
z nemocnice sa jej však nedostalo starostlivosti a Sonia pre ostrú
bolesť nedokázala zohnúť koleno. Teraz som už chápal, prečo sa
Sonia bála sadnúť si.

Na telo nazerám ako na celok, preto som ihneď obrátil pozornosť na koleno. Bolesť chrbta bola v skutočnosti symptómom problémov s kolenom. Sonia zmenila svoj spôsob života a zarobila si tak na nový problém. Koleno som vyšetril. Ak sa nám podarí uvoľniť štvorhlavý stehenný sval (ktorý som si ako šestnásťročný natrhol) a zákolenný sval (*popliteus*), podarí sa nám obnoviť aj funkčnosť kolena. Sonia potom bude vedieť ohnúť koleno a sadnúť si a jej chrbát sa môže začať zotavovať z ujmy, ktorú mu spôsobili roky preležané na gauči.

Soniin prípad vôbec nie je nezvyčajný. Po operácii či zranení sa väčšina pacientov nedočká potrebnej starostlivosti. Je nad slnko jasnejšie, prečo sa Sonia každý večer uložila na gauč. Nerobíme to všetci, keď nás niečo bolí? Obmedzíme pohyb na minimum, schúlime sa do klbka a snažíme sa tak ochrániť samých seba. Je to inštinkt. Keby Sonii niekto po operácii povedal, ako má cvičiť, pravdepodobne by ju koleno nebolelo. Nemusela by sa prispôsobovať bolesti a každý večer si líhať pred televízor. A neublížila by svojej chrbtici.

> „NA TELO NAZERÁM AKO NA CELOK, PRETO SOM IHNEĎ OBRÁTIL POZORNOSŤ NA KOLENO. BOLESŤ CHRBTA BOLA V SKUTOČNOSTI SYMPTÓMOM PROBLÉMOV S KOLENOM."

V súčasnosti sa už tak často nestáva, že vám lekár po operácii neodporučí fyzioterapiu. Ak vás na ňu však nepošle, vždy dodržujte jeho odporúčania. Zvyčajne vám predpíše cvičenia, ale ak ich nemáte s kým vykonávať, nemusia byť také účinné. Preto, ak si nemôžete dovoliť fyzioterapeuta, poproste rodinu alebo priateľov, aby s vami pravidelne cvičili.

Aj v prípade, že nedokážete postihnutým miestom cvičiť, nemusíte nevyhnutne prestať s cvičením ako takým. Je prospešné zaťažiť ktorýkoľvek iný sval, pretože cvičenie uvoľňuje hormóny, ktoré zlepšia vašu náladu a vyšlú mozgu signál, že ste stále schopní hýbať sa. Ak pociťujete bolesť v dolnej polovici tela, skúste napríklad pomocou činiek precvičiť svaly rúk. Platí to aj naopak. V prípade, že vás bolí chrbát, skúste si zľahka zacvičiť na stacionárnom bicykli a uvidíte, ako sa budete cítiť. Pokiaľ je to čo i len trochu možné, udržujte svoje telo v pohybe – pretože jeho účelom je pohyb.

PRÍBEHY PACIENTOV: NAUČ SA ŽIŤ S BOLESŤOU

Jamie načisto prepadol thajskému boxu. Dokonca si najal aj trénera. Keď sme sa prvýkrát stretli, mal niečo po tridsiatke a práve si natiahol jeden zo stehenných svalov, konkrétne veľký priťahovač (*adductor magnus*). Zranenie malo za následok obmedzenú pohyblivosť bokov. Už mesiac netrénoval a obával sa, že sa zase zraní.

Bolesť v boku pociťoval už roky. Niekoľkokrát ju spomenul svojmu trénerovi, ten mu však povedal, že cítiť bolesť pri thajskom boxe je normálne, a preto môže v tréningu pokojne pokračovať. Jamie bol svedomitý študent a hoci sa sám seba pýtal, či má nižšie položený prah bolesti ako jeho spolubojovníci, trénoval ďalej. Na jednom tréningu sa pri vysokom kope zrútil na podlahu. Bolesti sa zunovalo slušne klopať na dvere.

Keby mal Jamie k dispozícii stupnicu bolesti a metódu STOP, uvedomil by si, že aj keď mala jeho bolesť iba hodnotu dva, v skutočnosti bola chronická, pretože sa na rovnaké miesto vracal rovnaký typ bolesti. Potom by zašiel za terapeutom, ktorý by odhalil, že zdrojom bolesti bol napnutý sval bedrového ohýbača. Spolu by sval uvoľnili a predišli by tak zraneniu veľkého priťahovača.

Ak si z mojej knihy vezmete iba jedno ponaučenie, malo by ním byť: nikdy nebojujte proti svojej bolesti.

PRÍBEHY PACIENTOV:
LIEKY NA CELÝ ŽIVOT

Tí, ktorí sa pustia do boja proti svojej bolesti, sa často spoliehajú na pomoc analgetík. Charlotte ich užívala už takmer dva roky, než prvýkrát zaklopala na dvere mojej ordinácie. Relatívne nedávno začala dokonca užívať aj diazepam, liek, ktorý je dostupný iba na lekársky predpis a je vysoko návykový. Aj keď nepatrí do skupiny analgetík, používa sa na uvoľnenie svalových kŕčov. Na trh bol uvedený pod obchodným názvom Valium.

Charlotte trpela bolesťami ramena a zápästia, dokonca stratila schopnosť zovrieť predmety v ruke. Lekár jej predpísal lieky proti bolesti, ale príčinu jej problémov zatiaľ neodhalil. Obávala sa dlhodobého užívania diazepamu, ale bol jej predpísaný pre problémy s rukami. Alternatíva tiež nebola dvakrát lákavá. Roky užívania paracetamolu a ibuprofenu si vybrali svoju daň – Charlotte si na ne vybudovala rezistenciu a už jej viac neúčinkovali.

Keď som sa jej spýtal na typ bolesti, opísala ju ako vystreľujúcu, čo je nesporný znak nervovej bolesti. Poprosil som ju, aby mi opísala svoj bežný deň, a zistil som, že veľa času trávi na motorke. Keď si predstavíte motorkára alebo profesionálneho cyklistu, pravdepodobne sa vám vynorí obraz človeka hrbiaceho sa nad riadidlami s ramenami vytočenými dovnútra. Dlhodobé zotrvávanie v takejto polohe nie je pre telo prirodzené. Je viac než pravdepodobné, že práve toto zapríčinilo Charlottine bolesti.

Charlotte som vyšetril a zistil som, že trpí syndrómom hornej hrudnej apertúry (*thoracic outlet syndrome*, TOS), pri ktorom prichádza k útlaku ramenných nervov nazývaných ramenný pletenec (*plexus brachialis*). Spôsobil ho spôsob, akým Charlotte sedela na motorke. Tieto životne dôležité nervové vetvy vychádzajúce z miechy pomáhajú udržiavať pohyb a cit v paži a ruke pod kontrolou. Niekedy sa môže stať, že nervy ramenného pletenca pritlačí kľúčna kosť, krčné svaly či dokonca prvé rebro umiestnené tesne nad kľúčnou kosťou (pozri Obrázok 2.3).

So Charlotte sme pracovali na uvoľnení tlaku kľúčnej kosti a prednej časti krku s cieľom otvoriť hrudník. Podobné cvičenia sú vhodné pre väčšinu mojich pacientov. Ak nás niečo bolí, zhrbíme sa a schúlime do klbka, čo však môže zhoršiť mnohé ochorenia. Charlotte mala z jazdy na motorke ramená vytočené dovnútra a potreboval ich znova roztvoriť. Spočiatku obmedzila čas strávený na motorke a s cvičením pokračovala aj doma. Napokon sa mohla vrátiť aj k pôvodnému spôsobu života a ísť si zajazdiť tak často, ako len chcela. Stačilo sa pred každou jazdou rozcvičiť.

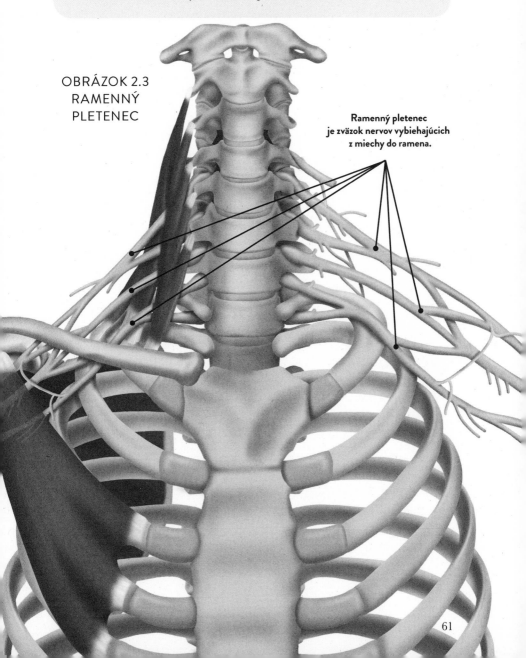

OBRÁZOK 2.3
RAMENNÝ
PLETENEC

Ramenný pletenec
je zväzok nervov vybiehajúcich
z miechy do ramena.

Mnohí ľudia si bez liekov proti bolesti nevedia predstaviť ani jeden deň. Ich užívanie sa môže veľmi rýchlo vymknúť spod kontroly. Videl som nejeden prípad, keď pacienti pod vidinou utlmenia bolesti začali užívať analgetiká na báze opiátov a neskôr sa od nich stali závislými. Účinok liečiva na zníženie bolesti sa pritom znižuje s rastúcou frekvenciou užívania, a to dokonca aj pri menej návykových liekoch ako paracetamol alebo ibuprofen. Analgetiká majú taktiež množstvo vedľajších účinkov, o ktorých si viac povieme v 16. kapitole. Z krátkodobého hľadiska vám síce poskytnú úľavu, ale k ich dlhodobému užívaniu by som pristupoval s obozretnosťou. Vďaka rehabilitácii môže poklesnúť potreba užívania liekov, preto by sa rehabilitácia mala stať východiskom liečby.

PRÍBEHY PACIENTOV: VŠETKO JE VO VAŠEJ HLAVE

Sarah bola jednou z mojich prvých pacientok. Keď ku mne prvýkrát prišla, mala po päťdesiatke. Sedela zhrbená na stoličke a rozprávala mi o bolesti, ktorú pociťovala v ramene. Keď prišla reč na jej anamnézu, povedala mi, že jej diagnostikovali chronickú únavu a fibromyalgiu. Rýchlo zdvihla zrak. Chcela vedieť, ako zareagujem. Naneštastie, pri obidvoch diagnózach lekári pacientom tvrdia, že ich bolesť má psychologický pôvod. Obidve môžu spôsobiť bolesti viacerých častí tela. Sarah prisvedčila, že ju sužovali bolesti po celom tele a cítila sa konštantne unavená. Lekári jej roky tvrdili, že neexistuje fyzický dôvod bolesti v jej ramene. Päť rokov užívala antidepresíva.

Chronická únava (*myalgická encefalomyelitída*) a fibromylagia nepatria k dobre prebádaným ochoreniam. Fibromyalgia sa dokonca prestala považovať za psychické ochorenie iba pred pár rokmi. Uvedomoval som si, že pokiaľ chcem Sarah vyliečiť, musím si osvojiť 360-stupňový holistický prístup. Najprv som sa pustil do liečenia bolesti v jej ramene a snažil som sa napnuté svaly uvoľniť.

Všimol som si, že Sarino držanie tela nie je správne. Ramená vťahovala smerom k hrudi. V posledných rokoch sa na ňu nabaľoval jeden neúspech za druhým. Vyzeralo to tak, že emocionálna bolesť, ktorá ju ťažila, sa začínala prejavovať na jej tele. Sarah sa utiahla do seba v snahe ochrániť sa pred vonkajším svetom. Bol som presvedčený, že by jej prospelo zmeniť životný štýl. A potom by sa otvorila svetu.

Lekári sa predtým zameriavali iba na jej rameno. Stres a úzkosť však spôsobili, že rebrá a brucho sa stiahli do seba. Sarah som ukázal niekoľko cvičení, ktoré jej pomôžu otvoriť hrudný kôš. Keď začalo cvičenie zaberať, začali sme sa zaoberať Sariným spánkovým režimom a prínosom masáže. Čoskoro mala Sarah viac energie a už ju tak nesužovala táto trojkombinácia bolestí. Uvoľnil som svaly v jej ramene a pretože sa už viac nehrbila, bolesť sa už nevrátila. Napravil sa jej spánkový cyklus a zlepšila sa aj jej nálada. Vďaka zlepšenému držaniu tela a otvorenému hrudníku sa takisto výrazne zmiernili bolesti celého tela a už nikdy nedosiahli pôvodnú intenzitu.

Bolesť je komplexným fenoménom, pretože sa týka ako tela, tak aj mysle. Pre psychické trápenie, ktoré so sebou prináša fyzická bolesť, sa môžeme cítiť ešte skľúčenejšie. Ak sa bolesťou neustále zaoberáme a vraciame sa k nej v myšlienkach, veľmi ľahko prídeme o nádej na zlepšenie nášho stavu. So strachom sa púšťame do akéhokoľvek pohybu a obmedzujeme každodennú rutinu. Psychické trápenie môže v niektorých prípadoch dokonca navodiť pocit skutočnej fyzickej bolesti. Preto je nevyhnutné, aby lekári a terapeuti pri diagnostike prejavili empatiu a brali do úvahy celkový stav pacienta.

Je dobré mať na pamäti, že vyšetrenia, akým je napríklad magnetická rezonancia, neposkytujú komplexný obraz. Aj niektorých profesionálnych športovcov, s ktorými spolupracujem, lekári presviedčali o tom, že ich bolesť neexistuje, pretože vyšetrenia nepreukázali nič nezvyčajné. Nenechajte sa preto odradiť, ak röntgenové vyšetrenie alebo vyšetrenie magnetickou rezonanciou nepreukáže žiadny fyzický nález. Nemusí to znamenať, že vaša bolesť nie je reálna. Ešte nie ste na konečnej. Veľa pacientov odpočítava dni do vyšetrenia v nádeji, že sa konečne nájde príčina ich problémov. A keď sa nič nenájde, príde sklamanie. Mnohí si však neuvedomujú, že takéto vyšetrenia nedokážu odhaliť nerovnováhu či stav svalového tonusu. Ten sa dá odhaliť iba dotykom. Vyšetrenia ako magnetická rezonancia alebo röntgen sú preto dobrým referenčným bodom a dokážu odhaliť, či nie sú potrebné ďalšie vyšetrenia, ale v diagnostickom procese nemajú posledné slovo.

PRÍBEHY PACIENTOV:
JE LEPŠIE, AK TO NEBOLÍ

Lyall mal niečo po šesťdesiatke a do mojej ordinácie ho priviedla bolesť v spodnej časti chrbta. Každého pacienta, ktorý ku mne príde s bolesťami v tejto časti tela, sa pýtam, či nepociťuje aj iné ťažkosti, keďže spodnou časťou chrbta prechádzajú mnohé nervy. Ako prvé som vyšetril Lyallove nohy. Pri pohľade na jeho chodidlá som zistil, že sa mu prepadáva noha v členku (tzv. syndróm padajúcej špičky nôh, ang. *foot drop* – pozri Obrázok 2.4). Sedel na mojom vyšetrovacom stole, nohy mu z neho voľne viseli a špičky smerovali k zemi. Špičku chodidla nedokázal zdvihnúť o 90 stupňov tak, aby prstami smeroval priamo pred seba.

Keď sme sa o tom rozprávali, priznal sa, že sa neustále potkýna, pretože nedokáže nadvihnúť nohu. Potkýnanie patrí k najbežnejším príznakom pri syndróme padajúcej špičky a z pochopiteľných dôvodov predstavuje pre pacienta nebezpečenstvo. Lyall stratil silu a cit v chodidle, preto pravú nohu za sebou len ťahal. Nedokázal udržať rovnováhu, pretože mal chodidlo úplne meravé. Keď sa doň uštipol, necítil vôbec nič. Veľmi si prial, aby to mohol povedať aj o svojom chrbte.

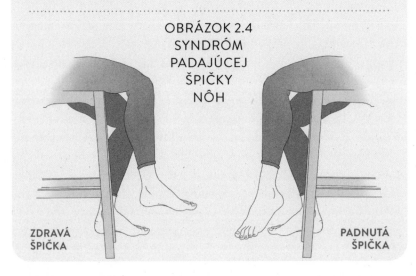

OBRÁZOK 2.4
SYNDRÓM
PADAJÚCEJ
ŠPIČKY
NÔH

ZDRAVÁ
ŠPIČKA

PADNUTÁ
ŠPIČKA

Isto vás neprekvapí, že som s týmto Lyallovým prianím nemohol súhlasiť, ale veľmi dobre som chápal jeho dôvody. Pre bolesti chrbta nemohol spávať a začínal strácať nádej. Pri vyšetrení chrbta som nadobudol podozrenie, že Lyall má viacero vyskočených platničiek, čo sa neskôr potvrdilo pri vyšetrení magnetickou rezonanciou. Ukázalo sa tak, že syndróm padajúcej špičky bol dôsledkom vyskočenej platničky tlačiacej na nervy v spodnej časti chrbtice. Pomohol som mu uvoľniť nerv spod tlaku, ale najväčšiu časť rekonvalescencie mal vo svojich rukách Lyall. Dennodenne cvičil, aby prebral k životu ochabnuté svalstvo a naučil mozog pri chôdzi znovu zapájať vyliečené svalstvo. Vďaka pravidelnému cvičeniu sa jeho stav zlepšil a dnes dokáže pri chôdzi nadvihovať obe nohy.

Lyallova neschopnosť cítiť bolesť bola obmedzená iba na jeho chodidlo, ale sú medzi nami aj takí ľudia, ktorí na svojich telách nikdy v živote nepocítili akýkoľvek druh bolesti. Ide o vrodené genetické ochorenie, našťastie veľmi vzácne. Ľudia, ktorí ním trpia, môžu strčiť ruky do hrnca s vriacou vodou a nepocítia vôbec nič. Pri páde zo schodov majú dve možnosti: buď sa im nič nestane, alebo si ani nevšimnú, že si zlomili nohu. Niektorí z vás si možno pomyslia, že ide o nejakú superschopnosť, ale v skutočnosti toto ochorenie výrazne znižuje dĺžku života. Okrem neschopnosti reagovať na správy, ktorými sa takýmto ľuďom telo snaží naznačiť, aby mu pomohli zahojiť sa, je tu ešte jeden, oveľa vážnejší následok. Bolesť je v detstve naším učiteľom. Vďaka nej postupne spoznávame hranice toho, čo všetko si môžeme dovoliť bez toho, aby naše telo zareagovalo

„OBZVLÁŠŤ MLADÍ MUŽI TRPIACI TÝMTO OCHORENÍM MAJÚ SKLON VYSTRÁJAŤ RÔZNE KASKADÉRSKE KÚSKY, KTORÉ ICH, BOHUŽIAĽ, MÔŽU STÁŤ ŽIVOT ALEBO IM SPÔSOBIŤ TRVALÉ ZDRAVOTNÉ KOMPLIKÁCIE."

bolesťou. Ak si niekto nevybuduje inštinkt odtiahnuť sa pred hroziacim nebezpečenstvom ešte v detstve, je pravdepodobné, že bude riskovať aj v dospelosti. Obzvlášť mladí muži trpiaci týmto ochorením majú sklon vystrájať rôzne kaskadérske kúsky, ktoré ich, bohužiaľ, môžu stáť život alebo im spôsobiť trvalé zdravotné komplikácie.

Počas svojej praxe som sa niekoľkokrát stretol aj s iným, oveľa bežnejším dôvodom, prečo pacienti necítia bolesť: pacienti v pokročilom štádiu cukrovky strácajú cit v nohách. Dôsledkom sú infekcie, podliatiny, pľuzgiere či podvrtnutia členka.

Za neschopnosťou cítiť bolesť sa môže skrývať aj dočasná strata hmatu či citu v končatinách, označovaná aj ako „narušené vnímanie". Sprevádza ju necitlivosť, mravčenie či slabosť v postihnutej oblasti. Často postihuje pacientov s vyskočenou platničkou, tlačiacou na nervy v spodnej časti chrbta. Aj keď ju nezaraďujeme ku „klasickým" bolestiam, vysiela nám presne rovnaký signál: ak bolesti začneme prispôsobovať naše každodenné aktivity, je načase absolvovať lekárske vyšetrenie.

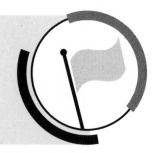

NARUŠENÉ VNÍMANIE...

... môže byť predzvesťou vážneho neurologického ochorenia, akým je napríklad porážka. Ak náhle pocítite ktorýkoľvek z nižšie uvedených príznakov, okamžite vyhľadajte lekársku pomoc:

- **strata rovnováhy alebo závraty**
- **zmätenosť**
- **silná bolesť hlavy**
- **telesná slabosť**
- **zmeny videnia**

Prostata je malá žľaza veľkosti vlašského orecha umiestnená medzi penisom a močovým mechúrom. Patrí k mužským reprodukčným orgánom a jej úlohou je napomáhať tvorbe ejakulátu. Moju ordináciu za tie roky navštívilo niekoľko mužov, u ktorých som spozoroval jasné príznaky rakoviny prostaty. Neskoršie lekárske vyšetrenie diagnózu potvrdilo. Na tejto téme mi záleží. Zdá sa, že väčšina mužov nerozozná varovné signály. Keď sa choroba odhalí včas, často je dobre liečiteľná a pravdepodobnosť recidívy je nízka. Môj kamarát sa nikomu nezdôveril, že tri roky močil krv. Keď mu diagnostikovali rakovinu prostaty, bolo už príliš neskoro. Preto vždy zbystrite pozornosť, ak sa u vás objaví jeden z týchto príznakov:

> „MÔJ KAMARÁT SA NIKOMU NEZDÔVERIL. KEĎ MU DIAGNOSTIKOVALI RAKOVINU PROSTATY, BOLO UŽ PRÍLIŠ NESKORO."

- **ČASTÉ**
  nutkanie na močenie, obzvlášť
  v noci

- **ŤAŽKOSTI**
  s močením (problémy s jeho
  začatím či ukončením)

- **KRV**
  v moči alebo ejakuláte

- **NEPRESTAJNÁ**
  bolesť v spodnej časti chrbta,
  najmä po 55. roku života

- **EREKTILNÁ**
  dysfunkcia

- **BOLESŤ**
  a pocit pálenia pri močení

OPERÁCIA AKO NAJLEPŠIE RIEŠENIE

Ak ľutujem, že som niekoho neliečil, bolo to moje šestnásťročné ja. V tom čase som sa po natrhnutí stehenného svalu rozhodol podstúpiť operáciu. Teraz viem, že rehabilitácia dokáže znížiť bolesť aj bez potreby operácie.

Aby sme sa vyhli nedorozumeniam, nepatrím k odporcom operácií. Operácia vám môže zachrániť život, prinavrátiť pohyblivosť a často vás aj odbremení od bolesti. Medicína sa prehupla do modernej fázy aj vďaka pokrokom v chirurgii za posledných 200 rokov. Operácie sa však považujú za „rýchle riešenie". Každý pacient by mal pred operáciou zvážiť všetky možné následky a vedľajšie účinky. Ak sa rozhodnete operáciu podstúpiť, nezabúdajte, že váš lekár by vám mal dopodrobna vysvetliť, ako bude vyzerať vaša pooperačná starostlivosť. Moja prax mi ukázala, že mnohí pacienti nevedia, čo majú po operácii robiť. A pritom rehabilitácia a cvičenie sú základom úspešnej operácie.

Keby sa vo dverách mojej ordinácie objavil mladý muž, ktorý by svoju bolesť zľahčoval a snažil sa ma presvedčiť, že týždeň po operácii bude behať ako predtým, najprv by som mu ukázal metódu STOP. Zistili by sme, že – ako kedysi ja – pociťoval hlbokú bolesť svedčiacu skôr o poškodení svalov, a nie nervov. Potom by som mu opísal metódu RICE. Táto mnemotechnická pomôcka v sebe skrýva liečebný postup pri poškodení svalu. Zároveň je to prvý druh liečby, ktorý vám vo svojej knihe predstavím.

R-I-C-E

Ako ošetriť poranené svaly?

REST – ODPOČINOK:

Nesnažte sa zranenie „rozchodiť". Odpočiňte si, pokým nezistíte, čo je vo veci, a nedozviete sa o zranení viac.

ICE – ĽAD:

Pomôže vám, ak na postihnuté miesto priložíte čokoľvek ľadovo chladné (vrátane mrazeného hrášku) zabalené v utierke.

COMPRESSION – KOMPRESIA:

Aby ste zmiernili opuch a aj bolesť, zranené miesto obviažte. V dnešnej dobe sa už nemusíte spoliehať na špendlíky a elastické gumičky, poľahky zoženiete samolepiace obväzy.

ELEVATION – NADVIHNUTIE:

Končatinu nadvihnite nad úroveň srdca. Pomáha to krvnému obehu, odvádza nadbytočnú tekutinu, znižuje opuch a tým zmierňuje bolesť.

Metóda RICE predstavuje východiskový bod pri liečbe poraneného svalu. Mali by ste si ho preto dobre zapamätať. Ďalším krokom by bolo vyšetrenie postihnutej oblasti dotykom. Pocítil by som trhlinu v stehennom svale. Jemná masáž natrhnutého svalu môže podľa mojich skúseností pomôcť naštartovať proces obnovy svalového tkaniva. Masírovať by vás však mal skúsený masér, pri nesprávnej masáži sa totiž môže sval natrhnúť ešte viac. Pri natrhnutých svaloch pomáha aj metóda suchej ihly. Najdôležitejšie je však nechať natrhnutému svalu dostatok času na hojenie. V opačnom prípade sa váš stav môže zhoršiť a vo veľmi zriedkavých prípadoch môže svalové tkanivo zvápenatieť.

Na telo vždy nazerám ako na celok, preto by som si uvedomil, že moje zranenie pôvodne pramenilo z bolesti v spodnej časti chrbta. Táto prudká bolesť dostávala môj bedrový kĺb pod tlak. Jeho funkciu preto prevzal stehenný sval a pretože sa viac namáhal, natrhol sa. Vyliečiť potrebovali všetky tri časti tela.

Keby moje šestnásťročné ja dostalo na výber medzi operáciou a steroidovými injekciami, vybralo by si injekcie. Elektroakupunktúra dokáže taktiež uvoľniť zvápenatené tkanivo a obnoviť funkciu svalu. Ako som už spomenul, steroidové injekcie váš problém zázračne neodstránia, ale mne by vtedy poskytli viac času na liečbu, znížili zápal a nádejam sa, že by som vďaka nim dokázal svalom opäť naplno hýbať. Dnes už viem, že nezáleží na tom, či je tkanivo zvápenatené, alebo nie, pokiaľ je sval schopný pohybu. Myslím, že s tým by som dokázal žiť.

Po tom, čo sme sa naučili, čo vlastne bolesť je, a zbavili sa mylných predstáv o nej, môžeme plynulo pokračovať druhou časťou knihy, v ktorej si predstavíme rozličné diagnózy a možnosti ich liečby.

Časti tela: diagnóza a liečba

Od hlavy
po päty

V tejto časti knihy sa dočítate o najbežnejších druhoch zranení, ochoreniach a chorobách, s ktorými sa stretávam vo svojej ordinácii, a ukážeme si, ako ich odhaliť. Začneme hlavou a postupne sa prepracujeme k špičkám nôh. Ak máte dobrú predstavu o probléme, ktorý vás trápi, môžete navštíviť správneho lekára či terapeuta, položiť mu správne otázky a začať premýšľať o tom, akú liečbu budete potrebovať. Pri menej vážnych zraneniach sa dokonca môžete vyliečiť aj doma. Vždy však platí: dôverujte svojim inštinktom. Ak máte pocit, že si váš stav vyžaduje neodkladné lekárske ošetrenie alebo vás niečo znepokojuje, mali by ste navštíviť svojho obvodného lekára alebo iného odborníka.

Predtým, než sa pustíme do objavovania osobitostí nášho tela, musíme spomenúť zopár vecí, ktoré by sme mali mať na pamäti pri diagnostike najbežnejších ochorení. Týkajú sa všetkých častí tela a ich účelom je pri diagnostike pomôcť, nie nahradiť diagnózu od odborníka.

NATIAHNUTIA A NATRHNUTIA SVALOV

Predstavte si nasledujúcu situáciu. Pri cvičení ste pocítili ostrú bolesť alebo sa vaša bolesť v posledných dňoch pozvoľne stupňuje. Použili ste metódu STOP a typ bolesti a spôsob jej vzniku vám naznačili, že ide

„
Ak vás niečo znepokojuje, mali
by ste navštíviť svojho obvodného
lekára alebo iného odborníka.

"

o poškodenie svalstva. Nie ste si však istí, či ste si sval natiahli, alebo natrhli. Tieto dve zranenia sa dajú ľahko zameniť. To isté sa stalo aj môjmu pacientovi Timovi. Myslel si, že si pri squashi natiahol svaly na zadnej strane stehna. Bolesť dosahovala iba piaty stupeň stupnice, preto ani nepomyslel na to, že by mohlo ísť o natrhnutý sval. Pokračoval v tréningu ešte ďalší týždeň. Potom zavítal do mojej ordinácie.

V niektorých prípadoch sa extrémne natiahnutý sval môže javiť ako natrhnutie, ale vo všeobecnosti vieme tieto dva druhy svalových zranení rozlíšiť. K natiahnutiu svalu – alebo jeho presileniu, ako sa tento stav tiež zvykne označovať – dochádza najčastejšie v nohách alebo na chrbte. Príčinou je nadmerné zaťaženie svalových vlákien, pri ktorom sval prepracujeme a napneme buď príliš prudko, alebo prirýchlo. Natiahnuté svaly sa najčastejšie vyskytujú v oblasti nôh a chrbta, ale na rozdiel od natrhnutého svalu k dlhodobému poškodeniu neprichádza.

Natrhnutie svalu predstavuje oveľa závažnejší stav. Poranené tkanivo sa oddelí a potrebuje čas, aby si odpočinulo. V niektorých prípadoch takto poškodený sval napraví až operácia. Podobne ako pri popáleninách, aj na kvalifikáciu natrhnutých svalov sa používa stupnica. Závažnosť poranenia určí vyšetrenie magnetickou rezonanciou. Kým pri najmenej závažnom stave by sa mal váš stav zlepšiť v priebehu niekoľkých týždňov, ak sa preukáže úplné pretrhnutie svalových vlákien, operácii sa s veľkou pravdepodobnosťou nevyhnete. Stredne ťažké (čiastočné) natrhnutie svalu si môže vyžadovať operáciu, nie je to však jediná možnosť liečby. Ak sa správne nastaví liečba a pacient rehabilituje, operácia nebude potrebná. Svedčí o tom 40 – 60 % pacientov s čiastočne natrhnutými svalmi, ktorí prešli mojimi rukami.

Ak máte podozrenie, že ste si sval pretrhli, ako prvé skontrolujte, či nie je postihnuté miesto opuchnuté, horúce, začervenané či zdurené. Toto sú typické znaky zápalového procesu. Telo ním reaguje pri poškodení tkanív, k akým patrí aj natrhnutý sval. Ak si sval len natiahnete, k zápalu zvyčajne nepríde, a keď sa daného miesta dotknete, nepocítite nič nezvyčajné. Ak je postihnuté miesto teplé na dotyk alebo napúcha, postupujte podľa metódy RICE (odpočinok, ľad, kompresia, nadvihnutie).

Britský atletický zväz pred pár rokmi prišiel s oveľa prepracovanejšou stupnicou, ktorá sa v súčasnosti využíva naprieč športovým svetom. Svalovým zraneniam priraďuje hodnotu od 0 po 4. Na roz-

TRI STUPNE POŠKODENIA SVALOV
SVALOVÉ PORANENIA HODNOTÍME NA STUPNICI OD 1 PO 3

PRVÝ STUPEŇ: natiahnutý sval

DRUHÝ STUPEŇ: čiastočné pretrhnutie svalových vlákien

TRETÍ STUPEŇ: úplné pretrhnutie svalových vlákien

diel od pôvodnej trojstupňovej stupnice ponúka ucelenejší obraz. Druhý stupeň pôvodnej stupnice je podľa mňa až príliš široký. Táto kniha nám neposkytuje dostatočný priestor na to, aby sme si ukázali, ako hĺbka či umiestnenie ovplyvňujú hodnotu, ktorú bolesti priradí stupnica. V krátkosti si však stupnicu môžeme načrtnúť:

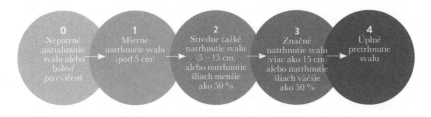

0 Nepatrné natiahnutie svalu alebo bolesť po cvičení

1 Mierne natrhnutie svalu (pod 5 cm)

2 Stredne ťažké natrhnutie svalu (5 – 15 cm) alebo natrhnutie šliach menšie ako 50 %

3 Značné natrhnutie svalu (viac ako 15 cm) alebo natrhnutie šliach väčšie ako 50 %

4 Úplné pretrhnutie svalu

Jedným z najjednoduchších spôsobov, ako zistiť, či ide o natiahnutý alebo natrhnutý sval, je skúsiť ním pohnúť. Kým natiahnutým svalom viete stále pohybovať a pri pohybe zostáva intenzita bolesti rovnaká, pri natrhnutom svale sa bolesť každým pohybom stupňuje. Keďže vždy sa nájdu odchýlky, táto metóda vám neposkytne úplnú záruku, ale vo všeobecnosti môžeme povedať, že ak sa bolesť pri pohybe svalu nezvyšuje, s veľkou pravdepodobnosťou pôjde o natiahnutie svalu. Aj natiahnutý sval vás môže bolieť a v mieste poranenia môžete pociťovať slabosť, ak ste si však sval natrhli, postihnuté miesto bude opuchnuté a začervenané.

Natrhnutý sval rozlíšite od natiahnutého svalu aj týmto spôsobom: trhlina oberá sval o silu a vy tak nedokážete úplne stiahnuť sval. Prirodzene sa ho preto budete snažiť nechať v pokojovej polohe.

Rokmi skúseností som sa naučil dotykom rozoznať natiahnutý a natrhnutý sval, ale pri diagnostike by som sa nespoliehal len na jeden dotyk. Snažil by som sa získať všetky možné informácie o anamnéze pacienta. Takisto by som pacientovi odporučil aj ďalšie vyšetrenia vrátane testovania svalu, metódy STOP, stupnice bolesti a v prípade potreby aj vyšetrenie magnetickou rezonanciou. Ak sa rozhodujete medzi dvoma diagnózami, nikdy by ste sa nemali spoliehať na výsledok iba jedného vyšetrenia. Predtým, než definitívne vyrieknete ortieľ nad svojou diagnózou, mali by ste mať čo najviac informácií. Preto, ak stojíte pred dilemou, či ste si sval natrhli, alebo iba natiahli, vždy sa toho o svojom zranení snažte zistiť čo najviac.

ŠĽACHY A VÄZY

Môj pacient Marcus behával trikrát do týždňa a začal pociťovať bolesť v kolene. Terapeut mu povedal, že si pravdepodobne preťažil liotibiálny trakt, čiže zväzok tkaniva tiahnuci sa po vonkajšej strane stehna. Jeho úlohou je koleno stabilizovať. Terapeut mu poradil, aby si bolestivé miesto rozmasíroval masážnym valčekom. O mesiac neskôr sa bolesť zhoršila a koleno dokonca aj opuchlo. Keď Marcus prišiel do mojej ordinácie, bolo zrejmé, že má poškodené väzy v kolene. Čo je však úlohou väzu a ako sa odlišuje od šľachy?

Ako môžeme vidieť na Obrázku 3.1, šľachy sú spojivové tkanivá umiestnené na konci svalov. Ich primárnou funkciou je pripájať svaly ku kostiam. Väzy taktiež patria do skupiny spojivových tkanív a ich úlohou je spájať kosti. Napomáhajú taktiež stabilizácii kostry a starajú sa o tom, aby kosti nevyskočili z kĺbov.

Väzy a šľachy si môžete roztrhnúť alebo natiahnuť. Natiahnutie väzu označujeme termínom „vyvrtnutie" či „vykĺbenie". Ak si teda vyvrtnete členok, v skutočnosti si v členku nepoškodíte svaly, ale väzivové tkanivo. Ak si roztrhnete väz či šľachu, pravdepodobne vás čaká operácia. Bolesť vzniká náhle alebo okamžite po úraze. Vo všeobecnosti platí, že natrhnutý sval sa vďaka dobrému prekrveniu zahojí rýchlejšie ako poranený väz či šľacha.

Podobne ako natrhnuté svaly, aj poranenia väzov klasifikujeme pomocou trojstupňovej stupnice. Prvý stupeň predstavuje mierne natiahnutie väzov, druhý stupeň čiastočné pretrhnutie väzov a tretí stupeň zastupuje úplné roztrhnutie väzov nazývané „ruptúra". Pomocou rozličných fyzických testov vedia lekári rozlíšiť, či sa pretrhol väz alebo šľacha. Napríklad pri natrhnutí predného skríženého väzu kolena – alebo postranných kolenných väzov – bude kolenný kĺb nestabilný, pretože väzy okolo kĺbu, ktoré pomáhajú koleno stabilizovať, takisto nefungujú. Pacienti s poškodenými kolennými väzmi často opisujú svoje koleno ako ochabnuté, nedokážu naň preniesť váhu a hovoria, že ich koleno „povolilo". Znakom natrhnutého väzu môže byť aj klikanie alebo praskanie v kolene. Ak mám podozrenie na poškodenie väzov, jemne na ne zatlačím. Ak bolesť zosilnie, pravdepodobne ide o natrh-

OBRÁZOK 3.1
ŠĽACHY A VÄZY

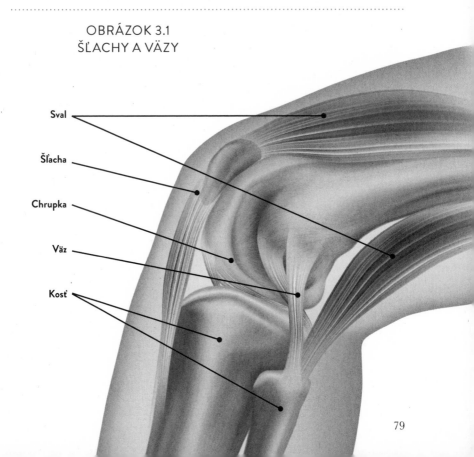

Sval

Šľacha

Chrupka

Väz

Kosť

nutie. Liečba poškodených väzov je relatívne priamočiara a dobre zvládnuteľná.

Natrhnutá šľacha v niečom pripomína natrhnutý sval: natrhnutú šľachu nebudete vedieť stiahnuť alebo pri jej stiahnutí pocítite bolesť. Poškodenie šliach si vyžaduje komplikovanejšiu liečbu ako poškodené väzy, pretože šľacha sa pripája k svalu, kým väz sám osebe drží pokope dve kosti. Keďže svaly a šľachy sú vzájomne prepojené, natrhnutá šľacha často znefunkční aj sval, na ktorý sa pripája. Nie je preto možné opísať všeobecný postup pri liečbe natrhnutých šliach. Každá šľacha je jedinečná a liečba závisí aj od konkrétneho svalu, na ktorý sa šľacha pripája.

„ZNAKOM NATRHNUTÉHO VÄZU MÔŽE BYŤ AJ KLIKANIE ALEBO PRASKANIE V KOLENE."

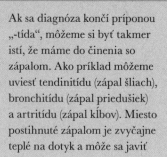

ZÁPAL

Ak sa diagnóza končí príponou „-tída", môžeme si byť takmer istí, že máme do činenia so zápalom. Ako príklad môžeme uviesť tendinitídu (zápal šliach), bronchitídu (zápal priedušiek) a artritídu (zápal kĺbov). Miesto postihnuté zápalom je zvyčajne teplé na dotyk a môže sa javiť opuchnuté a začervenané. Zápal predstavuje prirodzenú imunitnú reakciu, ktorou sa telo snaží vyliečiť oblasť zasiahnutú zranením alebo infekciou. Často ho sprevádza aj bolesť spojená s opuchom. Preto je dobré na zasiahnuté miesto priložiť ľad a pokúsiť sa tak opuch zredukovať.

MAZOVÉ VAČKY (BURZY)

Na hodinách biológie sme sa pravdepodobne všetci učili o svaloch, väzoch, šľachách a kĺboch, ale iba málokto niekedy počul o mazových vačkoch (*bursae*). Mazové vačky (alebo burzy) naplnené špeciálnou tekutinou sa nachádzajú po celom tele a chránia tkanivá pred nadmerným trením. Nájdete ich pri veľkých kĺboch, akým sú napríklad koleno, lakeť či boky, no dva vačky sa nachádzajú aj vo vašom zadku.

Ich úlohou je zabrániť treniu tkaniva o panvovú kosť. Mazové vačky sa zvyknú často zapáliť.

Burzitída alebo zápal mazových vačkov je ochorenie, ktorým trpí mnoho ľudí bez toho, aby o tom vedeli. Ak sa mazový vačok zapáli, pocítite v mieste zápalu bolesť, ktorá sa znásobí, ak na postihnuté miesto zatlačíte. To sa môže stať vtedy, ak napríklad na vačky vyviniete prílišný tlak celodenným sedením. Postihnuté miesto je na dotyk citlivé, horúce alebo napuchnuté. Burzitída sa viaže ku konkrétnemu miestu a je veľmi nepravdepodobné, že by sa v rovnakom čase zapálilo viacero rozličných vačkov ako napríklad pri reumatoidnej artritíde. Ak v blízkosti kĺbov pocítite niektorý z vyššie opísaných príznakov, môžete mať zapálené mazové vačky a mali by ste zájsť na lekárske vyšetrenie. Diagnostikovať burzitídu nie je jednoduché, pretože je ľahké zameniť si ju za iné ochorenie. Váš lekár vás preto môže poslať na vyšetrenie ultrazvukom alebo magnetickou rezonanciou, aby potvrdil správnu diagnózu.

ARTRITÍDA

Viac než desať miliónov ľudí v Spojenom kráľovstve trpí artritídou. Toto ochorenie postihuje kĺby v tele a neexistuje naň liek. Pri správne nastavenej liečbe sa však prejavy choroby dajú veľmi efektívne tlmiť.

- ### OSTEOARTRÓZA

  Osteoartróza je najrozšírenejším druhom artritídy. Podľa odhadov ňou trpí 8,75 milióna Britov. Príčinou vzniku osteoartrózy sú zmeny chrupky v kĺboch, čo vedie k lámavosti kostí. Často ju sprevádza bolesť a stuhnutosť kĺbov. Osteoartróza je neliečiteľná. Pri správnom medicínskom prístupe však možno jej rozvoj zastaviť. Diagnostikuje sa pomocou röntgenového vyšetrenia.

- ### REUMATOIDNÁ ARTRITÍDA

  Reumatoidná artritída vzniká, keď imunitný systém začne napádať zdravé bunky v kĺboch. Spôsobuje začervenanie a opuch kĺbov a často postihuje viacero kĺbov naraz. Môžu ju sprevádzať horúčky alebo nočné potenie. Proti reumatoidnej artritíde zaberajú niektoré skupiny liečiv, napríklad steroidy. Diagnostikuje sa krvnými testami.

Dvoma najrozšírenejšími druhmi artritídy sú osteoartróza a reumatoidná artritída.

Pretože artritída môže postihnúť takmer všetky kĺby, dočítate sa o nej na viacerých miestach tejto knihy. Ak máte podozrenie na artritídu, mali by ste zistiť, o ktorý konkrétny druh ide. Reumatoidná artritída a osteoartróza si vyžadujú odlišné prístupy k liečbe. Pri obidvoch ochoreniach by vám mal diagnózu stanoviť lekár, liečbu však môže navrhnúť aj osteopat či fyzioterapeut. Reumatoidnú artritídu

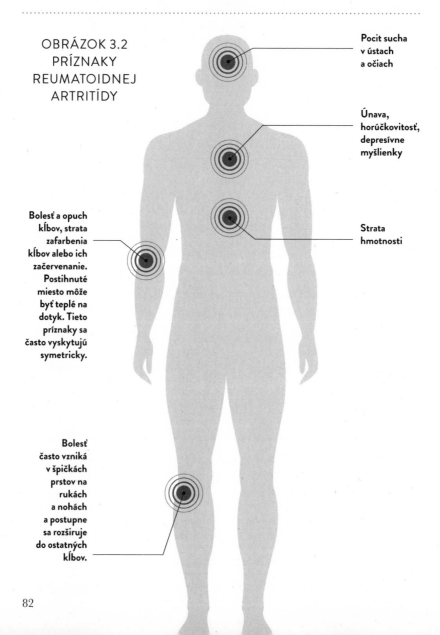

OBRÁZOK 3.2
PRÍZNAKY
REUMATOIDNEJ
ARTRITÍDY

Pocit sucha v ústach a očiach

Únava, horúčkovitosť, depresívne myšlienky

Bolesť a opuch kĺbov, strata zafarbenia kĺbov alebo ich začervenanie. Postihnuté miesto môže byť teplé na dotyk. Tieto príznaky sa často vyskytujú symetricky.

Strata hmotnosti

Bolesť často vzniká v špičkách prstov na rukách a nohách a postupne sa rozširuje do ostatných kĺbov.

sprevádzajú aj ďalšie príznaky, ktoré by ste mali vziať do úvahy (pozri Obrázok 3.2).

HORÚČKA

Za horúčku sa považuje telesná teplota vyššia ako 38 °C. Horúčka je prirodzenou odpoveďou imunitného systému pri boji s infekciou. Obyčajne trvá jeden až tri dni a nevyžaduje si osobitnú liečbu. Ak však horúčka neustúpi ani po troch dňoch a je vyššia ako 39,4 °C, môže vám ňou telo naznačovať vážnejšie ochorenie, ktoré si vyžaduje lekársku starostlivosť. Mali by ste spozornieť, ak horúčku sprevádza niektorý z nasledujúcich príznakov:

- dehydratácia
- ťažkosti s dýchaním
- zmätenosť alebo dezorientácia
- závraty
- časté zvracanie
- svalové kŕče
- časté močenie
- bolesť pri močení

- vyrážky
- záchvaty
- precitlivenosť na ostré svetlo
- silná bolesť hlavy
- stuhnutý krk a bolesť v oblasti krku
- tmavý alebo silne zapáchajúci moč

AKÚTNA A CHRONICKÁ BOLESŤ

Pri liečbe zranenia je dôležité vedieť, či je bolesť, ktorá ho sprevádza, akútna, alebo chronická. Ich liečba sa totižto líši. Ak je bolesť chronická, trvá viac ako tri mesiace a pravdepodobne ju nesprevádza zápal. Akútna bolesť má trvanie kratšie ako tri mesiace a je pravdepodobné, že sa pri nej objaví zápal.

Zranenia, ktoré sprevádza aj zápal, si vyžadujú inú liečbu. Ak je bolestivé miesto zapálené, neprikladajte k nemu nič horúce, pretože to spomalí proces hojenia. Namiesto tepla vám veľmi dobre poslúži ľad. Ak je váš stav chronický a postihnuté miesto nevykazuje zápalové znaky (t. j. začervenanie, opuch, pocit tepla na dotyk), môžete pri liečbe postihnutého miesta využiť striedavé prikladanie teplých a studených obkladov.

ŠTVRTÁ KAPITOLA

Hlava

a tvár

N ašu tvár tvorí viac ako 40 svalov. Aj vďaka nim nám stačí iba jeden letmý pohľad na to, aby sme vyjadrili svoje potreby či radosť, ale aj strach. Pomáhajú nám rozžuť jedlo, vytvárať slová a ovládať zmyslové orgány umiestnené na hlave.

Naša tvár v sebe ukrýva aj veľké množstvo stresu a napätia, ktorým venujeme pozornosť iba zriedkakedy. Tvár si denne umývame, kde-tu na ňu nanesieme mejkap, no nájdeme si niekedy čas svoju tvár premasírovať? Jednoduchá masáž tváre a temena hlavy nám pomôže predísť ochoreniam, o ktorých si povieme viac v tejto kapitole, a zároveň nám poskytne úľavu od bolesti a zbaví nás pocitu nepohodlia.

KONTROLA SYMPTÓMOV

MÁTE ZDRAVÚ SÁNKU?

Ak je vaša sánka zdravá, mali by ste byť schopní vykonať tieto pohyby bez bolesti, cvakania či zasekávania:

1	2	3	4
Otvoriť a zatvoriť ústa	Hýbať sánkou zo strany na stranu	Predsunúť sánku dopredu tak, aby sa spodné zuby dostali pred vrchné zuboradie	Otvoriť ústa a vložiť pomedzi horné a spodné zuboradie kolmo na zuby tri prsty.

,,
Naša tvár v sebe ukrýva veľké
množstvo stresu a napätia.
,,

Na to, aby sa svaly prebrali k životu, však potrebujú nervy. Na tvári nájdeme zakončenia senzorických aj motorických nervov. Ich úlohu môžeme prirovnať k zdroju elektriny – rovnako ako nezapnete televízor bez toho, aby ste ho zapojili do elektrickej siete, ani svalmi nepohnete bez pomoci nervových vzruchov. Ak sa teda chcete na niekoho usmiať, bez zapojenia nervov sa vám to nepodarí. Ochorenia, ktoré postihujú hlavu a tvár, preto v sebe často zahŕňajú nielen svalovú, ale aj nervovú bolesť. Pri liečbe tejto časti tela na to nesmieme zabúdať.

Ochoreniam v oblasti hlavy a tváre predchádzajú mnohé varovné signály. Ak na sebe spozorujete niektorý z nasledujúcich príznakov, neodkladne vyhľadajte lekársku pomoc:

- bolesť hlavy sprevádzaná horúčkou alebo stuhnutým krkom
- nevysvetliteľná strata hmotnosti
- nevysvetliteľná nevoľnosť alebo zvracanie
- náhla bolesť hlavy, pri ktorej nastáva pocit explózie pripomínajúci hrmenie
- bolesť hlavy, ktoré sa výrazne líši od zvyčajnej bolesti hlavy, jej akákoľvek zmena
- častejšie a stupňujúce sa bolesti hlavy
- pozičná bolesť hlavy, t. j. bolesť hlavy, ktorej intenzita sa mení pri pohybe
- predchádzajúca anamnéza bez bolestí hlavy a nová bolesť hlavy, ktorá obmedzuje vaše aktivity
- neprestajná bolesť hlavy
- bodavá bolesť hlavy
- bolesť hlavy po zranení
- nezrozumiteľná reč
- náhle závraty alebo strata rovnováhy
- znecitlivenie alebo slabosť na jednej strane tváre alebo tela
- problémy so zrakom

NAJROZŠÍRENEJŠIA DIAGNÓZA: BOLESŤ HLAVY

Odborníci sa nezhodnú v tom, koľko druhov bolestí hlavy v skutočnosti existuje. Niektorí tvrdia, že ich je dvadsaťosem, iní opísali vyše sto rozličných druhov. Pre niekoho, koho sužuje bolesť hlavy, je to však úplne nepodstatná informácia. Najradšej by vedel iba jediné: ako sa bolesti zbaviť. Predpokladá sa, že polovica ľudí na celom svete pocítila v priebehu posledného roka aspoň jednu bolesť hlavy. Prvým krokom pri jej liečbe je bolesť presne lokalizovať. Takto oveľa ľahšie určíme, ktorý z ôsmich hlavných druhov bolesti nás sužuje (pozri Obrázok 4.1).

Ak poznáme druh bolesti, môžeme ju začať liečiť. Jej príčina je pritom v niektorých prípadoch očividná a tým pádom sa jej dokážeme veľmi ľahko zbaviť. Týka sa to najmä bolestí hlavy, ktorých príčinou sú zuby, čeľustný (temporomandibulárny) kĺb, krk, dutiny či dehydratácia. Mnoho pacientov ku mne prichádza s bolesťami na vrchnej a bočnej strane hlavy, ktorú spôsobujú napnuté svaly v krku. Len čo sa nám ich podarí uvoľniť a obnoviť ich pôvodnú funkciu, bolesť ustane.

....

OBRÁZOK 4.1 HLAVNÉ DRUHY BOLESTI HLAVY

BOLESŤ DUTÍN
Tlak okolo očí, na čele a lícach.

KLASTROVÁ BOLESŤ
Bolesť iba na jednej strane hlavy, zvyčajne okolo oka.

MIGRÉNA
Postihuje väčšinou iba jednu stranu hlavy a často ju sprevádza nevoľnosť a precitlivenosť na svetlo a zvuk.

HORMONÁLNA BOLESŤ
Druh migrény, vo väčšine prípadov oveľa intenzívnejšej. Postihuje obe strany hlavy.

BOLESŤ ZUBOV
Bolesť pociťovaná v čeľusti a sánke. Môže vznikať pri uchu a prechádzať až do oblasti krku.

BOLESŤ KRKU
Môžete ju cítiť kdekoľvek na hlave, zvyčajne však iba na jednej strane.

TENZNÁ BOLESŤ
Postihuje obe strany hlavy buď pri spánkoch, alebo na čele.

ČEĽUSTNÁ BOLESŤ
Bolesť v oblasti spánku a ucha. Môže sa vyskytovať na jednej alebo oboch stranách hlavy.

Najrozšírenejším druhom bolesti spomedzi bolestí spomenutých
v Obrázku 4.1 je *tenzná* bolesť hlavy. Je to veľmi všeobecný pojem,
ktorý v sebe skrýva najtradičnejšiu bolesť hlavy. Ako už názov pre-
zrádza, jej príčinou je tenzia, čiže svalové napätie, alebo svalové kŕče
v oblasti krku, tváre a hlavy. Pre niekoho, koho sužuje tenzná bolesť
hlavy, to môže na prvé počutie znieť hrozne, ale ak je príčinou bolesti
svalové napätie, je možná aj liečba. Je dôležité podotknúť, že tenzná
bolesť hlavy môže mať súvislosť aj so stresom, s úzkosťou a depresiou.
O strese sa viac dočítate v 18. kapitole.

Priraďte svojej bolesti stupeň podľa stupnice bolesti a po-
kračujte metódou **STOP**. Ak máte tenznú bolesť hlavy,
bude pre vás platiť:

- **S**ite – Miesto: Postihuje obe strany hlavy, niekedy ju
môžete pociťovať aj v zadnej časti. Bežne ju môžete cítiť
aj v oblasti čela.

- **T**ype – Typ: Slabá až mierna tupá bolesť, ktorú pacient vníma ako
tlak. Táto bolesť nepulzuje.

- **O**nset – Nástup: Jej nástup môže byť náhly alebo postupný. Jej tr-
vanie sa pohybuje v intervale od 30 minút po jeden týždeň. Bolesť
nemusí po celý čas svojho trvania ustúpiť či sa meniť.

- **P**rovoked – Spúšťač: Medzi najbežnejšie spúšťače patria stres, ne-
dostatok spánku, nepravidelné stravovanie sa, šoférovanie, problé-
my súvisiace s držaním tela, najmä po dlhodobom sedení, svalové
napätie v krku a ramenách.

DOMÁCA LIEČBA

- Pokúste sa zmierniť bezprostredný stres pomocou dychových cvičení. Ak je to potrebné, zmeňte prostredie. Počas dňa pite pravidelne dostatočné množstvo vody, snažte sa viac spať alebo si zdriemnite počas dňa. Pomôcť vám môže aj studený obklad.

- Veďte si denník, môžete tak odhaliť potenciálne spúšťače bolesti.

- Pokúste sa rozmasírovať hlboké svaly šije. Ľahnite si na zem a pod šiju si položte tenisovú či golfovú loptičku. Pohybom hlavy rolujte loptičku okolo šijových svalov (pozri Obrázok 4.2). Takáto masáž pomôže uvoľniť napätie v oblasti šije.

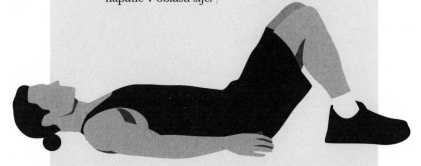

OBRÁZOK 4.2
MASÁŽ HLBOKÝCH SVALOV ŠIJE

- Pri tenznej bolesti hlavy vám môže pomôcť osteopat alebo chiropraktik.

- Terapeut vám rozmasíruje svaly v oblasti krku, ramien a na zadnej strane hlavy, pričom sa zameria hlavne na hlboké svaly šije umiestnené na spodnej časti lebky (pozri Obrázok 4.3). Ak sú napnuté práve tieto svaly, môžu prispievať k tvorbe tenzných bolestí hlavy.

- Jemná manipulácia a naprávanie krku môže takisto zmierniť tenznú bolesť hlavy. Ak je kĺb vysunutý, svaly v krku sa preťažia. To spôsobí ich napnutie a môže ovplyvniť aj svaly hlavy a tváre.

- Jemná trakcia končekmi prstov na spodnej časti a prvom stavci uvoľňuje tlak na kĺby v krku. Napätie svalov krku uvoľní aj metóda suchej ihly.

OBRÁZOK 4.3 HLBOKÉ
SVALY ŠIJE NA SPODNEJ
ČASTI LEBKY

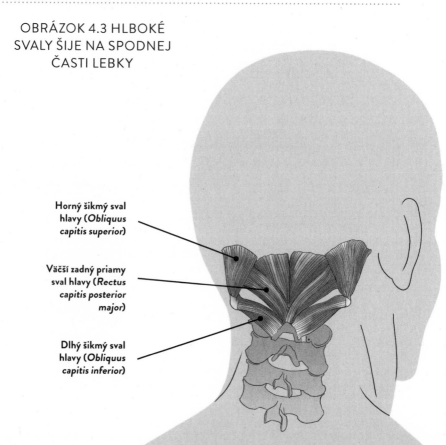

Horný šikmý sval hlavy (*Obliquus capitis superior*)

Väčší zadný priamy sval hlavy (*Rectus capitis posterior major*)

Dlhý šikmý sval hlavy (*Obliquus capitis inferior*)

MIGRÉNY

Becky trpela migrénami dvakrát za rok. Vždy v čase, keď v práci pomáhala organizovať veľké podujatia. Boli to najstresujúcejšie týždne roka a zároveň obdobie, keď si nemohla dovoliť vypadnúť z pracovného kolobehu na deň či dva. Prvýkrát ma navštívila asi mesiac pred prvým podujatím a spolu sme vymysleli plán s jasným cieľom: zabrániť nástupu migrény. Becky spávala dlhšie a obmedzila čas pred obrazovkou. Každý týždeň som jej masíroval tvár, krk, ramená a zadnú časť hlavy. Krk som naprával jemnou trakciou. Najrušnejšie týždne v práci sa jej podarilo prekonať bez migrény.

Najrozšírenejším druhom miernej až silnej bolesti hlavy sú migrény. Aj keď postihujú 10 % populácie, ich príčina je stále neznáma. Ženy trpia migrénou trikrát častejšie ako muži. Vo všeobecnosti sa predpokladá, že migréna vzniká, ak príde k narušeniu chemickej rovnováhy nervov a ciev v mozgu. Výsledkom je kombinácia bolesti nervov a tkanív. Približne polovica ľudí, ktorí trpia migrénami, majú blízkeho príbuzného, ktorý nimi trpí takisto. Svoju úlohu teda môže zohrávať aj genetika.

Niektorí ľudia pociťujú varovné signály predchádzajúce migréne. Nazývajú sa *aury* a sú to neurologické príznaky ako záblesky svetla či slepé body vo videní. Niekedy však migréna príde bez akéhokoľvek varovania. Väčšinu mojich pacientov s migrénou tvoria ženy rôzneho veku.

Ďalším druhom bolesti hlavy je *hormonálna* bolesť. Pripomína migrénu s tým rozdielom, že postihuje obe strany hlavy. Tento typ bolesti hlavy sa viaže k zmenám ženského hormonálneho cyklu a vyvoláva ho menštruácia, prvý trimester tehotenstva, menopauza či užívanie hormonálnej antikoncepcie. Ženy trpiace migrénami by preto mali zvážiť, či nemôže ísť o bolesť hormonálnu, a pokúsiť sa nájsť možnú súvislosť medzi bolesťou a svojím menštruačným cyklom.

Priraďte svojej bolesti stupeň podľa stupnice bolesti a pokračujte metódou **STOP**. Ak trpíte migrénou, bude pre vás platiť toto:

- **S**ite – Miesto: Obyčajne sa vyskytujú na jednej strane hlavy. Hormonálne migrény môžu postihovať obe strany hlavy.
- **T**ype – Typ: Pulzujúca, mierna až silná bolesť, ktorú môže sprevádzať nevoľnosť a vracanie.
- **O**nset – Nástup: Migréna nastupuje postupne. Niektorí ľudia môžu mať niekoľko migrén za týždeň, kým u niektorých prejdú medzi dvoma migrénami roky. Trvanie migrény sa pohybuje v intervale od štyroch hodín po tri dni.
- **P**rovoked – Spúšťač: Medzi najbežnejšie spúšťače patria ostré svetlo, hlasné zvuky a predkláňanie sa.

DOMÁCA LIEČBA

- Ľahnite si do tichej, tmavej miestnosti. Na tvár priložte studený obklad alebo uterák a pite dostatočné množstvo tekutín.
- Veďte si denník, môžete tak odhaliť potenciálne spúšťače bolesti. Denník je užitočný, najmä ak máte podozrenie na hormonálnu migrénu.

PROFESIONÁLNA LIEČBA

- Pri migréne vám môže pomôcť osteopat alebo chiropraktik.
- Terapeut vám premasíruje svaly v oblasti tváre, temena, krku, ramien a čeľuste. Keď ku mne príde pacient s rozvinutou migrénou, zvyčajne aplikujem metódu suchej ihly v oblasti krku a lichobežníkového svalu (musculus trapezius), ktorý sa tiahne od spodnej časti lebky pozdĺž krku.
- Jemná trakcia na zadnej časti krku medzi lebkou a prvým stavcom vám môže pri migréne pomôcť.

ZÁPAL PRÍNOSOVÝCH DUTÍN (SINUSITÍDA)

O prínosových dutinách som prvýkrát počul, keď mal môj starší brat šestnásť rokov. Vtedy sa mu upchali prínosové dutiny a napuchla mu oblasť nad očami. Dostal antibiotiká, ale nezabrali mu. Stav sa mu zhoršil, dva týždne strávil v nemocnici a podstúpil dve operácie na spriechodnenie nosových ciest. Ani operácia však jeho stav nezlepšila. Nakoniec mu jeho lekár povedal, aby si nosové dutiny preplachoval slanou vodou a vďaka tomu sa mu po roku podarilo vyliečiť.

Prínosové dutiny tvoria štyri páry prázdnych dutín v tvárových kostiach. Sú veľké asi 2,5 centimetra a rozmiestnené rovnomerne po tvári (pozri Obrázok 4.4). Väčšinou ich vypĺňa vzduch a lemuje ich tenké tkanivo produkujúce hlien. Ak sa prínosové dutiny upchajú, môžu sa zapáliť. K tomu dochádza väčšinou pri prechladnutí alebo chrípke. Ak ste si pozorne prečítali 3. kapitolu, viete, že prípona „-tída" znamená zápal. Zápal prínosových dutín, čiže sinusov, sa preto nazýva *sinusitída*. Najčastejšie sa zvykne zapáliť najväčšia prínosová dutina umiestnená v lícnej kosti.

....

OBRÁZOK 4.4
UMIESTNENIE PRÍNOSOVÝCH DUTÍN

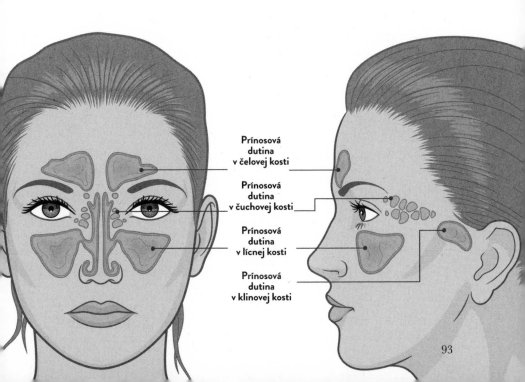

Prínosová dutina v čelovej kosti

Prínosová dutina v čuchovej kosti

Prínosová dutina v lícnej kosti

Prínosová dutina v klinovej kosti

Príčinou zápalu prínosných dutín môžu byť aj alergie. Rovnako to bolo aj u môjho brata. Nedávno sme sa o tom rozprávali a zistili sme, že vinníkom môžu byť karafiáty. Zápal sa uňho rozvinul na deň sv. Valentína. V tom čase bol prefektom na škole a musel stovkám študentov rozdávať kvety. Nastala alergická reakcia, ktorá podráždila jeho dutiny a tie sa neskôr zapálili. Do dnešného dňa sa karafiátom oblúkom vyhýba.

 Priraďte svojej bolesti stupeň podľa stupnice bolesti a pokračujte metódou **STOP**. Ak vás trápi zápal prínosových dutín, bude pre vás platiť:

- **S**ite – Miesto: Závisí od toho, ktorá prínosová dutina je upchatá. Bolesť môžete pociťovať v prednej časti hlavy alebo na špecifických miestach. V niektorých prípadoch môže bolesť prerážať k ušiam či zubom.

- **T**ype – Typ: Tupá bolesť, pri ktorej pociťujete tlak. Často ju sprevádzajú opuchy, upchatý nos, nádcha, oslabený čuch, ťažkosti s dýchaním, horúčka, únava alebo kašeľ. Tvár môže byť citlivá na dotyk.

- **O**nset – Nástup: Nastupuje náhle aj postupne. Väčšinou trvá pár dní až niekoľko týždňov.

- **P**rovoked – Spúšťač: Často sa zhoršuje v noci. Ak je spôsobená alergiou, impulzom na vznik môže byť prach, silný parfum atď. – čokoľvek, na čo ste alergickí.

DOMÁCA LIEČBA

- V domácom prostredí sa môžete spoľahnúť na nosové spreje či roztok slanej vody.

- Ak si ľahnete, môžete vyskúšať upchaté dutiny uvoľniť masážou. Bruškami dvoch alebo troch prstov jemne poklepte oblasti pod očami, medzi očami, pri lícnych kostiach a v okolí uší. Potom malými krúživými pohybmi premasírujte miesta, v ktorých sa prínosové dutiny nachádzajú. Masáž zakončite plynulým pohybom pozdĺž prednej časti krku od brady až po kľúčnu kosť.

- Pri zápale prínosových dutín môžete navštíviť osteopata. Ak príznaky nezmiznú ani po desiatich dňoch, mali by ste navštíviť svojho lekára. Na uvoľnenie upchatých dutín vám môže predpísať antibiotiká alebo steroidový sprej.

- Osteopat lieči zápal prínosových dutín drenážnymi technikami v oblasti tváre, prednej časti krku a hrude. Moje skúsenosti ukazujú, že takáto liečba je úspešná, ale mala by ju dopĺňať masáž a možno aj manipulácia krku. Pri masáži by som nevynechal ramená a skontroloval, či lymfatické uzliny v podpazuší a krku nie sú napuchnuté.

TEMPOROMANDIBULÁRNA PORUCHA (PORUCHA ČEĽUSTNÉHO KĹBU)

V čeľustnom (temporomandibulárnom) kĺbe sa spájajú dve kosti, spánková kosť (*os temporale*) a sánka (*mandibula*). Sánka je jedinou pohyblivou časťou lebky a zároveň najsilnejšou tvárovou kosťou (pozri Obrázok 4.5).

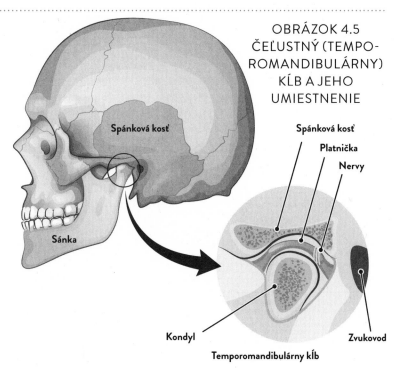

OBRÁZOK 4.5
ČEĽUSTNÝ (TEMPO-
ROMANDIBULÁRNY)
KĹB A JEHO
UMIESTNENIE

Spánková kosť

Spánková kosť

Platnička

Nervy

Sánka

Kondyl

Zvukovod

Temporomandibulárny kĺb

Medzi príčiny bolesti v oblasti čeľuste patria problémy so zubami, stres, zatínanie zubov, nesprávne zarovnanie horných a spodných zubov, úraz alebo celkové opotrebovanie. Už len také obyčajné zatínanie a škrípanie zubami vám môže spôsobiť čeľustnú bolesť. Zvýšené napätie svalov, ktoré nám napomáhajú pri žuvaní, môže viesť k stuhnutej čeľusti, bolestiam spánkov, bolestiam hlavy, čeľustnej bolesti či dokonca k zvoneniu v ušiach. Ak máte ťažkosti s otváraním či so zatváraním úst alebo pociťujete akékoľvek nepohodlie pri používaní sánky, môže vám vaše telo naznačovať hroziace ochorenie čeľuste.

Najčastejšie sa vyskytujúcim ochorením čeľuste, s ktorým sa stretávam, je temporomandibulárna porucha (porucha čeľustného kĺbu). Pomenovaná je po kĺbe, v ktorom vzniká bolesť. Zo svojich skúseností viem, že bolesť v okolí čeľuste a ucha spôsobujú svaly obopínajúce kĺb, a nie kĺb samotný. Problémy s čeľustným kĺbom môže zapríčiniť zatínanie či škrípanie zubami, ktoré má vplyv aj na žuvacie svaly. Tie sa potom môžu ľahko preťažiť a natiahnuť. Žuvací sval (*musculas masseter*) je najsilnejším svalom v ľudskom tele (pozri Obrázok 4.6).

OBRÁZOK 4.6
TVÁROVÉ A ČEĽUSTNÉ SVALY

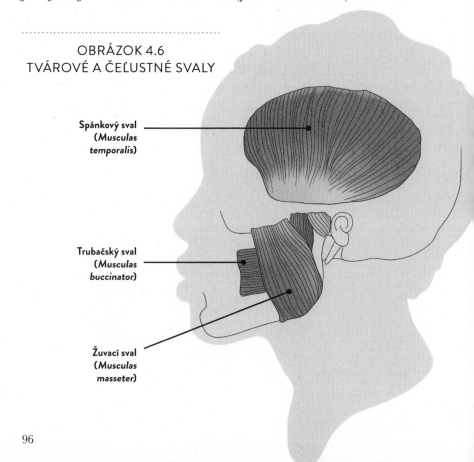

Spánkový sval
(*Musculas temporalis*)

Trubačský sval
(*Musculas buccinator*)

Žuvací sval
(*Musculas masseter*)

Priraďte svojej bolesti stupeň podľa stupnice bolesti a pokračujte metódou **STOP**. Ak máte problémy s čeľustným kĺbom, bude pre vás platiť:

- **S**ite – Miesto: Bolesť môžete pociťovať v okolí čeľuste a sánky, uší alebo spánkov.

- **T**ype – Typ: Prejavuje sa ako prerušovaná tupá bolesť či ostrá bolesť. Bolestivé miesto môže byť citlivé na dotyk. V sánke môžete taktiež pociťovať cvakanie, praskanie, zasekávanie či trenie. Čeľustnú bolesť môže sprevádzať aj bolesť uší.

- **O**nset – Nástup: Nastupuje náhle alebo postupne.

- **P**rovoked – Spúšťač: Medzi najčastejšie spúšťače patrí žuvanie, rozprávanie, usmievanie sa, snaha úplne otvoriť ústa či rozhrýzť obzvlášť tvrdú potravu.

DOMÁCA LIEČBA

- V domácom prostredí prikladajte na postihnuté miesto ľad. Malo by vám to pomôcť zmierniť precitlivenosť v sánke. Môžete na sebe taktiež vyskúšať niektoré z nižšie opísaných masážnych techník.

PROFESIONÁLNA LIEČBA

- Pri problémoch s čeľustným kĺbom vám môže pomôcť osteopat alebo chiropraktik.

- Terapeut vám uvoľní stiahnuté svaly v čeľustnej oblasti. Začne pritom spánkovým svalom, ktorý sa nachádza nad uchom (pozri Obrázok 4.6). Prax mi ukázala, že lícne svaly najefektívnejšie rozmasírujem zvnútra. Nasadím si chirurgické rukavice a vložím palec do pacientových úst. Ukazovákom potom stlačím ústa z vonkajšej strany a masírujem, kým pacient otvára a zatvára ústa. Rovnakým spôsobom masírujem aj čeľustné svaly.

- Pri vysunutom kĺbe môže taktiež pomôcť mobilizácia čeľustného kĺbu a krčnej chrbtice. Krčné stavce môžu v niektorých prípadoch ovplyvniť funkčnosť svalov v čeľustnej oblasti. Ak je čeľustný kĺb z kĺbovej jamky vysunutý až príliš, bude potrebné ho napraviť a „docvaknúť" naspäť na správne miesto. Takýto úkon však môže vykonávať iba vyškolený odborník.

- Žuvací sval je veľmi silný, preto môže byť citlivý na dotyk. V takýchto prípadoch by som vyskúšal metódu suchej ihly alebo terapiu studeným laserom.

ĎALŠIE BEŽNÉ OCHORENIA HLAVY A TVÁRE

- *Klastrová bolesť hlavy* patrí k najhorším bolestiam hlavy. V populácii síce nie je rozšírená do takej miery ako tenzná bolesť hlavy a migréna, ale je o to intenzívnejšia. Postihuje jednu stranu tváre a koncentruje sa okolo oka. Pacienti ju opisujú ako ostrú, pálčivú, bodavú bolesť. Často ju sprevádza upchatý nos a slzenie. Predpokladá sa, že jej spúšťačom je pitie alkoholu alebo silné pachy.

- *Neuralgia trojklaného nervu* patrí k najdrastickejším bolestiam, ktoré som u pacientov liečil. Postihuje trojklaný nerv v spodnej časti tváre. Vzniká veľmi náhle a obyčajne zasahuje iba jednu stranu tváre.

MASÁŽ HLAVY A TVÁRE

Našu tvár tvorí štyridsaťtri svalov. Platí pre ne presne to isté, čo pre všetky svaly v našom tele: ak ich nadmerne zaťažíme, vznikne svalové napätie. Ľahká masáž nám preto pomôže obnoviť pohyblivosť svalov tváre a zmierniť svalové napätie v tejto často prehliadanej časti tela. Priaznivé účinky masáže oceníte aj vtedy, ak práve nepociťujete bolesť či nepohodlie. Masáž povzbudí vašu tvár a dodá vám energiu. Nižšie opisujem rôzne techniky masáže hlavy a tváre. Môžete ich na sebe vyskúšať všetky. Ak pocítite priaznivé účinky niektorej z nich, snažte sa k nej vracať pravidelne.

- Začnite na vonkajšej strane nosa. Pomocou krúživých masážnych pohybov sa presúvajte pozdĺž lícnych kostí až k ušiam. Roztiahnite prsty a jemne masírujte oblasť nad líniou vlasov.

- Ak sa svaly na temene hlavy natiahnu, môže to viesť k stuhnutosti svalov a vyvolať tenznú bolesť hlavy. Aby ste tomu predišli, pravidelne si masírujte pokožku hlavy. Roztiahnite prsty na hlave a masírujte ju malými krúživými pohybmi. Vyvíjajte pritom jemný tlak na pokožku. Dôkladne premasírujte najmä oblasť okolo spánkov a prednú a zadnú časť uší.

- Zadnú časť hlavy chyťte do rúk. Palcami podoprite spodnú časť lebky. Po dobu piatich sekúnd zatláčajte palcami na lebku. Potom krúživými pohybmi premasírujte bruškami prstov temeno hlavy. Pohyby pravidelne striedajte.

- Umyte si ruky. Vložte prst do bočnej časti úst, čo najviac dozadu. Malými krúživými pohybmi sa presúvajte pozdĺž svalov obopínajúcich čeľustný kĺb až k spodným zubom (pozri Obrázok 4.7).

- Umyte si ruky. Do úst vložte palec a zatlačte ním na vnútornú stranu líca. Jemne potlačte líce smerom von. V takejto polohe vydržte po dobu piatich sekúnd (pozri Obrázok 4.8).

OBRÁZOK 4.7
MASÁŽ SVALOV
OBOPÍNAJÚCICH
ČEĽUSTNÝ KĹB

OBRÁZOK 4.8
MASÁŽ ŤAHANÍM LÍCA

PIATA KAPITOLA

Krk

Zamysleli ste sa niekedy nad tým, koľko hodín denne strávite zhrbení pri pracovnom stole či sledovaním obrazovky počítača alebo mobilného telefónu? Pravdepodobne dosť veľa. Prispôsobili sme sa modernému spôsobu života. Nášmu krku však takýto životný štýl nevyhovuje. Svoju nespokojnosť prejavuje bolesťou, no my ju iba potichu prijímame ako daň za modernú dobu. Vlastnou vinou sme prišli o správne držanie tela a zabudli sme, na čo nám má krk slúžiť.

KONTROLA SYMPTÓMOV

MÁTE ZDRAVÝ KRK?

Vyskúšajte nižšie opísané pohyby, postupujte pomaly, aby ste si neporanili žiadny sval. Ak je váš krk zdravý, mali by ste ich bez problémov zvládnuť.

1
Otočte hlavou na obe strany tak, aby váš pohľad smeroval priamo nad vaše plecia. Plecami nehýbte. Pacienti pri tomto cvičení často zapájajú aj chrbát a potom sú presvedčení, že ich krk je plne pohyblivý. Toto cvičenie preto robte pred zrkadlom alebo poproste niekoho, aby dohliadol na to, či ho robíte správne.

2
Pritlačte bradu k hrudnému košu.

3
Zahnite hlavu dozadu tak, aby váš nos smeroval dohora. Pri tomto pohybe by ste nemali cítiť žiadnu bolesť.

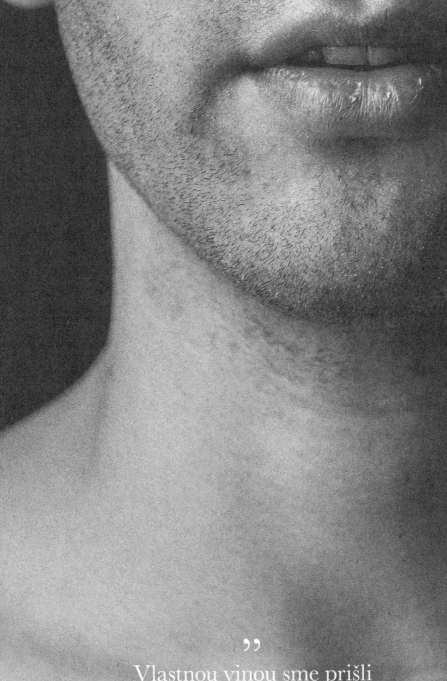

> Vlastnou vinou sme prišli
> o správne držanie tela a zabudli
> sme, na čo nám má krk slúžiť.

Viac ako dvadsať svalov v krku podopiera hlavu a umožňuje jej pohyb. Zároveň tieto svaly napomáhajú pri dýchaní a prežúvaní. Väčšina našich zmyslových orgánov je umiestnená na hlave, preto je nesmierne dôležité mať plne funkčný krk. Bez neho totiž nevieme posúdiť, čo sa deje okolo nás. Naši predkovia takto deň pohľadom preskúmavali svoje okolie v nádeji, že nájdu niečo pod zub, zbadajú potenciálnu korisť či blížiace sa nebezpečenstvo.

Ako ukazuje Obrázok 5.1, krčné svalstvo siaha k ostatným častiam tela – od spodnej časti lebky cez lopatky až po chrbát. Posturálne svaly, ktoré zabezpečujú vzpriamenú polohu nášho tela, sa nachádzajú aj v prednej časti krku a sú pre nás rovnako dôležité ako svaly v zadnej časti krku. Preto, aj keď sa predná časť krku často zanedbáva, nemali by ste na ňu zabúdať pri cvičení či masáži.

OBRÁZOK 5.1
KRČNÉ SVALY

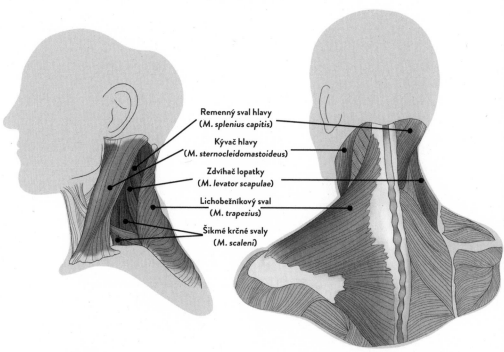

Remenný sval hlavy
(M. splenius capitis)

Kývač hlavy
(M. sternocleidomastoideus)

Zdvíhač lopatky
(M. levator scapulae)

Lichobežníkový sval
(M. trapezius)

Šikmé krčné svaly
(M. scaleni)

Krčné svaly
(ľavý laterálny pohľad)

Povrchové krčné svaly
(pohľad bez pravého lichobežníkového svalu)

Medzi jednotlivými stavcami chrbtice sa nachádzajú drobné medzistavcové (fazetové) kĺby. V krčnej chrbtici nájdeme sedem párov medzistavcových kĺbov, čiže celkovo sa ich v našom krku nachádza štrnásť. Medzistavcové kĺby okrem iného umožňujú pohyb chrbtice. Dva najvyššie položené fazetové kĺby prispievajú najväčšou mierou k rotácii krku. Ak sa opotrebujú alebo stratia svoju pohyblivosť, je veľká pravdepodobnosť, že rovnaký osud postihne aj ostatné medzistavcové kĺby pozdĺž chrbtice. Fazetové kĺby sa môžu zapáliť a stuhnúť, v niektorých prípadoch dokonca aj zaseknúť.

OBRÁZOK 5.2
KRČNÁ CHRBTICA

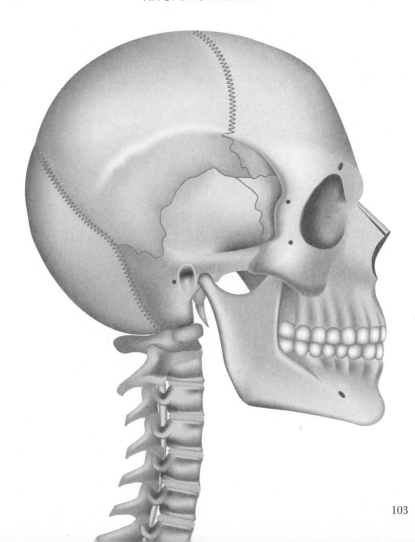

Ochoreniam v oblasti krku predchádzajú mnohé varovné signály. Ak na sebe spozorujete niektorý z nasledujúcich príznakov, neodkladne vyhľadajte lekársku pomoc:

- Pocit brnenia, tŕpnutia, bolesti v oboch pažiach alebo oslabený stisk

- Stuhnutý krk sprevádzaný bolesťou hlavy alebo horúčkou

- Neprestajná bolesť po páde

- Zranenie hlavy a krku

- Bolesť v krku po nedávnej dopravnej nehode

- Neprestajná bolesť, proti ktorej nezaberajú analgetiká

- Stuhnutý krk a jedna z najhorších bolestí hlavy, akú ste kedy pocítili

- Bolesť na úrovni šesť a viac stupnice bolesti

- Neschopnosť spať

- Nevoľnosť alebo zvracanie

- Hrča alebo opuch v oblasti krku

NAJROZŠÍRENEJŠIA DIAGNÓZA: NATIAHNUTÉ KRČNÉ SVALY

Túto podkapitolu začneme dobrou správou: natrhnutie niektorého z krčných svalov je veľmi zriedkavé. Ak v krku pociťujete ostrú bodavú bolesť či pulzovanie, teda príznaky naznačujúce poškodenie tkaniva, je viac než pravdepodobné, že pôjde o natiahnutý sval, a nie natrhnutý sval. Takýto stav do veľkej miery spôsobujú skrátené alebo preťažené krčné svaly a vyplýva zo zlého držania tela. Spomeňme si na príbeh obkladača Liama z 2. kapitoly. Liamove pohyby neboli v rovnováhe – neustále sa nakláňal na ľavú stranu, a tak sa jeho svaly skrátili. Teraz si predstavte seba, ako sa pozeráte dole na obrazovku mobilného telefónu. Svaly v zadnej časti krku sa predlžujú, kým šikmé krčné svaly v prednej časti krku sa skracujú. Aby ste im prinavrátili rovnováhu, musíte ich naťahovať.

Lichobežníkový sval, veľký sval, ktorý sa upína na spodnú časť lebky a rozprestiera sa cez lopatky až ku chrbtici (pozri Obrázok 5.1), patrí k najčastejšie natiahnutým krčným svalom. Hneď za ním nasleduje zdvíhač lopatky, ktorý spája vrchnú časť krčnej chrbtice s lopatkou. Oba svaly používame často, preto sa ľahko preťažia a natiahnu.

V krku sa taktiež nachádza množstvo väzov, preto je možné, že ste si natiahli väzy. Liečba natiahnutého väzu je v mnohom podobná liečbe natiahnutého svalu.

Nezabúdajte na to, že natiahnutý krk sa môže prejavovať rôzne: od miernej bolesti až po neschopnosť pohybovať oboma stranami krku. Ak pociťujete bolesť v krku po dobu viac ako troch mesiacov, váš stav je chronický a mali by ste vyhľadať lekársku pomoc, a to aj v tom prípade, ak je vaša bolesť iba mierna.

 Priraďte svojej bolesti stupeň podľa stupnice bolesti a pokračujte metódou **STOP**. Ak máte natiahnutý krk, bude pre vás platiť:

- **S**ite – Miesto: Bolesť zostáva na rovnakom mieste a vyskytuje sa iba na jednej strane hlavy.

- **T**ype – Typ: Prejavuje sa ako ostrá bodavá bolesť pri pohybe hlavy smerom k plecu alebo ako tupá bolesť a stuhnutosť v ktorejkoľvek časti krku. V závislosti od toho, ktorý sval ste si natiahli, ju môžete pociťovať na povrchu alebo vnútri krku.

- **O**nset – Nástup: Nastupuje postupne a každým dňom sa stupňuje.

- **P**rovoked – Spúšťač: Medzi najčastejšie spúšťače patrí pohyb hlavy zo strany na stranu. Do úvahy musíte takisto zahrnúť aj svoje držanie tela. Sedíte denne niekoľko hodín pri stole alebo za počítačom? Zhoršuje sa vtedy bolesť?

POSVIEŤME SI NA KRK

- Ak máte ťažkosti s otáčaním hlavy, poproste niekoho, aby priložil bruško palca na zadnú časť vášho krku, hneď vedľa chrbtice. Poproste ho, aby na dané miesto jemne zatlačil. Potom pomaly pohnite hlavou desaťkrát sprava doľava. Ak sa váš stav zlepší, môžete si vydýchnuť, nejde o nič vážnejšie, len o mierne natiahnutie.

- Ak sa pozriete do zeme a pocítite bolesť v drieku či ramenách, môžete mať natiahnutý lichobežníkový sval, teda sval, ktorý pokrýva ramená, krk a vrchnú časť chrbta.

- O natiahnutý sval ide aj v prípade, ak si ku krku priložíte niečo teplé a vaša bolesť sa zmierni. Môžeme vylúčiť zápal platničky.

- Ak ste stratili silu v horných končatinách alebo nedokážete naplno hýbať jednou z nich, naznačuje to podráždenie nervového koreňa alebo prenesenú bolesť kĺbu. V takomto prípade teda nejde o natiahnutý sval.

PREČ S MÝTMI

Mnohí majú doma masážne pištole. Ak ich viete správne použiť, môžu vám priniesť veľký úžitok. Aj keď sa v návode na použitie píše, že ich môžete použiť na akúkoľvek časť tela, nie je to tak. Neodporúčam používanie masážnej pištole priamo v oblasti krku. Vibrácie z pištole prechádzajúcu do hlavy a nenavodia tak pocit relaxácie. Preto pri bolesti krku používajte masážnu pištoľ radšej na svaly v hornej časti chrbta.

DOMÁCA LIEČBA

- Ak je bolesť spôsobená natiahnutým svalom chronická, môžete vyskúšať prikladať na postihnuté miesto striedavo studený a teplý obklad. V prípade, že je zranenie akútne a neubehlo ešte štyridsaťosem hodín, prikladajte naň iba ľad.

- Ak vťahujete ramená dovnútra, krk sa ťahá dopredu. Preto by ste mali vyskúšať cviky na otvorenie hrudníka.

PROFESIONÁLNA LIEČBA

- Pri problémoch s natiahnutým krkom vám môže pomôcť osteopat, fyzioterapeut alebo chiropraktik. Ak ste si krk natiahli iba mierne, od bolesti vám pomôže uľaviť aj skúsený masér.

- Terapeut by mal v prvom rade skontrolovať rozsah pohyblivosti v krku, ramenách a v driekovej oblasti. Práve drieková oblasť je pritom kľúčová, pretože znížená pohyblivosť v tejto oblasti môže vyvolať napätie v krčných svaloch. Terapeut vám taktiež zľahka rozmasíruje a uvoľní svalstvo v celom krku, nie iba v mieste, kde pociťujete bolesť. Nemal by pritom zabudnúť ani na svaly v prednej časti krku, ktoré sú zvyčajne prehliadané.

- Liečba by mala byť zameraná na mobilizáciu krku, a nie na jeho naprávanie. Ak sa preukáže, že bolesť v krku je zapríčinená problémom s kĺbom, môže terapeut zahrnúť do liečebného procesu aj naprávanie. V každom prípade mu však musí predchádzať masáž a mobilizácia. Nesmie sa teda vykonávať na začiatku procedúry.

- Pri väčšom natiahnutí, najmä, ak je zasiahnuté miesto citlivé na dotyk, môže pomôcť aj metóda suchej ihly. Po skončení procedúry by sa mala citlivosť na dotyk zmierniť.

- Pri akútnom natiahnutí pomôže terapia studeným laserom.

Medzi častú príčinu natiahnutých svalov a problémom s kĺbmi v krčnej oblasti patrí aj zlý spánok. Najčastejšie sa problémy objavujú u ľudí, ktorí spia na bruchu. Ak spíte na bruchu, hlavu máte položenú na vankúši, otočenú vždy na jednu stranu. Takto sa mám môžu skrátiť svaly na jednej strane krku, kým svaly na druhej strane krku sa predĺžia, čo môže viesť k poraneniam.

Za problémami s kĺbmi stojí nesprávne zvolený vankúš alebo matrac. Kĺby potrápia aj ľudí, ktorí často cestujú a pri každej príležitosti spia v inej posteli a na inom vankúši. Často sa tak môžu zobudiť so stuhnutým krkom.

O spánku si viac povieme v 19. kapitole.

PROBLÉMY S KĹBMI

PRÍBEHY PACIENTOV: ACH, TIE KĹBY

Rosa sa ráno zobudila a keď sa chcela otočiť a vypnúť budík, nevedela pohnúť hlavou. Do mojej ordinácie prišla ešte v to popoludnie. Keď sa chcela pozrieť doprava, musela otočiť celé telo. Myslela si, že si len pricvikla nerv, príznaky však jasne ukazovali na problém s kĺbom. Zapríčinila ho nesprávna poloha pri spánku.

V tele sa nachádza 360 kĺbov. Štrnásť menších, nazvaných medzistavcové kĺby, sa nachádza priamo v krku. Im vďačíme za to, že sa dokážeme pozrieť do strán, hore a dole a otáčať hlavou. Požiadavky modernej doby sa nezhodujú s pôvodným účelom medzistavcových kĺbov, preto sa môžu zaseknúť. A vôbec o tom nemusíte vedieť.

Ak sa kĺb zasekne, nemusí to nevyhnutne znamenať, že sa vôbec nebudete vedieť pohnúť, ako to bolo v Rosinom prípade. Aj v prípade, že sa zaseknutý kĺb bolestivo neprihlási, svaly sa budú snažiť vykompenzovať stratenú funkčnosť kĺbov, čo môže vyústiť do ich natiahnutia.

Ak nedokážete pohnúť hlavou zo strany na stranu, príčinou môže byť natiahnutý sval, ale s väčšou pravdepodobnosťou pôjde o zaseknutý alebo nefunkčný medzistavcový kĺb. Prvé dva medzistavcové kĺby umožňujú rotáciu krku a hlavy a keď sa zaseknú, nižšie položené medzistavcové kĺby na seba prevezmú časť zodpovednosti za pohyb hlavy.

Môžu prejsť roky, kým pacient zistí, že má zaseknutý medzistavcový kĺb, pretože vôbec nemusí pocítiť bolesť. Treba však podotknúť, že väčšina pacientov s touto diagnózou pocíti aspoň nejakú bolesť v oblasti krku.

Medzistavcový kĺb za môže zaseknúť aj sám, ale môže sa k nemu pridať aj zaseknutý nerv. Ak pociťujete klasické príznaky nervovej bolesti ako prenesená bolesť, vystreľujúca bolesť, tŕpnutie, pálenie, necitlivosť alebo mravčenie a zároveň sa neviete hýbať, je možné, že medzistavcový kĺb zatlačil na nerv. V takom prípade by ste mali navštíviť lekára, ktorý vám predpíše medikamentóznu liečbu. Pre rehabilitáciu navštívte osteopata alebo chiropraktika.

Priraďte svojej bolesti stupeň podľa stupnice bolesti a pokračujte metódou **STOP**. Ak vás trápi medzistavcový kĺb, bude pre vás platiť:

- **S**ite – Miesto: Bolesť sa najčastejšie objavuje v krku, nemusíte ju však pociťovať presne v mieste problematického kĺbu. Často sa prejavuje ako prenesená bolesť buď nad postihnutým kĺbom, alebo pod ním.

- **T**ype – Typ: Pacienti najčastejšie opisujú bolesť kĺbu ako hlbokú a tupú bolesť, ale pri pohybe môžete cítiť aj chvíľkovú ostrú bolesť. V mnohých prípadoch sa poškodený medzistavcový kĺb neprejavuje žiadnou bolesťou, môžete mať však stuhnutý krk alebo problémy s jeho pohyblivosťou. Ak je zranenie akútne a nie staršie ako pár dní, môže ho sprevádzať zápal. V tom prípade bude postihnuté miesto teplé na dotyk, začervenané a opuchnuté. Pri súčasnom poškodení nervu pocítite v krku vystreľujúcu bolesť, tŕpnutie či pálenie.

- **O**nset – Nástup: V závislosti od toho, kedy sa začala, môže byť bolesť akútna aj chronická. Nastupuje náhle, alebo postupne. Ak sa nelieči, zhoršuje sa. Často sa kĺb zasekne počas spánku, preto ste sa mohli zobudiť s bolesťou.

- **P**rovoked – Spúšťač: Typickým znakom problému s medzistavcovými kĺbmi je bolesť pri pohľade nahor. O tom, či vašu bolesť zapríčiňujú problémy s kĺbmi, sa dočítate viac nižšie, v časti označenej lupou.

POSVIEŤME SI NA KRK

- Prejdite si ešte raz časť „Pozor na symptómy" na začiatku tejto kapitoly. Ak nedokážete spomenuté cvičenia vykonať, ide o neklamný znak toho, že máte problémy s pohyblivosťou krku.

- Ak sa zasekne medzistavcový kĺb, môže byť ťažké zakloniť hlavu dozadu a v tejto polohe, teda s nosom stále smerujúcim dohora, otočiť hlavou tak, aby váš pohľad smeroval do strany. Je pritom dôležité, aby ste v takejto polohe nezostávali viac ako sekundu. Toto cvičenie slúži aj na preverenie funkčnosti tepny a nemali by ste v nej zotrvávať pridlho. Ak pociťujete pri tomto cvičení problém, môžu za ním stáť problémy s kĺbmi.

- Podobne si môžete kĺby preveriť aj pri nasledujúcom cvičení: nakloňte hlavu na stranu a otáčajte ňou tak, aby váš pohľad smeroval k pleciam. Ak pociťujete pri tomto cvičení problém, môžu za ním stáť problémy s kĺbmi.

DOMÁCA LIEČBA

V domácom prostredí môžete na sebe vyskúšať rôzne masážne techniky.

Podľa zdroja bolesti položte bruská prstov buď na kostnatý výbežok na zadnej časti krku, alebo vedľa neho, prsty držte čo najbližšie pri sebe. Lakte držte pred sebou a pomaly ich spúšťajte nadol. Vaše prsty budú prirodzene nasledovať pohyb lakťov a skĺznu sa dole po krku. Ak pociťujete bolesť na oboch stranách krku, použite na cvičenie obe ruky. Ruky môžete dokonca aj prekrížiť, čo znamená, že bruská prstov ľavej ruky položíte na prvú stranu krku a naopak. Zmiernenie bolesti vám prinesú aj malé krúživé pohyby okolo chrbtice.

- Pri problémoch s medzistavcovým kĺbom môžete navštíviť osteopata, chiropraktika alebo fyzioterapeuta. Môžete takisto navštíviť maséra, ktorý sa špecializuje na mäkké tkanivá a mobilizáciu tejto oblasti.

- Ak navštívite terapeuta, je dôležité, aby procedúru nezačal naprávaním krku, ale masážou a mobilizáciou tkanív v okolí kĺbu. Je možné, že kĺb sa vráti do správnej polohy aj vďaka mobilizácii a naprávanie nebude potrebné. Naprávanie by malo byť poslednou vecou, ktorú terapeut vyskúša, a aj to iba v prípade, ak je nevyhnutné.

- Ak sú svaly príliš citlivé na dotyk, môže vám pomôcť aj metóda suchej ihly. V krčnej oblasti a okolí kĺbu postačí iba zopár ihiel.

- Úľavu od tlaku na kĺb môže priniesť aj jemná trakcia v postihnutej oblasti. Trakcia znamená oddelenie stavcov potiahnutím krku špecifickým spôsobom.

- Ak je potrebné medzistavcový kĺb napraviť, obvykle stačí napraviť iba jeden kĺb. Krk nie je klavír a nie je potrebné, aby boli naladené všetky klávesy. Vo väčšine prípadov musí terapeut vyliečiť aj tkanivá v oblasti kĺbu. Kĺb sa takto stabilizuje a tým sa predíde tomu, aby sa problém zopakoval. Ak vám naprávali krk, bude teplý na dotyk. Preto naň neprikladajte nič teplé, ale radšej použite ľad. O naprávaní sa dozviete viac v 16. kapitole.

VYSKOČENÁ PLATNIČKA A PODRÁŽDENIE NERVOVÉHO KOREŇA

PRÍBEHY PACIENTOV: PREDSA SÚ TO PLATNIČKY

Miriam prišla do mojej ordinácie, keď stratila cit v ruke. Trápila ju aj bolesť vystreľujúca do ramena. Keď som ju vyšetril, vôbec ma nezaujímala jej ruka, ale krk. Po tridsiatich rokoch práce za stolom sa jej zmenilo držanie tela. Ramená predsúvala a krk nahýnala dopredu. Práve v krku sa jej zasekol nerv. Ten spôsoboval bolesť a bol aj príčinou straty citu v ruke. Pomocou jemnej mobilizácie sa ho podarilo uvoľniť.

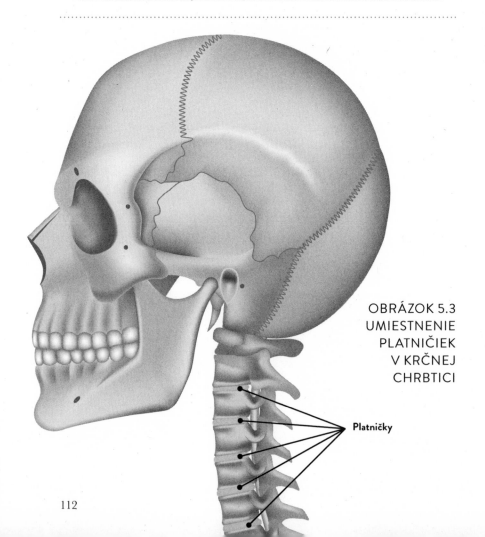

OBRÁZOK 5.3
UMIESTNENIE
PLATNIČIEK
V KRČNEJ
CHRBTICI

Platničky

Kapitola o ochoreniach krku by nebola kompletná, ak by sme si nepovedali niečo aj o nervoch. K jednému z najrozšírenejších ochorení krku nervového pôvodu prichádza, keď jedna zo šiestich platničiek zatlačí na nerv. Presne toto sa stalo aj Miriam. K vyskočeniu platničky príde po zranení alebo, vo väčšine prípadov, následkom opotrebovania a straty pružnosti platničky s pribúdajúcim vekom.

K vyskočeniu platničky častejšie dochádza v spodnej časti chrbta, keďže tam na ne tlačí oveľa väčšia váha. Napriek tomu sa tento stav pomerne často vyskytuje aj v oblasti krku a, rovnako ako v Miriaminom prípade, ho zapríčiňuje nesprávne držanie tela a chabý stav svalstva. Držanie tela a stav svalstva sa môžu podpísať pod problémy s platničkami. Svaly do istej miery plnia funkciu akýchsi tlmičov a ak sú napäté, nedokážu nárazy tlmiť tak efektívne.

Podľa toho, na ktorú časť nervu tlačí vyskočená platnička, rozlišujeme dva druhy tohto ochorenia. V prvom prípade tlačí vyskočená platnička *na miechu* a príznaky nervovej bolesti sa vyskytujú v *oboch* pažiach. Takýto stav som opísal aj v sekcii označenej vlajkou na začiatku tejto kapitoly (strana 106), preto, ak pociťujete tieto príznaky, vyhľadajte okamžitú lekársku pomoc. Vo väčšine prípadov platnička vyskočí do jednej strany a zatlačí *na nervový koreň*. Príznaky sú veľmi podobné ako pri prvom type, ale postihujú iba *jednu* končatinu.

Platnička môže vyskočiť aj bez toho, aby podráždila koreň nervu. Ak sa však tento stav nelieči, platnička môže postupom času zatlačiť na nerv.

Priraďte svojej bolesti stupeň podľa stupnice bolesti a pokračujte metódou **STOP**. Ak vám vyskočila platnička, bude pre vás platiť:

- **S**ite – Miesto: Bolesť sa objavuje v krku, častá je však aj prenesená bolesť v ramenách, pažiach alebo rukách. Ak ešte platnička netlačí na nerv, bolesť budete pociťovať v mieste poranenej platničky.

- **T**ype – Typ: Bolesť spôsobenú platničkou, ktorá spôsobila nervové podráždenie, pacienti opisujú ako bolesť vystreľujúcu do ramena, sprevádzanú pocitom tŕpnutia a slabosti v ramenách, pažiach, na rukách a v prstoch. Táto silná bolesť sa často prirovnáva k bodnutiu alebo elektrickému šoku. Ak platnička ešte netlačí na nerv, spôsobuje tupú bolesť.

- **O**nset − Nástup: Bolesť spôsobená vyskočenou platničkou nastupuje postupne a stupňuje sa, čím viac sa platnička opotrebováva. Takisto môže vzniknúť aj náhle, to však len v prípade, ak je následkom zranenia, napríklad po páde či dopravnej nehode.

- **P**rovoked − Spúšťač: Bolesť sa môže stupňovať pri kašľaní či kýchaní. Ak máte vyskočenú platničku, ste citlivejší na podnety prechádzajúce pozdĺž chrbtice. Pacienti s vyskočenou platničkou sa často boja kýchnuť si či zakašľať.

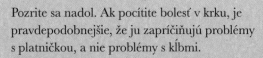

Pozrite sa nadol. Ak pocítite bolesť v krku, je pravdepodobnejšie, že ju zapríčiňujú problémy s platničkou, a nie problémy s kĺbmi.

Ak pri pohybe hlavou cítite prenesenú bolesť v oblasti ramien, drieku či v pažiach, príčinou bude s najväčšou pravdepodobnosťou podráždenie nervového koreňa v krku.

KDE PRESNE V KRKU SA NACHÁDZA ZDROJ VAŠEJ BOLESTI?

Ak za vašou bolesťou stoja nervy, môžete sa pokúsiť presnejšie určiť, ktorá časť chrbtice je zodpovedná za vaše problémy. Pokúste sa najprv nájsť na krku oblasť, ktorá je citlivá na dotyk. V krku sa nachádza osem párov miechových nervov umiestnených medzi prvým krčným stavcom (C1) a prvým hrudníkovým stavcom (Th1). Vďaka nim určíte, ktorý zo siedmich krčných stavcov (C1 − C7) je zasiahnutý. Ak máte ťažkosti vykonať nižšie opísané pohyby, pravdepodobne ide o problém na úrovni krčných stavcov. Presnú príčinu problémov potvrdí lekárske vyšetrenie. Nižšie nájdete opísané príznaky, ktoré sprevádzajú poškodenie konkrétnych krčných nervov. Zvýšte preto pozornosť, ak pocítite slabosť pri:

- C4: pokrčení ramenami;

- C5: pohybe paží smerom od tela do strany;

- C6: ohýbaní lakťa tak, aby ste sa rukou dotkli pleca, alebo pri ohýbaní zápästia smerom nahor;

- C7: ohýbaní lakťa pri vystieraní ruky alebo pri ohýbaní zápästia smerom nadol;

- C8: odtiahnutí palca od zvyšných prstov na ruke.

Ak pri vyššie opísaných pohyboch pocítite bolesť, zmieňte sa o nej vášmu lekárovi.

ĎALŠIE BEŽNÉ OCHORENIA KRKU

- Bolesť či napätie v oblasti hrdla môžete cítiť aj v prípade, ak ste vystresovaní alebo trpíte úzkosťou (pozri 18. kapitolu).

- Ťažkosti s dýchaním či prehĺtaním môže spôsobiť preťaženie šikmých krčných svalov v prednej časti krku. Vhodnou liečbou môže byť masáž.

- Masáž v prednej časti krku môže pomôcť aj pri preťažení svalov hrtana. Tento stav sa často vyskytuje najmä u spevákov.

- Cervikálna spondylóza je degeneratívne ochorenie medzistavcových platničiek, pri ktorom s pribúdajúcim vekom dochádza k ich opotrebovaniu, dehydratácii a scvrknutiu. Ochorenie sa vo väčšine prípadov neprejavuje žiadnymi príznakmi, ale môže spôsobiť pricviknutie nervu v mieche.

- Osteofyty sú kožné výrastky (nazývané aj kostné ostrohy). Najčastejšie vyrastajú z chrbtice alebo kĺbov v oblasti krku. Ak zatlačia na nerv, môžu spôsobiť jeho podráždenie.

DOMÁCA LIEČBA

- Môžete si zakúpiť trakčný prístroj na domáce použitie. Pomocou trakčných prístrojov sa dajú pri liečbe dosiahnuť pekné výsledky. Prístroj by ste si však mali zakúpiť iba v prípade, ak vám diagnózu vyskočenej platničky potvrdil lekár.

- Ak nemáte prístroj, pri jemnej trakcii vám pomôže aj uterák. Uterák si položte na ramená a okolo krku tak, aby jeho konce voľne viseli na vašich ramenách. Uchopte oba konce uteráka a nakloňte hlavu smerom nadol. Jemne potiahnite oba konce uteráka a narovnajte paže tak, aby smerovali šikmo nahor. Ramenami by ste mali vytvoriť tvar písmena V.

- Ak máte podozrenie na vyskočenú platničku, mali by ste navštíviť lekára. Predpíše vám lieky proti bolesti a pošle vás na röntgenové vyšetrenie alebo vyšetrenie magnetickou rezonanciou.

- Môžete navštíviť aj osteopata, chiropraktika alebo fyzioterapeuta.

- Pri vyskočených platničkách je najúčinnejšou liečebnou metódou trakcia. Oddeľujú sa pri nej jednotlivé stavce, čo znižuje tlak na nervy.

STREČING A CVIKY NA KRČNÉ SVALY

Dovoľte mi podeliť sa s vami o niekoľko cvikov. Odporúčam ich všetkým svojim klientov, ktorých trápia problémy s krkom. Vaše pohyby by mali byť pomalé, plynulé a jemné. Ak je niektorý z cvikov pre vás bolestivý alebo zhorší váš stav, okamžite prestaňte.

OBRÁZOK 5.4
KRČNÉ OSMIČKY

1

Na prvé počutie to môže znieť zvláštne, ale predstavte si svoje oči ako ceruzky. Nakreslite nimi osmičky (pozri Obrázok 5.4). Keď sa váš krk uvoľní, osmičku zväčšite, ale iba tak, aby ste sa pri cvičení stále cítili príjemne. Osmičky „nakreslite" v oboch smeroch. Po niekoľkých opakovaniach premiestnite ceruzku na konček nosa a celé cvičenie zopakujte. Napokon si predstavte ceruzku na brade a nakreslite zopár ďalších osmičiek. Presúvaním imaginárnej ceruzky zhora nadol sa presúva aj ťažisko a uvoľňujú sa svaly vo vrchnej, v strednej aj spodnej časti krku. Ak vám pri „kreslení" párkrát pukne v krku, nemusíte sa ničoho obávať.

2

Priložte dva prsty pravej ruky na ľavú stranu ľavej kľúčnej kosti. Bradu presuňte k prstom (pozri Obrázok 5.5). Pomaly zdvihnite hlavu a presúvajte ju naspäť smerom od prstov. Zopakujte na oboch stranách krku.

3

Tie najlepšie cvičenia bývajú tie najľahšie. Posaďte sa a hľaďte pred seba. Plecia uvoľnite. Otáčajte hlavou zo strany na stranu tak, aby ste svoj pohľad smerovali na plecia.

4

Ak máte doma tenisovú loptičku, postavte sa chrbtom k stene a loptičku umiestnite medzi zadnú časť krku a stenu. Loptička by mala tlačiť na svaly pozdĺž niektorej strany chrbtice, nie priamo na chrbticu. Krkom pomaly pohybujte loptičkou a jemne ňou prechádzajte po svaloch. Toto cvičenie môžete robiť aj v ľahu na podlahe.

5

Nesprávne držanie tela spôsobuje, že pacient predsúva ramená k sebe, čím sa krk ťahá dopredu. Na zlepšenie stavu vám pomôžu cviky na otvorenie hrudníka. Ruky držte vzpriamene tak, ako keby ste na hodinkách ukazovali na desiatku a dvojku. Uvoľnite krk a ruky jemne stiahnite dozadu. Stláčajte pri tom lopatky k sebe.

Ramená

Naše ramená sú, čo sa pohybu týka, veľmi flexibilné. Vďaka nim vieme vykonať množstvo pohybov. Prináša to však aj svoje nevýhody: ramená sú nestabilné a tým pádom aj zraniteľné. Problémy s ramenami sú preto viac než bežné. Príčina je veľmi jednoduchá: ramenný kĺb patrí k najkomplexnejším kĺbom nášho tela. V skutočnosti to nie je jeden kĺb, ale pletenec štyroch kĺbov (pozri Obrázok 6.1). Tieto štyri pohyblivé konektory umožňujú ramenám široký rozsah pohybov, ktoré mnohí z nás považujú za samozrejmosť. Ramenami vieme opísať široké kruhy smerom dopredu aj dozadu a dokážeme natiahnuť ruky až k oblohe. Skúste si predstaviť, ako by ste tieto pohyby robili bokmi.

Aby sa ramenné kĺby udržali v kĺbových jamkách, nachádza sa v ramene veľa väzov. Na rozdiel od väzov v boku sú však ramenné väzy neslávne známe svojou krehkosťou. Preto musia svaly v ramenách pridať k svojim bežným funkciám aj ďalšiu funkciu a zapájajú sa do stabilizácie ramenných kĺbov. Takto sa však kĺby preťažujú a opotrebovávajú.

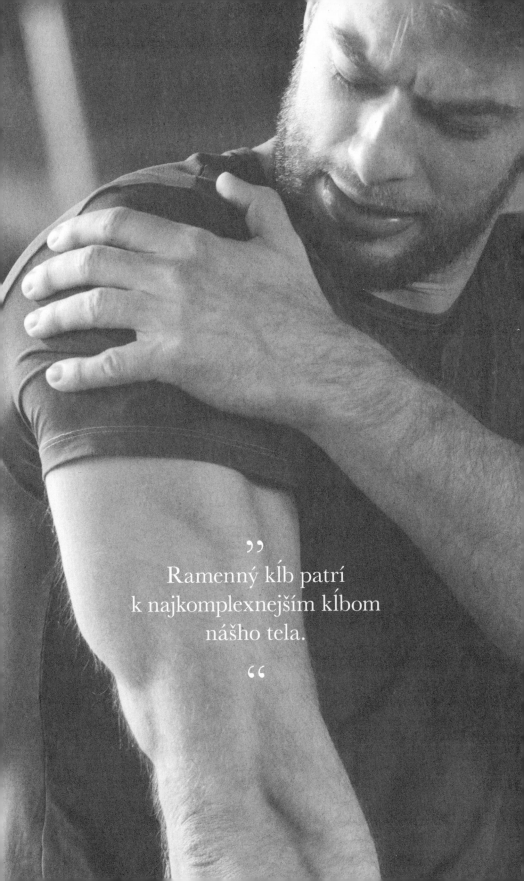

"
Ramenný kĺb patrí
k najkomplexnejším kĺbom
nášho tela.

"

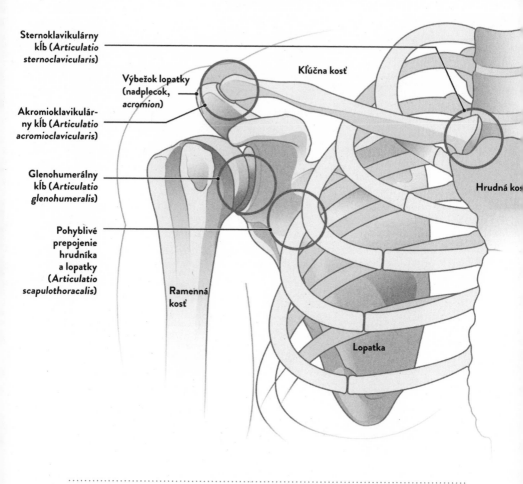

Sternoklavikulárny kĺb (*Articulatio sternoclavicularis*)

Akromioklavikulárny kĺb (*Articulatio acromioclavicularis*)

Výbežok lopatky (nadplecok, *acromion*)

Kľúčna kosť

Glenohumerálny kĺb (*Articulatio glenohumeralis*)

Pohyblivé prepojenie hrudníka a lopatky (*Articulatio scapulothoracalis*)

Ramenná kosť

Hrudná kosť

Lopatka

Zdvihnite ruku. Práve ste uviedli do pohybu niekoľko rozličných svalov a kĺbov. Otočiť sa musela dokonca aj vaša kľúčna kosť. Stačí, aby sa presilil jeden sval a všetky ostatné svaly začnú kompenzovať jeho funkciu. Následkom sú natrhnutia svalov, väzov a šliach. Je to ako padajúce domino. Pohyb ramenného kĺbu tvorí veľa zložiek, preto môže byť zložité presne určiť prvotnú príčinu problému.

Zo skúsenosti viem, že medzi najčastejšie príčiny zranení ramien patrí zlé držanie tela, keď pacienti priťahujú ramená k sebe, či opakované pohyby spôsobujúce opotrebovanie. Ak si vaša práca vyža duje stále opakovanie tých istých pohybov, zamyslite sa, ako dobre dokážete pohybovať ramenami. Nemusí pritom ísť o ťažkú manuálnu prácu. Príčinou problémov s ramenami u mnohých mojich klientov je počítačová myš. Od ramien často očakávame, že nám vynahradia zníženú mobilitu ostatných častí ruky. Ramená zapájame viac napríklad aj vtedy, keď nás bolí zápästie. Takto si však môžeme privodiť ďalšie problémy.

Ramená sú zraniteľné a nevyhýbajú sa im opakované úrazy. Ak ste sa teda vyliečili zo zranenia, mali by ste sa zamerať na cvičenie na posilnenie svalstva. Predídete tak recidíve zranenia.

MÁTE ZDRAVÉ RAMENÁ?

Ak máte zdravé ramená, mali by ste byť schopní bez problémov vykonať tieto pohyby:

- Nezohýbajte ruku. Pažu zdvihnite tak, aby ste opísali polkruh a vaše ruky smerovali nahor. Cvičenie robte pred zrkadlom alebo poproste niekoho, aby vás pri cvičení sledoval. Je bežné, ak jedno z ramien pri poškodení svalstva poklesne.

- Nezohýbajte ruku. Pažu zdvihnite tak, aby ste opísali polkruh a vaše prsty smerovali nahor.

- Načiahnite sa rukou za chrbát tak, aby ste sa dotkli lopatky na opačnej strane chrbta. Pohyb smerujte zdola.

- Pomocou zrkadla preverte, či nepredsúvate ramená. Pri pohľade do zrkadla si taktiež všímajte akékoľvek asymetrie. Dominantnejšie rameno tvorí viac svalovej hmoty a je položené nižšie.

- Prekrížte ruky a dotknite sa vonkajšej časti protiľahlého pleca.

- Krúžte obidvoma pažami smerom dopredu aj dozadu.

Medzi najčastejšie zranené svaly a šľachy v oblasti ramien patria štyri svaly zoskupené do tzv. rotátorovej manžety (pozri Obrázok 6.2). Každý z týchto svalov zohráva jedinečnú úlohu pri stabilizácii ramena a jeho pohybe. Ak máte podozrenie, že ste si natiahli alebo natrhli sval v ramene, prečítajte si 3. kapitolu, v ktorej nájdete informácie a rady, ako tieto zranenia rozpoznať a ako postupovať pri ich liečbe.

OBRÁZOK 6.2
SVALY ROTÁTOROVEJ MANŽETY

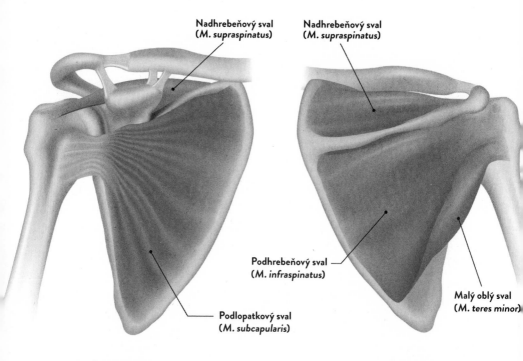

Nadhrebeňový sval
(*M. supraspinatus*)

Nadhrebeňový sval
(*M. supraspinatus*)

Podhrebeňový sval
(*M. infraspinatus*)

Malý oblý sval
(*M. teres minor*)

Podlopatkový sval
(*M. subcapularis*)

POHĽAD SPREDU

POHĽAD ZOZADU

Pri diagnostike ramena by ste nemali zabúdať ani na prenesenú bolesť. Nemôže byť zdrojom vašej bolesti krk? Ak pociťujete príznaky nervovej bolesti alebo vás bolia svaly na vrchnej časti chrbta, môže to byť prenesená bolesť vychádzajúca z krku. V takomto prípade si prečítajte kapitolu venovanú problémom s krkom.

Ochoreniam v oblasti ramien predchádzajú mnohé varovné signály. Ak na sebe spozorujete niektorý z nasledujúcich príznakov, neodkladne vyhľadajte lekársku pomoc:

- Bolestivý a opuchnutý kĺbu, ktorý je na dotyk horúci a ktorým nedokážete pohnúť

- Takmer absolútna strata pohyblivosti ramena a potreba podopierať si ho

- Bolesť a slabosť v obidvoch ramenách a obojstranná bolesť hlavy

- Neprestajná bolesť po páde alebo zranení ramena

- Podozrenie, že ste si vykĺbili alebo zlomili rameno

- Bolesť v ramene a prekonaná rakovina v anamnéze

- Citlivosť niektorej z kostí, zmena ich tvaru či opuch

- Nová hrča alebo opuch kdekoľvek na rameno

- Bolesť na úrovni osem a vyššie podľa stupnice bolesti

- Neschopnosť spať

NAJROZŠÍRENEJŠIA DIAGNÓZA: SUBAKROMIÁLNY IMPINGEMENT SYNDRÓM

Je až neuveriteľné, ako často sa subakromiálny impingement syndróm ramena (pozri Obrázok 6.3) vyskytuje v populácii. Počas života sa s ním stretne podľa odhadov jeden človek z piatich. Dochádza k nemu v prípade, keď sa jeden z väzov rotátorovej manžety alebo mazový vačok zachytí alebo naráža do priestoru pod lopatkou. Rovnako ho môže spôsobovať aj kostenný výbežok zachytený do rotátorovej manžety.

Za častý výskyt impingement syndrómu môžu aj zlé držanie tela, degenerácia, nadmerné používanie, opotrebovanie a opakované pohyby. Jednoducho povedané, impingement syndróm vás môže postihnúť pri častom používaní ramena počas niekoľkých rokov. Keďže sa viaže najmä k nadmernému používaniu svalov, postihuje najmä ľudí starších ako 35 rokov. Vyskytnúť sa však môže v akomkoľvek veku.

PRÍBEHY PACIENTOV: SKRYTÉ RAMENÁ

George prišiel do mojej ordinácie ako 42-ročný. Pár mesiacov predtým bol zanietený golfista a každý víkend trávil na greene. Teraz si nedokázal obliecť tričko. Obával sa, že sa u neho začalo rozvíjať nejaké ochorenie a začala ho strašiť predstava niekoľkoročného únavného boja. Prekvapilo ho, keď som sa ho spýtal, či by som si ho nemohol odfotiť. Zábery na jeho chrbát a bočný pohľad na jeho telo prezrádzali, že ramená predsúval k sebe a lopatka sa posunula do pravej strany. Fotografie hovorili jasnou rečou. George ostal zarazený, z takéhoto uhla sa nikdy predtým nevidel.

Pracoval v kancelárii a denne sedel osem hodín za počítačom, čo zapríčinilo nesprávne držanie tela. Ošetril som mu stuhnuté svaly v oblasti ramien a ukázali sme si niekoľko cvikov, ktoré môže vykonávať aj v práci. Vzal si ich k srdcu a svaly si naťahoval aj niekoľkokrát za deň, väčšinou vtedy, keď rozmýšľal, ako odpovedať na e-mail. Už po týždni sa jeho bolesti zmiernili a znovu si dokázal obliecť tričko. O necelý mesiac už stál šťastný na greene.

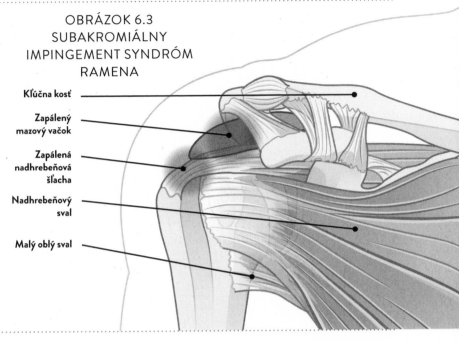

OBRÁZOK 6.3
SUBAKROMIÁLNY
IMPINGEMENT SYNDRÓM
RAMENA

Kľúčna kosť

Zapálený
mazový vačok

Zapálená
nadhrebeňová
šľacha

Nadhrebeňový
sval

Malý oblý sval

Priraďte svojej bolesti stupeň podľa stupnice bolesti a pokračujte metódou **STOP**. Ak trpíte impingement syndrómom ramena, bude pre vás platiť:

- **S**ite – Miesto: Bolesť sa väčšinou objavuje na vrchnej alebo vonkajšej časti ramena.

- **T**ype – Typ: Prejavuje sa ako tupá bolesť, ktorú pociťujete aj prípade, ak ramenom nehýbete. Ak zodvihnete ruku alebo sa za niečím načiahnete, môžete pocítiť ostrú bolesť alebo slabosť v rukách. Bolesť taktiež bežne narušuje pacientom spánok.

- **O**nset – Nástup: Nastupuje postupne v priebehu týždňov či mesiacov. Ak si pri páde poraníte napriamenú ruku, bolesť prichádza náhle.

- **P**rovoked – Spúšťač: Medzi najčastejšie spúšťače patrí zdvihnutie alebo spustenie končatiny, najmä nad úrovňou hlavy. Bolesť ovplyvňuje každodenné aktivity ako česanie vlasov, umývanie zubov, obliekanie sa či načahovanie sa za rôznymi predmetmi.

- Najjednoduchší spôsob, ako rozoznať impingement syndróm ramena, je opísať rukou polkruh tak, aby končeky prstov smerovali nahor. Ak pri pohybe pociťujete bolesť, najmä medzi 60. a 120. stupňom polkruhu, a zároveň bolesť zoslabne, ak ruku spúšťate nadol, s veľkou pravdepodobnosťou trpíte týmto syndrómom (pozri obrázok vpravo). Nespoliehajte sa však len na toto cvičenie a diagnózu si dajte potvrdiť lekárom.

180°
Bez bolesti
120°
bolestivé miesto
60°
Bez bolesti

- Ďalší spôsob, ako impingement ramena odhaliť, sa týka nadhrebeňového svalu. Zatlačte naň prstom a pokúste sa ruku zdvihnúť rovnakým spôsobom, aký je opísaný vyššie. Ak pohyb nie je taký bolestivý, zrejme ide o impingement syndróm ramena. Tlak prsta pomáha uvoľniť tlak na zaseknutú šľachu, preto sa zlepšuje funkčnosť svalu.

Subakromiálny mazový vačok
Výbežok lopatky
Nadhrebeňový sval
Nadhrebeňová šľacha

- Ak neviete určiť, či ramená predsúvate k sebe, skúste ramená vypnúť dozadu. Ak pri tomto pohybe nadvihnete ramená vyššie, mali by ste sa zamyslieť nad cvičeniami na otvorenie hrudníka.

DOMÁCA LIEČBA

- Pri zotavovaní sa zo zranenia je najlepšie udržiavať rameno v pohybe. Ak pociťujete bolesť nižšiu ako tretí stupeň stupnice bolesti a dokážete ramenom pohybovať, nepoužívajte záves na rameno. Týmto si svaly skrátite, resp. predĺžite a ťažšie sa zotavíte. Vyhýbajte sa prudkým pohybom a akémukoľvek pohybu, pri ktorom sa cítite nekomfortne.

- Keď vás rameno prestane bolieť, je čas začať s cvičeniami na posilnenie svalstva v oblasti ramien. V opačnom prípade sa vám zranenie pravdepodobne znova vráti.

- Ak predsúvate ramená, pomôžu vám cvičenia na otvorenie hrudníka.

PROFESIONÁLNA LIEČBA

- Pri podozrení na subakromiálny impingement syndróm ramena by ste mali navštíviť fyzioterapeuta, osteopata alebo chiropraktika a nechať si potvrdiť diagnózu.

- Terapeut rozmasíruje všetky štyri kĺby ramenného pletenca a svaly rotačnej manžety pomocou rytmických, krúživých pohybov a rukami pritom bude podopierať ramenné svalstvo. Cieľom takejto masáže je uvoľnenie preťaženého svalstva a zníženie tlaku na šľachu. Ramená sú komplexným systémom, preto je najlepšie ošetriť všetky jeho svaly naraz. Najvhodnejšie je, ak pritom pacient leží na boku a terapeut zároveň ošetrí aj krk, prsné svaly a rebrá. Práve rebrá zohrávajú pri problémoch s ramenami dôležitú úlohu: ak sú stiahnuté, môžu zatlačiť na lopatku.

- Ak bolesť neustáva, môže vám lekár predpísať steroidové injekcie.

Často sa hovorí, že na bolesť ramien je najlepšie aplikovať teplo, pretože ľad rameno „zamrazí". Nie je to však pravda. Rameno by ste mali vyliečiť rovnako ako akúkoľvek inú časť tela: ak bolesť sprevádza zápal, priložte k nemu ľad, a ak zápal nie je prítomný, prikladajte striedavo teplé a studené obklady.

NESTABILITA

PRÍBEHY PACIENTOV: NESTABILNÁ

Keď bola Sara malá, robila gymnastiku. Roky na žinenke jej oslabili ramenné kĺby a cítila sa, akoby mala „uvoľnené" rameno. Rameno sme ošetrili a Sara začala cvičiť cvičenia na posilnenie svalstva a okolitých tkanív. Ak by necvičila, hrozilo by jej, že sa nabudúce rameno nielen znova uvoľní, ale dokonca úplne vyskočí z kĺbovej jamky.

O vykĺbenom ramene pravdepodobne počuli už všetci. Možno ste však nepočuli, že ide o extrémny prípad nestability ramena. Nestabilné rameno definuje lekárska veda ako ramenný kĺb, ktorý sa o pár centimetrov vysunie z kĺbovej jamky. Pacienti s nestabilným, teda čiastočne vykĺbeným ramenom opisujú svoje ramená ako „uvoľnené". Rovnako svoje rameno opísala aj Sara, keď prišla prvýkrát do mojej ordinácie.

Ak sa čiastočné vykĺbenia neliečia, zaťažujú a opotrebovávajú okolité tkanivá, čo môže viesť k úplnému vykĺbeniu (vykĺbené rameno je stav, ktorý si vyžaduje okamžitú lekársku starostlivosť na urgentnom príjme) alebo pretrhnutiu rotárorovej manžety.

Ak sa kĺb čiastočne vysunie z kĺbovej jamky, buď ostane vysunutý v neprirodzenej polohe, alebo sa sám od seba vráti do jamky. Na príčine sú oslabené väzy v okolí kĺbu. Väzy sa môžu oslabiť opakovanými pohybmi, u niektorých ľudí je to dokonca vrodený stav. Keďže tkanivo v okolí kĺbu sa pri vykĺbení ramena môže natiahnuť alebo natrhnúť, je pravdepodobné, že sa rameno vykĺbi znova.

Ak si úplne vykĺbite rameno, nebudete mať o svojej diagnóze pochybnosti. Pocítite extrémnu bolesť a ramenom nebudete vedieť pohnúť. K takémuto zraneniu najčastejšie dochádza napríklad pri pádoch. Pretože príznaky úplne vykĺbeného ramena sú očividné, sekcia nižšie sa venuje diagnostike menej závažným formám nestability ramien, t. j. čiastočným vykĺbeninám ramien.

PREČ S MÝTMI

Možno ste už počuli o niekom, kto má „telo ako z gumy". Takýto človek za zvýšenú pohyblivosť a ohybnosť, samozrejme, nevďačí kĺbom z gumy, ale poruche nazývanej hypermobilita. Človek s hypermobilnými kĺbmi dokáže bez akejkoľvek sprievodnej bolesti kĺby posunúť za hranicu ich normálneho pohybového rozsahu. Hypermobilných pacientov často postihuje kĺbová nestabilita.

Priraďte svojej bolesti stupeň podľa stupnice bolesti a pokračujte metódou **STOP**. Ak máte nestabilné rameno, bude pre vás platiť:

- **S**ite – Miesto: Bolesť sa väčšinou prejavuje nad kĺbom, najmä v jeho prednej časti.

- **T**ype – Typ: Ak sa rameno vykĺbi, pocítite ostrú bolesť. Zároveň budete mať pocit, ako by sa vám rameno uvoľnilo a nedokážete ho ovládať. Môže sa objaviť aj opuch. Ak pri vykĺbení prišlo aj k poškodeniu nervov, môžete pociťovať mravčenie alebo bude postihnuté miesto necitlivé.

- **O**nset – Nástup: Najpravdepodobnejšie pôjde o opakované zranenie, ale môže byť aj následkom zranenia.

- **P**rovoked – Spúšťač: Všimnete si, že ramenom nedokážete plnohodnotne hýbať a pri niektorých jednoduchých, každodenných činnostiach sa rameno môže vysunúť z kĺbovej jamky.

Pri pohybe sa rameno môže zasekávať alebo môžete začuť cvakanie.
Pacienti s nestabilným ramenom často opisujú rameno ako „uvoľnené". Pri úplnom vykĺbení to však neplatí.

DOMÁCA LIEČBA

- Pri nestabilite ramenného kĺbu sú nesmierne dôležité cvičenia na posilnenie svalov v ramennej oblasti. Kým nebudú vaše svaly dostatočne silné na to, aby udržali kĺb na správnom mieste, kĺb sa bude pravidelne vysúvať zo svojej jamky. Môžete navštíviť odborníka, ktorý vám vypracuje cvičebný a rehabilitačný plán, alebo vyskúšajte cvičenia na posilnenie ramenného svalstva na konci tejto kapitoly.

PROFESIONÁLNA LIEČBA

- Ak príde k úplnému vykĺbeniu ramena, okamžite vyhľadajte urgentnú lekársku starostlivosť. Na pohotovosti vám rameno napravia. Vykĺbené rameno si nikdy nenaprávajte sami. Môžete si privodiť ešte vážnejšie poškodenie kĺbu alebo potrhať okolité svaly. V prípade, že dôjde k opuchu, použite metódu RICE (odpočinok, ľad, kompresia, nadvihnutie – pozri strana 69).

- Pri čiastočne vykĺbenom ramene môžete navštíviť fyzioterapeuta, osteopata alebo chiropraktika. Kĺb vrátia na svoje miesto pomocou jemnej mobilizácie. Terapeut by takisto mal odhaliť príčinu, prečo prišlo k oslabeniu kĺbu, a vytvoriť pre vás plán na posilnenie zasiahnutej oblasti.

ARTRITÍDA

PRÍBEHY PACIENTOV:

Simon mal po šesťdesiatke a v mladosti hrával rugby. Roky trpel bolesťami ramena a jeho rameno bolo viditeľne nestabilné. Niet sa čomu čudovať, takýto stav je u športovcov praktizujúcich kontaktné športy, akým je aj rugby, bežný. V posledných mesiacoch sa Simonove bolesti zhoršili a nedokázal ležať na boku. Navyše stratil pohyblivosť v ramene. Dlhodobá záťaž na rameno si, bohužiaľ, vybrala svoju daň a u Simona sa rozvinula osteoartróza. Ako prvé som mu pomocou masáže pomohol zmierniť bolesť a potom som napravil rameno a okolité kĺby, čím sa mu do ruky prinavrátila pohyblivosť.

Artritídu si najčastejšie spájame s rukami alebo kolenami, pritom artritída ramena je viac ako bežným fenoménom. Až tretina ľudí nad 60 rokov sa vo väčšej či v menšej miere stretáva s artritídou ramena. To sú neuveriteľné čísla. Artritída sa najčastejšie vyskytuje u ľudí po 50. roku života, ale postihnúť môže aj deti a dospievajúcich, najmä, ak jej predchádzal úraz. O osteoartróze a reumatoidnej artritíde sa viac dočítate v 3. kapitole.

Z dvoch prechádzajúcich podkapitol (o impingemente a nestabilite) by sme mohli nakresliť jednu veľkú pomyselnú šípku smerujúcu k artritíde. Ak mávate pravidelne problémy s ramenami a opakovane vás trápi impingement syndróm alebo nestabilné rameno a svojim problémom nevenujete pozornosť, je možné, že na dvere vám onedlho zaklope osteoartróza. Rovnaký osud postihol aj Simona.

 Priraďte svojej bolesti stupeň podľa stupnice bolesti a pokračujte metódou **STOP**. Ak trpíte artritídou ramena, bude pre vás platiť:

- **S**ite – Miesto: Bolesť sa môže vyskytnúť kdekoľvek na pleci, buď v prednej, alebo v zadnej časti, a môže sa rozšíriť do ramena. Takisto môže vyžarovať aj do lakťa a zápästia.

- **T**ype – Typ: Artritída sa prejavuje ako hlboká bolesť. Neklamným znakom artritídy je stuhnutosť v postihnutom mieste.

- **O**nset – Nástup: Bolesť nastupuje postupne a sprevádza ju postupná strata pohyblivosti.

- **P**rovoked – Spúšťač: Medzi najčastejšie spúšťače patria zmeny počasia alebo zdvíhanie a prenášanie ťažkých predmetov. Ráno zvykne byť bolesť intenzívnejšia.

 Typickým znakom artritídy je vŕzganie a cvakanie ramenného kĺbu pri pohybe.

DOMÁCA LIEČBA

- Užitočnou liečebnou metódou je trakcia, čiže jemné oddeľovanie kĺbov. Môžete ju vykonávať aj v domácich podmienkach, stačí, ak stojmo vezmete do rúk jednoručnú činku alebo iné závažie. Nemusíte pritom hýbať ramenami a váhu zdvíhať.

- Pri reumatoidnej artritíde a osteoartróze môžete vyskúšať studené aj teplé obklady. Niektorí pacienti tvrdia, že im viac zaberajú teplé obklady, kým iní nedajú dopustiť na studené obklady. Vyskúšajte obidva a uvidíte, ktorý vám bude vyhovovať viac.

- Úľavu od artritídy môžu priniesť cvičenia, medzi ktoré patrí aj krúženie ramenami v malých kruhoch. Položte ruky na plecia tak, aby lakte smerovali pred vás, a lakťami potom krúžte do obidvoch strán.

PROFESIONÁLNA LIEČBA

- Pri problémoch s artritídou ramena môžete navštíviť osteopata, chiropraktika alebo fyzioterapeuta. Kľúčovými postupmi pri liečbe artritídy sú mobilizácia kĺbu a praktická práca so svalmi a s väzmi.

- Skúsenosti mi ukazujú, že pri artritíde pomáha aj terapia studeným laserom.

PREČ S MÝTMI

Artritída patrí k vyčerpávajúcim ochoreniam. Inštinktívne sa stránime akéhokoľvek pohybu, mysliac si, že sa takto ochránime pred prejavmi nášho ochorenia. Opak je však pravdou. Bez pravidelného cvičenia a strečingu sa možnosti pohybu, ktoré nám ešte zostávajú, výrazne obmedzia.

ĎALŠIE BEŽNÉ OCHORENIA RAMIEN

- *Zamrznuté rameno* vzniká, keď kĺb stuhne v dôsledku abnormálneho rastu tkanív v kĺbe. Ide o komplexné ochorenie pozostávajúce z troch fáz: zamŕzanie, zmrznutie a roztápanie. Každá z nich si vyžaduje špecifický prístup k liečbe.

- *Polymyalgia rheumatica* (viacnásobná reumatická bolesť) je zápalové ochorenie, ktoré zapríčiňuje stuhnutie a bolesť svalov. Častejšie postihuje ženy a prejavuje sa bolesťou v obidvoch ramenách. Pri liečbe sa využívajú steroidy. Môže mať súvislosť so zápalom ciev v spánkovej oblasti. Ak máte podozrenie, že sa u vás prejavuje toto ochorenie, mali by ste navštíviť lekára.

- *Zápal dlhej šľachy bicepsu* je zápalové ochorenie vrchnej časti šľachy bicepsu, ktorá sa upína na ramenný kĺb. Medzi bežné príznaky patrí bolesť v prednej časti ramena a slabosť.

STREČING A CVIKY NA RAMENÁ

Ramenný pletenec je komplexný a skladá sa z viacerých kĺbov, ale na všetky vyššie opísané ochorenia vám pomôžu rovnaké cvičenia alebo strečing. Prvým krokom liečby by malo byť zlepšenie držania tela. Nesprávne držanie tela je často základným dôvodom problémov s ramenami. Skúsený terapeut alebo osobný tréner vám pomôže so zostavením vhodného cvičebného a rehabilitačného plánu. Pri všetkých nižšie opísaných cvičeniach platí presne to isté, čo pre každé cvičenie v tejto knihe: ak pri cvičení pociťujete bolesť alebo sa váš stav zhoršuje, s cvičením okamžite prestaňte.

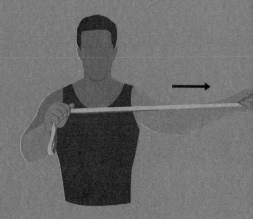

1

Nesprávne držanie tela
a predsúvanie ramien stojí
za mnohými problémami
s ramenami. Aby ste tento
problém odstránili a ramená
znova otvorili, potrebujete otvoriť
hrudník. Chyťte oba konce
uteráka do rúk a zdvihnite ruky,
akoby ste na hodinkách ukazovali
na desiatku a dvojku. Pozerajte sa
priamo pred seba. Možno to znie
až príliš jednoducho, ale uterák
kladie na ramená dodatočný
odpor. Toto cvičenie tak ponúka
protiváhu predsunutým ramenám.

2

Pri ďalšom cvičení stojte
vzpriamene a rukou, ktorá vás
nebolí, uchopte za chrbtom
zápästie tej končatiny, v ktorej
pociťujete bolesť ramena. Pomaly
odťahujte bolestivú ruku smerom
od chrbta, až pokiaľ nepocítite,
ako sa svaly v zasiahnutom
ramene natiahnu. Vydržte v tejto
polohe niekoľko sekúnd a uvoľnite.
Cvičenie niekoľkokrát zopakujte.

3

O dôležitosti posilnenia svalstva pri predchádzaní zranení sme si už na stránkach tejto knihy povedali. Najlepšou pomôckou na posilnenie svalstva je guma na cvičenie. Ide o dlhý elastický pás, ktorý vám pri cvičení kladie odpor. Uchopte konce gumy do rúk a pomaly ťahajte smerom von tak, aby ste cítili, ako sa vám napínajú svaly na oboch stranách tela. Ak chcete do cvičenia zapojiť aj iné svaly, vráťte sa do východiskovej polohy a tentoraz natiahnite hore na úroveň ucha a smerom od tela iba jednu ruku (pozri ilustráciu vyššie).

4

Pri zraneniach ramena pomáha, aj keď sa premasírujete. Ak vlastníte masážnu pištoľ, môžete ju použiť na prednej a zadnej časti ramien alebo po ich stranách. Ak masážnu pištoľ nevlastníte, položte na protiľahlé rameno bruská štyroch prstov po dobu piatich sekúnd. Prstami môžete takisto vykonávať krúživé pohyby cez oblečenie alebo s trochou oleja či krému. Veľmi dobre pôsobí aj tlak tenisovej loptičky.

Vrchná časť chrbta

A k sa chceme rozprávať o vrchnej časti chrbta, mali by sme najprv povedať, kde sa vlastne nachádza. Pri pohľade na stavbu chrbtice nájdeme vrchnú časť chrbta pomerne rýchlo – tvorí ju stredná časť chrbtice, nazývaná *hrudníková* chrbtica (pozri Obrázok 7.1). Hrudníková chrbtica je najdlhšou a zároveň najmenej pohyblivou časťou chrbtice. Z toho dôvodu v tejto časti chrbtice nedochádza k toľkým zraneniam platničiek. Hlavnou funkciou hrudníkovej chrbtice je poskytovanie opory rebrám, chrániacim srdce a pľúca. Ako ukazuje Obrázok 7.1, hrudníková časť chrbtice k sebe viaže rebrá, priestor medzi lopatkami a spodnú časť krku.

Vrchná časť chrbta patrí k miestam, kde pacienti často pociťujú prenesenú bolesť. Ak vás teda bolí táto časť chrbta, je dobré mať na pamäti, že zdroj bolesti sa môže nachádza v inej časti tela (pozri Obrázok 7.2). Za bolesťou vrchnej časti chrbtice sa môže skrývať aj lichobežníkový sval, ktorý sa tiahne od krku, prechádza lopatkami a upína sa na hrudníkové stavce. Ak teda pociťujete bolesť medzi lopatkami, prečítajte si aj 5. kapitolu, ktorá sa takisto venuje lichobežníkovému svalu.

Prichádza za mnou mnoho pacientov, ktorí pociťujú ťažkosti vo vrchnej časti chrbta. Hoci sú ťažkosti v tejto oblasti bežné, nie je ľahké ich vyliečiť v domácom prostredí. Je obzvlášť ťažké dotknúť sa oblasti medzi lopatkami, preto je potrebné navštíviť terapeuta alebo poprosiť o masáž niektorého z našich priateľov či rodinných príslušníkov.

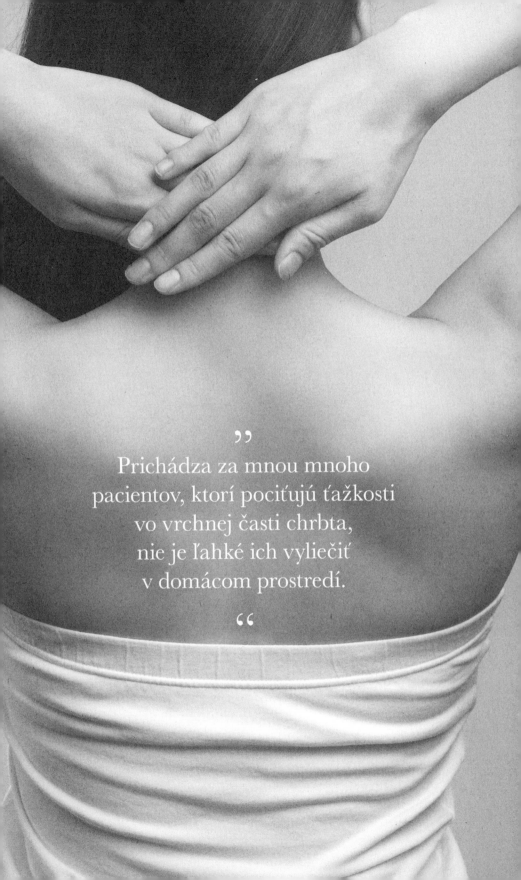

„

Prichádza za mnou mnoho
pacientov, ktorí pociťujú ťažkosti
vo vrchnej časti chrbta,
nie je ľahké ich vyliečiť
v domácom prostredí.

"

OBRÁZOK 7.1
ČASTI CHRBTICE

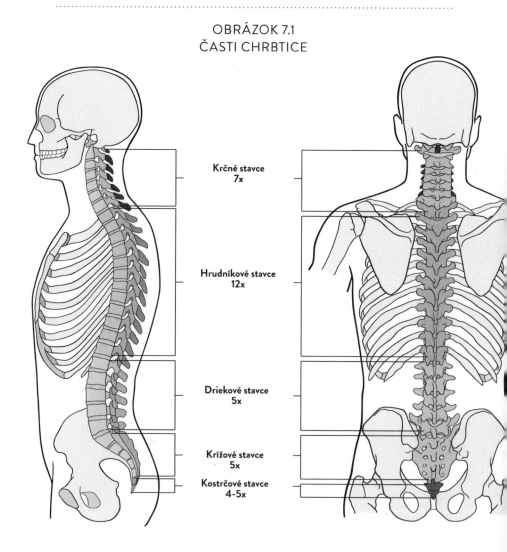

Krčné stavce
7x

Hrudníkové stavce
12x

Driekové stavce
5x

Krížové stavce
5x

Kostrčové stavce
4-5x

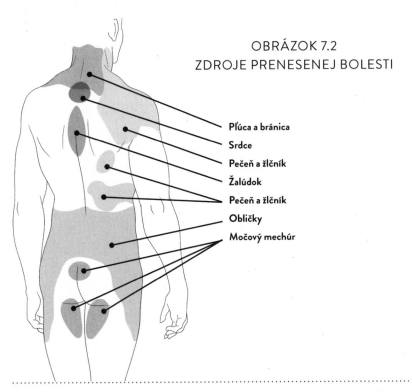

OBRÁZOK 7.2
ZDROJE PRENESENEJ BOLESTI

Pľúca a bránica
Srdce
Pečeň a žlčník
Žalúdok
Pečeň a žlčník
Obličky
Močový mechúr

Ochoreniam vo vrchnej časti chrbta predchádzajú mnohé varovné signály. Ak na sebe spozorujete niektorý z nasledujúcich príznakov, neodkladne vyhľadajte lekársku pomoc:

- Bolesť na hrudníku zahŕňajúca stuhnutosť alebo tlak na hrudník

- Ťažkosti s dýchaním, dýchavičnosť, neschopnosť správne artikulovať, lapanie po dychu

- Mimoriadne ostrá bolesť v strede chrbta

- Kašeľ, ktorý trvá viac týždňov a sprevádza ho bolesť v strede chrbta

- Bolesť vo vrchnej časti chrbta a prekonaná rakovina v anamnéze

- Nehoda alebo zranenie

NAJROZŠÍRENEJŠIA DIAGNÓZA: NATIAHNUTÝ SVAL

Pacienti ku mne často zavítajú, ak ich trápi stále prítomná bolesť vo vrchnej časti chrbta na mieste, ktorého sa nedokážu dotknúť. Vo vrchnej časti chrbta sa nachádza mnoho svalov, dobrou správou však je, že sa iba zriedkakedy pretrhnú. Pretrhnuté svaly vrchnej časti chrbta vídavam takmer vždy iba u ľudí, ktorí sa venujú vzpieraniu. Ak teda nie ste oddaným vzpieračom, pretrhnutý sval môžete takmer s istotou vylúčiť.

Najčastejším kandidátom na natiahnutie je lichobežníkový sval, ale často sa zvyknú natiahnuť aj zvyšné povrchové svaly, v niektorých prípadoch aj tie hlboké (pozri Obrázok 7.3).

Na rozdiel od krčnej chrbtice a spodnej časti sa kĺby vrchnej časti chrbta nezvyknú zasekávať. Tupá bolesť v tejto oblasti preto nenaznačuje poranenie chrbtice, ale skôr poukazuje na natiahnutý sval alebo problém s rebrami.

Natiahnuté svaly vo vrchnej časti chrbta sú vo väčšine prípadov následkom nesprávneho držania tela, nedostatku svalovej sily (dekondícia) alebo opakovaného preťažovania svalov. Nesprávne držanie tela vyplýva najmä z hrbenia sa nad pracovným stolom či pri šoférovaní.

Natiahnutý sval vo vrchnej časti chrbtice sa v populácii vyskytuje obzvlášť často. Pretože až tak neboli – pacienti mu väčšinou priraďujú hodnotu dva alebo tri na stupnici bolesti –, väčšina ľudí si túto bolesť nevšíma a pokračuje v každodenných činnosť. Natiahnuté svaly by sme však rozhodne prehliadať nemali, ich zhoršenie totiž môže

PRÍBEHY PACIENTOV: OPATRNE S ČINKAMI

Joshua prišiel ku mne do ordinácie s natiahnutými kosoštvorcovými svalmi. Mal niečo vyše tridsiatky a vyzeral zdravý a v kondícii. Desať rokov necvičil a potom sa rozhodol, že začne chodiť do posilňovne. Jeho osobný tréner precenil jeho schopnosti a Joshua sa nechcel priznať, že nie je taký silný, ako vyzerá. Preto zdvíhal činky a spôsobil si vážne a veľmi bolestivé svalové natiahnutie. Našťastie si sval nepretrhol, preto jeho rekonvalescencia netrvala tak dlho. Jej základom bola metóda suchej ihly a striedanie masáže a studených obkladov.

viesť k problémom s kĺbmi či rebrami. Svalové poškodenie navyše nemusí ovplyvňovať iba oblasť vrchnej časti chrbta, ale môže zaťažiť aj ramená, krk a spodnú časť chrbta. ak sa vám bolesť vymkne spod kontroly, následky môžu byť nedozerné. Ja som si napríklad natiahol stehenný sval, pretože som bolesti v spodnej časti chrbta nepripisoval žiaden význam.

OBRÁZOK 7.3
POVRCHOVÉ A HLBOKÉ SVALY VRCHNEJ ČASTI CHRBTA

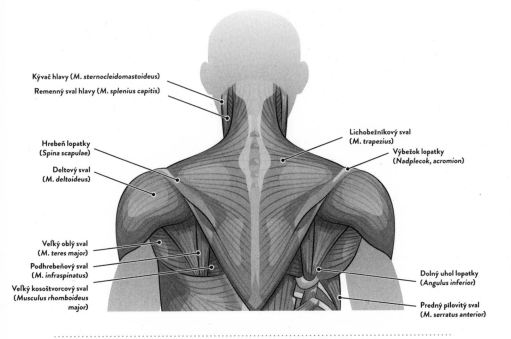

Kývač hlavy (*M. sternocleidomastoideus*)
Remenný sval hlavy (*M. splenius capitis*)

Hrebeň lopatky
(*Spina scapulae*)

Deltový sval
(*M. deltoideus*)

Veľký oblý sval
(*M. teres major*)
Podhrebeňový sval
(*M. infraspinatus*)
Veľký kosoštvorcový sval
(*Musculus rhomboideus major*)

Lichobežníkový sval
(*M. trapezius*)

Výbežok lopatky
(*Nadplecok, acromion*)

Dolný uhol lopatky
(*Angulus inferior*)

Predný pílovitý sval
(*M. serratus anterior*)

Priraďte svojej bolesti stupeň podľa stupnice bolesti a pokračujte metódou **STOP**. Ak vás trápi natiahnutý sval vo vrchnej časti chrbta, bude pre vás platiť:

• **S**ite – Miesto: Bolesť sa väčšinou prejavuje medzi lopatkami alebo v strednej časti chrbtice.

• **T**ype – Typ: Tupá bolesť sprevádzaná kŕčmi, pocitom napätia a stuhnutosti v svaloch.

- **O**nset – Nástup: Bolesť alebo stuhnutosť nastupujú postupne a vyvíjajú sa časom. Podľa toho, ktorý sval sa natiahol, ju môžete cítiť ako povrchovú alebo hlbokú bolesť (pozri Obrázok 7.3). Ak niečo nešikovne zdvihnete alebo sa za niečím natiahnete nezvyčajným spôsobom, môžete ju pocítiť aj ako náhlu bolesť.

- **P**rovoked – Spúšťač: Medzi najčastejšie spúšťače patria niektoré pohyby alebo zotrvávanie v polohe, ktorá by mohla spôsobiť natiahnutie, napríklad sedenie za pracovným stolom, státie alebo nosenie ťažkej tašky do práce.

Prenesená bolesť z niektorého orgánu sa môže prejavovať aj ako bolesť vrchnej časti chrbta. Rozoznáte ju jednoducho – stačí sa zamyslieť, čo vašu bolesť spustilo. Zhoršuje sa bolesť po jedle? Skúste si preštudovať časť „Ďalšie bežné ochorenia" v 10. kapitole venovanej brušnej dutine.

ŤAŽKÉ TAŠKY

Ak pravidelne prenášate ťažké tašky, poproste niekoho, aby vás pri tom odfotil. Možno vás prekvapí, ako váha tašky ťahá vaše telo do jednej strany. Ak odstránite príčinu problému, natiahnutý sval sa zvyčajne vráti do pôvodného stavu. Mali by ste sa preto zamyslieť nad alternatívou k taške.

DOMÁCA LIEČBA

- Pri bolestiach vrchnej časti chrbtice sa v domácom prostredí môžete oprieť o masážnu pištoľ alebo masážne valčeky, ktoré dokážu na chrbát vyvinúť dostatočný tlak. Ak používate masážnu pištoľ, neprikladajte ju priamo na chrbticu.

- V prípade, že sa budete chcieť premasírovať, budete potrebovať tenisovú loptičku. Ľahnite si na zem a tenisovou loptičkou podložte vrchnú časť chrbtice. Pohybom chrbta rolujte loptičku okolo svalov.

- Pri problémoch s natiahnutým svalom v oblasti vrchnej časti chrbta môžete navštíviť osteopata, fyzioterapeuta, chiropraktika alebo maséra. Aby terapeut uvoľnil svalové napätie, použije masážne a mobilizačné techniky. Okrem vrchnej časti chrbta ošetrí aj váš krk a ramená. Ak je natiahnutie svalu následkom dekondície (nedostatok svalovej sily), budú potrebné aj cviky na posilnenie svalstva.

- Pacientom s bolesťami vrchnej časti chrbta naťahujem každé rebro a ako páku na to využívam pacientovu pažu. Svaly medzi rebrami sú často stiahnuté a takýto prístup pomáha zmierniť napätie v tejto oblasti.

- Pri bolestiach vrchnej časti chrbta pomáha aj bankovanie.

REBRÁ

Aj muži, aj ženy majú dvanásť párov rebier. Niektorí ľudia sa rodia s jedným párom rebier navyše. Nazýva sa krčné alebo nadbytočné rebro a narastá nad kľúčovou kosťou. Zvyčajne ide o neškodný stav, ktorý so sebou neprináša vážne komplikácie. Ak však krčné rebro zatlačí na nerv a podráždi ho, môže vyvolať bolesť. Zo skúseností môžem povedať, že rebrá sa zaraďujú k tým častiam tela, ktoré sa ťažko ošetrujú. Bolesť rebier vo väčšine prípadov spôsobuje jeden z troch nasledujúcich stavov:

- posunuté rebro,

- kŕče v svaloch medzi rebrami,

- zlomenina rebra.

Zlomeniny rebier sa vyskytujú takmer výlučne ako následok úrazu, napríklad po páde alebo autonehode. Na zlomenie rebra je potrebná veľká sila, takže mu bude predchádzať nezvyčajná udalosť.

Nesprávne držanie tela a opakované pohyby môžu viesť k posunutiu rebra. Posunuté rebro nie je také pružné, čo spôsobuje zvýšený tlak na ostatné rebrá, ktoré sa budú snažiť vykompenzovať nedostatočnú pohyblivosť postihnutého rebra, čo vedie k jeho úplnému vysunutiu. Ak máte problémy s rebrami, bude napätý aj váš hrudník. Preto budete potrebovať cviky na jeho otvorenie.

Zlomené a posunuté rebrá môžu vyvolať obrovskú bolesť. Kým bolesť po zlomenine je skôr nepretržitá, bolesť spôsobenú posunutým rebrom podľa pacientov spôsobuje pootočenie sa alebo predklonenie sa.

PRÍBEHY PACIENTOV: NIE SÚ UZLÍKY AKO UZLÍKY

Jenny už pár mesiacov navštevovala maséra, ktorý sa ju neúspešne snažil zbaviť uzlíkov v hornej časti chrbta. Absolvovala množstvo hĺbkových masáží a zmierila sa s tým, že budú bolestivejšie ako ľahšie masáže. Na masážnom stole preto strávila hodiny a nechávala, aby jej masér zabáral lakte do chrbta.

Vyšetril som jej chrbát. Uľavilo sa je, keď som jej povedala, že na chrbte nemá uzlíky – v skutočnosti ide o jej rebrá. Spolu sme pracovali na natiahnutí prednej časti rebier. Chrbát sme nechali na pokoji (liečby si užil až-až). Bolesť chrbta sa zmiernila. Spôsobovalo ju napätie v rebrách.

Medzi rebrami sa nachádzajú medzirebrové svaly (*mm. intercostales*). Tieto hrubé svaly tvoria hrudnú stenu (pozri Obrázok 7.4) a pomáhajú hrudníku rozťahovať a sťahovať sa pri dýchaní. Ak sa medzistavcové svaly stiahnu, môže to viesť k bolestivému dýchaniu alebo iným problémom s rebrami, je preto potrebné ich uvoľniť. Niekoľko pacientov za mnou prišlo po tom, čo absolvovali thajskú masáž. V snahe uvoľniť svaly na chrbte masér kráčal po pacientovom chrbte, no namiesto uvoľnenia prišlo k posunutiu rebier. Ak by ste niekde boli na pochybách: chrbát nie je prechádzkové mólo a takéto zaobchádzanie musí byť postavené na pevnom logickom základe.

Zaťažiť rebrá a medzistavcové svaly môže aj obyčajné dýchanie, najmä, ak dýchate do hrude, a nie do bránice. Pacientov musím často znova naučiť, ako majú správne dýchať: pri nádychu sa má nadvihovať spodná časť brucha, a nie hrudník. O správnej technike dýchania sa viac dočítate v 18. kapitole.

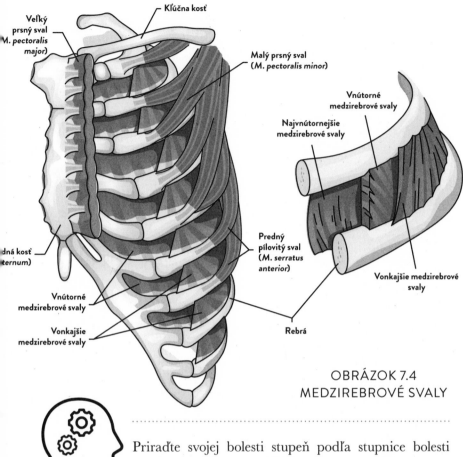

Veľký prsný sval
(M. pectoralis major)

Kľúčna kosť

Malý prsný sval
(M. pectoralis minor)

Vnútorné
medzirebrové svaly

Najvnútornejšie
medzirebrové svaly

dná kosť
ternum)

Predný
pílovitý sval
(M. serratus
anterior)

Vonkajšie medzirebrové
svaly

Vnútorné
medzirebrové svaly

Vonkajšie
medzirebrové svaly

Rebrá

OBRÁZOK 7.4
MEDZIREBROVÉ SVALY

Priraďte svojej bolesti stupeň podľa stupnice bolesti a pokračujte metódou **STOP**. Pri problémoch s rebrami pre vás bude platiť:

- **S**ite – Miesto: Bolesť sa väčšinou vyskytuje v rebrách. Niekedy sa bolesť rebier môže prejavovať aj ako prenesená bolesť v prednej časti hrude a na jej stranách.

- **T**ype – Typ: Ak je zranenie čerstvé, bolesť môže byť veľmi ostrá a akútna. Môžete ju však pociťovať aj ako tupú bolesť na pozadí, ktorá sa zhoršuje pohybom. Nepretržitá bolesť naznačuje zlomené rebro.

- **O**nset – Nástup: Nastupuje postupne, alebo náhle. Zlomeniny rebier sa vyskytujú takmer výlučne po zranení.

- **P**rovoked – Spúšťač: Medzi najčastejšie spúšťače patrí otáčanie sa, predkláňanie sa či dýchanie.

DOMÁCA LIEČBA

- Pri problémoch s medzirebrovými svalmi značne pomáha naťahovanie rebier, ktoré by mal vykonávať skúsený terapeut. V domácom prostredí môžete vyskúšať cvičenie na otvorenie hrudníka opísané na konci tejto kapitoly.

PROFESIONÁLNA LIEČBA

- Liečba rebier je do značnej miery komplikovaná, preto by ste mali navštíviť skúseného osteopata alebo chiropraktika, trénovaného na ošetrovanie rebier.

- Posunuté rebro je za normálnych okolností potrebné napraviť. V žiadnom prípade sa sami nepokúšajte dostať rebro do pôvodnej polohy. Kvôli anatómii rebier je tento úkon náročný aj pre skúseného terapeuta. Každý pohyb pri naprávaní musí precízny, ináč môže dôjsť k vážnejšiemu poškodeniu.

- Terapeut identifikuje postihnuté rameno a ošetrí svaly v jeho okolí. Ak je rameno posunuté, je potrebné ho napraviť. Nápravu potrebuje len postihnuté rebro a terapeut by nemal naprávať zvyšné rebrá.

- Ak je bolesť spôsobená medzirebrovým svalom veľmi akútna, pacient nemusí zniesť dotyk v zasiahnutej oblasti. V takýchto prípadoch vždy najprv ošetrím a uvoľním svaly krku, bránice a ramien a až potom sa presuniem k rebrám. Pri bolesti rebier pomáha aj metóda suchej ihly.

Ak vám dýchanie spôsobuje bolesť, je pravdepodobné, že máte posunuté alebo zlomené rebro.
Bolesť spôsobená problémami s rebrami väčšinou postihuje len jednu časť tela a v niektorých prípadoch kopíruje zakrivenie rebra.

ĎALŠIE BEŽNÉ OCHORENIA VRCHNEJ ČASTI CHRBTA

- *Poškodenie platničky* ako napríklad vyskočená platnička sa častejšie vyskytuje v krku alebo spodnej časti chrbta, ale občas k nemu príde aj v hrudníkovej chrbtici. Poškodená platnička v tejto oblasti sa obyčajne neprejavuje bolesťou ani inými príznakmi, preto často ostáva nediagnostikovaná.

- Ku *kompresívnej zlomenine* stavcov prichádza, keď sa stavec oslabí a nedokáže uniesť váhu tela nad sebou. V stavci sa objavia malé praskliny, ktoré môžu spôsobiť scvrknutie chrbtice. Zmena v držaní tela môže vyvolať bolesť.

- V hrudníkovej časti chrbtice môže prísť k *reumatoidnej artritíde* alebo *osteoartróze*. Viac o týchto ochoreniach si môžete prečítať v 3. kapitole.

- Skolióza je ochorenie, pri ktorom dochádza k vytočeniu chrbtice do strany. Pri skolióze sa chrbtica môže vykriviť do tvaru písmena S pri pohľade zozadu. Existujú aj mierne formy skoliózy, pri tých najvážnejších môže byť potrebná operácia. Skolióza sa prejavuje plecami položenými v rôznej výške, nakláňaním sa do jednej strany, ale svedčí o nej aj oblečenie visiace z tela.

STREČING A CVIKY NA VRCHNÚ ČASŤ CHRBTA

Pre väčšinu ľudí je namáhavé dotknúť sa vrchnej časti chrbta, preto som vybral cvičenia, ktoré zvládnete aj sami bez pomoci terapeuta. Pri všetkých nižšie opísaných cvičeniach platí presne to isté, čo pri ostatných cvičeniach v tejto knihe: ak pri cvičení pociťujete bolesť alebo sa váš stav zhoršuje, s cvičením okamžite prestaňte.

1

Môžete sa premasírovať pomocou masážneho valčeka. Na rozdiel od masážnej pištole sú valčeky lacné a investícia do nich sa oplatí. Masážny valček položte na zem tak, aby pokrýval celú šírku vášho chrbta. Ľahnite si a vrchnú časť chrbta položte na valček. Rukami si podložte krk, poskytnete mu tak dostatočnú oporu. Pokrčte kolená. Vaše telo sa odlepí od zeme. Pokrčenými nohami jemne posúvajte valček pozdĺž celého chrbta. Pri cvičení môžete začuť cvakanie v chrbte, nemusí vás to však znepokojovať.

2

Na uvoľnenie napätia z chrbtice a natiahnutie najširšieho svalu chrbta (*m. latissimus dorsi*), teda svalu, ktorý obopína váš pás zhora aj zdola, je veľmi dobrá jogová *poloha dieťaťa* (pozri Obrázok 7.5). Kľaknite si, posaďte sa na päty a hlavu pomaly prisúvajte čo najbližšie k podložke. Ruky vystrite pred hlavu. Krk uvoľnite, hlavu držte otočenú čelom k podložke. V tejto polohe vydržte asi 20 sekúnd.

3

Ďalšou skvelou jogovou polohou na precvičenie najširšieho svalu chrbta a svalov vo vrchnej časti chrbta je poloha *navliekanie ihly* (pozri Obrázok 7.6). Błahodarne pôsobí aj na pohyblivosť hrudníkovej chrbtice. Kľaknite si a ruky položte na podložke tak, aby boli pod ramenami. Ľavú ruku prestrčte pomedzi priestor medzi ramenom a nohami. Vytáčajte sa pomocou hrudníka. Otvorenú dlaň ľavej ruky smerujte nahor a pritlačte ľavé rameno k podložke. Pravú ruku vystrite pred seba. Hlavu oprite o podložku a pohľadom smerujte k stropu. V tejto polohe vydržte dvadsať sekúnd a potom cvičenie zopakujte aj na druhú stranu.

4

Ak predsúvate ramená k sebe, nasledujúce cvičenie vám pomôže otvoriť hrudník. K cvičeniu nepotrebujete žiadne pomôcky na posilňovanie a môžete si ho zacvičiť aj v kancelárii. Stojte vzpriamene a zdvihnite ruky nad hlavu tak, akoby ste na hodinkách ukazovali o desať dve. Vydržte v tejto polohe päť sekúnd. Potom spustite ruky do polohy *dvojité V*, ako je zobrazené na Obrázku 7.7, a na niekoľko sekúnd pritlačte lopatky k sebe. Obe polohy prestriedajte dva- či trikrát.

ÔSMA KAPITOLA

Lakeť

P ri pohľade na lakeť si to možno ani neuvedomíme, ale ide o jeden z najkomplikovanejších kĺbov v našom tele. Spájajú sa v ňom dve kosti predlaktia s ramennou kosťou vo vrchnej časti hornej končatiny (pozri Obrázok 8.1). Lakťový kĺb sa skladá z troch kĺbov, vďaka ktorým vieme svojím predlaktím hýbať dopredu a dozadu a zároveň ho aj otáčať. Označuje sa aj ako pántový kĺb a podobá sa na kĺby v kolenách či členku. Veľa ľudí lakťový kĺb prehliada a spája si ho len s bicepsovým zdvihom. V skutočnosti má však oveľa dôležitejšiu funkciu − bez neho by sme napríklad nedokázali stlačiť kľučku na dverách..

NIE JE HUMOR AKO HUMOR

Aj keď sa vám latinský názov ramennej kosti *humerus* môže zdať humorný, keď sa tresnete do lakťa, smiech vás rýchlo prejde. Po celej ruke sa vám rozptýli ostrá bolesť. Môže za ňu lakťový nerv (*nervus ulnaris*), ktorý v lakti obopína ramennú kosť a pred vonkajším svetom ho chráni len koža.

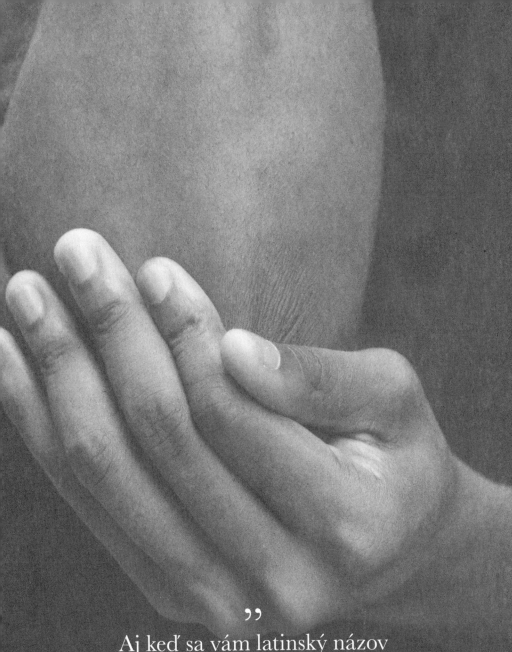

,,

Aj keď sa vám latinský názov
ramennej kosti *humerus* môže zdať
humorný, keď sa tresnete do lakťa,
smiech vás rýchlo prejde.

“

ANATÓMIA LAKŤA

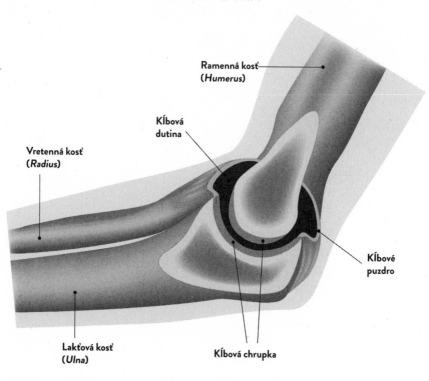

Ramenná kosť
(*Humerus*)

Kĺbová
dutina

Vretenná kosť
(*Radius*)

Kĺbové
puzdro

Lakťová kosť
(*Ulna*)

Kĺbová chrupka

KONTROLA
SYMPTÓMOV

MÁTE ZDRAVÉ LAKTE?

Ak máte zdravé lakte, mali by ste byť schopní
bez problémov vykonať tieto pohyby:

1
Úplne vystrieť
ruku.

2
Zohnúť lakeť tak,
aby ste sa špičkami
prstov dotkli pleca.

3
Otáčať predlaktím
tak, aby otvorená
dlaň smerovala raz
dohora a raz dole.

V našich predlaktiach sa skrýva prekvapujúca sila. Využívame ich takmer neustále pri všetkých činnostiach, pri ktorých používame lakte, zápästia či ruky. Podráždenie jednej zo šliach pripájajúcej svaly predlaktia k lakťovému kĺbu patrí k najrozšírenejším ochorenia lakťa a je známe ako tenisový a golfový lakeť. Aj keď by pomenovania týchto diagnóz mohli svedčiť o opaku, pred bránami mojej ordinácie nestoja davy golfistov a tenistov s boľavými lakťami. Tieto ochorenia vo veľkej miere postihujú manuálne pracujúcich ľudí alebo ľudí spoliehajúcich sa pri svojej práci na ruky, napríklad obkladačov, hudobníkov či sekretárky.

Mali by sme spomenúť aj dve (dúfam) ojedinelé zranenia lakťa. K zlomenine alebo vykĺbeniu lakťového kĺbu môže prísť po zranení, najmä po páde či autonehode. Zlomený lakeť napuchne, budete mať ťažkosti ním pohnúť a pod kožou sa môže vytvoriť hrča. V niektorých prípadoch budete môcť zraneným lakťom hýbať. Závisí to od toho, na akom mieste sa zlomenina nachádza. V každom prípade je najlepšie okamžite podstúpiť röntgenové vyšetrenie. Pri vykĺbenom lakti sa vám lakeť bude zdať voľný a spľasnutý. Obe ochorenia sú veľmi bolestivé a vyžadujú si okamžitú lekársku starostlivosť. Pomoc lekára vyhľadajte aj pri príznakoch uvedených nižšie.

Ochoreniam lakťa predchádzajú mnohé varovné signály. Ak na sebe spozorujete niektorý z nasledujúcich príznakov, neodkladne vyhľadajte lekársku pomoc:

- Kĺb je začervenaný, opuchnutý a teplý na dotyk a jeho pohyblivosť sa značne obmedzila.

- Cítite bolesť v obidvoch lakťoch.

- Boli ste účastníkom nehody alebo ste sa zranili.

- Na lakti sa objavila hrča, ktorá neustále rastie.

NAJROZŠÍRENEJŠIE DIAGNÓZY: TENISOVÝ LAKEŤ A GOLFOVÝ LAKEŤ

Príčinou tenisového lakťa, ako aj golfového lakťa je preťaženie predlaktia, pri ktorom dochádza k zápalu šliach upínajúcich sa na lakťový kĺb (pozri Obrázok 8.2a 8.2b). Často postihujú ľudí vykonávajúcich počas celého dňa rovnaký pohyb. Aj keď sa na prvé počutie môžu obidve diagnózy zdať rovnaké, predsa je tu jeden zásadný rozdiel: bolesť spôsobenú tenisovým lakťom pocítite na vonkajšej strane lakťového kĺbu, golfový lakeť sa bolestivo prejavuje v jeho vnútri.

Kým tenisový lakeť sa môže rozvinúť najmä pri pravidelnom napínaní svalov zápästia smerom nahor alebo pri rozťahovaní prstov, golfový lakeť spôsobuje ohýbanie zápästie smerom nadol k dlani alebo pri zovretí dlane. Ide teda o protichodné pohyby. Medzi mojimi pacientmi sa tenisový lakeť vyskytuje častejšie ako golfový lakeť.

PRÍBEHY PACIENTOV: ALE JA NEHRÁM TENIS

Matt pracoval na čiastočný úväzok ako basgitarista. Ak práve po večeroch nekoncertoval, každý večer cvičil tri hodiny. Do mojej ordinácie ho priviedol tenisový lakeť a silná bolesť, pre ktorú sa čím ďalej, tým viac vyhýbal svojmu nástroju. Vyšetril som ho a bolo mi jasné, že hlavnou príčinou Mattových problémov sú natiahnuté svaly predlaktia. Predtým, než som sa začal venovať lakťu, ošetril som Mattovi svaly predlaktia metódou suchej ihly a rozmasíroval unavené a prepracované zápästia. Potom som mu rozmasíroval rameno a plecia. Teraz už bol lakeť menej citlivý a mohol som ho jemne napraviť. Matt si doprial pártýždňovú prestávku od hrania na basgitare. V súčasnosti pristupuje k hraniu ako k športu a vždy predtým, než vezme do rúk basgitaru, si paže a zápästie rozcvičí. Tenisový lakeť sa odvtedy nevrátil.

Pacienti, ktorí prichádzajú do mojej ordinácie s diagnózou tenisový alebo golfový lakeť, väčšinou nehrajú ani golf, ani tenis. Spravidla sú to robotníci, maliari-natierači, štukatéri, pisári, šéfkuchári či mäsiari a väčšinou majú viac ako 30 rokov. Ochorenie sa väčšinou vyvinie až po určitom čase a pretože sa od začiatku neprejavuje intenzívnou bolesťou, ľudia mu väčšinou nepripisujú veľkú dôležitosť. K lekárovi sa vyberú, až keď ich lakeť bolí a je citlivý na dotyk. S obidvoma diagnózami sa častejšie stretávam u mužov.

OBRÁZOK 8.2A
TENISOVÝ LAKEŤ (LATERÁLNA EPIKONDYLITÍDA)

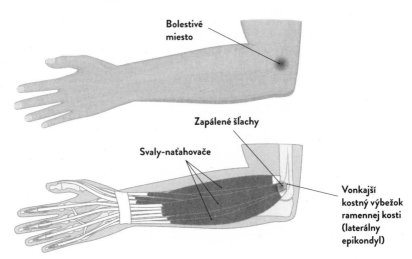

Bolestivé miesto

Zapálené šľachy

Svaly-naťahovače

Vonkajší kostný výbežok ramennej kosti (laterálny epikondyl)

TENISOVÝ LAKEŤ

Priraďte svojej bolesti stupeň podľa stupnice bolesti a pokračujte metódou **STOP**. Ak trpíte tenisovým lakťom, bude pre vás platiť:

- **S**ite – Miesto: Bolesť sa vyskytuje na vonkajšej strane lakťa. Ak sa zhorší, môže prechádzať do predlaktia.

- **T**ype – Typ: Prejavuje sa bolesťou a stuhnutosťou a opuchom. Niektorí pacienti ju opisujú aj ako pálčivú bolesť (čo obvykle poukazuje na nervovú bolesť, ale máme tu dočinenia s výnimkou, ktorá potvrdzuje pravidlo, a bolesť tkaniva sa výnimočne prejavuje ako nervová bolesť). Pri zovretí dlane môžete pociťovať slabosť.

- **O**nset – Nástup: Bolesť nastupuje postupne. Ak sa v poranenej šľache objaví nová mikrotrhlina, môže sa prejaviť aj ako náhla bolesť.

- **P**rovoked – Spúšťač: Medzi najčastejšie spúšťače patria ohýbanie zápästia smerom nahor či zovieranie dlane, napríklad otáčanie predlaktia pri otváraní dverí či zaváraninovej fľaše.

OBRÁZOK 8.2B
GOLFOVÝ LAKEŤ (MEDIÁLNA EPIKONDYLITÍDA)

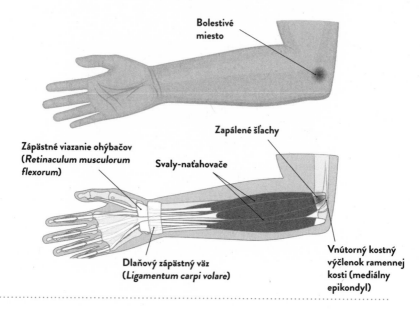

Bolestivé miesto

Zapálené šľachy

Zápästné viazanie ohýbačov
(*Retinaculum musculorum flexorum*)

Svaly-naťahovače

Dlaňový zápästný väz
(*Ligamentum carpi volare*)

Vnútorný kostný výčlenok ramennej kosti (mediálny epikondyl)

GOLFOVÝ LAKEŤ

Priraďte svojej bolesti stupeň podľa stupnice bolesti a pokračujte metódou **STOP**. Ak trpíte golfovým lakťom, bude pre vás platiť:

- **S**ite – Miesto: Bolesť sa vyskytuje vnútri lakťa. Ak sa zhorší, môže prechádzať do predlaktia. Niekedy ju môže sprevádzať pocit tŕpnutia na celom predlaktí (od lakťa po ruku).

- **T**ype – Typ: Prejavuje sa bolesťou, stuhnutosťou a opuchom, môže ju sprevádzať aj slabosť pri zovretí dlane. Niektorí pacienti ju opisujú aj ako pálčivú bolesť.

- **O**nset – Nástup: Bolesť nastupuje postupne. Ak sa v poranenej šľache objaví nová mikrotrhlina, môže sa prejaviť aj ako náhla bolesť.

- **P**rovoked – Spúšťač: Medzi najčastejšie spúšťače patria ohýbanie zápästia smerom nadol k dlani, zovieranie dlane či otáčanie predlaktia smerom dnu.

DOMÁCA LIEČBA

- Pacientom s tenisovým či golfovým lakťom sa často odporúča posilnenie svalstva predlaktia. S týmto tvrdením si dovolím nesúhlasiť. Ich svaly predlaktia sú dostatočne silné, potrebujú len dostatok času na zotavenie sa. Odpočinok je pri zraneniach tohto typu alfou a omegou, preto, ak môžete, oddychujte.

- Ak sa liečite doma, skúste si postihnuté miesto premasírovať olejom. Najlepšie je začať pár centimetrov od bolestivého miesta a potom sa malými krúživými pohybmi presúvať po celej dĺžke predlaktia.

PROFESIONÁLNA LIEČBA

- Obidve ochorenia sa vyliečia samy od seba, ak prestanete s opakovanými pohybmi, ktoré ich zapríčiňujú. To si však väčšina ľudí dovoliť nemôže, pretože sú tieto pohyby často súčasťou ich práce. Preto im návšteva terapeuta môže výrazne pomôcť pri uzdravení.

- Ak pociťujete obmedzenia pohybu, ale lakeť nie je príliš bolestivý na dotyk, oblasť okolo kĺbu by som premasíroval a zmobilizoval. Ošetril by som aj celú hornú končatinu vrátane zápästia, ruky, predlaktia a ramena. Pri tenisovom či golfovom lakti je to vždy trochu zložitejšie a napätie sa nemusí obmedzovať iba na jedno miesto – svaly predlaktia, biceps či triceps môžu byť rovnako napäté.

- V prípade, že je lakeť bolestivý na dotyk, pomôcť môže terapia studeným laserom, ale iba v prípade, že sa bolesť nezhoršuje.

- Úžitok vám môže priniesť aj metóda suchej ihly v okolí postihnutého miesta. Ihly by som aplikoval po predlaktia. Svaly predlaktia sú často prepracované a sú skutočnou príčinou problému. Pri tenisovom lakti sa preťažujú svaly-naťahovače na vonkajšej strane predlaktia, kým pri golfovom lakti trpia svaly-ohýbače vnútri predlaktia. Pri ošetrení šľachy by som použil elektroakupunktúru.

- Niekedy môže byť nevyhnutné lakťový kĺb napraviť. Predtým, než terapeut kĺb napraví na pôvodné miesto, mal by sa ho najskôr pokúsiť mobilizovať.

- Ak vyššie opísané postupy nepomôžu, môže vám lekár predpísať steroidové injekcie.

VYKĹBENIA A PRETRHNUTIA V LAKŤOVEJ OBLASTI

Nadmerné používanie rúk a opakované pohyby môžu viesť k vykĺbeniu či pretrhnutiu väzov. Takto postihnuté väzy môžu byť veľmi bolestivé. Pacient nie je schopný ruku správne narovnať. Existujú dva druhy pretrhnutia väzov: čiastočné a úplné. Dobrou správou však je, že väčšina pacientov sa z jednoduchého vykĺbenia lakťového kĺbu zotaví v priebehu štyroch týždňov.

PRÍBEHY PACIENTOV: PRÍLIŠ VEĽKÁ VÁHA

V 3. kapitole sme si povedali, že vykĺbenia nepostihujú svaly a šľachy, ale väzy. Kĺbové väzy sa môžu podvrtnúť alebo pretrhnúť pri rýchlom ohnutí alebo vytočení ruky, teda väčšinou je ich príčinou pád alebo úraz pri športe. Vzniknúť však môžu aj pri prenášaní veľkej hmotnosti. Rovnaký osud postihol aj Dana, keď v posilňovni zdvíhal priťažké činky. Pocítil ostrú bolesť v lakti. Neskôr si všimol, že mu lakeť opuchol a nedokázal narovnať ruku.

Priraďte svojej bolesti stupeň podľa stupnice bolesti a pokračujte metódou **STOP**. Ak máte problémy s vykĺbeniami či natiahnutiami v oblasti lakťa, bude pre vás platiť:

- **S**ite – Miesto: Bolesť vyskytuje v mieste poškodenia väzov.

- **T**ype – Typ: Ak sa väz vykĺbi, bude citlivý na dotyk, opuchnutý a budete pociťovať veľkú bolesť. Ak sa väz natrhne, rýchlo napuchne a pokožka začervená. Pacienti často opisujú aj pocit „pichania" sprevádzaný ostrou bolesťou. Pri pohybe lakťa sa môže ozývať aj praskanie. Pacienti s natrhnutým väzom môžu tiež pociťovať slabosť v lakti.

- **O**nset – Nástup: Ak ide o natrhnutie, bolesť sa objaví náhle. Bolesť pri vykĺbení nastupuje postupne alebo náhle v závislosti od príčiny (preťaženie alebo zranenie).

- **P**rovoked – Spúšťač: Bolesť sa stupňuje pri ohýbaní alebo narovnávaní lakťa.

DOMÁCA LIEČBA
Ak sa v mieste bolesti objaví zápal, použite metódu RICE (odpočinok, ľad, kompresia, nadvihnutie, pozri strana 69).

PROFESIONÁLNA LIEČBA

- Pri natiahnutiach a vykĺbeniach lakťa vám môže pomôcť osteopat, chiropraktik alebo fyzioterapeut.

- Blahodarne pôsobí metóda suchej ihly v okolí postihnutého miesta.

- Ak si natiahnete alebo vykĺbite lakeť, možno budete musieť mať ruku zafixovanú závesom alebo ortézou, ak je poškodenie priveľké.

- Ak príde k úplnému natrhnutiu väzu, pravdepodobne sa nevyhnete operácii. Po operácii je nevyhnutné dodržiavať odporúčania vášho lekára a navštíviť fyzioterapeuta.

ĎALŠIE BEŽNÉ OCHORENIA LAKŤA

- *Burzitída lakťa* (tzv. pisársky lakeť) je zápalové ochorenie mazového vačku umiestneného na zadnej strane lakťového kĺbu. Prejavuje sa začervenanou kožou, opuchom či citlivosťou a bolesťou pri opieraní sa o lakeť.

- *Osteoartróza kĺbového lakťa* je rozšíreným ochorením. Kĺb často vydáva vŕzgavé zvuky a môže opúchať. Pacienti zvyknú ráno pociťovať krátkodobú stuhnutosť kĺbu. Osteoartróza spravidla postihuje iba jeden lakeť.

- *Reumatoidná artritída* často postihuje obidva lakte. Prejavuje sa stuhnutosťou a obmedzenou pohyblivosťou lakťa. Môže postihovať aj zvyšné kĺby.

- *Roztrhnutie šľachy bicepsu*: Biceps alebo dvojhlavý sval ramena je veľký sval v prednej časti ramena. Pretrhnutie alebo dokonca roztrhnutie šľachy bicepsu v jeho spodnej časti, teda v mieste, kde sa upína na lakťový kĺb, patrí k pomerne rozšíreným ochoreniam postihujúcim lakeť.

STREČING A CVIKY NA LAKTE

Ak ste si pozorne prečítali predchádzajúce kapitoly, určite neušlo vašej pozornosti, že na konci každej kapitoly opisujem niekoľko cvičení vhodných na posilnenie tej-ktorej časti tela. Domnievam sa však, že pri zraneniach lakťa, ktorým som sa venoval vyššie, vám viac úžitku ako cvičenie prinesie oddych. Pokiaľ je to len trochu možné, doprajte svojim rukám oddych. Jedným dychom však musím dodať, že ak poskytnete zranenému kĺbu vhodnú oporu, môže mu jemný pohyb prospieť. Preto je dôležité, aby ste počas vykonávania nasledujúceho cvičenia na bolestivý kĺb či sval vždy zatlačili druhou rukou, ako je to zobrazené na Obrázku 8.3. Pri všetkých nižšie opísaných cvičeniach platí presne to isté, čo pre každé cvičenie v tejto knihe: ak pri cvičení pociťujete bolesť alebo sa váš stav zhoršuje, s cvičením okamžite prestaňte.

 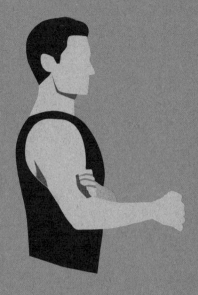

1

Ohnite ruku v lakti a priložte ju prstami k plecu. Druhou rukou zatlačte na biceps a triceps. Ohnutú ruku jemne vystrite a ak je to možné, priložte ju naspäť k plecu. Zopakujte desaťkrát na oboch stranách.

2

Pri tomto cviku postupujte rovnako ako pri predchádzajúcom. Tentoraz však druhou rukou nepodopierajte ramenné svaly, ale zatlačte ňou na lakťový kĺb tak, že palec priložíte na jednu stranu a bruškami prstov podložíte druhú stranu kĺbu.

Zápästie
a ruka

Predtým než si povieme viac o anatómii ruky, chcel by som vzdať hold našim rukám. Vďaka dlhým prstom, protistojným palcom a pinzetovému úchopu oplývame neuveriteľnou zručnosťou. Dokážeme uchopiť a narábať s predmetmi tak jemne, že sme dokázali vytvoriť zložité nástroje. Naše telo sa skladá z 206 kostí. Iba v jednej ruke nájdeme 27 kostí, čo znamená, že v oboch rukách sa nachádza približne 26 % všetkých našich kostí. Preto sa teraz pozrite na svoje ruky a zamyslite sa nad tým, čo všetko pre vás robia a kde by ste boli bez nich.

Roky dennodennej práce s rukami, masírovania boľavých svalov a naprávania kĺbov zanechali svoju stopu a začal som v rukách pociťovať bolesť na úrovni druhého stupňa stupnice bolesti. Preto som prišiel s plánom a každý deň, kým čakám, než mi zovrie voda alebo vyskočí hrianka z hriankovača, si svoje ruky, zápästia a predlaktia premasírujem. V snahe predchádzať zraneniam taktiež dvakrát do mesiaca aplikujem na predlaktia metódu suchej ihly. Už len premasírovanie šliach predlaktia robí zázraky. Vďaka týmto jednoduchým krokom som počas vyše desaťročnej praxe nepocítil pri práci bolesť. Viac o tomto prístupe si však povieme na konci kapitoly, v časti venovanej cvičeniam.

Bez kostí, svalov a šliach by naše ruky neboli schopné pohybovať sa v takom veľkom rozsahu ani využívať jemnú motoriku. Ako vidí-

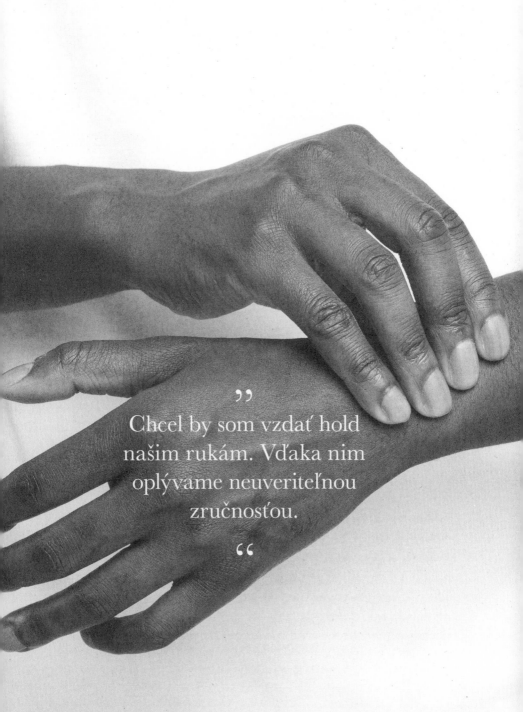

„

Chcel by som vzdať hold
našim rukám. Vďaka nim
oplývame neuveriteľnou
zručnosťou.

"

te na Obrázku 9.1, naša ruka sa skladá z mnohých kostičiek, ktoré pomáhajú koordinovať pohyb prstov. Vďaka nim sú ruky jedinečnou časťou nášho tela.

OBRÁZOK 9.1
ANATÓMIA RUKY

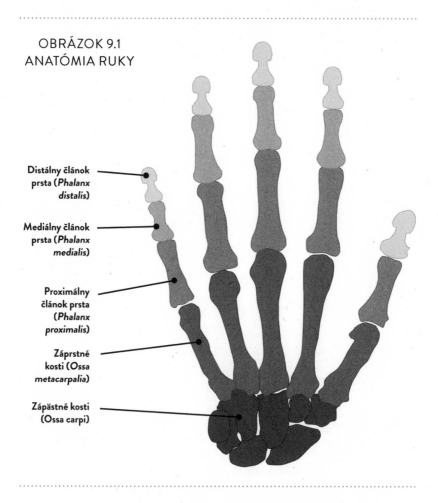

Distálny článok prsta (*Phalanx distalis*)

Mediálny článok prsta (*Phalanx medialis*)

Proximálny článok prsta (*Phalanx proximalis*)

Záprstné kosti (*Ossa metacarpalia*)

Zápästné kosti (*Ossa carpi*)

Ruka je takisto skvelým zrkadlom, v ktorom sa odzrkadľuje stav nervov, ktoré ňou prechádzajú. Podľa tvaru a držania ruky vieme identifikovať, ktorý konkrétny nerv utrpel ujmu (pozri Obrázok 9.2). Ak sa vaša ruka začala skrúcať do neprirodzeného tvaru, mali by ste spozornieť, mohlo totiž prísť k poškodeniu stredového, lakťového alebo vretenného nervu.

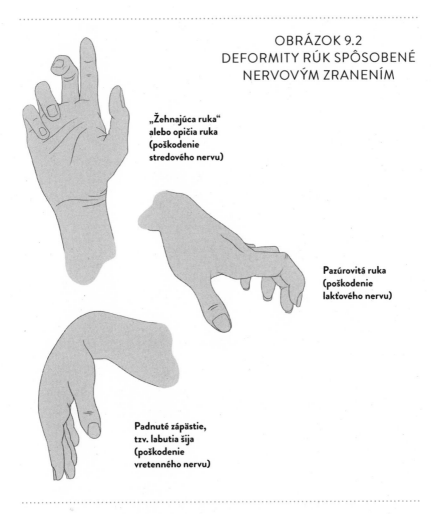

OBRÁZOK 9.2
DEFORMITY RÚK SPÔSOBENÉ
NERVOVÝM ZRANENÍM

„Žehnajúca ruka"
alebo opičia ruka
(poškodenie
stredového nervu)

Pazúrovitá ruka
(poškodenie
lakťového nervu)

Padnuté zápästie,
tzv. labutia šija
(poškodenie
vretenného nervu)

Zápästia predstavujú premostenie medzi rukou a predlaktím a skladajú sa z ôsmich kostí. Keďže ruky a zápästia sú navzájom prepojené, presilenie zápästia môže spôsobiť problémy v ruke a naopak. Preto na ruky a zápästia nazerám ako na jeden celok.

Pacienti, ktorých do mojej ordinácie privádzajú problémy s rukami, majú väčšinou po štyridsiatke. Problémy s rukami sa však, v závislosti od konkrétneho ochorenia, nevyhýbajú žiadnej vekovej skupine.

Ochorenia zápästí postihujú ľudí v každom veku a zväčša sú následkom zranení alebo syndrómu karpálneho tunela. Jeho prvé príznaky sa môžu objaviť už po 20. roku života.

Ochoreniam rúk a zápästí predchádzajú mnohé varovné signály. Ak na sebe spozorujete niektorý z nasledujúcich príznakov, neodkladne vyhľadajte lekársku pomoc:

- Rýchlo narastajúca, bolestivá hrča na ruke
- Pocit slabosti a obmedzená pohyblivosť oboch zápästí a rúk
- Začervenané alebo veľmi napuchnuté zápästie
- Neschopnosť ohnúť alebo vystrieť zápästie
- Infekcia zápästia a neschopnosť pohybu
- Pád alebo zranenie rúk či zápästia (napríklad privretie si ruky do dverí auta)

NAJROZŠÍRENEJŠIA DIAGNÓZA: ARTRITÍDA

Podľa mojich skúseností postihuje artritída najmä ruky. Reumatoidná artritída sa zväčša vyskytuje na hánkach oboch rúk, kým osteoartróza postihuje kĺby prstov jednej ruky. O artritíde sa viac dočítate v 3. kapitole.

OSTEOARTRÓZA

Priraďte svojej bolesti stupeň podľa stupnice bolesti a pokračujte metódou **STOP**. Ak trpíte osteoartrózou rúk, bude pre vás platiť:

- **S**ite – Miesto: Bolesť sa vyskytuje najmä v spodnej časti palca, väčšinou v mieste, kde sa pripája na zápästie, alebo kĺby prstov. Môže sa vyskytnúť v oboch končatinách, ale väčšinou postihuje len jednu ruku (pozri Obrázok 9.3).

- **T**ype – Typ: Pacienti opisujú postihnuté miesto ako bolestivé, ale ochorenie môže byť aj bezbolestné. Ak sa bolesť objaví, je mierna až silná. Väčšina pacientov pociťuje stuhnutosť v kĺboch, ktoré môžu na rukách vytvárať opuchy a hrče (deformity). Pri pohybe môžete počuť vŕzganie alebo praskanie.

- **O**nset – Nástup: Bolesť nastupuje postupne a časom sa zhoršuje. Môžete ju pociťovať ako neprestajnú ostrú bolesť. Prsty môžu byť také stuhnuté, že ich nebudete môcť úplne ohnúť.

- **P**rovoked – Spúšťač: Stuhnutosť kĺbov môžu zhoršovať nečinnosť a chladné počasie. Ráno zvykne byť bolesť intenzívnejšia a obvykle sa zmierňuje pohybom. Navečer sa môže znova vrátiť v plnej sile. Ľudia trpiaci osteoartrózou majú ťažkosti s bežnými každodennými činnosťami, akými sú napríklad používanie telefónu, zapínanie košele, chytanie predmetov, otváranie konzerv či otáčanie kľúča.

OBRÁZOK 9.3
OSTEOARTRÓZA RÚK

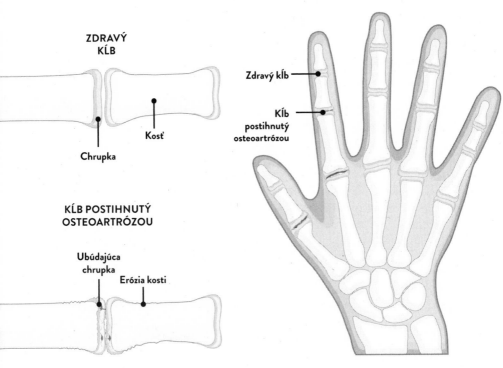

ZDRAVÝ KĹB

Zdravý kĺb

Kĺb
postihnutý
osteoartrózou

Kosť

Chrupka

KĹB POSTIHNUTÝ OSTEOARTRÓZOU

Ubúdajúca
chrupka
Erózia kosti

Osteoartróza častejšie postihuje ženy. Ak sa prejaví na rukách, nezriedka sa prenáša z pokolenia na pokolenie. Ak má vaša matka alebo stará mama deformity na rukách, je veľmi pravdepodobné, že sa vo vyššom veku vyvinú aj u vás.

REUMATOIDNÁ ARTRITÍDA

Priraďte svojej bolesti stupeň podľa stupnice bolesti a pokračujte metódou **STOP**. Ak trpíte reumatoidnou artritídou rúk, bude pre vás platiť nasledovné:

- **S**ite – Miesto: Bolesť bežne vzniká v ruke, zápästiach a prstoch a postupne sa presúva aj do zvyšných kĺbov. Vyskytuje sa naraz v oboch rukách/zápästiach alebo iných kĺboch.

- **T**ype – Typ: Kĺby sú začervenané, opuchnuté a teplé na dotyk. Môže prísť aj k strate ich zafarbenia.

- **O**nset – Nástup: Ochorenie nastupuje bez povšimnutia. Aj keď sa neprejavuje žiadnymi príznakmi, dochádza k poškodeniu kĺbov. U väčšiny ľudí začína ochorenie vznikať medzi 20. a 55. rokom života.

- **P**rovoked – Spúšťač: Ráno zvykne byť bolesť intenzívnejšia, pacienti ju pociťujú približne tridsať minút, no môže pretrvať aj niekoľko hodín.

Ženy trpia reumatoidnou artritídou dva- až trikrát častejšie ako muži.

S reumatoidnou artritídou sa spájajú symptómy ako únava, celkový pocit nepohody a depresia.

Pri pokročilom štádiu reumatoidnej artritídy sa na rukách môžu objaviť viditeľné deformity (pozri Obrázok 9.4).

OBRÁZOK 9.4
DEFORMITY RÚK SPÔSOBENÉ
REUMATOIDNOU ARTRITÍDOU

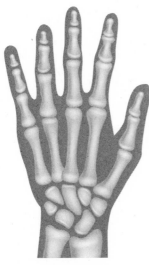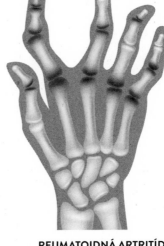

ZDRAVÁ RUKA **REUMATOIDNÁ ARTRITÍDA**

DOMÁCA LIEČBA

• Blahodarne môže pôsobiť masáž svalov v prstoch, ako aj krúživé pohyby dlaní a zápästí.

• V domácom prostredí môžete vyskúšať viaceré masážne techniky. Ak trpíte pokročilým štádiom artritídy, budete musieť o pomoc s masážou poprosiť známeho alebo rodinného príslušníka.

PROFESIONÁLNA LIEČBA

• Zvyčajne sa používa medikamentózna liečba imunosupresívami. Na krátkodobé zmiernenie bolesti vám lekár môže predpísať aj steroidové injekcie. Pri osteoatróze aj reumatoidnej artritíde vám môže s mobilizáciou kĺbov pomôcť osteopat, chiropraktik alebo fyzioterapeut. Pri oboch ochoreniach je dobré udržiavať ruky v pohybe – ak ruky nepoužívate, môžu stuhnúť ešte viac.

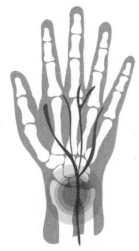

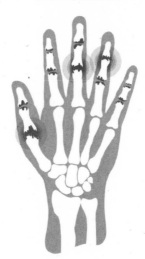
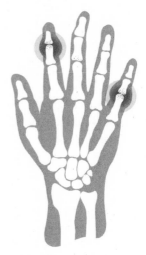

Syndróm karpálneho tunela   Osteoartróza   Reumatoidná artritída

SYNDRÓM KARPÁLNEHO TUNELA

O syndróme karpálneho tunela zrejme už počuli mnohí z vás. Možno však neviete, že karpálny tunel je skutočnou časťou vášho tela. Je to úzky priechod v oblasti zápästia, ktorý umožňuje šľachám, nervom a cievam prejsť z predlaktiam k dlani. Syndróm karpálneho tunela vzniká, ak karpálny tunel napuchne a zatlačí tak na stredový nerv, ktorý cezeň prechádza. Za správne fungovanie rúk zodpovedá niekoľko nervov, každý z nich má pritom špecifickú oblasť pôsobenia. Ak postihnete zmenu v niektorej časti ruky, Obrázok 9.6 vám pomôže určiť, ktorý nerv môže byť poškodený.

Pacienti, ktorí ku mne prichádzajú so syndrómom karpálneho tunela, veľa píšu na počítači, hrajú na hudobné nástroje alebo používajú v práci nástroje, predovšetkým také, ktoré vibrujú. Syndróm karpálneho tunela vo veľkej miere postihuje ženy staršie ako 50 rokov, tehotné ženy alebo ľudí trpiacich cukrovkou.

PRÍBEHY PACIENTOV: NOVODOBÁ PISÁRKA

Ali priviedli do mojej ordinácie znížená citlivosť a brnenie v palci, ukazováku a prostredníku. Myslela si, že ide o ochorenie z opakovaného prepätia, spôsobené celodenným písaním na počítači. Ešte nedovŕšila štyridsať rokov a zmeny v ruke pociťovala už niekoľko rokov. Vyšetril som ju a ruky a predlaktia som ošetril masážnou technikou, ktorú používam pri syndróme karpálneho tunela. Opýtal som sa jej, či pociťuje aj bolesti v oblasti krku. Odpoveď bola kladná. Stredový nerv vychádza zo spodnej časti krku a u Ali sa v mieste, kde opúšťa miechu, zasekol medzi natiahnutým svalom a stuhnutým kĺbom. K syndrómu karpálneho tunela sa u Ali pridružil aj ďalší problém. Nie je to však nič nezvyčajné, obe ochorenia sa zvyknú vyskytovať súčasne. Ošetril som jej krk v mieste, kde stredový nerv vychádza z miechy. Písanie tvorilo súčasť Alinej práce, preto sa ho nemohla vzdať, ale vždy pred prácou si premasírovala a ponaťahovala ruky. Príznaky ochorenia sa zlepšili.

OBRÁZOK 9.6
NERVY ZÁSOBUJÚCE RUKU

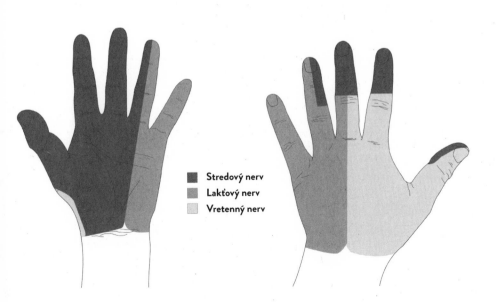

■ Stredový nerv
■ Lakťový nerv
■ Vretenný nerv

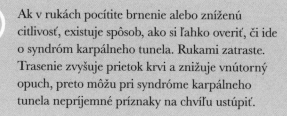

Ak v rukách pocítite brnenie alebo zníženú citlivosť, existuje spôsob, ako si ľahko overiť, či ide o syndróm karpálneho tunela. Rukami zatraste. Trasenie zvyšuje prietok krvi a znižuje vnútorný opuch, preto môžu pri syndróme karpálneho tunela nepríjemné príznaky na chvíľu ustúpiť.

Priraďte svojej bolesti stupeň podľa stupnice bolesti a pokračujte metódou **STOP**. Ak trpíte syndrómom karpálneho tunela, bude pre vás platiť:

- **S**ite – Miesto: Príznaky sa vyskytujú v ruke, niektorých prstoch (palec, ukazovák, prostredník), zápästí a predlaktí.

- **T**ype – Typ: Ochorenie môže sprevádzať aj bolesť. Objaviť sa môže aj občasné brnenie, necitlivosť či slabosť v ruke.

- **O**nset – Nástup: Ochorenie nastupuje postupne.

- **P**rovoked – Spúšťač: Medzi najčastejšie spúšťače patrí opakovanie činností, ktoré ochorenie vyvolali. Bolesť sa stupňuje v noci. Pri pokročilejších štádiách môžu mať pacienti problémy s uchopením predmetov a môžu nadobudnúť pocit, že im všetko padá z rúk.

DOMÁCA LIEČBA

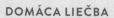

Na strečing steny karpálneho tunela sa mi obzvlášť osvedčila jedna masážna technika. Pacientovu ruku obrátenú dlaňou nahor si vložíme do oboch rúk. Palce položím na spodnú časť ruky a silno oba palce potiahnem opačným smerom pozdĺž dlaní až k ich okrajom (pozri Obrázok 9.7). Táto technika patrí pri syndróme k tým najúčinnejším a ak sa praktizuje pravidelne, môže príznaky zmierniť. Takisto zvyknem premasírovať aj svaly predlaktia – ak sa uvoľnia, odbremení to od záťaže aj šľachy ruky. Poproste niektorého z priateľov alebo rodinných príslušníkov, aby vám s touto masážnou technikou pomohol.

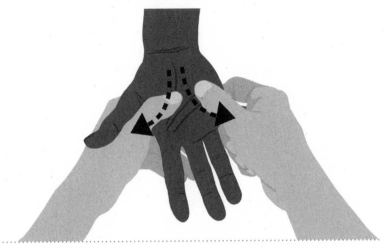

OBRÁZOK 9.7
MASÁŽ KARPÁLNEHO TUNELA

PROFESIONÁLNA LIEČBA

- Pri syndróme karpálneho tunela môžete navštíviť osteopata, chiropraktika alebo fyzioterapeuta. Váš ošetrujúci lekár vám môže predpísať ortézu na zápästie.

- Ak za mnou príde pacient so syndrómom karpálneho tunela, vždy sa venujem všetkým oblastiam, cez ktoré prechádza stredovým nerv, a snažím sa uvoľniť napäté svaly v ramenách, pleciach a krku. Zníženú citlivosť a brnenie končatín totiž nemusí spôsobovať karpálny tunel, ale môže byť zapríčinená kompresiou stredového nervu. V niektorých prípadoch môže byť kompresia nervu dvojnásobná – jednu spôsobí karpálny tunel a druhá sa vyskytuje zväčša v ramenách či krku.

- V niektorých prípadoch môže byť nevyhnutné zápästné kosti napraviť. Predtým, než terapeut kĺb napraví na pôvodné miesto, mal by sa ho najskôr pokúsiť mobilizovať.

- Pacientom s diagnózou syndrómu karpálneho tunela ošetrujúci lekár často ako jediné riešenie ponúkne operáciu. Počas svojej praxe som stretol mnohých pacientov, ktorí sa z tohto ochorenia vyliečili len vďaka masážnej technike opísanej vyššie. Operácia tak nebola potrebná. Osobne by som odporúčal s operáciou počkať a podstúpiť ju, až keď žiadne ostatné možnosti liečby nezaberú.

ĎALŠIE BEŽNÉ OCHORENIA RUKY A ZÁPÄSTIA

- *Ochorenie z opakovaného prepätia* (repetitive strain injury, RSI) zahŕňa všetky poškodenia svalov, šliach a nervov spôsobené neustálym opakovaním pohybov. Prejavuje sa bolesťou z nadmerného používania, ale rozhodne ju netreba prehliadať, keďže časom sa môže zhoršiť. Liečba závisí od typu konkrétneho poranenia.

- *Dupuytrenova kontraktúra* je ochorenie spôsobujúce zhrubnutie kože dlaní pod prstami, obvykle pod prstenníkom a malíčkom. Väčšinou sa prejavuje vo vyššom veku a môže viesť k zovretiu prstov smerom k dlani. Častejšie postihuje mužov. Pre zmiernenie stuhnutosti v dlaniach sa odporúča masáž.

- *Gangliová cysta zápästia* je cysta naplnená želatínovou tekutinou, ktorá sa môže objaviť v okolí zápästného kĺbu. Gangliové cysty sú zväčša neškodné a po čase zmiznú samy od seba. Ak vám cysta spôsobuje bolesť, môžete navštíviť lekára, ktorý cystu buď vysuší, alebo chirurgicky odstráni. V žiadnom prípade po cyste nebúchajte knihou (alebo iným predmetom) a nesnažte sa ju tak otvoriť.

STREČING A CVIKY NA RUKY A ZÁPÄSTIA

Premasírovanie rúk vám prinesie veľa úžitku. Z vlastnej skúsenosti viem, že masáž vám zmierni bolesti a zlepší úchop. Už aj jednoduché krúživé pohyby v oblasti dlaní vám prinesú mnoho pozitív a môžete ich robiť aj v práci. Nižšie nájdete ďalšie cviky na ruky a zápästia, ktoré môžete takisto vyskúšať. Pri všetkých nižšie opísaných cvičeniach platí presne to isté, čo pre každé cvičenie v tejto knihe: ak pri cvičení pociťujete bolesť alebo sa váš stav zhoršuje, s cvičením okamžite prestaňte.

1

Postavte sa a pred tvárou zopnite ruky do modlitebnej pozície. Ruky by sa vám mali dotýkať od prstov až po lakte. Dlane držte stále zopnuté, ruky spúšťajte k pásu a pomaly roztvárajte lakte (pozri Obrázok 9.8). Keď pocítite, že sa svaly v zápästí sa natiahli, zotrvajte v tejto polohe asi dvadsať sekúnd.

2

Ruku predpažte vo výške ramien, dlaň smeruje k zemi. Pomocou zápästia nechajte ruku padnúť dolu. Uchopte ju druhou rukou a jemne pritiahnite smerom k telu. Držte po dobu dvadsiatich sekúnd. Cvičenie zopakujte aj s druhou rukou.

3

Aby ste precvičili zápästie aj z druhej strany, ruku znova predpažte vo výške ramien. Tentoraz však dlaň otočte smerom nahor. Druhou rukou jemne potlačte prsty smerom k zemi a potom ich ťahajte smerom k telu. Držte po dobu dvadsiatich sekúnd a potom končatiny prestriedajte.

4

Zdvihnite ruky nad hlavu. Prepleťte prsty a spojte dlane. Prsty neroztvárajte a dlane pomaly otáčajte, až pokým roztvorené dlane nesmerujú nahor. V polohe chvíľu zotrvajte. Cvičenie niekoľkokrát zopakujte.

Brušná dutina

B rušná dutina a hrudník sú domovom všetkých vnútorných orgánov, v ktorých prebiehajú všetky základné činnosti nášho organizmu nevyhnutné pre život. Keď sa nadýchneme, vzduch sa dostane do pľúc, kde sa zmieša s krvou, a krv obohatená o kyslík smeruje do srdca. Srdce ju rozpumpuje ďalej do celého tela. V rovnakom čase pracuje tráviaci trakt na rozkladaní potravy na živiny, ktoré sa vstrebú do krvi a pomocou ciev preniknú do všetkých orgánov. Krása spočíva v nadväznosti.

Vo svojej osteopatickej ordinácii síce neliečim veľa pacientov, ktorí majú problémy so srdcom či s pľúcami, zato však ku mne prichádza veľa pacientov, ktorých trápi trávenie. Možno vás to prekvapí, ale aj osteopat vám môže pomôcť pri tráviacich ťažkostiach, obzvlášť pri zápche.

Pod pojmom „tráviace ťažkosti" si mnohí predstavia hnačku alebo zápchu, spozorniesť by sme však mali aj pri mnohých ďalších symptómoch (pozri Obrázok 10.1).

Tráviaci trakt sa neskladá iba zo žalúdka a z čriev. Tiahne sa naprieč celým telom, pričom sa začína ústami a končí sa zvieračom konečníka. Z prvej zastávky po poslednú prejde potrava množstvom orgánov, z ktorých každý zohráva špecifickú úlohu pri spracovávaní potravy, extrahovaní živín a vylučovaní nepotrebných zvyškov.

Možno vás to prekvapí,
ale aj osteopat vám môže pomôcť
pri tráviacich ťažkostiach.

Niekedy sa tráviaci trakt považuje za druhý mozog, pretože sa v ňom nachádza rovnaký typ nervových buniek ako v mozgu. Váš žalúdok by vám asi nepomohol prepočítať výdavok v supermarkete, ale medzi črevami a mozgom prebieha komunikácia. Navyše neustále pribúdajú dôkazy o tom, že trávenie má vplyv na našu náladu. Už dávno sa napríklad vie, že existuje spojitosť medzi úzkosťou či depresiou a zlým trávením. Pôvodne si vedci mysleli, že úzkosť a depresia zapríčiňujú zlé trávenie, teraz sa však začína ukazovať, že je to presne naopak. Ak sa toto tvrdenie potvrdí, spôsobí to malú revolúciu v našom zmýšľaní o tom, čo vlastne jeme..

OBRÁZOK 10.1
TRÁVIACE ŤAŽKOSTI

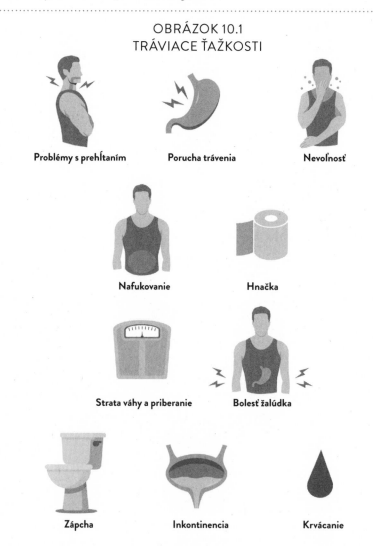

Problémy s prehĺtaním   Porucha trávenia   Nevoľnosť

Nafukovanie   Hnačka

Strata váhy a priberanie   Bolesť žalúdka

Zápcha   Inkontinencia   Krvácanie

Ochoreniam brušnej dutiny predchádzajú mnohé varovné signály. Ak na sebe spozorujete niektorý z nasledujúcich príznakov, neodkladne vyhľadajte lekársku pomoc:

- Náhla bolesť v brušnej dutine

- Vracanie krvi

- Zmeny pri trávení alebo vyprázdňovaní trvajúce viac ako tri týždne

- Ťažkosti pri prehĺtaní

- Nezvyčajný pocit nepohodlia alebo bolesti v hornej časti brucha

- Neprestajné, nevysvetliteľné vracanie

- Opuch alebo zväčšenie brucha

- Zastavené vetry

- Úplná zápcha

- Nová hrča alebo opuch na bruchu

- Nevysvetliteľná strata hmotnosti

- Zmena stolice, krv v stolici

- Zažltnutie kože a očných bielkov

NAJROZŠÍRENEJŠIA DIAGNÓZA: SYNDRÓM DRÁŽDIVÉHO ČREVA (IBS)

Syndróm dráždivého čreva (*irritable bowel syndrome*, IBS) je všeobecné označenie pre problémy tráviaceho traktu, predovšetkým tie týkajúce sa tenkého a hrubého čreva. Symptómy sa u každého pacienta líšia, ale vo všeobecnosti môžeme povedať, že k nim patria kŕče, nafukovanie, hnačka a zápcha. Neexistuje žiadny test, ktorý by potvrdil, či máte IBS. K jeho diagnostike väčšinou prichádza po vylúčení všetkých ostatných diagnóz, ktoré testy nepreukázali. Ak trpíte IBS, toto ochorenie vás bude sprevádzať po celý život, keďže naň neexistuje liek. Zmena životného štýlu však pomáha prejavy choroby efektívne tlmiť. Keďže IBS je univerzálny pojem, ktorý toho v sebe veľa zahŕňa, nie je veľmi preskúmaný. Predpokladá sa však, že jeho spúšťačom môžu byť potravinové intolerancie, stres, infekcia čriev či antibiotiká.

Väčšinu pacientov s diagnózou IBS neprivedie do mojej ordinácie dráždivé črevo, ale bolesť v spodnej časti chrbta. Mnohí si ani neuvedomia, že tieto dve ochorenie môžu byť vzájomne prepojené. Presne ako v prípade Alishe.

Priraďte svojej bolesti stupeň podľa stupnice bolesti a pokračujte metódou **STOP**. Pri syndróme dráždivého čreva pre vás bude platiť:

- **S**ite – Miesto: Bolesť sa väčšinou prejavuje v oblasti žalúdka, ale niekedy sa môže objaviť aj v spodnej časti chrbta.

- **T**ype – Typ: IBS obvykle sprevádza bolesť, ktorú pacienti opisujú ako ostrú a často sprevádzanú kŕčmi. Medzi ďalšie symptómy patrí nafukovanie, opuch žalúdka, hlien v stolici, plynatosť, hnačka, zápcha, bolesť v spodnej časti chrbta, nevoľnosť a únava.

- **O**nset – Nástup: Ide o občasnú bolesť, ktorá môže pretrvávať niekoľko dní až mesiacov.

- **P**rovoked – Spúšťač: Medzi najčastejšie spúšťače patria určité potraviny. Po vyprázdnení sa niektorým pacientom môže od bolesti uľaviť, no v niektorých prípadoch sa zhorší.

IBS od klasickej zápchy rozlíšite jednoducho – okrem zápchy sprevádzajú syndróm dráždivého čreva aj iné, vyššie spomenuté symptómy.

DOMÁCA LIEČBA

- Liečba IBS si vyžaduje zmeny životného štýlu, ku ktorým patrí vyškrtnutie niektorých potravín z jedálnička, zníženie spotreby alkoholu a zvýšenie pohybovej aktivity. Ani pri IBS však nefungujú zázračné riešenia, čiže ak vyškrtnete brokolicu z jedálnička, ešte to nemusí znamenať, že sa vám polepší. Každý človek je jedinečný, preto je nevyhnutné zistiť, ktorá potravina spúšťa záchvaty IBS. S tým vám môže pomôcť napríklad vedenie si denníka.

PROFESIONÁLNA LIEČBA

- Ak máte podozrenie na IBS, mali by ste navštíviť svojho ošetrujúceho lekára, ktorý v prvom kroku vylúči iné, závažnejšie ochorenia. Osteopat vám môže takisto pomôcť zmierniť nafukovanie, zápchy a plynatosť a zlepšiť funkciu čriev. Návšteva dietetika vám môže pomôcť odhaliť príčinu IBS.

- Ak ku mne príde pacient s IBS, premasírujem mu povrch žalúdka, aby som prebudil črevá k činnosti, a zároveň postupujem akékoľvek blokády v črevách smerom ku konečníku, aby ich pacient mohol vylúčiť. Potrebné je aj zlepšiť prúdenie lymfy a prekrvenie. Rovnako je potrebné uvoľniť napätie v okolí chrbtice, pretože prirodzené sťahovanie čriev riadia nervy. Ak sú svaly v spodnej časti chrbtice stiahnuté, trávenie nemusí fungovať správne.

- Pri nafukovaní môže výrazne pomôcť masáž. Mnoho pacientov ku mne prichádza s bruchom nafúknutým ako balón a odchádza s plochým bruchom. Niekoľko mojich pacientov trápilo nepretržité nafukovanie a boli presvedčení, že majú nadváhu. Ich zaguľatené bruská však nespôsobil nárast hmotnosti, ale nafukovanie. Po masáži bruská zmizli.

- Porozmýšľajte aj nad testom na potravinové intolerancie. Tieto testy vám spravia aj súkromné laboratóriá a viac informácií o nich nájdete na internete. Mnohí zo športovcov, s ktorými spolupracujem, sa stravujú zdravo, napriek tomu ich telá netolerujú niektoré potraviny. Práve testy im intolerancie pomohli odhaliť.

V Spojených štátoch sa uskutočnila malá kontrolovaná štúdia, ktorá potvrdila efektivitu osteopatickej manipulačnej terapie pri liečbe symptómov IBS. Šesťdesiatosem percent účastníkov, ktorí podstúpili ošetrenie u osteopata, postrehlo zlepšenie symptómov, kým pacienti, ktorým bola podaná konvenčná liečba, postrehli zlepšenie len v 18 percentách prípadov.

ZÁPCHA

Všetci veľmi dobre vieme, že k zápche dochádza, ak má pacient ťažkosti s vyprázdňovaním sa. Ide o veľmi rozšírenú poruchu tráviaceho traktu. Nevyhýba sa žiadnej vekovej skupine a obzvlášť často sa pre hormonálne zmeny objavuje u tehotných žien. Predpokladá sa, že zápchou trpí jeden dospelý človek zo siedmich a jedno dieťa z troch. Starší ľudia sú oveľa náchylnejší na zápchu, keďže sa hýbu oveľa menej ako v mladosti, čo spomaľuje ich metabolizmus.

Črevá tvorí hladké svalstvo, ktoré sa mimovoľne sťahuje a tým posúva potravu ďalej. Takýto proces trvá dvadsaťštyri až sedemdesiatdva hodín. Každý prirodzene cíti inú potrebu, ako často musí ísť na záchod. U zdravého človeka sa táto frekvencia môže pohybovať v intervale trikrát za deň až raz za niekoľko dní. O zápche hovoríme, ak je pravidelný rytmus vyprázdňovania narušený, alebo ak ste sa nedokázali vyprázdniť po dobu tri a viac dní. Zvyčajne to znamená, že stolica je zablokovaná, čo môže spôsobiť nepohodlie, nafukovanie a únavu. Ak je človek nafúknutý alebo ho trápi zápcha, zväčša pociťuje bolesť v spodnej časti chrbta. Takáto bolesť však nemá nič spoločné so svalmi, šľachami, s kĺbmi či väzmi v tejto časti tela. Vytvára ju tlak čriev na chrbticu. Ak sa zbavíme nafukovania, zmizne aj bolesť.

Zápchu často spôsobuje potrava, ktorú prijímame. Nechcem však zachádzať do podrobností o správnej výžive, všetci totiž veľmi dobre vieme, čo by sme mali a čo by sme nemali jesť. Z rozličných dôvodov sa tým však neriadime. Chcem však podotknúť, že k zápche by sme mali pristupovať rovnako ako k bolesti. Rovnako ako bolesť, aj zápcha je odkazom, ktorým nám naše telo chce povedať, že niečo nie je v poriadku. Aj zápcha môže vyústiť do závažnej, ostrej bolesti. Jeden z mojich pacientov mi povedal, že bolesť bola taká hrozná, že si musel ľahnúť na podlahu v kúpeľni. Zápchu by ste teda rozhodne nemali podceňovať.

Naša črevná mikroflóra sa líši a každý z nás má iné potravinové intolerancie. Nenašli by ste dvoch ľudí, ktorých trávenie funguje presne rovnako. Niekto môže mať črevá širšie v oblasti chrbtice, čo znamená, že sa mu tam hromadí jedlo. V niektorých prípadoch môže zatlačiť na chrbticu a vyústiť do bolesti, inokedy zas môže zatlačiť na močový mechúr a viesť k nutkaniu na močenie. Naše vonkajšie schránky sa líšia. No keby sme sa pozreli na svoje črevá, zistili by sme, že sa líšime aj vnútri. Aj z tohto dôvodu je masáž taká účinná. Skúsený terapeut dokáže presne určiť príčinu vašich problémov.

 Priraďte svojej bolesti stupeň podľa stupnice bolesti a pokračujte metódou **STOP**. Ak trpíte zápchou, bude pre vás platiť:

- **S**ite – Miesto: Bolesť sa väčšinou prejavuje v podbrušku.

- **T**ype – Typ: Zápchu obvykle sprevádza bolesť a kŕče v brušnej dutine. Môžete taktiež pociťovať nevoľnosť a nafukovanie.

- **O**nset – Nástup: Symptómy sa väčšinou objavujú len na krátku dobu, aj keď v niektorých prípadoch, najmä v tehotenstve alebo u starších pacientov, môže byť bolesť chronická.

- **P**rovoked – Spúšťač: Medzi najčastejšie spúšťače patria nedostatočný príjem vlákniny, nedostatok cvičenia alebo nedostatočný príjem tekutín. Zápcha sa taktiež spája so stresom a s depresiou. Niektoré analgetiká, napríklad kodeín, môžu takisto spôsobovať zápchu.

Stolica nám toho napovie veľa o tom, ako funguje náš tráviaci trakt a čo nášmu telu chýba. Lekári dokonca vyvinuli medicínsku pomôcku, ktorá nám ukazuje, čo môžu znamenať jednotlivé typy stolice. Možno vás striasa od pomyslenia na každodenné skúmanie obsahu záchodovej misy. Dovoľte mi však povedať, že vybudovanie si takéhoto zvyku vám môže slúžiť ako včasné upozornenie. Môžete tak včas zapracovať na zmenách vášho životného štýlu a vyhnúť sa potenciálne vážnym problémom.

OBRÁZOK 10.2
TYPY STOLICE A ICH VÝZNAM

BRISTOLSKÁ ŠKÁLA TYPOV STOLICE

Typ 1 – Zápcha

Oddelené, tvrdé hrudky, podobné orechom (môžu byť čierne, ťažké vylučovanie)

Typ 2 – Zápcha

Hrudkovitá stolica v tvare klobásy

Typ 3 – Zápcha

Stolica v tvare klobásy s prasklinami na povrchu (môže byť čierna)

Typ 4 – Zdravá stolica

Stolica v tvare klobásy, mäkká a hladká

Typ 5 – Nedostatok vlákniny

Jemné hrudky s výraznými okrajmi (ľahké vylučovanie)

Typ 6 – Hnačka

Riedke hrudky s nerovnomernými okrajmi, kašovitá stolica

Typ 7 – Hnačka

Vodnatá, celkom tekutá stolica bez pevných kúskov

- V domácom prostredí na zápchu najlepšie zaberajú jednoduché zmeny životného štýlu: pitie dostatočného množstva tekutín, viac cvičenia a obohatenie jedálnička o potraviny s vysokým obsahom vlákniny. Medzi takéto potraviny patria fazuľa, ovos, bobuľové ovocie, avokádo, sladké zemiaky a brokolica.

- Na zmiernenie syndrómov IBS odborníci odporúčajú aj probiotické kultúry. V obchodoch si môžete zakúpiť jogurty alebo nápoje, ktoré ich obsahujú. Probiotické kultúry pomáhajú obnovovať bakteriálnu rovnováhu v črevách

- Ak si nemôžete dovoliť terapeuta, môžete vyskúšať cvičenia a masážne techniky opísané na konci tejto kapitoly.

PROFESIONÁLNA LIEČBA

- Skúsený osteopat vám pomocou masáže pomôže uvoľniť stvrdnutú stolicu. Pacientom so zápchou vždy ošetrujem aj chrbát, pretože môžu mať stuhnutú driekovú oblasť. Ak sa nám ju podarí uvoľniť, zlepší sa aj črevná peristaltika, čiže pohyby čriev. Pri nafukovaní a zápche pomáha masáž do takej miery, že niektorí maséri sa špecializujú iba na masírovanie brucha a následný posun potravy črevným traktom. Výsledkom je ploché bruško.

- Ak chcete vyskúšať alternatívny spôsob liečby, priklonil by som sa k črevnej sprche. Viac o tejto liečebnej metóde sa dočítate v 17. kapitole.

Ak zápcha a jej symptómy pretrvávajú niekoľko dní, navštívte svojho ošetrujúceho lekára, ktorý vám spraví komplexné vyšetrenie.

PORUCHY TRÁVENIA A REFLUX PAŽERÁKA

Pod pojmom poruchy trávenia si môžeme predstaviť bolesť a ďalšie symptómy v hornej časti brušnej dutiny. K jedným z týchto symptómov patrí aj reflux pažeráka, odborne nazývaný gastroezofageálna refluxová choroba (GERD), no väčšina ľudí ho pozná pod názvom pálenie záhy. K refluxu pažeráka prichádza, ak sa žalúdočné kyseliny vrátia naspäť do pažeráka, resp. až do hrdla. Väčšina pacientov vrátane tehotných žien vníma pálenie záhy ako prirodzenú súčasť života. Vezmú jednu-dve tabletky jedlej sódy či iných antacíd a na pár hodín sa svojho problému zbavia. Ale potom sa do ich života vráti znova... a znova. Antacidá sú, rovnako ako analgetiká, iba náplasťou a nevyriešia hlavnú príčinu vášho problému. Tou je často bránica.

PRÍBEHY PACIENTOV: ZA VŠETKÝM HĽADAJ BRÁNICU

Stuarta priviedla do mojej ordinácie niekoľko týždňov trvajúca bolesť v driekovej oblasti. Pri našom prvom stretnutí spomenul, že jeho stravovacie návyky čoraz častejšie ovplyvňuje pálenie záhy. Antacidá užíval už roky. Neuvedomil si však jednu vec: jeho dva problémy spolu môžu súvisieť. Stuart pracoval v kancelárii a väčšinu dňa trávil zhrbený nad pracovným stolom, čo vyústilo do predsúvania ramien. Vyšetril som ho a zistil som, že v chrbte pociťuje prenesenú bolesť zo žalúdka. Takto sa mu snažil dať najavo, že niečo nefunguje. Spolu sme zapracovali na otvorení Stuartovej hrude a bránice a príznaky pálenia záhy sa zmiernili.

O bránici už isto počul každý z nás. Ale viete, na čo v skutočnosti slúži? Bránica je plochý sval v tvare padáka, umiestnený pod srdcom a pľúcami. Má dve funkcie: oddeľuje hruď od brušnej dutiny a zároveň pomocou sťahov pomáha vtláčať vzduch do pľúc (pozri Obrázok 10.3). Ak sa na bránicu pozrieme zhora, zbadáme v nej tri otvory. Cez prvé dva prechádzajú aorta a dolná dutá žila, dve najväčšie cievy privádzajúce a odvádzajúce krv do srdca. Tretím otvorom prechádza pažerák, tráviaca trubica spájajúca žalúdok s hrdlom. Bránica sa ničom nelíši od ostatných svalov a môže sa taktiež stiahnuť. Ak sa tak stane, môže zatlačiť na pažerák a podráždiť ho, čo má za následok reflux pažeráka, teda spätný tok žalúdočných štiav. Dobrou správou však je, že osteopat dokáže bránicu ako každý iný sval zbaviť napätia a tým zmierniť príznaky refluxu pažeráka.

Pacienti, ktorých trápi pálenie záhy, majú často nesprávne držanie tela, čo ich tráviace ťažkosti iba zhoršuje. Ak sa im podarí zbaviť sa predsunutých ramien a otvoriť hrudník, často sa príznaky refluxu zmiernia. Niekedy pre zbavenie sa nepríjemných pocitov v pažeráku netreba spraviť nič iné.

OBRÁZOK 10.3
UMIESTNENIE BRÁNICE

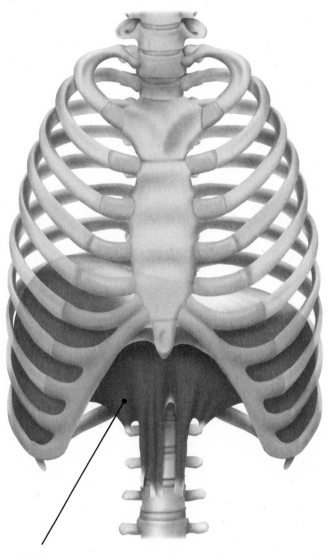

Bránica

Priraďte svojej bolesti stupeň podľa stupnice bolesti a pokračujte metódou **STOP**. Ak vás páli záha, bude pre vás platiť:

- **S**ite – Miesto: Bolesť sa vyskytuje v hornej časti brušnej dutiny a v hrdle.

- **T**ype – Typ: Prejavuje sa tupou bolesťou, nepríjemným pocitom plnosti po jedle, návratom žalúdočného obsahu naspäť do úst, žalúdočnými kŕčmi, pocitom pálenia v hrudi či pocitom kyslosti v hrdle.

- **O**nset – Nástup: Bolesť sa zvyčajne objavuje po jedle, no môže sa, predovšetkým u tehotných žien, prejaviť kedykoľvek.

- **P**rovoked – Spúšťač: Medzi najčastejšie spúšťače patria ťažké jedlá, prejedanie sa, príliš rýchle jedenie, štipľavé alebo mastné jedlá. Pálenie záhy sa spája aj s konzumáciou alkoholu a môže ho vyvolať aj cvičenie po jedle, zohýbanie sa, stres či úzkosť.

DOMÁCA LIEČBA

- V domácom prostredí pri pálení záhy najviac pomáhajú jednoduché zmeny životného štýlu. Veďte si denník a zaznamenávajte doň, ktoré potraviny vám spôsobujú ťažkosti. Medzi najbežnejšie spúšťače patria káva, alkohol, čokoláda, citrusy a veľké porcie jedál. Niektoré lieky proti bolesti môžu taktiež prispieť k zhoršeniu vášho stavu.

- Po jedle je vhodné vyhýbať sa polohe ležmo, ktorá môže vaše príznaky zhoršiť. Preto sa snažte po jedle zostať čo najdlhšie vzpriamení.

- Ľudia trpiaci refluxom žalúdka často dýchajú do hrude a nie do brucha, čo má za následok skrátenie dychu. Je preto dôležité precvičovať správne techniky dýchania. Viac o dýchaní sa dočítate v 18. kapitole venovanej stresu.

- Zlepšiť činnosť žalúdka vám pomôže osteopat, ktorý ošetrí tkanivá v jeho okolí, predovšetkým bránicu, oblasť drieku a pažerák. Svojim pacientom zvyknem premasírovať aj prednú časť krku, čím sa uvoľnia svaly a zlepší sa prúdenie lymfy a prekrvenie. Reflux pažeráka môže spôsobovať aj nesprávne držanie tela a predsúvanie ramien, preto pri tomto ochorení pomáha aj otvorenie hrudníka. Vhodná je masáž v oblasti žalúdka, bránice a rebier.

ĎALŠIE BEŽNÉ OCHORENIA BRUŠNEJ DUTINY

- Uľaviť od *bolesti a nadúvania zapríčinených menštruačným cyklom* vám pomôže osteopat. Techniky lymfodrenáže a viscerálnej masáže v oblasti brucha zmierňujú príznaky nafukovania. Uvoľnenie svalov a jemná mobilizácia v oblasti spodnej časti chrbta, zadku a nôh pomáha uľaviť od menštruačnej bolesti.

- *Natiahnutý sval* v brušnej dutine sa najčastejšie vyskytuje u športovcov. Svaly brucha si najčastejšie natiahneme pri náhlom otočení, pri nadmernom používaní svalov alebo priveľkej fyzickej záťaži. Liečba je rovnaká ako pri natiahnutí svalu v inej časti tela.

- *Zápal slepého čreva (apendicitída)* je závažný zdravotný stav, ktorý sa zo začiatku môže prejavovať miernymi kŕčmi, ktoré sa postupne zintenzívňujú. Niekoľko pacientov, ktorí vykazovali jasné symptómy zápalu slepého čreva, previezla z mojej ordinácie sanitka rovno do nemocnice. Bolesť sa obvykle vyskytuje v pravej časti brucha alebo v okolí pupka. Zápal slepého čreva patrí k život ohrozujúcim stavom a vyžaduje si okamžitú lekársku starostlivosť.

ĎALŠIE BEŽNÉ OCHORENIA BRUŠNEJ DUTINY

- O *zápale žlčníka* sme si už čo-to povedali v 2. kapitole v príbehu pacienta, ktorému bolesť spôsobená žlčníkovými kameňmi vyrážala do ramien. Žlčníkové kamene sa objavujú u jedného človeka z desiatich. Pacienti o ich existencii často ani nevedia, ale môžu sa ohlásiť aj bolesťou. Ak vám boli diagnostikované žlčníkové kamene, liečbu by ste rozhodne nemali zanedbávať, keďže vám môžu hroziť vážne zdravotné komplikácie.

- *Pruh* alebo *brušná prietrž* vzniká, keď sa vnútorný orgán umiestnený v brušnej dutine pretlačí cez oslabený sval a vyústi do hrče na bruchu. Častejšie sa objavuje u mužov. Existuje viacero druhov brušných prietrží v závislosti od toho, čo (napríklad črevá alebo žalúdok) sa pretlačí a na akom mieste. Odstránenie pruhu si môže vyžadovať operačný zákrok.

- *Crohnova choroba* je zápalové ochorenie tráviaceho traktu, ktoré pacientovi spôsobuje veľké bolesti či problémy pri vstrebávaní živín z potravy. Na toto ochorenie neexistuje liek, pri správne nastavenej liečbe a zmenách v stravovaní sa však prejavy choroby dajú veľmi efektívne tlmiť.

- *Ulcerózna kolitída* je zápalové ochorenie veľmi podobné Crohnovej chorobe. Na rozdiel od Crohnovej choroby však nepostihuje celý tráviaci trakt, ale iba hrubé črevo.

- *Celiakia* je porucha, pri ktorej imunitný systém v reakcii na príjem lepku napáda tenké črevo. Celiakia môže spôsobovať bolesti, nadúvanie a hnačku. Pri jej liečbe je nevyhnutné vyškrtnúť z jedálnička potraviny obsahujúce lepok.

- Keďže v brušnej dutine sa nachádza množstvo vnútorných orgánov, môže dôjsť k veľkému počtu komplikácií. Ak pociťujete bolesť v bruchu, Obrázok 10.4 vám môže pomôcť zistiť, ktorý z orgánov môže byť príčinou vašich ťažkostí. Môžete tak navštíviť správneho lekára-špecialistu.

OBRÁZOK 10.4
BOLESŤ BRUŠNEJ DUTINY A JEJ MOŽNÉ PRÍČINY

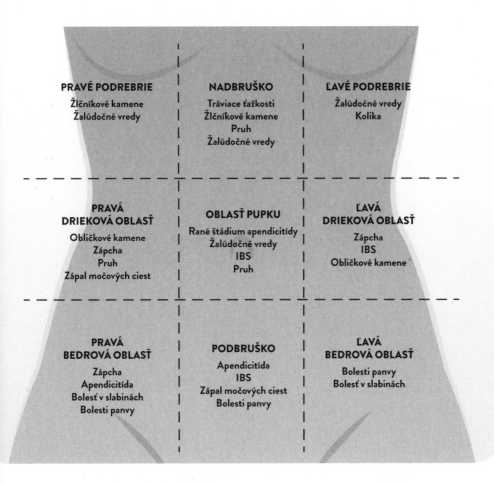

PRAVÉ PODREBRIE
Žlčníkové kamene
Žalúdočné vredy

NADBRUŠKO
Tráviace ťažkosti
Žlčníkové kamene
Pruh
Žalúdočné vredy

ĽAVÉ PODREBRIE
Žalúdočné vredy
Kolika

PRAVÁ DRIEKOVÁ OBLASŤ
Obličkové kamene
Zápcha
Pruh
Zápal močových ciest

OBLASŤ PUPKU
Rané štádium apendicitídy
Žalúdočné vredy
IBS
Pruh

ĽAVÁ DRIEKOVÁ OBLASŤ
Zápcha
IBS
Obličkové kamene

PRAVÁ BEDROVÁ OBLASŤ
Zápcha
Apendicitída
Bolesť v slabinách
Bolesti panvy

PODBRUŠKO
Apendicitída
IBS
Zápal močových ciest
Bolesti panvy

ĽAVÁ BEDROVÁ OBLASŤ
Bolesti panvy
Bolesť v slabinách

To, či je hrča na vašom bruchu následkom brušnej prietrže, si môžete veľmi ľahko overiť. Ruku položte na hrču a ľahnite si. Ak sa hrča zmenší alebo úplne zmizne, s veľkou pravdepodobnosťou ide o pruh. Hrče zapríčinené brušnou prietržou sa taktiež zvyknú zväčšiť pri kašľaní alebo kýchaní.

STREČING A CVIKY NA OBLASŤ BRUŠNEJ DUTINY

Pri uvoľnení zápchy môže byť nápomocná masáž. Pred návštevou maséra si však pozorne preštudujte varovné znaky vymenované v úvode tejto kapitoly. Ak sa u vás niektorý z nich objavuje, nie je vhodné absolvovať masáž.

Svaly panvového dna (pozri Obrázok 10.5) patria k najviac prehliadaným častiam našich tiel. Ich posilnenie pritom pôsobí priaznivo pri inkontinencii alebo erektilnej dysfunkcii. Rovnako napomáhajú rýchlejšiemu zotaveniu po pôrode a je známy aj ich vplyv na zmiernenie bolestí v spodnej časti chrbta. Pri všetkých nižšie opísaných cvičeniach platí presne to isté, čo pre každé cvičenie v tejto knihe: ak pri cvičení pociťujete bolesť alebo sa váš stav zhoršuje, s cvičením okamžite prestaňte.

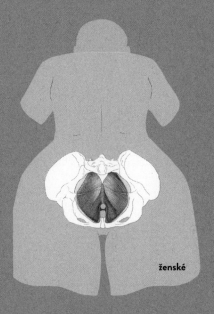
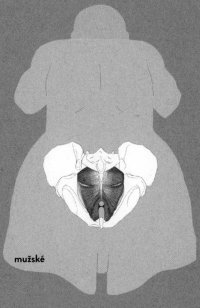

ženské　　**mužské**

1

Táto masážna technika patrí pri zápche k mojim najobľúbenejším. Ľahnite si na chrbát, ohnite kolená, ale chodidlá nechajte položené na zemi. Špičkami prstov oboch rúk masírujte krúživými pohybmi svoje brucho. Postupujte najprv v smere hodinových ručičiek a potom masáž zopakujte proti smeru hodinových ručičiek. Pri masáži si všímajte, ktoré miesta sú citlivé na dotyk. Koncentrujte sa na tieto oblasti a jemne na ne zatlačte, kým nepocítite úľavu. Uvoľňujúco môže pôsobiť aj hlboký nádych a výdych.

2

Predstavte si, že cikáte (dôverujte mi, prosím) a pokúste sa zastaviť imaginárny prúd moču. Teraz si predstavte, že sa vám chce vypustiť vetry. Pokúste sa tomu zabrániť. V slabinách pocítite sťahovanie svalov panvového dna (pozri Obrázok 10.5). Ak vydržíte v opísaných polohách päť až desať sekúnd, prispejete k ich posilneniu. Alternatívu k tomuto cvičeniu predstavuje rýchle sťahovanie a uvoľňovanie daných svalov po dobu piatich až desiatich sekúnd.

JEDENÁSTA KAPITOLA

Spodná časť chrbta

Až dve tretiny pacientov privedú do mojej ordinácie bolesti chrbta. Väčšina z nich trpí bolesťou v spodnej časti chrbta. Spodnú časť chrbta by sme bez zveličovania mohli označiť za epicentrum bolesti. Štatistiky ukazujú, že niekedy v priebehu života pocíti bolesť v spodnej časti chrbta až 80 % ľudí.

Možno ste si povedali, že za vysokým výskytom bolesti v tejto časti tela musí byť nesprávna stavba chrbtice. Skutočný dôvod je však oveľa prozaickejší. Moderný spôsob života nie je v súlade s pôvodným zámerom, pre ktorý sa náš chrbát vyvinul. Účelom našej chrbtice nie je každý deň osem hodín nehybne vysedávať na stoličke. Naše telá od nás očakávajú každodenný pohyb, niekoľkohodinovú chôdzu, kde-tu prerušenú behom. Prestali sme sa hýbať a naše svaly trpia. Nečinnosť ich oslabuje a pripravuje o silu. Ak stále dookola opakujeme tie isté pohyby, natiahnu sa. Zrazu sa ohlási bolesť. Nevšímame si ju. Sme príliš zaneprázdnení, aby sme svoju pozornosť venovali niečomu inému. Aj keď máme k dispozícii všetky indície, nevylúštime ich skutočný význam. Naďalej sa venujeme našim zaneprázdneným životom a dúfame, že bolesť stupňa dva, tri či štyri stupnice bolesti sa len tak vytratí. A kým my dúfame, poškodenie chrbtice sa neustále zhoršuje, až kým nás bolesť stupňa šesť, sedem či osem neprinúti zastaviť sa.

Prečo si však nedostatok pohybu vybral za obeť práve spodnú časť chrbta? Prečo nepostihuje ramená alebo vrchnú časť chrbta? Vysvet-

Moderný spôsob života nie je
v súlade s pôvodným zámerom,
pre ktorý sa náš chrbát vyvinul.

lenie je jednoduché: spodná časť chrbtice poskytuje oporu hmotnosti nášho tela, ktorá na ňu každý deň tlačí. Ťarchu našej váhy nesú najmä tri stavce, driekové stavce L4, L5 a krížový stavec S1 v spodnej časti chrbtice (pozri Obrázok 11.1). Keď niečo zdvíhame, často zabúdame do tejto činnosti zapojiť nohy a silné sedacie svaly a namiesto toho sa spoliehame, že spodná časť chrbta tento pohyb vykompenzuje. Keďže na spodnú časť chrbtice sa nepripájajú rebrá, má oveľa väčší pohybový rozsah ako vrchná časť chrbta a nášmu trupu napríklad pomáha pri otáčaní sa. To je ďalší z dôvodov, prečo je taká zraniteľná.

OBRÁZOK 11.1
ČASTI CHRBTICE

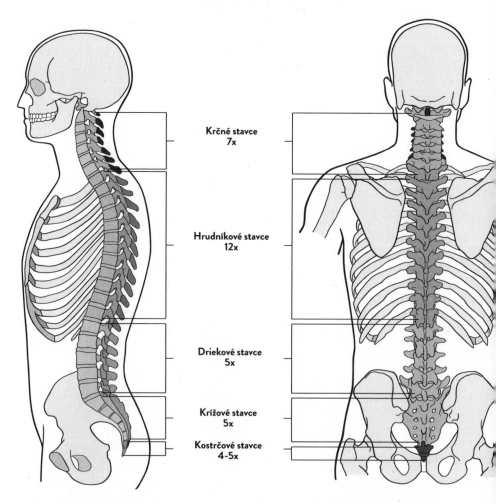

Krčné stavce
7x

Hrudníkové stavce
12x

Driekové stavce
5x

Krížové stavce
5x

Kostrčové stavce
4-5x

JE SPODNÁ ČASŤ VÁŠHO CHRBTA ZDRAVÁ?

Vyskúšajte vykonať nižšie opísané pohyby, postupujte pomaly, aby ste si neporanili žiadny sval. Ak je váš chrbát zdravý, mali by ste bez problémov zvládnuť toto:

1
Ak sedíte, dokážete chrbticu ohnúť smerom dozadu o 45 stupňov bez toho, aby ste pocítili bolesť.

2
Postavte sa a nohy majte stále vyrovnané. V ideálnom stave by ste sa pri zohnutí mali dokázať dotknúť prstov na nohách. Ak vám to nejde, skúste sa dotknúť aspoň svojich lýtok.

3
Stojte vzpriamene a ohnite trup do strany. Ruka by sa vám mala prirodzene skĺznuť pozdĺž stehna až ku kolenu. Tento úkon zopakujte aj na druhej strane tela.

4
K spodnej časti chrbta sa pripájajú aj bedrá, čo môže viesť k ďalším komplikáciám. Ak bedrá nefungujú dobre, spodná časť chrbta je pod väčším tlakom a musí kompenzovať aj obmedzenú pohyblivosť. Svaly sa stiahnu a zatlačia na kĺby – všetko so všetkým súvisí a problémy sa na seba začínajú nabaľovať.

Ochoreniam v spodnej časti chrbta predchádzajú mnohé varovné signály. Ak na sebe spozorujete niektorý z nasledujúcich príznakov, neodkladne vyhľadajte lekársku pomoc:

- Intenzívna bolesť v spodnej časti chrbta, ktorá na stupnici bolesti dosahuje hodnotu osem

- Nepretržitá bolesť, ktorú nezmiernia analgetiká ani odpočinok

- Znížená citlivosť alebo pocit slabosti v jednej alebo oboch nohách

- Samovoľný únik moču alebo stolice

- Znížená citlivosť alebo úplná strata citu v oblasti, ktorou si sadáte na sedadlo bicykla

- Pád, zranenie alebo nehoda

- Prekonaná rakovina v anamnéze

- Vek nad 50 rokov a nepretržitá bolesť v spodnej časti chrbta

- Žiadne zlepšenie po šiestich týždňoch liečby

- Nevysvetliteľná strata hmotnosti

- Nočná bolesť, ktorá narušuje váš spánkový cyklus

- HIV v anamnéze

- Nedávno diagnostikovaná tuberkulóza

- Bolesť v spodnej časti chrbta kombinovaná s jedným alebo viacerými menovanými symptómami: časté nutkanie na močenie (najmä v noci), bolesť a pocit pálenia pri močení, ťažkosti so začatím alebo s ukončením močenia, erektilná dysfunkcia, krv v moči alebo ejakuláte

NAJROZŠÍRENEJŠIA DIAGNÓZA: NATIAHNUTÝ SVAL A NATRHNUTÝ VÄZ

Ak prídete do mojej ordinácie a máte viac ako 25 rokov, vložím ruku do ohňa, že u vás objavím napnuté svaly v spodnej časti chrbta. Na oboch stranách chrbtice sa nachádza množstvo drobných svalov, ktoré sa často zvyknú napnúť. Rovnako je na tom aj najširší sval chrbta umiestnený na povrchu chrbta (pozri Obrázok 11.2). Aj keď nepociťujete bolesť či iné ťažkosti, tieto svaly je potrebné uvoľniť tak či tak. Roky skúseností mi ukázali, že tieto svaly musím ošetriť a uvoľniť aj v prípade, že ku mne príde pacient s vyvrtnutým členkom.

Pacienti s chronickým a bolestivým natiahnutím svalov obvykle vykonávajú fyzicky namáhavú prácu alebo veľa športujú. Netešte sa predčasne, sval si môžete natiahnuť aj v prípade, že nemáte fyzicky namáhavú prácu. Presilenie svalov z nečinnosti sa zväčša neprejavuje žiadnymi príznakmi. Jeho následky vás však môžu dobehnúť v budúcnosti, keď stuhnuté svaly zatlačia na iné svaly alebo kĺby.

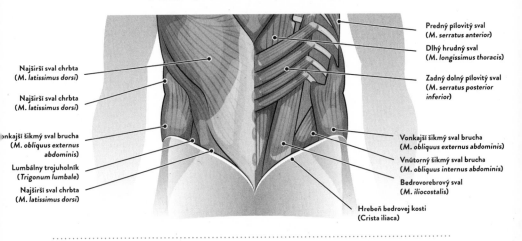

OBRÁZOK 11.2
SVALY SPODNEJ ČASTI CHRBTA

Najširší sval chrbta
(M. latissimus dorsi)

Najširší sval chrbta
(M. latissimus dorsi)

onkajší šikmý sval brucha
(M. obliquus externus
abdominis)

Lumbálny trojuholník
(Trigonum lumbale)

Najširší sval chrbta
(M. latissimus dorsi)

Predný pílovitý sval
(M. serratus anterior)

Dlhý hrudný sval
(M. longissimus thoracis)

Zadný dolný pílovitý sval
(M. serratus posterior
inferior)

Vonkajší šikmý sval brucha
(M. obliquus externus abdominis)

Vnútorný šikmý sval brucha
(M. obliquus internus abdominis)

Bedrovorebrový sval
(M. iliocostalis)

Hrebeň bedrovej kosti
(Crista iliaca)

Ak ste si už prečítali niektorú z kapitol tejto knihy, isto viete, že natiahnutia svalov a pretrhnutia väzov netvoria jednu a tú istú skupinu zranení. Ak sa však vyskytnú v spodnej časti chrbta, prejavujú sa podobnými príznakmi. Ich liečba je takisto takmer identická.

Priraďte svojej bolesti stupeň podľa stupnice bolesti a pokračujte metódou **STOP**. Ak ste si poranili sval alebo väz v spodnej časti chrbta, bude pre vás platiť:

- **S**ite – Miesto: Bolesť sa vyskytuje hocikde v spodnej časti chrbtice.

- **T**ype – Typ: Ak ide o natiahnutie, prejavuje sa tupou bolesťou. Pri pretrhnutí pociťuje pacient ostrú bolesť. Postihnuté miesto môže byť opuchnuté alebo citlivé na dotyk.

- **O**nset – Nástup: Pri náhlom a prudkom otrase, otočení alebo zdvíhaní niečoho ťažkého sa bolesť prejaví okamžite. Môže ju sprevádzať praskanie alebo trhanie. Ak je príčinou nadmerné používanie svalu či väzu alebo opakované pohyby, bolesť zvyčajne prichádza postupne.

- **P**rovoked – Spúšťač: Medzi najčastejšie spúšťače patrí pohyb, pri ktorom sa sťahujú alebo uvoľňujú svaly či väzy. Pacienti môžu pociťovať ťažkosti pri chôdzi alebo dokonca aj pri stoji.

- Postihnuté miesto by sme mali čo najmenej namáhať a dopriať si odpočinok. Ak ide o akútne zranenie sprevádzané zápalom, použite metódu RICE (odpočinok, ľad, kompresia, nadvihnutie, pozri strana 69). Ak bolesť pretrváva dlhodobo a postihnuté miesto nie je zapálené, prikladajte naň teplé obklady.

- Keď pociťujem bolesti v spodnej časti chrbta, rád si doprajem horúci kúpeľ a rozpustím v ňom za hrsť kryštálikov horkej soli do kúpeľa. Horúca voda má na telo terapeutické účinky a uvoľňuje svaly. Horká soľ alebo síran horečnatý obsahuje horčík, jeden zo základných minerálov, ktorý nášmu telu často chýba. Síce nie je vedecky potvrdené, že horčík vieme vstrebávať cez kožu, stále si myslím – a to mi potvrdilo aj niekoľko mojich pacientov –, že má na telo blahodarný účinok. Či už ide o placebo, alebo nie, po horúcom kúpeli s horkou soľou sa moja bolesť zmierni a ja sa cítim oveľa uvoľnenejší.

- V domácom prostredí môžete takisto vyskúšať strečing. Ľahnite si na posteľ alebo na podlahu, ohnite kolená a nohy nechajte položené na matraci alebo na podlahe (pozri Obrázok 11.3). Vydržte v tejto polohe zopár minút. Možno sa vám to zdá až príliš jednoduché, ale práve toto cvičenie prináša svalom v spodnej časti chrbta množstvo úžitku. Ak sa na to cítite, môžete kolená pritiahnuť k hrudi a obopnúť rukami.

- Pri akejkoľvek stuhnutosti svalov odporúčam pacientom, aby si kúpili softbalovú loptičku (je o trochu väčšia ako bejzbalová lopta a na masážne účely je omnoho vhodnejšia). Loptičku položte na zem, ľahnite si na ňu a ohnite kolená. Pohybom nôh roľujte loptičku okolo stuhnutých svalov chrbta a zadku.

- Ak si môžete dovoliť zainvestovať do masážnej pištole a niekto vám vie s jej používaním pomôcť, je to veľmi dobrá pomôcka pri svalových problémoch v spodnej časti chrbta.

- Pri natiahnutiach svalov a pretrhnutiach väzov v spodnej časti chrbta vám môže pomôcť osteopat alebo chiropraktik.

- Pri každom vyšetrení sa snažím lokalizovať napätú oblasť a rozmasírovať ju. Pri akútnych aj chronických stavoch používam metódu suchej ihly. Príčinou preťaženého svalu či väzu môže byť aj problém s kĺbom. Aby sa obnovila funkcia chrbtice, je potrebné kĺb napraviť. Po napravení sa preťažený sval či väz zotaví.

- V prípade, že je potrebné kĺb napraviť, by mal terapeut najprv ošetriť a uvoľniť tkanivá v jeho okolí. Pred samotným naprávaním je taktiež nevyhnutné kĺb mobilizovať. Pred naprávaním je rovnako potrebné kĺb poriadne vyšetriť a zistiť, či pacient nemá problémy s otáčaním alebo inými pohybmi. Napravenie kĺbu bez toho, aby ste poznali všetky okolnosti, môžeme prirovnať k prečítaniu iba poslednej kapitoly z knihy. Ak sa posunie jeden kĺb, neznamená to, že aj zvyšné kĺby treba naprávať. Spôsobilo by to viac ujmy ako úžitku.

- K problémom v spodnej časti chrbta sa môžu s veľkou pravdepodobnosťou pridružiť aj problémy so sedacími svalmi. Ak za mnou príde pacient s bolesťami v spodnej časti chrbta, vždy mu premasírujem aj sedacie svaly. Obvykle je pri ich masáži potrebné vyvinúť veľký tlak (lakte vždy dobre poslúžia).

- Ak si roztrhnete väz v ktorejkoľvek inej časti tela, operácii sa nevyhnete. Pri pretrhnutom väze v spodnej časti chrbta to nie vždy platí.

OBRÁZOK 11.3
POLOHA LEŽMO SO ZOHNUTÝMI KOLENAMI

PROBLÉMY S KĹBMI

Pozdĺž celej chrbtice nájdete medzistavcové (fazetové) kĺby, teda dvojice drobných kĺbov, ktoré spájajú jednotlivé stavce (pozri Obrázok 11.4). Väčšina pacientov, ktorých do mojej ordinácie privádzajú problémy s fazetovými kĺbmi, má viac ako 25 rokov. Rozdiely medzi pohlaviami sú zanedbateľné, medzistavcové kĺby trápia v rovnakej miere ženy aj mužov. Emma mala čosi pred tridsiatkou a do mojej ordinácie ju priviedol zaseknutý kĺb. Pri tanci na večierku sa nešikovne otočila, pocítila kŕč a vzápätí sa jej zasekol kĺb. K zraneniu toho naozaj viac nepotrebujete.

Úlohou medzistavcových kĺbov je uľahčenie pohybu, no zároveň zodpovedajú aj za to, aby sme sa nevytočili príliš do strany. V úvode kapitoly sme si spomínali, že na spodnú časť chrbtice je vyvíjaný veľký tlak. Výnimkou nie sú ani fazetové kĺby, ktoré sú tak náchylnejšie na zranenia a rýchlejšie sa opotrebovávajú. Ak nastane niektorý z týchto scenárov, kĺb sa vysunie. To zvýši tlak vyvíjaný na svaly spodnej časti chrbta.

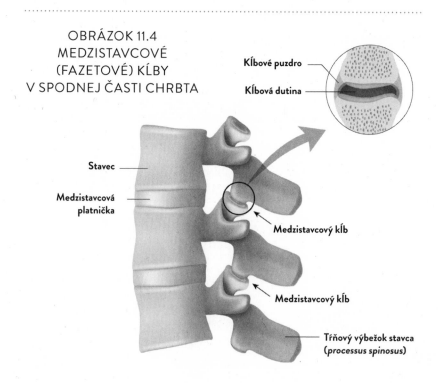

OBRÁZOK 11.4
MEDZISTAVCOVÉ
(FAZETOVÉ) KĹBY
V SPODNEJ ČASTI CHRBTA

Kĺbové puzdro

Kĺbová dutina

Stavec

Medzistavcová
platnička

Medzistavcový kĺb

Medzistavcový kĺb

Tŕňový výbežok stavca
(processus spinosus)

OBRÁZOK 11.5
PRENESENÁ BOLESŤ A JEJ PÔVOD V SPODNEJ ČASTI CHRBTA

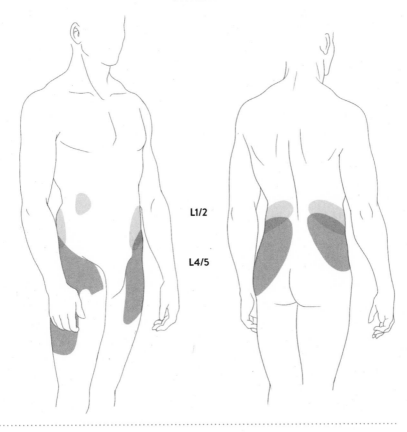

L1/2

L4/5

Ak sa často zakláňate alebo pretáčate chrbticu, pravdepodobne vás potrápia fazetové kĺby v spodnej časti chrbta. Problémy s kĺbmi vám však môže privodiť iba jeden nešikovný pohyb. Presne tak sa zranil Vikram. Keď šoféroval, snažil sa nahnúť doprava, aby sa načiahol za fľašou padnutou pod sedadlom spolujazdca.

Medzistavcové kĺby môžu byť taktiež zodpovedné za prenesenú bolesť. Ak pociťujete bolesť v oblasti bedier, jej skutočným pôvodcom môžu byť kĺby v spodnej časti chrbta. Obrázok 11.5 vám môže pomôcť presne určiť, ktorý z driekových stavcov a kĺbov nesie zodpovednosť za vašu bolesť.

Priraďte svojej bolesti stupeň podľa stupnice bolesti a pokračujte metódou **STOP**. Ak máte problémy s fazetovými kĺbmi v spodnej časti chrbta, bude pre vás platiť:

- **S**ite – Miesto: Bolesť sa vyskytuje v oblasti postihnutého kĺbu a zväčša sa vyskytuje iba jednostranne. Prenesená bolesť spôsobená fazetovými kĺbmi sa môže objaviť v oblastiach vyznačených na Obrázku 11.5.

- **T**ype – Typ: Prejavuje sa miernou až silnou bolesťou. Bolesť je väčšinou tupá a sprevádza ju stuhnutosť. Pri pohybe, alebo ak zaujmete nezvyčajnú polohu, môže byť bolesť ostrejšia. Niektorí pacienti pociťujú pri pohybe „zadrhávania". V niektorých prípadoch môže prísť k podráždeniu nervu, čo spôsobí vystreľovanie bolesti do nôh, pocity mravčenia, zníženú citlivosť či slabosť. Ide však len o zriedkavé stavy.

- **O**nset – Nástup: Bolesť nastupuje náhle, alebo postupne. Pacienti často hovoria, že zo začiatku pociťovali v chrbte pichanie. Tento stav môže trvať celé mesiace až roky a pacienti mu priradili hodnotu dva na stupnici bolesti. Potom sa bolesť náhle zhoršila. Ak bolesť vzniká postupne, jej príčinou nie je úraz, ale opotrebovanie.

- **P**rovoked – Spúšťač: Medzi najčastejšie spúšťače patria zakláňanie sa, pohyb do strán, vstávanie zo sedavej pozície, prudké pohyby, dlhodobé státie a otáčanie sa. Ráno je bolesť intenzívnejšia a zhoršuje sa, ak sa po chvíli nečinnosti pacient začne hýbať.

Ak sa pri nakláňaní dozadu vytočíte alebo nahnete do strany a pocítite ostrú bolesť, s vysokou pravdepodobnosťou ide o problémy s kĺbmi.

Tento test vám toho veľa napovie, ale pri diagnostike by ste sa nemali spoliehať iba naň.

DOMÁCA LIEČBA

Ak vás niekedy potrápili kĺby, je nevyhnutné zostať v pohybe. Predídete tak možnému návratu ochorenia. Nájdite si takú činnosť, pri ktorej sa budete hýbať a zároveň si jemne posilníte telo. Ak si takúto aktivitu nájdete, venujte sa jej pravidelne, aj keby to malo byť len niekoľko minút každý deň. Je to oveľa prospešnejšie, ako keby ste mali dvakrát do týždňa vypustiť dušu v posilňovni.

PROFESIONÁLNA LIEČBA

- Pri problémoch s kĺbmi v spodnej časti chrbta vám môže pomôcť osteopat alebo chiropraktik.

- Terapeut musí v prvom rade presne určiť, ktorý kĺb sa poškodil, a pomocou masáže uvoľniť tkanivá v jeho okolí. Kĺb bude potrebné „docvaknúť" naspäť na správne miesto mobilizáciou alebo naprávaním. Bez toho sa pohybový rozsah kĺbu neupraví. Terapeut by mal najprv pristúpiť k mobilizácii, keďže v sebe zahŕňa menej rizík ako oveľa razantnejšia metóda naprávania. Pri naprávaní stále platí, že naprávať by sa mal iba vysunutý kĺb, pokiaľ neexistuje presvedčivé odôvodnenie, prečo napraviť aj kĺby umiestnené vyššie či nižšie.

- Terapeut by mal taktiež prešetriť, prečo k poškodeniu kĺbu prišlo. Ako sme si ukázali na príbehu obkladača z 2. kapitoly, môže ísť o skracovanie svalov na jednej strane tela v dôsledku nakláňania sa na danú stranu a ich predĺženia na druhej strane. V prípade, že váš problém zapríčiňujú skrátené svaly (teda svaly na strane, na ktorú sa nakláňate), bude potrebné ich natiahnuť. Každodenné cvičenie pomáha pri prevencii možného návratu zranenia. Nemusíte sa báť, v posilňovni nestrávite hodiny zdvíhaním činiek v snahe posilniť spodnú časť chrbta.

- Ak vám osteopat ani chiropraktik nepomôžu nájsť vhodný cvičebný plán, skúste navštíviť fyzioterapeuta, ktorý vám ukáže cvičenia ušité na mieru vašim potrebám.

PROBLÉMY S PLATNIČKAMI

Medzi jednotlivými stavcami nájdeme pozdĺž celej chrbtice 23 asi 2,5 centimetra širokých a necelý centimeter vysokých medzistavcových platničiek. Pričom päť platničiek v spodnej časti chrbta je obzvlášť náchylných na zranenie či poškodenie. Týka sa to najmä driekových platničiek L4 a L5 (platničky označujeme rovnakým spôsobom ako stavce). Platničky tlmia otrasy, zabraňujú vzájomnému treniu stavcov a umožňujú pohyb chrbtice. Každá platnička sa skladá z tvrdého obalu (nazývaného prstenec) a jadra, ktoré je vyplnené rôsolovitou tekutinou. Ak príde k vážnemu poškodeniu platničky, práve táto tekutina môže vytiecť a zatlačiť na nerv (pozri Obrázok 11.6).

PRÍBEHY PACIENTOV: RADŠEJ SI ĽAHNI

Miles pracoval ako kuriér a už dlhší čas pociťoval v spodnej časti chrbta nepríjemnú bolesť, ktorá sa v priebehu dňa zhoršovala. Miles napokon pri šoférovaní cítil takú bolesť, až dospel do štádia, že začal rozmýšľať nad zmenou profesie. Po vyšetrení som zistil, že za jeho stav sú zodpovedné platničky a pravdepodobne ide o prolaps, čiže vysunutie jednej z nich. Vymysleli sme preto plán, ako zmierniť tlak vyvíjaný na platničku. V nasledujúcich týždňoch Miles pravidelne navštevoval moju ordináciu a ja som mu postihnutú oblasť ošetroval trakciou. Znížiť tlak mala pomôcť aj zmena polohy doma či pri práci. Večer si Miles už nesadal na gauč, namiesto toho si naň ľahol a nohy si vyložil na operadlo. Sedadlo v aute si taktiež posunul mierne dozadu. Želaný účinok sa dostavil a Milesova platnička sa zotavila. Miles si tak nemusel hľadať novú prácu.

Poškodenie platničiek rozdeľujeme do niekoľkých stupňov v závislosti od množstva tekutiny vytečenej z jadra a závažnosti vydutia alebo pretrhnutia platničkového prstenca (pozri Obrázok 11.7). Bolesť a pocit nepohodlia sa odvíjajú priamo úmerne od stupňa poškodenia platničky.

PREČ S MÝTMI

Aj keď pri problémoch s platničkami väčšinou hovoríme o „vyskočenej" platničke, v skutočnosti platnička nikam nevyskočila. K poškodeniu platničiek dochádza, keď sa rôsolovitá tekutina vyduje z jadra a prerazí cez tvrdý prstenec platničky.

OBRÁZOK 11.6
POROVNANIE: ZDRAVÁ A VYTEČENÁ PLATNIČKA

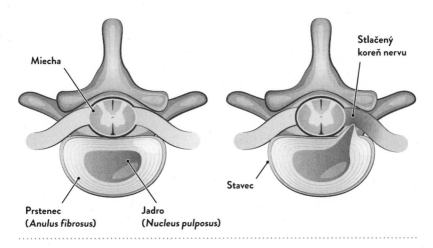

Miecha

Stlačený koreň nervu

Stavec

Prstenec (*Anulus fibrosus*)

Jadro (*Nucleus pulposus*)

OBRÁZOK 11.7
STUPNE POŠKODENIA PLATNIČIEK

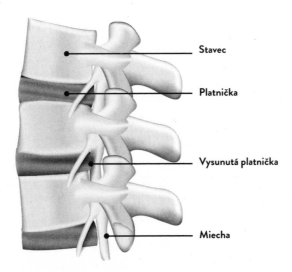

Stavec

Platnička

Vysunutá platnička

Miecha

Zdravá platnička

Degenerácia (opotrebovanie) platničky

Prolaps (vysunutie) platničky

Extrúzia platničky (vytekanie jadra)

Sekvestrácia platničky (oddelenie jadra)

S narastajúcim vekom sa nevyhnutne zvyšuje opotrebovanie, čiže degenerácia platničiek. Moderný životný štýl však prispieva k urýchleniu tohto procesu. Napriek tomu, že v súčasnosti nepociťujete bolesť v spodnej časti chrbta, ak nie ste aktívni a nešportujete, je veľmi pravdepodobné, že vaše platničky sa opotrebovávajú. Platničky sa pribúdajúcimi rokmi scvrkávajú, aj preto sa vám môže zdať, že starší ľudia sú čoraz drobnejší. Pri narodení tvorí naše platničky z 90 % voda, vekom sa však jej podiel znižuje na 70 %. Pitie nedostatočného množstva tekutín môže viesť k dehydratácii platničiek. Platničky tak strácajú objem, čo môže viesť k bolesti v spodnej časti chrbta.

Dvadsiatnikov privádzajú do mojej ordinácie problémy s platničkami zväčša len vtedy, ak sa venujú vrcholovému športu alebo celé dni zdvíhajú v posilňovni činky. Platničky sa najčastejšie ozývajú u ľudí nad 40 rokov a častejšie postihujú mužov. Ochorenie sa s väčšou pravdepodobnosťou rozvinie u ľudí, ktorí majú sedavé zamestnanie alebo počas dňa opakujú stále tie isté pohyby. Až 90 % ľudí vo veku 50 rokov má opotrebované platničky.

Ochorenia platničiek môžu ovplyvniť aj nervovú sústavu, tieto ochorenia však na stránkach tejto knihy podrobne nerozoberám. O podráždení nervového koreňa si v tejto kapitole ešte povieme viac.

Priraďte svojej bolesti stupeň podľa stupnice bolesti a pokračujte metódou **STOP**. Ak máte problémy s platničkami v spodnej časti chrbta, bude pre vás platiť:

- **S**ite – Miesto: Miesto, v ktorom bolesť pociťujete, závisí od konkrétnej platničky. Môže sa prejaviť buď ako prenesená bolesť, alebo priamo v mieste postihnutej platničky.

- **T**ype – Typ: Ak nedošlo k podráždeniu nervu, prejavuje sa tupou bolesťou podobnej bolesti zubov. Bolesť môže byť mierna alebo silná.

- **O**nset – Nástup: Bolesť nastupuje zväčša náhle, a to aj v prípade, že je opotrebovanie platničiek dlhodobejšie. Počas dňa sa bolesť obvykle zintenzívňuje. Pri akútnych stavoch sa bolesť môže objaviť aj v noci.

- **P**rovoked – Spúšťač: Medzi najčastejšie spúšťače patria kašeľ, kýchanie, dlhodobé sedenie a predkláňanie sa.

Ak pri predklone pocítite silnú bolesť, pravdepodobne ide o poškodenú platničku. Tento test vám toho veľa napovie, ale pri diagnostike by ste sa nemali spoliehať iba naň.

DOMÁCA LIEČBA

- Pri problémoch s platničkami pomáha trakcia v mieste, kde je chrbtica mierne oddelená. V domácom prostredí vám pri trakcii môže pomôcť známy alebo rodinný príslušník. Ľahnite si na chrbát a poproste svojho pomocníka, aby vás chytil za členky. Pomocník by sa mal mierne zakloniť a využívajúc hmotnosť vlastného tela pritiahnuť vaše chodidlá k sebe. Vyvarujte sa prudkým pohybom. Nesprávne vykonaná trakcia môže spôsobiť ďalšie problémy.

- Pre udržiavanie platničiek v kondícii je vhodné cvičiť pilates. Cvičenie zároveň posilní aj stred tela.

- Alfou a omegou pri liečbe poškodenej platničky je odpočinok. Ak v noci nedokážete od bolesti zaspať, váš stav je vážny a mali by ste okamžite vyhľadať lekársku pomoc.

PROFESIONÁLNA LIEČBA

- Pri problémoch s platničkami v spodnej časti chrbta vám môže pomôcť osteopat alebo chiropraktik. Lekár vám môže predpísať steroidové injekcie alebo lieky proti bolesti.

- Pri poškodeniach platničiek by sa v žiadnom prípade nemal naprávať kĺb, na ktorý je platnička naviazaná. Naprávanie tohto kĺbu by váš stav mohlo výrazne zhoršiť. Jediná prípustná forma naprávania kĺbov pri problémoch s platničkami je naprávanie kĺbov nad alebo pod poškodeným miestom.

- Jedným z najúčinnejších liečebných postupov pri problémoch s platničkami je metóda suchej ihly a používam ju pri liečbe takmer všetkých svojich pacientov.

- Predtým, ako sa rozhodnete ísť pod skalpel, zvážte všetky svoje možnosti a vyskúšajte vyššie opísané postupy. Ja osobne by som sa pre operáciu rozhodol až v momente, keď všetky ostatné možnosti zlyhajú.

PODRÁŽDENIE NERVOVÉHO KOREŇA

Ak poškodená platnička zatlačí na nerv, môžu nastať ďalšie komplikácie. Pri poškodení môže – ale nie je to pravidlom – platnička zmeniť tvar a zatlačiť tak na nerv. K bežným príznakom vyskytujúcim sa pri poškodení platničiek sa tak pridajú nové symptómy. Podráždenie nervového koreňa v spodnej časti chrbta však nespôsobujú len platničky. Príčinou problémov s nervami môžu byť aj problémy s kĺbmi, výrastky kostí, artritída, zápal, zranenie miechy, infekcie či abnormálny rast tkanív.

PRÍBEHY PACIENTOV: ZVLÁDNEM TO SÁM!

Warren sa práve sťahoval a celý deň zdvíhal a presúval krabice. Mal po tridsiatke a bol presvedčený, že to zvládne sám, bez akejkoľvek pomoci. Hneď na druhý deň ho zobudila bolesť vystreľujúca do nohy. Nedokázal vstať z postele a do mojej ordinácie ho priviedla manželka. Warren si ľahol na vyšetrovací stôl a ja som sa pustil do práce. Zdvihol som mu nohu. Bolesť vystrelila pozdĺž celej končatiny až do palca. Warrenov palec už na pohľad vyzeral slabý. Všetky príznaky naznačovali, že príčina problému sa bude týkať driekového stavca L5. Položil som naň ruky. Celá oblasť bola citlivá na dotyk. Prvý krok bol jasný: trakcia a zníženie tlaku vyvíjaného na kĺb. Úľava prišla okamžite. Pokračoval som ho vyšetrení a zistil som, že za bolesť vystreľujúcu do nohy je zodpovedná platnička tlačiaca na nerv. Warren moju ordináciu navštevoval ešte tri týždne, kým sa úplne nevyliečil.

Podráždenie nervového koreňa sa prejavuje najmä prenesenou bolesťou v spodných častiach tela. Pacienti môžu pociťovať aj slabosť, zníženú citlivosť či mravčenie. Podľa oblasti, v ktorej príznaky pociťujete, sa môžete pokúsiť určiť, ktorý stavec sa nachádza v blízkosti poškodeného nervu. Pomôže vám v tom Obrázok 11.8. Podráždenie ľahko rozpoznáte podľa toho, že bolesť v končatine je intenzívnejšia ako bolesť v chrbte.

Ak pociťujete nervovú bolesť v spodnej časti chrbta, nemusí ísť automaticky o ischias. Tento pojem je v súčasnosti veľmi rozšírený, ale sedací nerv je len jedným z mnohých nervov, ktorý môže v tejto oblasti vyvolať bolesť.

OBRÁZOK 11.8
PRENESENÁ BOLESŤ A JEJ PREPOJENIA S DRIEKOVÝMI A KRÍŽOVÝMI NERVAMI

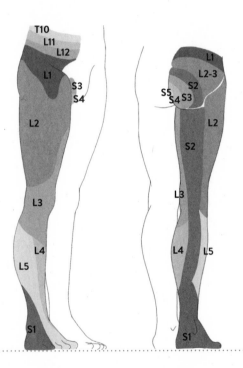

Sedací nerv je pravdepodobne najznámejším nervom v tejto oblasti a väčšina z vás už asi počula o ischiase. Má približne rovnakú veľkosť ako váš palec (približne dva centimetre) a je najväčším nervom ľudského tela. Z miechy vychádza sedací nerv do zadnej časti chrbta v piatich separátnych vláknach. V zadku sa nervové vetvy spájajú do jednej a nerv pokračuje pozdĺž celej nohy až do chodidla (pozri Obrázok 11.9). Ak za mnou príde pacient s podozrením na ischias, vždy mu najprv ošetrím hruškovitý sval (*m. piriformis*), cez ktorého stred môže sedací nerv prechádzať (pozri Obrázok 11.10). Tento sval sa môže stiahnuť a tým zatlačiť na sedací nerv. Nerv sa však môže pritlačiť o stavce.

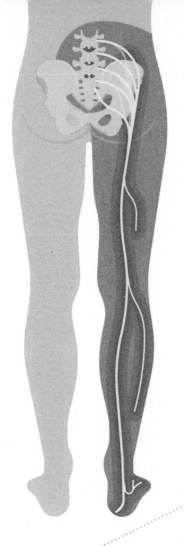

Ľahnite si na chrbát a vystrite nohy. Poproste niekoho, aby vám nohy jednu za druhou opatrne zdvihol. Ak pocítite bolesť vystreľujúcu do nohy, pravdepodobne ide o podráždenie nervového koreňa v spodnej časti chrbta.

OBRÁZOK 11.10
SEDACÍ NERV
A HRUŠKOVITÝ SVAL

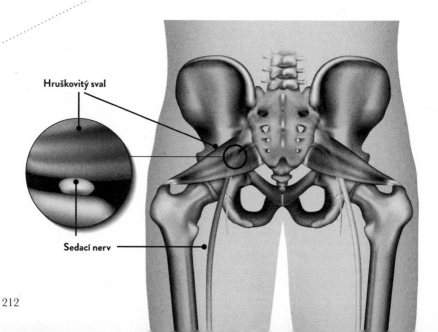

Hruškovitý sval

Sedací nerv

 Priraďte svojej bolesti stupeň podľa stupnice bolesti a pokračujte metódou **STOP**. Ak máte podráždený nerv v spodnej časti chrbta, bude pre vás platiť:

- **S**ite – Miesto: Prenesenú bolesť môžete pociťovať hocikde v dolnej končatine, ale najčastejšie sa vyskytuje v zadku, v zadnej časti stehna alebo v lýtku.

- **T**ype – Typ: Prejavuje sa miernou až silnou, ostrou bolesťou, ktorá vystreľuje ďalej. Bolesť v dolnej končatine je intenzívnejšia ako bolesť v chrbte. Môže ju sprevádzať znížená citlivosť, mravčenie a pocit slabosti v nohe. Môžete taktiež pociťovať ťažkosti pri chôdzi.

- **O**nset – Nástup: Bolesť nastupuje náhle, alebo postupne.

- **P**rovoked – Spúšťač: Medzi najčastejšie spúšťače patria predkláňanie sa, kašeľ, kýchanie, smiech a dlhodobé sedenie.

DOMÁCA LIEČBA

- Pre zmiernenie bolesti a opuchu priložte na bolestivé miesto studený obklad.

- Najlepšou liečbou pri podráždení nervového koreňa je odpočinok. Ak vám to nespôsobuje bolesť, vyložte si nohy na operadlo sedačky, znížite tak tlak na spodnú časť chrbta.

PROFESIONÁLNA LIEČBA

- Pri problémoch s podráždenými nervami v spodnej časti chrbta vám môže pomôcť osteopat alebo chiropraktik.

- Liečba závisí od toho, v ktorom mieste prišlo k podráždeniu nervu. Pri problémoch s kĺbmi bude potrebné vrátiť kĺb na správne miesto pomocou mobilizácie alebo dokonca naprávania. Ak problém zapríčiňuje platnička, pomôže vám trakcia. Pri oboch stavoch môže byť nápomocnou mobilizácia, ktorej úlohou je otvorenie priestoru a zmiernenie tlaku na nerv. Ak na nerv tlačí natiahnutý sval, masáž vám pomôže sval uvoľniť.

- Ak je postihnutá oblasť citlivá na dotyk, zmierniť bolesť pomôže aj metóda suchej ihly a terapia studeným laserom.

BOLESŤ KRÍŽOVOBEDROVÉHO KĹBU

V mieste, kde sa chrbtica stretáva s panvou, sa nachádzajú dva krížovobedrové kĺby (*articulatio sacroiliaca*) (pozri Obrázok 11.11). Bolesť v týchto miestach je viac než častá, predovšetkým v tehotenstve. Dôvod je jednoduchý: aby kĺby uľahčili pôrod, musia sa uvoľniť. Počas tehotenstva sa väzy uvoľňujú a kĺby tak nedržia veľmi dobre pohromade. Navyše na ne tlačí hmotnosť dieťatka.

PRÍBEHY PACIENTOV: POZOR, KAM STÚPAŠ

Nadia si na živobytie zarábala ako taxikárka a práve si kúpila nové auto. Pri vystupovaní zle odhadla svoj krok a ťažko dopadla na pravú nohu. Pocítila náhlu bolesť a jej nohou prešla tlaková vlna. Pokračovala v práci, ale stále pociťovala bolesť na pravej strane spodnej časti chrbta, keď nastupovala do taxíka, alebo keď z neho vystupovala či kráčala po schodoch. V slabinách sa objavila prenesená bolesť. Po vyšetrení v mojej ordinácii som zistil, že krížovobedrový kĺb sa vysunul z panvy. Najprv som ošetril svaly v jej okolí a potom som panvu „zacvakol" na správne miesto.

Na to, aby vás potrápil krížovobedrový kĺb, nemusíte byť práve v radostnom očakávaní. K zraneniam krížovobedrového kĺbu môže prísť aj v prípade, keď bedro a spodná časť chrbta nespolupracujú práve najlepšie. Krížovobedrové kĺby sa môžu uvoľniť z väzov alebo môže prísť k ich podráždeniu, ak sa trú jeden o druhý. Krížovobedrové kĺby nie sú opusteným ostrovom a ich zranenie vždy signalizuje aj iný problém, napríklad skrátené a predĺžené svaly či nerovnováhu panvy.

Pacienti s problematickými krížovobedrovými kĺbmi často pociťujú aj prenesenú bolesť v oblasti bokov, na vrchnej časti stehna a v nohách. Preto môže byť nesmierne náročné rozlíšiť bolesť spôsobenú krížovobedrovými kĺbmi od bolesti, ktorej príčinou je podráždenie nervového koreňa v spodnej časti chrbta.

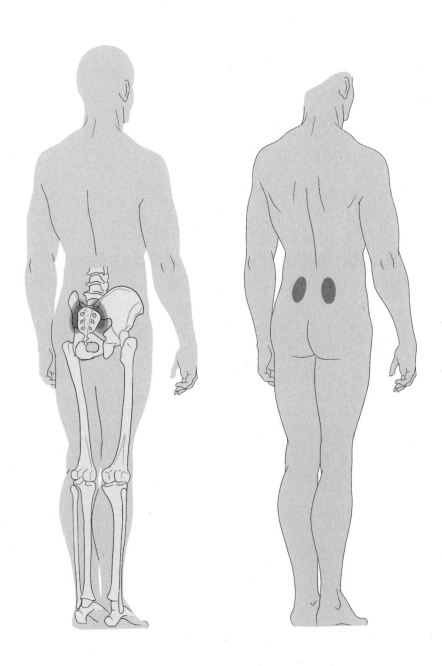

OBRÁZOK 11.11
UMIESTNENIE KRÍŽOVOBEDROVÉHO KĹBU

Priraďte svojej bolesti stupeň podľa stupnice bolesti a pokračujte metódou **STOP**. Ak vás trápi krížovobedrový kĺb, bude pre vás platiť:

- **S**ite – Miesto: Bolesť sa vyskytuje na jednej strane chrbta. Môže sa vyskytovať aj ako prenesená bolesť v zadku, slabinách a bedrách.

- **T**ype – Typ: Pri odpočinku sa prejavuje ako tupá bolesť, pri pohybe pocítite ostrú až bodavú bolesť.

- **O**nset – Nástup: Ak je príčinou prudké otočenie alebo zranenie, bolesť sa prejaví náhle. Bolesť môže nastupovať aj postupne, najmä, ak poškodenie kĺbu spôsobila artritída.

- **P**rovoked – Spúšťač: Medzi najčastejšie spúšťače patria kráčanie po schodoch, vystupovanie z auta, zaťažovanie postihnutej strany, dlhodobé státie či otáčanie sa pri spánku.

Dobrý spôsob, ako si overiť, či u vás prišlo k poškodeniu krížovobedrového kĺbu, je na striedačku sa postaviť na jednu nohu. Ak pri preskakovaní pocítite bolesť na jednej strane chrbta, je pravdepodobné, že za ňu môže krížovobedrový kĺb.

DOMÁCA LIEČBA

- V domácom prostredí môžete pri problémoch s krížovobedrovými kĺbmi použiť softbalovú alebo tenisovú loptičku. Loptičku položte na zem a ľahnite si na ňu, dbajte však na to, aby sa loptička nedotýkala priamo postihnutého kĺbu, ale iba oblastí v jeho okolí. Pokrčte nohy a nadvihnite sa od zeme. Pomocou nôh rolujte loptičku a masírujte oblasť spodnej časti chrbta. Veľmi účinná je aj masážna pištoľ. Je veľká pravdepodobnosť, že prišlo aj k poškodeniu driekových stavcov, preto je dobré premasírovať aj túto oblasť.

- Pri problémoch s krížovobedrovými kĺbmi vám môže pomôcť osteopat alebo chiropraktik.

- Kĺb bude potrebné vrátiť na správne miesto pomocou mobilizácie alebo naprávania. Zároveň vždy premasírujem svaly v okolí kĺbu, aby som zmiernil napätie v tejto oblasti. Keďže sa bolesť krížovobedrových kĺbov nikdy nevyskytuje samostatne, terapeut by mal vyšetriť aj spodnú časť vášho chrbta, panvu a kĺb, aby zistil, či nie sú príčinou vašich problémov.

ĎALŠIE BEŽNÉ OCHORENIA SPODNEJ ČASTI CHRBTA

- Ankylozujúca spondylitída (nazývaná tiež Bechterevova choroba) je zápalové chorenie, ktoré spôsobuje postupné zrastanie stavcov v krku. Postihuje najmä mužov a mladších ľudí. Na Bechterevovu chorobu neexistuje liek. Pri správne nastavenej liečbe sa však prejavy choroby dajú spomaliť.

- Spinálna stenóza je ochorenie, pri ktorom prichádza k zúženiu chrbticového kanála, čím sa vytvára tlak na nervy. Pri závažných formách ochorenia môže byť nevyhnutná operácia.

STREČING A CVIKY NA OBLASŤ SPODNEJ ČASTI CHRBTA

Pri väčšine problémov v spodnej časti chrbta vám od bolesti pomôže jednoduché riešenie: ľahnite si na chrbát na posteľ alebo podlahu. Nižšie nájdete aj ďalšie jednoduché cvičenia, ktoré vám môžu pomôcť vašu bolesť zmierniť.

Predtým, než sa pustíte do cvičenia, je pri akútnej bolesti kľúčové bolesť čo najviac zmierniť. Môžete na to využiť metódu RICE (odpočinok, ľad, kompresia, nadvihnutie – pozri strana 69). Ak sa na to budete cítiť, začnite pozvoľna a sledujte reakcie vášho tela. Ak to s cvičením preženiete, môže vám chrbát znovu vypovedať službu. Pri všetkých nižšie opísaných cvičeniach platí presne to isté, čo pre každé cvičenie v tejto knihe: ak pri cvičení pociťujete bolesť alebo sa váš stav zhoršuje, s cvičením okamžite prestaňte.

1

Ľahnite si na chrbát, nohy ohnite v kolenách a chodidlá nechajte položené na podložke. Oboma rukami prisuňte koleno k hrudi. V tejto polohe vydržte pár sekúnd a cvičenie zopakujte aj na druhej strane.

2

Ľahnite si na chrbát, nohy ohnite v kolenách a chodidlá nechajte položené na podložke. Ruky položte na podložke dlaňami dolu. Po dobu niekoľkých minút pomaly kolíšte kolená z jednej strany na druhú.

OBRÁZOK 11.12
CVIČENIE „VEĽKÁ LYŽIČKA"

3

Štvorhlavý driekový sval (*m. quadratus lumborum*), teda sval na oboch stranách spodnej časti chrbta, si najlepšie precvičíte pomocou jednoduchého cviku, ktorý isto poznáte z hodín telesnej výchovy na základnej škole. Keďže štvorhlavé driekové svaly sa ľahko preťažia, toto cvičenie prospeje každému, kto má problémy v spodnej časti chrbta. Stojte vzpriamene a naširoko sa rozkročte. Jednu ruku vystrite nad hlavu a ohnite sa do strany. Cvičenie zopakujte aj na druhej strane.

4

Nohy rozkročte na šírku ramien. Jemne zohnite kolená do podrepu a panvu posuňte dozadu. Obe ruky zosuňte od hlavy na úroveň ramien tak, aby vaše ruky vytvárali veľkú lyžičku (pozri Obrázok 11.12). Mali by ste pocítiť, ako sa svaly v spodnej časti chrbta naťahujú.

5

Toto cvičenie je veľmi prospešné pri problémoch s platničkami a poskytne vám aj úľavu od akútnej bolesti chrbta. Ľahnite si na chrbát a lýtka vyložte na stoličku či taburetku. Vaše kolená by mali byť zohnuté v pravom uhle (pozri Obrázok 11.13). Ruky položte vedľa tela. Zhlboka sa nadýchnite a uvoľnite chrbát.

6

Na uvoľnenie napätia z chrbtice a natiahnutie svalov chrbta je veľmi dobrá jogová *poloha dieťaťa*. Kľaknite si, posaďte sa na päty a hlavu pomaly prisúvajte čo najbližšie k podložke. Obe ruky vystrite pred hlavu (pozri Obrázok 11.14). Krk uvoľnite, hlavu držte otočenú čelom k podložke. V tejto polohe vydržte asi 20 sekúnd.

OBRÁZOK 11.14
POLOHA DIEŤAŤA

OBRÁZOK 11.13
CVIČENIE PRI AKÚTNEJ
BOLESTI

7

Ľahnite si na chrbát, nohy ohnite v kolenách a chodidlá nechajte položené na podložke. Oboma rukami si chyťte jednu nohu a prekrížte ju cez druhú nohu tak, aby ste mali koleno nad bruchom. Koleno jemne ťahajte smerom k protiľahlému plecu (pozri Obrázok 11.15). Cvičenie zopakujte aj na druhej strane. Mali by ste pocítiť, ako sa vám naťahujú svaly v zadku.

OBRÁZOK 11.15
STREČING
NA ZADOK

Bedrá

V porovnaní s ramenným kĺbom je bedrový kĺb veľmi stabilný. Za túto stabilitu vďačí silným väzov, ktoré ho obopínajú. Stabilita bedrového kĺbu nijak nebráni jeho mobilite. Ak vezmeme do úvahy, že ide len o jeden kĺb, zdravý bedrový kĺb nám umožňuje hýbať bokmi v nevídanom rozsahu.

KONTROLA + SYMPTÓMOV

MÁTE ZDRAVÉ BEDRÁ?

Postavte sa k stene a pridržte sa jej rukou, aby ste získali stabilitu. Ak máte zdravé bedrá, mali by ste byť schopní bez problémov vykonať tieto pohyby:

1
Zohnite koleno a priložte si ho k hrudi.

2
Vystrite nohu a zdvihnite ju do strany smerom od tela. Nohu by ste mali byť schopní zdvihnúť o viac ako 45 stupňov a vrátiť ju späť k telu bez toho, aby ste pocítili bolesť.

3
Hojdajte nohou dopredu a dozadu a neohýbajte pri tom koleno.

4
Pohybujte chodidlom smerom dovnútra a von.

5
Kráčajte dozadu. Pri chôdzi by ste nemali pocítiť bolesť.

> Ak vezmeme do úvahy, že ide
> len o jeden kĺb, zdravý bedrový
> kĺb nám umožňuje hýbať bokmi
> v nevídanom rozsahu.

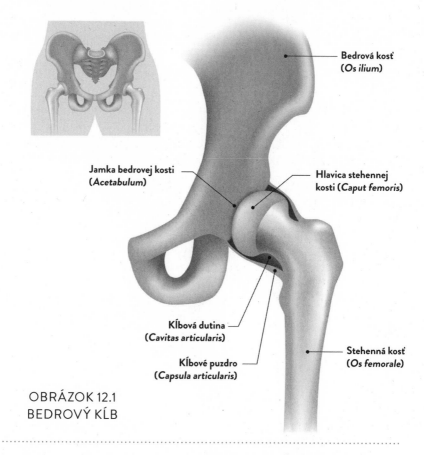

Bedrová kosť
(*Os ilium*)

Jamka bedrovej kosti
(*Acetabulum*)

Hlavica stehennej
kosti (*Caput femoris*)

Kĺbová dutina
(*Cavitas articularis*)

Kĺbové puzdro
(*Capsula articularis*)

Stehenná kosť
(*Os femorale*)

OBRÁZOK 12.1
BEDROVÝ KĹB

Bedrový kĺb patrí ku guľovitým kĺbom. Podopiera váhu nášho tela a zároveň nám umožňuje chodiť a behať (pozri Obrázok 12.1). Naše bedrá od nás očakávajú pravidelný pohyb. Ak sa nehýbeme, prídu na rad problémy. A k nim sa môžu veľmi ľahko pridať problémy s kolenami či so spodnou časťou chrbta. Na bedrá by sme sa preto mali vždy nazerať holisticky a pri vyšetrovaní bedrovej oblasti by terapeut mal venovať rovnakú pozornosť aj spodnej časti chrbta a kolenám.

Bedrá patria k tým častiam tela, v ktorých sa často vyskytuje prenesená bolesť. Ak moju ordináciu navštívi pacient a sťažuje sa na bolesti v boku, často zistím, že ide o prenesenú bolesť vychádzajúcu zo spodnej časti chrbta či kolien. Preto, ak pociťujete bolesť v okolí bedier, pozorne si preštudujte aj 11. a 13. kapitolu. Obrázok 12.2 vám ukáže jednoduchý spôsob, ako prenesenú bolesť v bedrovej oblasti rozlíšiť od bolesti bedier spôsobenú zranením bedrového kĺbu alebo okolitých svalov.

Viete, kde sa nachádzajú vaše boky? Väčšina z vás by namiesto odpovede iba ukázala prstom na bočnú stranu tela poniže pása. Bedrový kĺb sa však nachádza niekde inde. Jeho kĺbovú jamku by ste našli tesne nad stehnom a samotný kĺb je umiestnený v oblasti slabín.

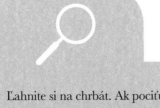

Ľahnite si na chrbát. Ak pociťujete bolesť v pravom boku, prekrížte pravú nohu cez ľavú nohu (pozri Obrázok 12.2). Pokrčené koleno posúvajte smerom k podložke. Ak pociťujete bolesť v slabinách alebo nedokážete pohnúť kolenom tak, aby bolo rovnobežné s podložkou, je vysoko pravdepodobné, že ide o problém s bedrovým kĺbom.

Ľahnite si na chrbát a obe nohy vystrite. Pokrčte jednu nohu v kolene a posúvajte ho čo najbližšie k hrudi. Ak sa pri tomto pohybe vaša druhá noha odlepí od podložky alebo sa ohne v kolene, môžete mať napnuté bedrové ohýbače alebo svaly v okolí kolena. Cvičenie vyskúšajte aj s druhou nohou.

OBRÁZOK 12.2
MÔŽE ZA VAŠU BOLESŤ
BEDROVÝ KĹB?

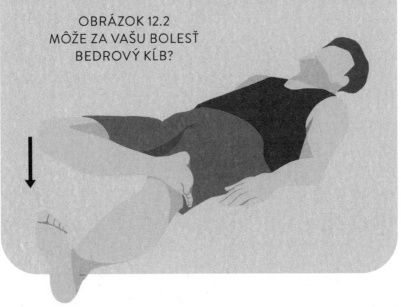

Ochoreniam v bedrovej oblasti predchádzajú mnohé varovné signály. Ak na sebe spozorujete niektorý z nasledujúcich príznakov, neodkladne vyhľadajte lekársku pomoc:

- Hrča v slabinách alebo na boku tela

- Opuch

- Bolesť, pre ktorú nemôžete v noci zaspať

- Prekonaná rakovina v anamnéze

- Prekonaný úraz

- Zmena tvaru bedier

- Nevysvetliteľná strata hmotnosti

- Hlboká, intenzívna bolesť

- Neprestajná bolesť, pri ktorej nezaberajú analgetiká

- Neschopnosť chodiť

NAJROZŠÍRENEJŠIA DIAGNÓZA: OSTEOARTRÓZA

Osteoartróza postihuje najmä starších ľudí, predovšetkým tých, ktorí v práci vykonávajú opakované pohyby alebo majú sedavé zamestnanie. Ochorenie sa však nevyhýba ani mladým ľuďom. Do mojej ordinácie už prišlo niekoľko tridsiatnikov s touto diagnózou. Zapríčinila ju zlomenina panvy v detstve. Vo väčšine osteoartrózu bedrového kĺbu spôsobuje opotrebovanie a degenerácia chrupky v bedrách. Chrupka, pružné tkanivo pokrývajúce všetky kĺby v tele, zabraňuje vzájomnému treniu kostí pri pohybe a zároveň tlmí otrasy. Ak sa chrupka opotrebuje, zaniká prirodzená ochrana kĺbu a medzi kosťami bedrového kĺbu vzniká vzájomné trenie. A to spôsobuje poškodenie kosti.

Úlohou bedrového kĺbu je poskytovať oporu hmotnosti nášho tela a musí teda rok čo rok znášať obrovskú záťaž. Nie je preto žiadnou záhadou, prečo osteartróza tak často postihuje práve bedrá, a to najmä u pacientov starších ako 50 rokov. Viac informácií o osteoartróze nájdete v 3. kapitole.

 Priraďte svojej bolesti stupeň podľa stupnice bolesti a pokračujte metódou **STOP**. Ak vás trápi osteoartróza bedrového kĺbu, bude pre vás platiť:

- **S**ite – Miesto: Bolesť sa vyskytuje na prednej a vnútornej strane bokov, v slabinách a stehnách. Niekedy môže vystreľovať až do kolien.

- **T**ype – Typ: Prejavuje sa ako tupá bolesť, pri pohybe však môžete pocítiť ostrú až bodavú bolesť. V bedrách môžete taktiež pociťovať stuhnutosť.

- **O**nset – Nástup: Bolesť nastupuje postupne a časom sa zhoršuje. V pokročilejších štádiách ochorenia môžete mať pocit, že máte jednu nohu kratšiu.

- **P**rovoked – Spúšťač: Medzi najčastejšie spúšťače patria cvičenie, obúvanie sa, naťahovanie ponožiek, chôdza, vstávanie zo stoličky či dlhodobé sedenie. Zrána môžete v bedrách pociťovať stuhnutosť po dobu asi tridsiatich minút. Symptómy sa môžu ku koncu dňa zhoršiť.

DOMÁCA LIEČBA

- Z dlhodobého hľadiska je pri osteoartróze bedrového kĺbu kľúčové zostať v pohybe. Nečinnosť a priveľa odpočinku môžu ochorenie a jeho príznaky zhoršiť.

PROFESIONÁLNA LIEČBA

- Pri osteoartróze bedrového kĺbu vám môže pomôcť osteopat alebo chiropraktik. Vhodný cvičebný plán vám pomôže zostaviť fyzioterapeut.

- Ako prvé je nevyhnutné zistiť, či a do akej miery sa znížila pohyblivosť vašich bedier. Terapeut preto preskúma ich pohybový rozsah. Kombináciou jemnej mobilizácie a masáže sa terapeut pokúsi prinavrátiť kĺbu jeho mobilitu bez toho, aby jeho stav zhoršil. Pacientov ošetrujem najmä rukami a snažím sa uvoľniť svaly v oblasti bedier, spodnej časti chrbta a v kolenách. Tlak na kĺb uvoľní aj trakcia.

- Pri zmiernení bolesti môže pomôcť aj metóda suchej ihly.

- Terapia TECAR je pri liečbe osteoartrózy v bedrách taktiež účinná.

- V pokročilejších štádiách osteoartrózy sa pri chôdzi zrejme budete podopierať o vychádzkovú palicu. Ak príde k skráteniu jednej z končatín, súčasťou vášho života sa stanú ortopedické vložky do topánok. Vložky do topánok alebo iné ortopedické pomôcky ako dlahy alebo ortézy, ktoré slúžia na uľahčenie života pacientov s oslabenými pohybovými funkciami a ich korekciu, vám predpíše ortopéd.

- Pri úplnom opotrebovaní chrupky je častým riešením operácia a výmena bedrového kĺbu. Čísla sú priam neuveriteľné. V Spojenom kráľovstve dostane každý rok bedrový implantát 80 000 pacientov. Operáciu by som však podstúpil len v krajnom prípade, ak všetky ostatné možnosti liečby zlyhajú. Aby som sa vyhol operácii, snažil by som sa ostať najdlhšie aktívny, vyhľadal by som odborníka, ktorý by ošetril tkanivá v okolí bedrového kĺbu, do každodennej rutiny by som zaradil cvičenia na posilnenie svalstva a ak by to bolo potrebné, schudol by som.

IMPINGEMENT BEDROVÉHO KĹBU

Ak ste si prečítali 6. kapitolu venovanú ramenám, určite viete, že k impingement syndrómu ramenného kĺbu prichádza, keď sa tkanivo zasekne v kĺbovej jamke. K impingementu bedrového kĺbu však prichádza, keď hlava stehennej kosti presne nezapadá do kĺbovej jamky a pohyb kĺbu tak nie je hladký. Deje sa tak z dvoch dôvodov: buď je zdeformovaná kosť, alebo kĺbová jamka (pozri Obrázok 12.3).

Impingement bedrového kĺbu patrí k pomerne rozšíreným ochoreniam. Napriek tomu mnohí pacienti dlhé roky netušia, že ním tr-

OBRÁZOK 12.3
DRUHY IMPINGEMENTU BEDROVÉHO KĹBU

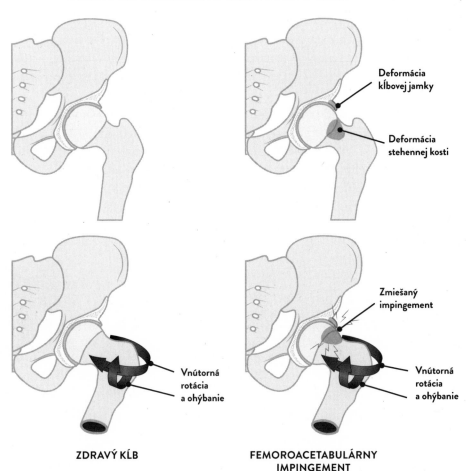

Deformácia
kĺbovej jamky

Deformácia
stehennej kosti

Zmiešaný
impingement

Vnútorná
rotácia
a ohýbanie

Vnútorná
rotácia
a ohýbanie

ZDRAVÝ KĹB

FEMOROACETABULÁRNY
IMPINGEMENT

PRÍBEHY PACIENTOV: NIE JE TO STEHNO

Ashleyho priviedol do mojej ordinácie natrhnutý štvorhlavý sval stehna. Pri vyšetrení som si uvedomil, že by mohol mať aj impingement bedrového kĺbu. Táto diagnóza sa neskôr potvrdila. Ashley hrával každý víkend futbal. Vždy, keď kopol do lopty, pocítil v boku stuhnutosť. Natrhnutý stehenný sval bol tak len následkom, skutočnou príčinou Ashleyho problémov bol impingement.

pia. Impingement veľmi často zapríčiňuje osteoartrózu, preto by sme pred ním nemali zatvárať oči. Veľmi často sa vyskytuje impingement bedrového kĺbu v tínedžerskom alebo dorasteneckom veku u športovcov, predovšetkým u futbalistov. Ja som na tom rovnako – impingementom ľavého bedrového kĺbu trpím už od mladosti. Ide o stav, z ktorého sa zrejme nikdy nevyliečim, ale pohyb udržiava moje svaly uvoľnené a tým sa zlepšuje môj pohybový rozsah. Správne fungovanie svalov v bedrovej oblasti zaistí, že poškodený kĺbový mechanizmus neovplyvní iné časti tela, medzi inými ani spodnú časť chrbta.

Pacientov do mojej ordinácie impingement bedrového kĺbu neprivádza. Často totiž ani netušia, že ho majú. Veľmi často sa zato u nich objavuje bolesť v spodnej časti chrbta a slabinách alebo natiahnutie stehenného svalu. Impingement sa roky nemusí vôbec prejaviť a môže byť náročné ho diagnostikovať. Na začiatok si preto radšej overte, či môže byť toto ochorenie príčinou vašich problémov.

Dobrý spôsob, ako si overiť, či trpíte impingementom bedrového kĺbu, predstavuje nasledovné cvičenie. Sadnite si. Ak vás trápi pravá strana, zdvihnite pravú nohu a vyložte členok na spodnú časť ľavého stehna. Ak vám tento pohyb robí problémy, je vysoko pravdepodobné, že ide o impingement.

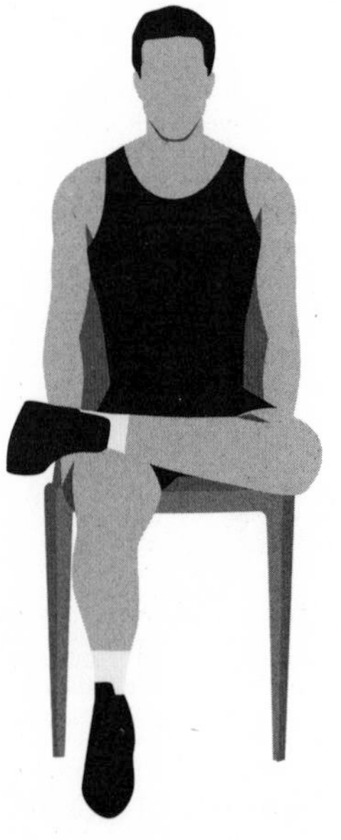

OBRÁZOK 12.4
MÁTE IMPINGEMENT BEDROVÉHO KĹBU?

Priraďte svojej bolesti stupeň podľa stupnice bolesti a pokračujte metódou **STOP**. Ak vás trápi impingement bedrového kĺbu, bude pre vás platiť toto:

- **S**ite – Miesto: Bolesť sa vyskytuje v slabinách alebo v boku.

- **T**ype – Typ: Prejavuje sa ako tupá bolesť, ktorú sprevádza pocit zadrhávania alebo znížená pohyblivosť bedier. V bedrách sa môže objaviť cvakanie. V pokročilejších štádiách ochorenia môžete pociťovať stuhnutosť v boku.

- **O**nset – Nástup: Bolesť nastupuje postupne a rafinovane. Často sa prejavuje bez akýchkoľvek symptómov, ale napriek tomu k poškodeniu kĺbu prichádza.

- **P**rovoked – Spúšťač: Medzi najčastejšie spúšťače patria dlhodobé sedenie, pohyb nohy dopredu a rotácia bokov.

DOMÁCA LIEČBA

- V domácom prostredí si pomocou masážnej pištole môžete premasírovať spodnú časť chrbta a svaly v okolí bedier. Masážnu pištoľ nikdy neprikladajte priamo na panvovú kosť.

- Pohyb je pri impingemente bedrového kĺbu absolútnou nevyhnutnosťou. Zdravé svaly v okolí bedier môžu pomôcť pri impingemente a výrazne zmierniť jeho potenciálne komplikácie v budúcnosti.

PROFESIONÁLNA LIEČBA

- Ak trpíte impingementom bedrového kĺbu, osteopat vám pomôže zlepšiť pohybový rozsah bedier.

- Pri impingemente sa vždy snažím pomocou kombinácie masáže, jemnej mobilizácie a strečingu uvoľniť svaly v okolí bedier a v spodnej časti chrbta. Tým sa zlepší pohyblivosť bokov.

- Blahodarné účinky má aj metóda suchej ihly a terapia TECAR.

- Veľkej bolesti a stuhnutosti v bedrách vás môže zbaviť aj operácia. Niekoľkým mojim pacientom operácia výrazne zlepšila zdravotný stav.

NATIAHNUTIE ALEBO NATRHNUTIE SVALOV A ŠLIACH

V bedrách sa nachádza viac než dvadsať svalov. Svalové napätie vedie k obmedzeniu pohybu bedrového kĺbu. Pri podozrení na natiahnutie svalu alebo šľachy v bedrovej oblasti si podrobne prečítajte 3. kapitolu. Táto kapitola vám okrem iného pomôže rozlíšiť, či ide o natiahnutie alebo natrhnutie svalu.

PRÍBEHY PACIENTOV: PRERUŠENÝ ZÁPAS

Sam pri futbale pocítil náhlu bolesť. Zápas sa preňho v tomto momente skončil. Myslel si, že bolesť po pár dňoch zmizne, no nestalo sa tak. Po štyroch dňoch sa ukázal v mojej ordinácii. Pri vyšetrení som si všimol modrinu v bedrovej oblasti. Sam zároveň pociťoval bolesť pri pohybe bedrových ohýbačov. Kríval a bolesti na stupnici priradil hodnotu päť. Všetky príznaky naznačovali, že ide o natiahnutý sval. Vyšetrenie magnetickou rezonanciou potvrdilo čiastočné natrhnutie veľkého bedrového svalu. Postihnuté miesto som premasíroval a aplikoval naň metódu suchej ihly a terapiu TECAR. Pri liečbe bolo nevyhnutné zranený sval šetriť a vyhnúť sa jeho natiahnutiu.

V bedrovej oblasti prichádza najčastejšie k natiahnutiam či natrhnutiam svalov bedrových ohýbačov (pozri Obrázok 12.5). Tvorí ich niekoľko svalov, ktorých úlohou je umožňovať priťahovanie kolena k hrudi. K zraneniam svalov prichádza najčastejšie z dôvodu ich prepracovanosti alebo natiahnutia nad rámec ich štandardného pohybového rozsahu.

Veľmi často dochádza aj k zraneniam svalu vo vrchnej časti stehna nazývaného napínač stehennej pokrývky (*m. tensor fasciae latae*, TFL). Tento sval umožňuje bedrám pohybovať sa dohora a taktiež rotovať (pozri Obrázok 12.6). Napínač stehennej pokrývky sa napája na šľachu zvanú iliotibálny trakt (*tractus iliotibialis*), ktorá sval spája s kolenom. O iliotibiálnom trakte sa viac dočítate v 13. kapitole venovanej kolenám.

OBRÁZOK 12.5
BEDROVÉ OHÝBAČE

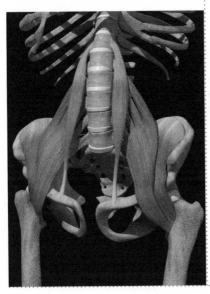

OBRÁZOK 12.6
NAPÍNAČ STEHENNEJ POKRÝVKY A ILIOTIBÁLNY TRAKT

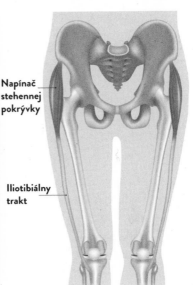

Napínač stehennej pokrývky

Iliotibiálny trakt

Priraďte svojej bolesti stupeň podľa stupnice bolesti a pokračujte metódou **STOP**. Ak máte natiahnutý alebo natrhnutý sval v bedrovej oblasti, bude pre vás platiť toto:

- **S**ite – Miesto: Bolesť sa vyskytuje v slabinách alebo na prednej strane stehna.

- **T**ype – Typ: Ak sa pokúsite priložiť koleno k hrudi alebo sval natiahnuť, môžete pocítiť ostrú bolesť. Môžu ju sprevádzať kŕče, stuhnutosť, opuchy či modriny. Postihnuté miesto môže byť citlivé na dotyk.

- **O**nset – Nástup: Bolesť, ktorá je následkom nadmerného používania svalov, nastupuje postupne. Pri zmene rýchlosti alebo smeru pri behu sa môže objaviť aj náhle.

- **P**rovoked – Spúšťač: Medzi najčastejšie spúšťače patria beh, kopanie a výpady. Taktiež môžete mať ťažkosti pri chôdzi alebo vystupovaní hore schodmi.

DOMÁCA LIEČBA

- Ako prvotná úľava od bolesti pri zranení poslúži metóda RICE (odpočinok, ľad, kompresia, nadvihnutie, pozri strana 69). Ak zranenie nie je akútne a nesprevádza ho opuch, prikladajte na postihnuté miesto striedavo studené a teplé obklady.

- V domácom prostredí môže byť dobrým pomocníkom aj masážna pištoľ. Nikdy ju však neprikladajte priamo na panvovú kosť alebo na pretrhnutý sval, ktorý sa ešte celkom nezahojil.

- Doma si taktiež môžete zacvičiť. Kľaknite si na podložku a jednu nohu vystrite tak, ako ukazuje Obrázok 12.7. Pomaly sa predkláňajte, až pokým nepocítite, ako sa svaly v oblasti slabín natiahnu. Ak vás bolí koleno, podložte si ho vankúšom.

OBRÁZOK 12.7
CVIK NA NATIAHNUTIE SLABÍN

- Pri natiahnutí alebo natrhnutí svalu vám môže pomôcť fyzioterapeut, chiropraktik alebo osteopat.

- Liečba závisí od závažnosti poranenia. Veľký úžitok môže priniesť jemná masáž v okolí postihnutého miesta. Masírovať by vás mal iba skúsený masér. Nesprávna masáž alebo masáž priamo na mieste zranenia prinesie viac škody ako úžitku. Metóda suchej ihly pôsobí blahodarne pri akomkoľvek stupni svalového poškodenia.

- Bezprostredne po zranení by som sa snažil čo najviac zastabilizovať zranené tkanivo a po pár dňoch by som začal s jemným strečingom. Pri závažnom natrhnutí bude musieť strečing počkať, kým sa sval nezahojí.

- Pri náprave poškodených tkanív pomáha aj terapia TECAR.

ZÁPAL MAZOVÝCH VAČKOV (BURZITÍDA)

V tesnej blízkosti kĺbov nájdeme spolu 150 mazových vačkov (búrz). Tieto malé vačky naplnené tekutinou chrania tkanivá a kosti pred nadmerným trením. Keďže samy podliehajú veľkému treniu, veľmi často dochádza k ich zápalom. O zápale mazových žliaz (burzitíde) sa viac dočítate v 3. kapitole.

Zápalový proces v mazových vačkoch môže spôsobiť pád alebo opakované pohyby. V bedrovej oblasti dochádza najčastejšie k zápalu mazového vačku *trochanteru* (bočný výbežok stehennej kosti) a *iliopsoasu*

PRÍBEHY PACIENTOV: NIE JE TO BEHOM

Štyridsiatnik Aled si každý týždeň zvykol zabehať niekoľko kilometrov. Začal však pociťovať bolesť v bedrovej oblasti a behanie musel obmedziť. Prekvapilo ho, keď som mu povedal, že jeho bolesť nie je zapríčinená niektorým z typických zranení, ktoré si človek môže privodiť pri behaní. Aledova diagnóza znela: zápal mazového vačku trochanteru (bočný výbežok stehennej kosti). Cesta k úplnému vyzdraveniu viedla cez odpočinok a obmedzenie tréningov. Aled sa na túto cestu vydal.

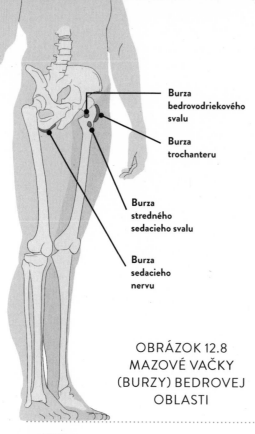

Burza
bedrovodriekového
svalu

Burza
trochanteru

Burza
stredného
sedacieho svalu

Burza
sedacieho
nervu

(bedrovodriekový sval) (Obrázok 12.8). Vo výnimočných prípadoch môže burzitída vzniknúť následkom reumatoidnej artritídy alebo dny.

OBRÁZOK 12.8
MAZOVÉ VAČKY
(BURZY) BEDROVEJ
OBLASTI

Priraďte svojej bolesti stupeň podľa stupnice bolesti a pokračujte metódou **STOP**. Ak máte zápal mazových vačkov v bedrovej oblasti, bude pre vás platiť:

- **S**ite – Miesto: Miesto výskytu bolesti závisí od toho, ktorý mazový vačok sa zapálil. Zápal burzy trochanteru sa bolesťou prejaví v stehne, kým bolesť zo zapáleného bedrovodriekového svalu pocítite v prednej časti rebier. Prenesenú bolesť môžete pocítiť v okolí zadku.

- **T**ype – Typ: Zo začiatku môže byť bolesť ostrá a intenzívna, časom sa zmení na hlbokú a tupú a môže sa rozšíriť do stehna. Sprevádzať ju môže aj stuhnutosť, opuchy a citlivosť. Postihnuté miesto môže byť na dotyk teplé.

- **O**nset – Nástup: Bolesť nastupuje postupne, alebo náhle.

- **P**rovoked – Spúšťač: Medzi najčastejšie spúšťače patria ležanie na postihnutej strane, vstávanie, dlhodobé sedenie, čupenie, chôdza a vystupovanie z auta. Bolesť sa môže v noci zintenzívniť.

- Pri liečbe zápalových ochorení je odpočinok nevyhnutný. Pohyb môže zapálené tkanivo podráždiť ešte viac. Ak sa pohybu vzdať nemôžete, lebo je súčasťou vašej práce, robte si v práci pravidelné prestávky.

- Z krátkodobého hľadiska vám od bolesti pomôžu uľaviť protizápalové analgetiká ako ibuprofen.

PROFESIONÁLNA LIEČBA

- Pri zapálenom mazovom vačku vyhľadajte odborníka.

- Základom akejkoľvek liečby by malo byť zníženie opuchu a zápalu postihnutého miesta. Svaly v okolí mazového vačku môžu takisto spôsobiť jeho zápal, preto by som im pri masáži venoval zvýšenú pozornosť. Zapálené miesto je možné ošetriť aj metódou suchej ihly alebo pomocou studeného lasera.

ĎALŠIE BEŽNÉ OCHORENIA BEDIER

- O *reumatoidnej artritíde* sme si toho viac povedali v 3. kapitole, nevyhýba sa však ani bedrám. Obvykle najprv postihuje ruky a postupne sa prenesie aj do bedrovej oblasti. Jej neklamným znakom je, že postihuje obe strany bedier. Ráno sa zvykne prejavovať stuhnutosťou v boku, ktorá odznie približne po hodine.

- Pojem *labrálna lézia* označuje natrhnutie chrupky, ktorá lemuje jamku bedrového kĺbu. Chrupka napomáha stabilizácii kĺbu a tlmí nárazy. Pri jej poranení môžete pociťovať tupú, alebo ostrú bolesť. Ak je na bedrový kĺb vyvinutá záťaž, bolesť sa zintenzívňuje.

STREČING A CVIKY NA BEDRÁ

Mnohým z vyššie opísaných ochorení sa dalo vyvarovať pravidelným cvičením. Iba desať minút denne vám pomôže predísť problémom s bedrami a zároveň zmierňuje vplyv iných ochorení na bedrovú oblasť. Cvičenie prospieva ľuďom v produktívnom aj zrelom veku. Skúste si preto nájsť chvíľu času a každý deň si dobre ponaťahujte svaly v bedrovej oblasti.

Pri všetkých nižšie opísaných cvičeniach platí presne to isté, čo pre každé cvičenie v tejto knihe: ak pri cvičení pociťujete bolesť alebo sa váš stav zhoršuje, s cvičením okamžite prestaňte.

OBRÁZOK 12.9
HOJDANIE NOHAMI

OBRÁZOK 12.10
SPOJENIE CHODIDIEL

1

Vzpriamte sa, rukou sa oprite o stenu a nohou kývajte dopredu a dozadu. Otočte sa tvárou k stene a rovnakou nohou pohybujte zo strany na stranu (pozri Obrázok 12.9). Cvičenie zopakujte aj s druhou nohou.

2

2 Ľahnite si na brucho a bradu oprite o ruky. Kolená ohnite tak, aby sa vaše chodidlá spojili a jemne ich k sebe pritlačte (pozri Obrázok 12.10). Mali by ste cítiť, ako sa naťahujú svaly v zadku a vo vrchnej časti stehna.

3

Postavte sa, mierne sa rozkročte a ruky držte pred telom. Ohnite pravé koleno a prenášajte naň váhu tela, pokým nebude zvierať 90-stupňový uhol. Ľavá noha by mala byť narovnaná. Ľavú nohu pomaly prisúvajte naspäť do východiskovej pozície a cvičenie zopakujte pre druhú stranu. Tentoraz preneste váhu na ľavé koleno a vyrovnajte pravú nohu (pozri Obrázok 12.11). Cvičenie zopakujte päťkrát na každej strane.

OBRÁZOK 12.12
VYTÁČANIE CHODIDIEL
NA STENE

4

Ľahnite si na chrbát, čo najbližšie k stene. Nohy vzpriamte a oprite ich o stenu. Obe chodidlá vytáčajte k sebe a od seba (pozri Obrázok 12.12).

TRINÁSTA KAPITOLA

Koleno

P roblémy s kolenami ku mne privádzajú pacientov v každom
veku. U mladších pacientov sú časté zranenia kolien, najmä po
náhlych prudkých pohyboch pri športovaní. Po štyridsiatke sa
u pacientov začínajú objavovať problémy spôsobené opotrebovaním
kolien a ich nadmerným používaním. Pri nadmernej záťaži sa kolen-
ný kĺb môže vysunúť z kĺbovej jamky, čo výraznou mierou prispieva
k jeho poškodeniu.

Kolenný kĺb je najväčší kĺb ľudského tela. Mohli by sme ho prirov-
nať k ramennému kĺbu. Kolenný kĺb tvoria – rovnako ako ramenný
kĺb – tri kĺby, avšak kĺb v kolene je omnoho komplexnejší. V kolene sa
spája robustná stehenná kosť (*os femorale*) s dvoma kosťami predkolenia,
so silnou píšťalou (*os tibia*) a s útlou ihlicou (*os fibula*) (pozri obrázok
13.1). Kolenný kĺb patrí k valcovým kĺbom, je však prispôsobený tak,
aby nám umožnil ohýbať a vystierať nohu. Stavba taktiež umožňuje
mierne vytočenie kolena do strany. Pri prudkých pohyboch však pri-
chádza k vážnym poraneniam.

Pri športe je na kolená vyvíjaný obrovský tlak, preto trápia prob-
lémy s kolenami mnohých profesionálnych športovcov. Objavujú sa aj
u rekreačných bežcov, najmä, ak pred behom zanedbajú rozcvičku.
Kolená sa môžu ozvať aj vtedy, ak po rokoch vylihovania na gau-
či zrazu začnete behať. Ak patríte k bežeckým nadšencom, zrejme
veľmi dobre viete, ako sa o kolená starať a vyhýbať sa zraneniam.
Nikdy však nie je na škodu zopakovať si základné pravidlá. Povrchy
plné nerovností či štrku a ostré vyberanie zákrut predstavujú pre vaše
kolená obrovskú záťaž. Preto by ste sa im mali vyhýbať, kedykoľvek
to bude možné.

Kolenný kĺb je najväčší kĺb
ľudského tela.

OBRÁZOK 13.1
ANATÓMIA KOLENNÉHO KĹBU

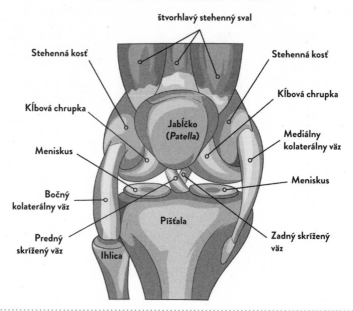

štvorhlavý stehenný sval

Stehenná kosť

Kĺbová chrupka

Meniskus

Bočný
kolaterálny väz

Predný
skrížený väz

Ihlica

Jabĺčko
(Patella)

Píšťala

Stehenná kosť

Kĺbová chrupka

Mediálny
kolaterálny väz

Meniskus

Zadný skrížený
väz

V praxi sa ukazuje, že liečba kolien je relatívne jednoduchá. K zraneniu kolena obvykle prichádza z dôvodu svalovej nerovnováhy štvorhlavého stehenného svalu v prednej časti stehna alebo zákolenného svalu (*m. popliteus*) na zadnej strane kolena (pozri Obrázok 13.2). Aj keď veľkosťou zákolenný sval nevyniká, jeho funkcia je nenahraditeľná: pomáha stabilizovať koleno. Bez neho by sme taktiež nedokázali chodiť, sedieť, stáť, ale ani otáčať kolenom. Zákolenný sval taktiež zapájame pri ohýbaní kolien a vystieraní nôh. Mnoho pacientov, ktorých ku mne privedú problémy s kolenami, má problém aj so zákolenným svalom. Ak sa podarí vyliečiť zákolenný sval, koleno budeme schopní opätovne používať bez bolesti.

Pri akomkoľvek poranení kolena by mal terapeut koleno ošetriť spredu, zozadu aj zboku. Všetky časti kolena sú navzájom prepojené a vo väčšine prípade vedie uvoľnenie napätia v kolene k jeho úplnému vyliečeniu. Mnohí pacienti sa uchýlia k operačnému riešeniu a podstúpia artroskopiu, čiže miniinvazívny zákrok, ktorý sa využíva ako diagnostická a terapeutická metóda pri problémoch s kĺbmi. Koleno sa po artroskopii síce „vyčistí", príčinu problému však operácia neodstráni, a preto sa problémy s kolenami môžu v budúcnosti objaviť znova.

Poruchy funkčnosti bedier, spodnej časti chrbta alebo členkov často vedú k problémom s kolenami alebo sa v kolene prejavia prenesenou bolesťou. Preto si podrobne preštudujte aj kapitoly venované týmto častiam tela.

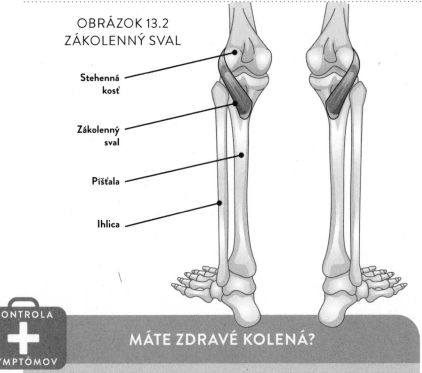

OBRÁZOK 13.2
ZÁKOLENNÝ SVAL

Stehenná kosť

Zákolenný sval

Píšťala

Ihlica

KONTROLA SYMPTÓMOV

MÁTE ZDRAVÉ KOLENÁ?

Ak máte zdravé kolená, mali by ste byť schopní bez problémov vykonať tieto pohyby:

1
Ohnite a úplne vystrite nohu v kolene.

2
Urobte drep (nemali by ste pri tom pociťovať bolesť).

3
Urobte drep iba na jednej nohe (nemali by ste pri tom pociťovať bolesť).

4
Postavte sa pred zrkadlo. Obe kolená by mali mať rovnakú veľkosť, mali by vyzerať rovnako a nemali by sa prepadávať dovnútra.

5
V okolí kolena by sa nemala vyskytovať tekutina ani opuch.

Ochoreniam kolien predchádzajú mnohé varovné signály. Ak na sebe spozorujete niektorý z nasledujúcich príznakov, neodkladne vyhľadajte lekársku pomoc:

- Neutíchajúca bolesť, pri ktorej nezaberajú analgetiká ani odpočinkový režim

- Akékoľvek zranenie kolena

- Pád

- Neschopnosť úplne vystrieť nohu v kolene

- Nestabilita v kolene a pocit, akoby koleno „povolilo"

- Ťažkosti s prenášaním váhy na koleno

- Nová alebo zväčšujúca sa hrča na kolene

- Prekonaná rakovina v anamnéze

- Nevysvetliteľná strata hmotnosti

- Nedávny operačný zákrok, po ktorom sa zväčšil opuch

NAJROZŠÍRENEJŠIA DIAGNÓZA: BEŽECKÉ KOLENO (PATELOFEMORÁLNY SYNDRÓM)

Patelofemorálny syndróm je všeobecný pojem, ktorý v sebe zahŕňa akúkoľvek bolesť v prednej časti kolena a v okolí jabĺčka. Laickej verejnosti je známy aj ako „bežecké koleno". Tento názov síce naznačuje, že patelofemorálny syndróm postihuje len bežcov, no ľahko k nemu príde aj u tých pacientov, ktorí v živote neodbehli ani jeden kilometer. Príčinou bežeckého kolena je nadmerné preťaženie svalov v okolí kolena a vplýva najmä na patelárnu šľachu upínajúcu sa na horný kĺb kolena. Najčastejšie postihuje mladých aktívnych ľudí.

Z mojich skúseností vyplynulo, že za bežecké koleno môže až v 95 % prípadov svalová nerovnováha v štvorhlavom svale stehna, ktorý sa upína na rovnakú šľachu ako kolenný kĺb. Len čo sa sval uvoľní, bolesť v kolene sa zmierni.

PRÍBEHY PACIENTOV: OPATRNE S DREPMI

Bo mal už roky rovnaký cvičebný plán a jeho pevnou súčasťou boli drepy. Po jednom z tréningov zacítil bolesť v prednej časti kolena. Pokúsil sa ohnúť koleno, ale nešlo mu to úplne. Zavolal mi. Predpokladal som, že ide o preťažený štvorhlavý sval stehna a odporučil som mu túto oblasť premasírovať masážnou pištoľou. Po desiatich minútach masáže sa tlak na patelárnu šľachu zmiernil a bolesť ustala. Bo zostáva dodnes pacientom, ktorého som vyliečil najrýchlejšie.

 Priraďte svojej bolesti stupeň podľa stupnice bolesti a pokračujte metódou **STOP**. Ak máte bežecké koleno, bude pre vás platiť:

- **S**ite – Miesto: Bolesť sa vyskytuje v prednej časti kolena, v okolí jabĺčka alebo v kolennej jamke.

- **T**ype – Typ: Prejavuje sa tupou bolesťou. Jabĺčko môže byť citlivé na dotyk a pri pohybe môže praskať.

- **O**nset – Nástup: Bolesť nastupuje postupne a zhoršuje sa pri zvýšenej aktivite.

- **P**rovoked – Spúšťač: Medzi najčastejšie spúšťače patria sedenie s ohnutými kolenami, chôdza po schodoch a čupenie.

Uvoľnite nohu. Noha by nemala byť úplne narovnaná, inak nebudete môcť pohnúť jabĺčkom. Pomocou prstov jemne posuňte jabĺčko. Ak nepociťujete bolesť, patelofemorálny syndróm môžete s veľkou pravdepodobnosťou vylúčiť.

Prstami pobúchajte po jabĺčku a taktiež nad a pod kolenom. Ak nepocítite bolesť, je nepravdepodobné, že trpíte patelofemorálnym syndrómom.

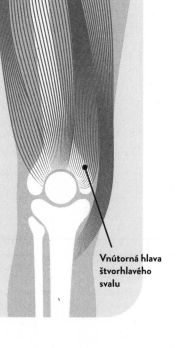

DOMÁCA LIEČBA

- Pri akútnej bolesti alebo zápale vždy pomáha metóda RICE (odpočinok, ľad, kompresia, nadvihnutie, pozri strana 69).

- Pri úľave od bolesti často pomáha premasírovať štvorhlavý stehenný sval masážnou pištoľou.

- Ak je vnútorná hlava štvorhlavého svalu stehna (*m. vastus medialis*) (pozri Obrázok 13.3) oslabená, môže prispieť k problémom so stabilitou a zároveň zapríčiniť zmenu postavenie jablčka. Koleno sa tak stáva oveľa zraniteľnejším. Na posilnenie tohto svalu pacinetom odporúčam investíciu do prístroja na transkutánnu elektrickú nervovú stimuláciu (TENS).

OBRÁZOK 13.3
VNÚTORNÁ HLAVA
ŠTVORHLAVÉHO SVALU STEHNA

Vnútorná hlava
štvorhlavého
svalu

PROFESIONÁLNA LIEČBA

- Ak vás trápi bežecké koleno, môžete navštíviť fyzioterapeuta, chiropraktika alebo osteopata.

- Liečbu bežeckého kolena začínam masážou štvorhlavého stehenného svalu. Túto oblasť taktiež ošetrím metódou suchej ihly. Ak je koleno citlivé na dotyk, úľavu prinesie terapia studeným laserom.

POŠKODENIE VÄZOV

Každá kosť v kolene musí byť stabilná. Aj preto sa v kolennom kĺbe nachádza tak veľa väzov. Do mojej ordinácie prichádza veľa klientov s poškodenými kolennými väzmi. Každý z nich je jedinečný, no predsa len majú niečo spoločné. Poškodeným väzom predchádzala svalová nerovnováha v kolene. Koleno tak bolo omnoho zraniteľnejšie. A potom prišiel nečakaný úraz, či už po nehode, po prudkom otočení sa alebo následkom prílišného tlaku na koleno, a väzy v kolene sa poškodili.

PRÍBEHY PACIENTOV: HLASNÉ PUKNUTIE

Charlotte mala 17 rokov a bola členkou školského netballového družstva. Počas zápasu chytila loptu, otočila telo, nohou však ostala pevne ukotvená na zemi. V kolene jej puklo, čo začula aj jedna z jej spoluhráčok. Charlotte pokračovala v hre, ale v kolene pociťovala slabosť a nedokázala naň preniesť váhu. Keď si sadla, koleno náhle napuchlo. Do mojej ordinácie zavítala pár dní po úraze. Mal som podozrenie na pretrhnutý predný skrížený väz, čo neskôr potvrdilo aj vyšetrenie magnetickou rezonanciou. Charlottina liečba sa skladala z niekoľkých krokov. Po operácii nasledovala masáž a vytvorili sme rehabilitačný plán, aby sa Charlotte mohla čo najskôr vrátiť na netballové ihrisko.

V kolene nájdeme štyri hlavné väzy (pozri Obrázok 13.1). Každý z nich sa môže natiahnuť, čiastočne natrhnúť, alebo úplne roztrhnúť.

- predný skrížený väz (ACL – *anterior cruciate ligament*) (*ligamentum cruciatum anterius*)
- zadný skrížený väz (PCL – *posterior cruciate ligament*) (*ligamentum cruciatum posterius*)
- bočný kolaterálny väz (LCL – *lateral collateral ligament*) (*ligamentum collaterale laterale*)
- mediálny kolaterálny väz (MCL – *medial collateral ligament*) (*ligamentum collaterale mediale*)

Viac podrobností o väzoch a ich natiahnutiach a pretrhnutiach nájdete v 3. kapitole. V tejto kapitole sa venujem každému z kolenných väzov zvlášť, môžete sa tak pokúsiť zistiť, ktorý z väzov utrpel ujmu.

PREDNÝ SKRÍŽENÝ VÄZ (ACL)

V porovnaní s ostatnými väzmi v kolene je ACL malý. Jeho úloha je však o to významnejšia: pripája stehennú kosť k píšťale a zároveň zabraňuje predsúvaniu píšťaly. Tým ACL poskytuje kolenu stabilitu pri otáčaní. Najčastejšie dochádza k poškodeniu práve tohto väzu.

Priraďte svojej bolesti stupeň podľa stupnice bolesti a pokračujte metódou **STOP**. Ak máte poškodený predný skrížený väz, bude pre vás platiť:

- **S**ite – Miesto: Bolesť sa vyskytuje hlboko v strede kolena.

- **T**ype – Typ: Prejavuje sa silnou bolesťou. Krátko po zranení je bolesť ostrá, neskôr ju nahradí hlboká bolesť sprevádzaná opuchom. Pacienti môžu mať pocit, akoby im koleno „povolilo". Koleno je nestabilné a nebudete ním vedieť pohybovať.

- **O**nset – Nástup: Bolesť nastupuje náhle, obvykle po prudkej zmene smere, po výskoku a nesprávnom doskoku alebo po silnom náraze na koleno.

- **P**rovoked – Spúšťač: Medzi najčastejšie spúšťače patria ťažkosti pri chôdzi, státie a zaťažovanie postihnutého miesta.

ZADNÝ SKRÍŽENÝ VÄZ (PCL)

PCL je malý kolenný väz, ktorý pripája stehennú kosť k zadnej časti píšťaly. Nachádza sa hlboko vnútri kolena hneď vedľa ACL. Vďaka jeho umiestneniu nedochádza k jeho poraneniu tak často ako pri ACL. K zraneniu PCL obvykle prichádza iba pri kontaktných športoch alebo pri autonehodách, napríklad keď predkolenie narazí do palubnej dosky. Pretrhnutie PCL sa bežne nevyskytuje samostatne – ak sa pretrhne PCL, je vysoko pravdepodobné, že sa pretrhli aj iné kolenné väzy. Pretrhnutie väzov v kolene sprevádza puknutie, pri pretrhnutí PCL k nemu však prísť nemusí.

 Priraďte svojej bolesti stupeň podľa stupnice bolesti a pokračujte metódou **STOP**. Ak máte poškodený zadný skrížený väz, bude pre vás platiť:

- **S**ite – Miesto: Bolesť sa vyskytuje v zadnej časti kolena.

- **T**ype – Typ: Prejavuje sa ostrou, hlbokou bolesťou, ale môžete pociťovať aj tupú bolesť. Môže ju sprevádzať aj opuch či stuhnutosť. Zadná časť kolena môže byť teplá na dotyk. Pri závažných pretrhnutiach môžete v kolene pálenie či necitlivosť.

- **O**nset – Nástup: Bolesť nastupuje náhle.

- **P**rovoked – Spúšťač: Medzi najčastejšie spúšťače patria ťažkosti pri chôdzi, státie a zaťažovanie postihnutého miesta.

BOČNÝ KOLATERÁLNY VÄZ (LCL)

LCL je dlhý väz na vonkajšej strane kolena, ktorého úlohou je stabilizácia kolena a jeho fixácia proti pohybom do strán. Spája stehennú kosť s ihlicou.

 Priraďte svojej bolesti stupeň podľa stupnice bolesti a pokračujte metódou **STOP**. Ak máte poškodený bočný kolaterálny väz, bude pre vás platiť:

- **S**ite – Miesto: Bolesť sa vyskytuje na vonkajšej časti kolena.

- **T**ype – Typ: Prejavuje sa nie takou hlbokou bolesťou ako poškodený ACL alebo PCL. Krátko po zranení je bolesť ostrá. Pacienti môžu v kolene pociťovať nestabilitu alebo kolenom nedokážu vôbec pohnúť. Koleno môže byť teplé na dotyk a na jeho vonkajšej strane sa môže objaviť opuch. Pri pretrhnutí LCL obvykle v kolene pukne.

- **O**nset – Nástup: Bolesť nastupuje náhle, obvykle je následkom priameho úderu alebo tlaku na vnútornú časť kolena, ktorý vytláča kolenný kĺb smerom von a tým poškodí LCL.

- **P**rovoked – Spúšťač: Medzi najčastejšie spúšťače patria ťažkosti pri chôdzi, státie a zaťažovanie postihnutého miesta.

MEDIÁLNY KOLATERÁLNY VÄZ (MCL)

MCL by sme mohli označiť ako dvojičku LCL – ide takisto o dlhý kolenný väz, ale nachádza sa vo vnútornej časti kolena a spája stehennú kosť s píšťalou. Rovnako ako LCL, aj MCL stabilizuje koleno a fixuje ho proti prepadávaniu sa dovnútra.

Priraďte svojej bolesti stupeň podľa stupnice bolesti a pokračujte metódou **STOP**. Ak máte poškodený mediálny kolaterálny väz, bude pre vás platiť toto:

- **S**ite – Miesto: Bolesť sa vyskytuje vo vnútornej časti kolena.

- **T**ype – Typ: Krátko po zranení je bolesť ostrá, neskôr ju nahradí tupá bolesť sprevádzaná opuchom či modrinami. Vnútorná strana kolena môže byť citlivá na dotyk. Koleno je nestabilné a pacienti môžu mať pocit, akoby im koleno „povolilo". Pri pretrhnutí MCL obvykle v kolene pukne.

- **O**nset – Nástup: Bolesť nastupuje náhle, obvykle je následkom priameho úderu alebo tlaku na vonkajšiu časť kolena, ktorý vytláča kolenný kĺb smerom dovnútra a tým poškodí MCL. Príčinou úrazu môže byť aj opakovaný tlak smerujúci dovnútra kolena alebo náhly a prudký pohyb kolena.

- **P**rovoked – Spúšťač: Medzi najčastejšie spúšťače patria ťažkosti pri chôdzi, státie a zaťažovanie postihnutého miesta.

DOMÁCA LIEČBA

- Pri zápale vždy pomáha metóda RICE (odpočinok, ľad, kompresia, nadvihnutie, pozri strana 69). úľavu môže priniesť aj jemná masáž štvorhlavého stehenného svalu a zadných stehenných svalov (tzv. hamstringy: pološľachovitý sval, poloblanitý sval a dvojhlavý stehenný sval).

- Pri poškodení väzov v kolene môžete navštíviť lekára, fyzioterapeuta, chiropraktika alebo osteopata. Diagnózu potvrdí váš lekár po vyšetrení magnetickou rezonanciou, ktoré takisto preukáže rozsah poškodenia väzov, čo je obzvlášť potrebné pri poranení ACL a PCL.

- Pretrhnutie PCL a ACL je závažný zdravotný stav. Ak do mojej ordinácie príde pacient s podozrením na pretrhnutie týchto dvoch malých vnútorných väzov, koleno ošetrím konzervatívne, zmiernim opuch a masážou odvediem tekutinu z kolena. Pri konzervatívnej liečbe pomáha aj terapia studeným laserom. Potom by som pacientovi odporučil urgentné vyšetrenie magnetickou rezonanciou.

- Pri úplnom pretrhnutí alebo vážnom čiastočnom natrhnutí ACL a PCL je nevyhnutný operačný zákrok. K úplnému pretrhnutiu LCL a MCL prichádza len v zriedkavých prípadoch a vo väčšine sa tieto väzy natrhnú čiastočne. Ich liečba preto nevyhnutne nevyžaduje chirurgický zákrok.

- Pri akútnom poranení väzov je najdôležitejšie zmiernenie opuchu, s čím môže pomôcť aj terapia TECAR.

- Ak je väz natrhnutý len čiastočne a opuch už zmizol, mojou snahou je prinavrátiť kolenu stratenú rovnováhu a rozmasírovať stuhnuté svaly. Účinná je aj metóda suchej ihly. Pomôcť môže aj jemná mobilizácia, musí sa však vykonávať nadmieru opatrne. Pri nesprávnej mobilizácii hrozí, že na väzy sa vyvinie omnoho väčšia záťaž.

- Ak ste už mimo ohrozenia a koleno sa začína zotavovať, mal by váš lekár zistiť, či sa za poškodením väzov neskrýva aj iný problém. Svalová nerovnováha v kolene, problémy so štvorhlavým stehenným svalom, s členkami či bedrami môžu takisto spôsobiť poškodenie väzov a ich liečba by sa rozhodne nemala zanedbávať.

NEŠŤASTNÁ TROJICA

Závažné zranenie spôsobené nárazom, ktorého výsledkom je poškodený ACL, MCL a vnútorný (mediálny) meniskus, sa označuje ako „nešťastná trojica" (pozri Obrázok 13.4). Na pretrhnutie hneď troch častí kolena naraz je potrebná obrovská sila, preto k takémuto zraneniu prichádza väčšinou pri kontaktných športoch či autonehodách. Ak je nevyhnutný operačný zákrok, chirurg vám zoperuje iba ACL a mediálny meniskus. MCL sa vo väčšine prípadov vráti do pôvodného stavu sám od seba. O mediálnom menisku sa dočítate viac v nasledujúcej časti tejto kapitoly.

OBRÁZOK 13.4
NEŠŤASTNÁ TROJICA

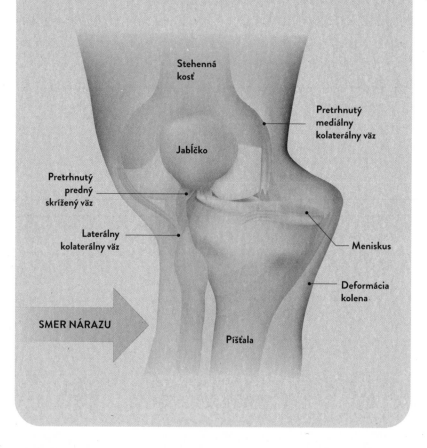

Stehenná kosť

Pretrhnutý mediálny kolaterálny väz

Jablčko

Pretrhnutý predný skrížený väz

Laterálny kolaterálny väz

Meniskus

Deformácia kolena

SMER NÁRAZU

Píšťala

POŠKODENIE CHRUPKY

Chrupka je hladké pružné tkanivo, ktoré pokrýva hlavice kostí a vystiela kĺbovú jamku a tým zabraňuje ich vzájomnému treniu. Ak by sme sa pozreli na svoje kolená zhora, v každom by sme našli oproti sebe dva menisky v tvare polmesiaca. Menisky tlmia nárazy, vypĺňajú priestor medzi stehennou kosťou a píšťalou, zabraňujú ich treniu a napomáhajú tak hladkému pohybu kostí (pozri Obrázok 13.5).

OBRÁZOK 13.5
CHRUPAVKA MENISKU

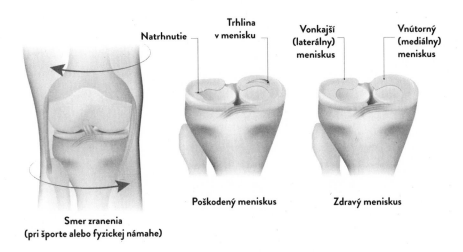

Natrhnutie — Trhlina v menisku — Vonkajší (laterálny) meniskus — Vnútorný (mediálny) meniskus

Poškodený meniskus   Zdravý meniskus

Smer zranenia
(pri športe alebo fyzickej námahe)

Pokiaľ ide o zranenia chrupky všeobecne, najčastejšie k nim dochádza práve v oblasti kolena. Do mojej ordinácie pravidelne prichádzajú pacienti všetkých vekových kategórií s pretrhnutou chrupkou menisku. U mladších pacientov dochádza k poraneniam menisku pri športe. Koleno buď prudko vytočia, alebo ho otočia v momente, keď na ňom spočíva celá váha tela. Zranenie je rozšírené najmä medzi netballovými hráčmi. Dovolím si dokonca povedať, medzi netballovými dorastencami sa rozmohla epidémia poškodených meniskov a pretrhnutých predných skrížených väzov v kolene. Pri netballe nie je povolené driblovať loptou, preto sa musia hráči otáčať s nohami pevne ukotvenými na zemi. Niet lepších podmienok, pri ktorých by k roztrhnutiu menisku mohlo prísť.

U starších pacientov prichádza k poškodenie menisku následkom jeho opotrebovania. Chrupka a jej okolité štruktúry sa postupne oslabujú. Potom stačí iba nepatrné pootočenie, ako napríklad pri potknutí sa či pri vstávaní zo stoličky, a meniskus sa pretrhne. Nemusí pritom ísť o prelomovú udalosť, zranenie môže privodiť aj každodenná rutina. Mnohí starší pacienti si ani nemusia vybaviť, kedy si meniskus poranili. V 2. kapitole som vám predstavil Soniu, svoju pacientku, ktorá pre bolesť chrbta musela ležať na gauči. Možno si spomeniete, že pôvodcom Soniinej bolesti bolo koleno. Sonia roky pracovala ako predavačka a celé dni stála. To vyústilo do roztrhnutia menisku a miernej bolesti v kolene, ktorú začala pociťovať. Jedného dňa, keď sa načahovala po niečo na poličke, sa Sonia otočila ako inokedy a roztrhla si chrupku v kolene.

K pretrhnutiu menisku často prichádza, keď je štvorhlavý sval stehna napnutý. Chrupka tak musí znášať väčšiu záťaž. Pri poraneniach menisku je preto nevyhnutné premasírovať aj svaly prednej časti stehna.

 Priraďte svojej bolesti stupeň podľa stupnice bolesti a pokračujte metódou **STOP**. Ak máte poškodený meniskus, bude pre vás platiť:

- **S**ite – Miesto: Bolesť sa vyskytuje na oboch stranách kolena.

- **T**ype – Typ: Krátko po zranení je bolesť ostrá alebo bodavá. Miernu až silnú bolesť neskôr nahradí tupá bolesť, často sprevádzaná opuchom či modrinami. Pacienti taktiež nemusia vedieť kolenom hýbať.

- **O**nset – Nástup: Bolesť nastupuje náhle, obvykle je následkom prudkého otočenia kolena. Čím je pacient starší, tým menšia sila stačí, aby sa meniskus poranil.

- **P**rovoked – Spúšťač: Medzi najčastejšie spúšťače patria vyrovnanie nohy v kolene, otáčanie kolena, čupenie a chôdza po schodoch.

V mnohých prípadoch sa symptómy, ktorými sa prejavuje poranený meniskus, ťažko rozlišujú od prejavov poškodených väzov. Napriek tomu sa nájde pár spôsobov, ako obe zranenia rozlíšiť. Ak si pretrhnete kolenný väz, v kolene vám obvykle pukne. Poranenia menisku sa zvukom neprejavujú, pukanie v kolene však nesprevádza ani zranenie PCL. Zranenia vám pomôže rozlíšiť aj koleno samotné: kým pri poranení väzu bude koleno nestabilné a nebudete naň môcť presunúť váhu tela, poškodený meniskus sa nestabilitou v kolene prejavovať nemusí.

DOMÁCA LIEČBA

- V domácom prostredí si rozmasírujte štvorhlavý stehenný sval, čiže svaly nad kolenom.

PROFESIONÁLNA LIEČBA

- Pri poškodení meniskov môžete navštíviť fyzioterapeuta, chiropraktika alebo osteopata.

- Poškodený meniskus je najprv potrebné správne diagnostikovať. Medicína pozná mnohé ortopedické testy na jeho diagnostikovanie. Ak ste si v skutočnosti poškodili kolenný väz, môže nesprávny test zhoršiť vaše poranenie. Preto by mal diagnostiku poraneného menisku vykonávať vždy iba lekár. Vo všeobecnosti sa dá povedať, že poranený meniskus indikuje bolesť pri vytáčaní kolena. Ak teda pocítite bolesť pri rotácii kolena, veľmi pravdepodobne ide o natrhnutý meniskus.

- Ak do mojej ordinácie príde pacient s poraneným meniskom, poprosím ho, aby ohol nohu v kolene. Na rad prichádza metóda suchej ihly. Ohnuté koleno mi umožňuje umiestniť ihly presne k menisku. Premasírujem štvorhlavý sval stehna a znovu prekontrolujem koleno. Ak má pacient stále problémy s pohyblivosťou kolena, pokračujem v masáži všetkých svalov v okolí kolena, až pokým nenájdem príčinu pacientovej bolesti.

- Pri poranených meniskoch pomáha aj terapia laserom, ktorá pôsobí priamo na poškodenú chrupku.

- Akákoľvek liečba by sa mala zameriavať na obnovenie funkčnosti kolena bez toho, aby sa stav menisku ďalej zhoršoval. Akonáhle sa poranenie začne hojiť, môžete pomaly a opatrne vystrieť nohu. Vyvarujte sa prudkých pohybov, môžu vám spôsobiť ešte väčšiu ujmu.

PREČ S MÝTMI

Pri poškodení kolenných väzov či poranení menisku si hneď nemusíte líhať na operačný stôl. Najmä pri čiastočných natrhnutiach môžu vás stav zlepšiť niektoré z vyššie spomínaných liečebných metód. Pred operáciou sa vždy poraďte s fyzioterapeutom, chiropraktikom alebo osteopatom, ktorí pomôžu nájsť vhodnú liečebnú metódu pre poškodené tkanivá.

OSTEOARTRÓZA

Osteoartróza zo všetkého najčastejšie postihuje kolená. Podrobnosti o osteoartróze nájdete v 3. kapitole, vo všeobecnosti však môžeme povedať, že príčinou osteoartrózy je poškodenie a opotrebovanie ochrannej chrupky. Kosti sa o seba začnú obtierať, čo spôsobuje bolesť a opuch. Ak vám lekár diagnostikuje osteoartrózu kolena, nemusí to znamenať, že vás čaká výmena kolenného kĺbu. Správne nastavená liečba však môže príznaky osteoartrózy zmierniť. Operačný zákrok tak nie je bezpodmienečne nutný.

S osteoartrózou kolien do mojej ordinácie prichádzajú pacienti starší ako 45 rokov, bežci, ale aj pacienti, ktorých roky živila manuálna práca. Niektoré výskumy naznačujú, že osteoartróza je dedičná. V populácii je omnoho rozšírenejšia medzi ženami. Verím v to, že zdravé telo nemusí byť vychudnuté, preto som zámerne nechcel zovšeobecňovať a spájať nadmernú váhu s týmto ochorením. Pravdou však je, že medzi váhou a osteoartrózou kolien exituje priama súvislosť a väčšina mojich pacientov s touto diagnózou má nadváhu. Pacientom s osteoartrózou kolien a zároveň nadváhou preto odporúčam zopár kíl zhodiť. Môže sa tak zmierniť záťaž vyvíjaná na kolená.

Priraďte svojej bolesti stupeň podľa stupnice bolesti a pokračujte metódou **STOP**. Ak trpíte osteoartrózou kolien, bude pre vás platiť:

- **S**ite – Miesto: Bolesť sa vyskytuje v okolí kolien.

- **T**ype – Typ: Prejavuje sa tupou bolesťou. Môže ju sprevádzať aj stuhnutosť, opuch, pukanie, praskanie alebo vŕzganie v kolene pri jeho pohybe.

- **O**nset – Nástup: Bolesť nastupuje postupne.

- **P**rovoked – Spúšťač: Pacienti obvykle pociťujú zhoršenie stavu pri vykonávaní aktivít, napríklad pri chôdzi, vystupovaní po schodoch či opakovanom zohýbaním sa. Ráno je bolesť často intenzívnejšia.

DOMÁCA LIEČBA

- Liečiť osteoartrózu kolien znamená kráčať po tenkom ľade. Na jednej strane je tu odpočinok, ktorý pomáha zmierňovať bolesť, no na druhej strane vedie nedostatok pohybu k postupnému znižovaniu pohybového rozsahu kĺbov. Snažte sa preto, pokiaľ je to možné, zostať aktívnymi. A to aj v prípade, keby ste sa najradšej len zvalili na gauč.

- Pri osteoartróze kolien môžete navštíviť fyzioterapeuta, chiropraktika alebo osteopata.

- Terapeut by sa pri liečbe osteoartrózy kolien mal pomocou jemnej masáže svalov obklopujúcich koleno zamerať na obnovenie stratenej mobility kolena.

- Pri osteoartróze kolien najviac zaberá terapia studeným laserom. Túto liečebnú metódu odporúčam všetkým svojim pacientom.

ĎALŠIE BEŽNÉ OCHORENIA KOLIEN

- *Iliotibiálny trakt* (*tractus iliotibialis*) je dlhý šľachovitý pás, tiahnuci sa po vonkajšej strane stehna. Spája napínač stehennej pokrývky (*m. tensor fasciae latae*) s kolenným kĺbom (pozri aj 12. kapitolu). Slúži na stabilizáciu kolena. Ak sa natiahne, môže sa objaviť prenesená bolesť v kolene alebo v bedrách. K jeho natiahnutiu najčastejšie dochádza pri behu. Keďže ide o šľachu, iliotibiálny trakt musí byť napnutý. Často sa preto premasíruje viac, ako je potrebné. Ak máte podozrenie, že s vaším iliotibiálnym traktom nie je niečo v poriadku, nemasírujte ho každý deň masážnym valčekom. Navštívte skúseného maséra alebo iného terapeuta, ktorý vám pomôže s diagnostikou a nastavením správnej liečby.

- *Burzitída*, čiže zápal jednej zo štyroch mazových žliaz v kolene. Najčastejšie sa zvykne zapáliť prepatelárna burza, ktorá sa nachádza priamo nad jabĺčkom. Viac informácií o burzitíde nájdete v 3. kapitole.

- *Osgoodova-Schlatterova choroba* spôsobuje bolesť a opuch tesne pod jabĺčkom, v mieste úponu píšťaly. Najčastejšie sa vyskytuje u detí vo veku 9 – 14 rokov, teda v období, keď dochádza k najrapídnejšiemu rastu kostí. Môže ju vyvolať aj nadmerné využívanie kolena napríklad pri športe.

- *Bakerova cysta* je ochorenie, pri ktorom dochádza k zápalu tkaniva na zadnej strane kolena. V postihnutom mieste vzniká cysta. Môže prísť k obmedzeniu pohyblivosti kolena. Cysta môže tiež prasknúť a jej obsah vytečie do lýtka, čo môže viesť k bolesti, začervenaniu a opuchu lýtka.

STREČING A CVIKY NA KOLENÁ

Pri ochoreniach kolena opatrnosť nikdy nezaškodí. Je nežiaduce príliš zaťažovať koleno, pokým sa úplne nezahojilo. Do tejto časti som preto zaradil zopár jednoduchých cvičení, s ktorými môžete začať ihneď po začatí rekonvalescencie. Tréningovú dávku môžete postupne zvyšovať. Pri všetkých nižšie opísaných cvičeniach platí presne to isté, čo pre každé cvičenie v tejto knihe: ak pri cvičení pociťujete bolesť alebo sa váš stav zhoršuje, s cvičením okamžite prestaňte.

OBRÁZOK 13.6
MASÁŽNE TECHNIKY PRE KOLENÁ

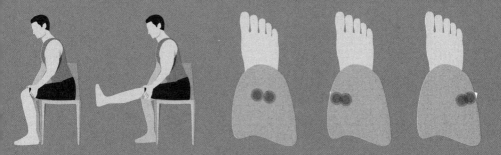

1

Za väčšinou problémov s kolenami sa skrýva štvorhlavý sval stehna. Preto môže byť táto technika pre vás prospešná. Sadnite si a chodidlá položte na zem. Obe ruky položte na pravé koleno. Prstami obopnite zadnú časť kolena tak, aby palce zostali na jeho prednej strane. Palcami pevne uchopte koleno tesne nad jabĺčkom a nohu vystrite a ohnite v kolene desaťkrát. Palce presuňte aj do polôh zobrazených na Obrázku 13.6. Pri každej polohe prstov nohu vystrite a ohnite v kolene desaťkrát. Cvičenie zopakujte aj s druhým kolenom.

2

Ak chcete začať s cvičením po úraze kolena, vhodným cvikom sú podrepy, pri ktorých kolená ohýbate len mierne. Mierne sa rozkročte a položte roky vbok. Nohy ohnite v kolenách približne o dvadsať alebo tridsať stupňov. Aj takéto malé množstvo pohybu stačí na to, aby sa kĺb premazal. Pre posilnenie kolena môžete postupne drepy prehlbovať.

Chodidlo a členok

O chodidlách viem s určitosťou povedať jedno: všetky majú rozdielnu veľkosť a tvar. Ľudia si obvykle želajú, aby ich chodidlá vyzerali ináč. Niekto má jednu nohu väčšiu ako druhú, niekoho trápia ploché nohy, iný má vysokú klenbu. Akokoľvek však chodidlá vyzerajú, svoju základnú funkciu plnia: poskytujú oporu celej našej hmotnosti a pomáhajú nám udržiavať rovnováhu, chodiť, behať a skákať.

V obidvoch chodidlách sa ukrýva 27 % všetkých kostí nášho tela. V každom z chodidiel nájdete dvadsaťosem kostí (vrátane tzv. sezamských kostičiek), tridsaťtri kĺbov a vyše sto svalov, šliach a väzov. V našich nohách sa toho teda veľa odohráva.

Úlohou chodidiel je tlmenie nárazov. Veľkú pomoc pri tom nachádzajú v pätách a klenbe. Za problémy s kĺbmi a so svalmi môžu často ploché nohy či vysoká klenba chodidiel (pozri Obrázok 14.1). Ak teda trpíte jednou z týchto diagnóz, mali by ste zbystriť pozornosť.

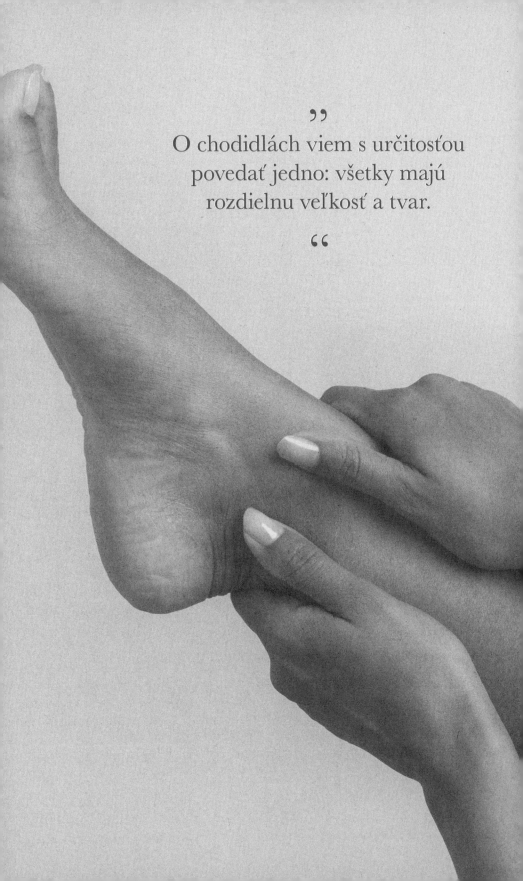

O chodidlách viem s určitosťou
povedať jedno: všetky majú
rozdielnu veľkosť a tvar.

OBRÁZOK 14.1
DEFORMITY KLENBY CHODIDIEL

PLOCHÉ NOHY

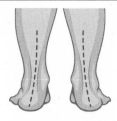  

Pri chôdzi sa chodidlá prepadávajú dovnútra.

Váha tela sa presúva do vnútornej časti chodidla.

Klenba chodidla je poklesnutá alebo prepadnutá.

Zlé rozloženie váhy tela môže spôsobiť problémy so svalmi a s kĺbmi v kolene, bedrách, nohách a v spodnej časti chrbta.

Úľavu od bolesti prinesie obuv, ktorá poskytuje klenbe podporu.

ZDRAVÁ KLENBA

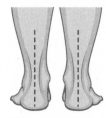  

Chodidlá sa neprepadávajú dnu, ani nevytáčajú von.

Klenba poskytuje prirodzenú oporu váhe tela.

VYSOKÁ KLENBA

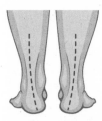

Pri chôdzi sa chodidlá vytáčajú von.

Váha tela sa presúva do prednej časti chodidla a členkov.

Vysoká klenba vedie k problémom s kosťami, so šľachami a s väzmi v oblasti členka. Môžu sa taktiež pridružiť problémy so svalmi a s kĺbmi v ostatných častiach tela.

Pri podozrení na vysokú klenbu navštívte podológa.

MÁTE ZDRAVÉ CHODIDLÁ A ČLENKY?

Ak máte zdravé členky a chodidlá, mali by ste byť schopní
bez problémov vykonať tieto pohyby:

1
Pohybujte prstami na nohách hore a dole (tzv. *aktívny* pohyb).

2
Uchopte palcom a ukazovákom palec na nohe a pohybujte ním zhora nadol a zo strany na stranu (tzv. *pasívny* pohyb).

3
Krúžte členkami v smere a proti smeru hodinových ručičiek.

4
Postavte sa na špičky.

5
Preneste váhu tela na päty.

Aj keď si ploché nohy a vysoká klenba vyžadujú našu pozornosť, nebránia nám dosiahnuť skvelé výsledky v športe. Ako mnohí černosi, aj ja mám ploché nohy. A niektorí z najúspešnejších britských športovcov majú takisto ploché nohy alebo vysokú klenbu. Tieto diagnózy by sme nemali brať na ľahkú váhu a mali by sme sa snažiť zmierniť príznaky, ktoré môžu spôsobovať. No na druhej strane nesmieme podľahnúť presvedčeniu, že pre ploché nohy nič nedosiahneme.

Musím sa vám priznať: chodidlá sú jednou z častí tela, ktorú vo svojej ordinácii ošetrujem najradšej. Často mi pomôžu odhaliť problémy so svalmi a s kĺbmi v iných častiach tela. Chodidlá taktiež veľmi dobre reagujú na liečbu. Mobilizácia kĺbov, ktoré tvoria oblúky chodidiel, môže prospieť plochým nohám, ako aj vysokým klenbám a vdýchnuť nohám druhý život.

PODME NA NÁKUPY!

Nesprávne zvolená obuv či nosenie nesprávnej veľkosti topánok vašim nohám rozhodne neprospieva. Ak rozmýšľate nad kúpou nového páru topánok, do obchodu sa vyberte až po pracovnej dobe. Po celodennej námahe môžu byť vaše nohy mierne opuchnuté, a teda trochu väčšie.

Ak sa zahľadíte na svoje chodidlá, hneď si všimnete ich klenbu. Kĺby v chodidlách však vytvárajú nie jednu, ale rovno tri klenby (pozri Obrázok 14.2).

OBRÁZOK 14.2
KLENBY CHODIDIEL

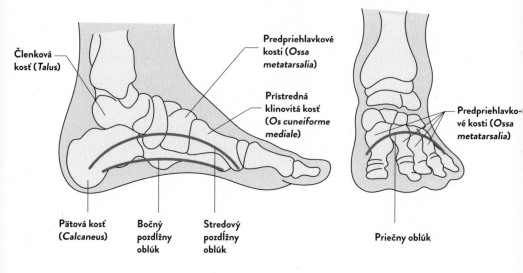

Členková kosť (*Talus*)

Predpriehlavkové kosti (*Ossa metatarsalia*)

Prístredná klinovitá kosť (*Os cuneiforme mediale*)

Predpriehlavkové kosti (*Ossa metatarsalia*)

Pätová kosť (*Calcaneus*)

Bočný pozdĺžny oblúk

Stredový pozdĺžny oblúk

Priečny oblúk

Členok patrí ku kladkovým kĺbom a spája píšťalu a ihlicu, teda kosti predkolenia, s členkovou kosťou, ktorá vytvára vrchol klenbového oblúka (pozri Obrázok 14.3). Členok tvoria dva kĺby. Kým pravý kĺb členka (horný tarzálny kĺb – *articulatio talocruralis*) umožňuje chodidlu pohyb hore a dole, vďaka podčlenkovému kĺbu (*articulatio subtalaris*) sa chodidlo môže pohybovať do strán. Ak členok príde o schopnosť pohybu alebo sa kĺb čo i len trochu vysunie z kĺbovej jamky, následky pocíti celé telo vrátane spodnej časti chrbta a krížovobedrových kĺbov. Preto by ste z chodidiel nemali spúšťať oči a všímať si možné problémy. Môžete začať hneď. Na začiatku tejto kapitoly nájdete jednoduché cvičenia, ktoré vám prezradia, či sú vaše chodidlá a členky zdravé.

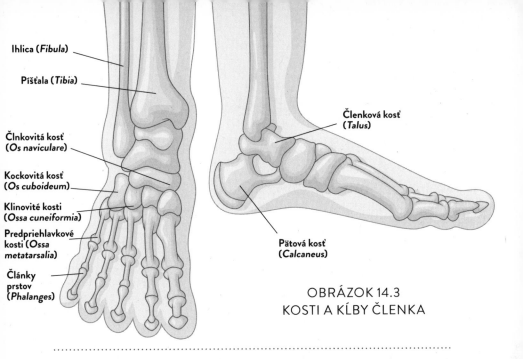

Ihlica (*Fibula*)

Píšťala (*Tibia*)

Člnkovitá kosť
(*Os naviculare*)

Kockovitá kosť
(*Os cuboideum*)

Klinovité kosti
(*Ossa cuneiformia*)

Predpriehlavkové
kosti (*Ossa
metatarsalia*)

Články
prstov
(*Phalanges*)

Členková kosť
(*Talus*)

Pätová kosť
(*Calcaneus*)

OBRÁZOK 14.3
KOSTI A KĹBY ČLENKA

Ochoreniam chodidiel a členka predchádzajú
mnohé varovné signály. Ak na sebe spozorujete
niektorý z nasledujúcich príznakov, neodkladne
vyhľadajte lekársku pomoc:

- Neschopnosť preniesť váhu na chodidlá

- Bolesť zhoršujúca sa v noci

- Kĺby teplé na dotyk

- Úraz

- Osteoporóza v anamnéze

- Nadmerný opuch, ktorý nezmierňuje žiadna liečba

- Nevysvetliteľný opuch

- Prekonaná rakovina v anamnéze

- Nevysvetliteľná strata hmotnosti

- Pocit slabosti v chodidlách

- Mravčenie alebo znecitlivenie chodidiel

- Podozrenie na zlomeninu chodidla

NAJROZŠÍRENEJŠIA DIAGNÓZA: PLANTÁRNA FASCITÍDA

Platnárna fascia je spojivové tkanivo na spodnej časti chodidla spájajúce pätu s článkami prstov. Poskytuje oporu klenbe chodidla a pomáha tlmiť nárazy. Pri preťažení fascie dochádza k plantárnej fascitíde, teda k zápalu plantárnej fascie (pozri Obrázok 14.4).

Plantárna fascitída je mimoriadne rozšírená medzi pacientami vo veku od 40 do 60 rokov, často však postihuje aj ľudí, ktorí počas dňa dlho stoja alebo veľa chodia. K rizikovým faktorom taktiež patria nadváha, stiahnuté lýtkové svaly a nosenie nevhodnej obuvi. Plantárna fascitída môže byť dôsledkom plochých nôh alebo vysokej klenby, často sa však objavuje aj u ľudí so zdravou klenbou chodidla.

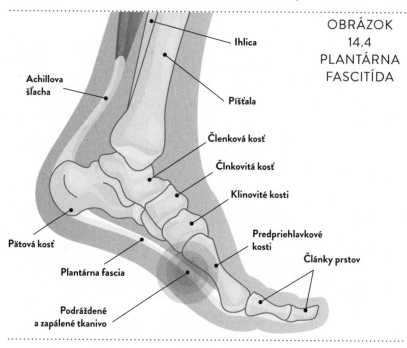

OBRÁZOK
14.4
PLANTÁRNA
FASCITÍDA

Ihlica

Achillova šľacha

Píšťala

Členková kosť

Člnkovitá kosť

Klinovité kosti

Predpriehlavkové kosti

Pätová kosť

Články prstov

Plantárna fascia

Podráždené a zapálené tkanivo

Priraďte svojej bolesti stupeň podľa stupnice bolesti a pokračujte metódou **STOP**. Ak trpíte plantárnou fascitídou, bude pre vás platiť toto:

- **S**ite – Miesto: Bolesť sa vyskytuje na spodnej strane chodidla, v blízkosti pätovej kosti. Obvykle postihuje len jedno z chodidiel, výskyt ochorenia v oboch chodidlách naraz je zriedkavý.

- **T**ype – Typ: Zvykne sa prejavovať ako tupá bolesť, ale aj ostrá a bodavá bolesť – jej charakter závisí od toho, čo práve robíte. Postihnuté miesto môže byť citlivé na dotyk.

- **O**nset – Nástup: Bolesť nastupuje postupne.

- **P**rovoked – Spúšťač: Medzi najčastejšie spúšťače patria dlhodobé státie, vstávanie a prenášanie váhy na chodidlo. Ráno zvykne byť bolesť intenzívnejšia. Bolesť nemusíte pociťovať ani pri cvičení, ohlási sa, až keď docvičíte.

PRÍBEHY PACIENTOV: BOLESTIVÉ KROKY

Dva týždne predtým, než Monica navštívila moju ordináciu, začala pociťovať bolesť v chodidle. Ráno vstala, spravila zopár krokov a pocítila ostrú bolesť. Nikdy predtým nemala s nohami problémy, preto si nevedela vysvetliť, prečo ju zrazu noha začala bolieť. Vyšetril som ju. Jej chodilo prejavovalo jasné príznaky plantárnej fascitídy. Monicina päta bola úplne stuhnutá a ani jej palec na nohe nemal dostatok pohybu, čo nadmieru zaťažilo plantárnu fasciu. Prvým krokom liečby bola terapia studeným laserom. Keď prestala byť Monicina päta citlivá na dotyk, rozmasíroval som svaly v jej okolí. Pomocou masáže sa mi podarilo prinavrátiť pohyblivosť do oblasti päty aj palca. Zmiernil sa tak tlak na plantárnu fasciu.

DOMÁCA LIEČBA

- Najúčinnejšou zbraňou pri plantárnej fascitíde je odpočinok. Ak vás päta bolí a musíte zostať v pohybe, skúste si v lekárni kúpiť gélové vložky do topánok. Zmierniť tlak na pätu pomôže dokonca aj kúsok špongie vložený do topánky.

- Ak trpíte nadváhou a bolesť je chronická, skúste zhodiť zopár kíl. Zmierni sa tak tlak na plantárnu fasciu.

- Pri opuchu alebo zápale vždy pomáha metóda RICE (odpočinok, ľad, kompresia, nadvihnutie, pozri strana 69).

- V domácom prostredí od bolesti uľaví aj jednoduché cvičenie s golfovou či tenisovou loptičkou. Položte nohu na loptičku a premasírujte celé chodidlo smerom od bolestivého miesta (pozri Obrázok 14.5).

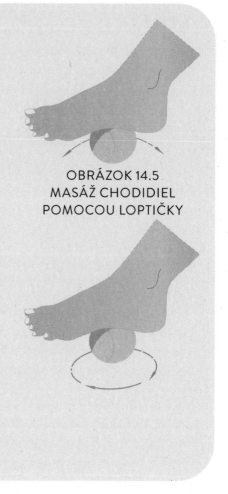

OBRÁZOK 14.5
MASÁŽ CHODIDIEL
POMOCOU LOPTIČKY

PROFESIONÁLNA LIEČBA

- Pri plantárnej fascitíde môžete navštíviť osteopata, chiropraktika alebo fyzioterapeuta. Pri podozrení na problémy s klenbou vás vyšetrí podológ.

- Základ liečby tvorí mobilizácia chodidiel a zmiernenie tlaku na klenbu nohy a plantárnu fasciu. Pacientom rozmasírujem svaly na nohe a niektoré šľachy, ktoré sa upínajú na chodidlo. Ak zostanú stuhnuté, zaťažia plantárnu fasciu. Potom pristúpim k masáži a mobilizácii kĺbov klenby chodidla a rozmasírujem svaly chodidla. Ak je plantárna fascia citlivá na dotyk, namiesto masáže zvolím metódu suchej ihly.

- Terapia suchej ihly v oblasti päty nemusí byť vždy bezbolestná, keďže päta patrí k najcitlivejším oblastiam tela. Mnohí pacienti však tvrdia, že po ošetrení suchou ihlou je päta menej citlivá.

- Ak je päta príliš citlivá na dotyk, pristúpim k terapii studeným laserom alebo k terapii TECAR.

NATIAHNUTIA A PRETRHNUTIA VÄZOV V ČLENKU

Okolo členkov nájdeme niekoľko silných väzov, ktorých úlohou je stabilizácia členka a predchádzanie nadmerným pohybom (pozri Obrázok 14.6). K poškodeniu väzov v členku prichádza, keď sa členok pôsobením sily vychýli nad rámec svojho pohybového rozsahu. Vytočenie členka, rýchla zmena smeru alebo iný nešikovný pohyb môžu viesť k natiahnutiu alebo vykĺbeniu väzov členka.

Do mojej ordinácie tieto poranenia najčastejšie privádzajú mužov medzi 30. a 40. rokom života. Vo väčšine prípadov sa členok vykrúti a prichádza tak k natrhnutiu väzov vo vonkajšej časti členka (pozri Obrázok 14.7).

K zraneniam väzov vo vnútornej časti členka vo veľkej miere nedochádza, preto sa v tejto sekcii venujem najmä poraneniam väzov vonkajšej časti členka. O poškodení väzov sa viac dočítate v 3. kapitole.

PRÍBEHY PACIENTOV: PO SCHODOCH

Gabriela schádzala dole schodmi, potkla sa a vyvrtla si členok. Na zranenú nohu nedokázala preniesť váhu, preto navštívila pohotovosť. Vrátila sa z nej s diagnózou natiahnutý väz. O pár dní prišla do mojej ordinácie a začali sme s liečbou. Po elektroakupunktúre, ktorá zmiernila Gabrieline bolesti, som poranené miesto rozmasíroval. Zlepšilo sa tak odvodnenie oblasti a zmiernil opuch. Nasledujúci týždeň som členok mobilizoval a prinavrátil mu pohybový rozsah. O týždeň nato už Gabriela dokázala stúpiť na nohu a preniesť na ňu celú hmotnosť tela.

OBRÁZOK 14.6
VÄZY V ČLENKU

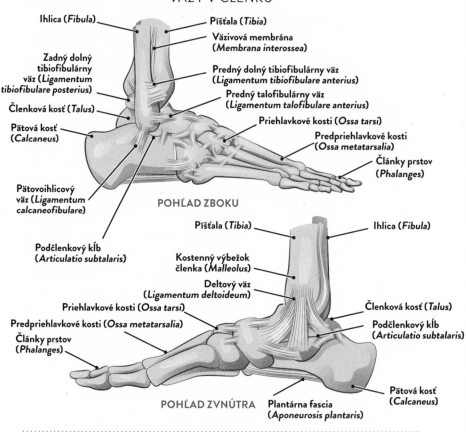

Ihlica (*Fibula*)

Píšťala (*Tibia*)

Väzivová membrána (*Membrana interossea*)

Zadný dolný tibiofibulárny väz (*Ligamentum tibiofibulare posterius*)

Predný dolný tibiofibulárny väz (*Ligamentum tibiofibulare anterius*)

Predný talofibulárny väz (*Ligamentum talofibulare anterius*)

Členková kosť (*Talus*)

Pätová kosť (*Calcaneus*)

Priehlavkové kosti (*Ossa tarsi*)

Predpriehlavkové kosti (*Ossa metatarsalia*)

Články prstov (*Phalanges*)

Pätovoihlicový väz (*Ligamentum calcaneofibulare*)

Podčlenkový kĺb (*Articulatio subtalaris*)

POHĽAD ZBOKU

Píšťala (*Tibia*)

Ihlica (*Fibula*)

Kostenný výbežok členka (*Malleolus*)

Deltový väz (*Ligamentum deltoideum*)

Členková kosť (*Talus*)

Priehlavkové kosti (*Ossa tarsi*)

Podčlenkový kĺb (*Articulatio subtalaris*)

Predpriehlavkové kosti (*Ossa metatarsalia*)

Články prstov (*Phalanges*)

POHĽAD ZVNÚTRA

Plantárna fascia (*Aponeurosis plantaris*)

Pätová kosť (*Calcaneus*)

OBRÁZOK 14.7
PORANENIA ČLENKOV

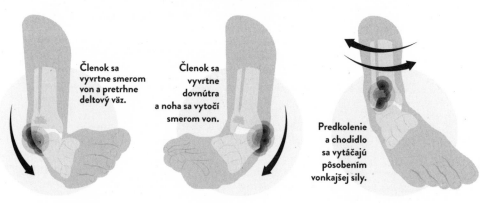

Členok sa vyvrtne smerom von a pretrhne deltový väz.

Členok sa vyvrtne dovnútra a noha sa vytočí smerom von.

Predkolenie a chodidlo sa vytáčajú pôsobením vonkajšej sily.

INVERZIA ČLENKA

EVERZIA ČLENKA

VYSOKÝ VÝRON ČLENKA

Priraďte svojej bolesti stupeň podľa stupnice bolesti a pokračujte metódou **STOP**. Ak ste si poškodili väzy v členku, bude pre vás platiť:

- **S**ite – Miesto: Bolesť sa vyskytuje na vonkajšej strane členka.

- **T**ype – Typ: Krátko po zranení je bolesť ostrá, neskôr ju nahradí tupá bolesť, pri pohybe však môže bolesť stále vystreľovať. Pri pretrhnutí noha opuchne, natiahnutý väz môže takisto sprevádzať opuch, jeho miera však závisí od závažnosti poranenia. Zranené miesto je obvykle citlivé na dotyk a ohraničujú ho krvné podliatiny. Zranenie môže sprevádzať aj puknutie v členku.

- **O**nset – Nástup: Bolesť nastupuje náhle a zvyčajne je následkom pádu, vytočenia členka alebo nárazu. Pri natiahnutí väzov môže bolesť nastupovať náhle alebo postupne.

- **P**rovoked – Spúšťač: Medzi najčastejšie spúšťače patria vytočenie nohy smerom von, prenesenie hmotnosti na chodidlo a pohyb členka vo všeobecnosti.

DOMÁCA LIEČBA

- Počas prvých 48 hodín po úraze neužívajte protizápalové medikamenty (napríklad ibuprofen). Zápalový proces napomáha liečbe pretrhnutého väzu.

- Pri opuchu vždy pomáha metóda RICE (odpočinok, ľad, kompresia, nadvihnutie, pozri strana 69).

- Hneď ako sa členok zahojí, je nevyhnutné prinavrátiť mu jeho pôvodný pohybový rozsah. Inšpirovať sa môžete cvičeniami opísanými na konci tejto kapitoly. Pomôže vám aj návšteva fyzioterapeuta, ktorý vám nastaví plán na posilnenie členka a prevenciu ďalších zranení. Ak ste si už niekedy v minulosti členok vyvrtli, máte väčšiu pravdepodobnosť znova si poraniť väzy.

- Pri poškodení väzov v členku môžete navštíviť fyzioterapeuta, chiropraktika alebo osteopata. Pri závažnom natrhnutí alebo kompletnom pretrhnutí väzu je nevyhnutné navštíviť lekára a podstúpiť vyšetrenie magnetickou rezonanciou.

- Liečebný postup závisí od stupňa poranenia. Pri natiahnutom väze môže terapeut zranenie ošetriť priamo v jeho mieste a masážou uvoľniť napätie vo väze a v okolitých svaloch. Natrhnutý väz sa nesmie ošetriť v mieste postihnutia. Namiesto toho terapeut na diaľku ošetrí svaly v okolí členka alebo použije neinvazívne liečebné metódy. Ak je postihnuté miesto citlivé na dotyk, úľavu prinesie terapia TECAR. Bolesť a opuch takisto zmierňuje terapia studeným laserom.

- Úžitok pri liečbe poškodených väzov prináša aj elektroakupunktúra.

ACHILLOVA ŠĽACHA

Achillova šľacha je najväčšia šľacha v ľudskom tele. Nachádza sa v zadnej časti členka a spája pätu s lýtkovými svalmi (pozri Obrázok 14.8). Je nenahraditeľná: umožňuje nám ohnúť a vystrieť nohu a iba vďaka nej dokážeme chodiť a utekať.

K poraneniam Achillovej šľachy prichádza pomerne často a rozsah poranenia sa pohybuje od jednoduchého natiahnutia po úplné pretrhnutie šľachy. S úplne pretrhnutou Achillovou šľachou do mojej ordinácie prichádzajú najčastejšie muži vo veku od 30 do 40 rokov. Pocit pri pretrhnutí šľachy pacienti opisujú, ako keby ich niekto kopol do zadnej časti nohy. Pri pretrhnutí šľachy často počuť puknutie.

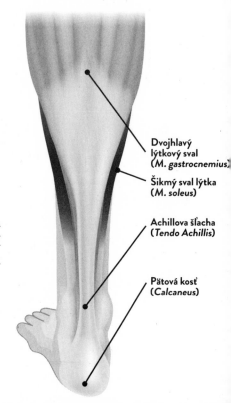

OBRÁZOK 14.8
ACHILLOVA ŠĽACHA
A SVALY LÝTKA

Dvojhlavý lýtkový sval (*M. gastrocnemius*)

Šikmý sval lýtka (*M. soleus*)

Achillova šľacha (*Tendo Achillis*)

Pätová kosť (*Calcaneus*)

Ak chcete zistiť, či ste si úplne pretrhli Achillovu pätu, ľahnite si na brucho na stôl alebo iný vyvýšený povrch tak, aby noha voľne visela nad jeho okrajom (pozri Obrázok 14.9). Poproste známeho alebo rodinného príslušníka, aby položil ruku na vaše lýtko a pritlačil ho na oboch stranách. Ak nie je Achillova šľacha poranená, chodidlo sa vychýli (pozri Obrázok 14.9) a po tom, čo váš pomocník lýtko pustí, vráti sa do pôvodnej polohy. Ak nedôjde k žiadnemu pohybu chodidla, je vysoko pravdepodobné, že máte pretrhnutú Achillovu šľachu.

OBRÁZOK 14.9
MÁTE ÚPLNE PRETRHNUTÚ ACHILLOVU ŠĽACHU?

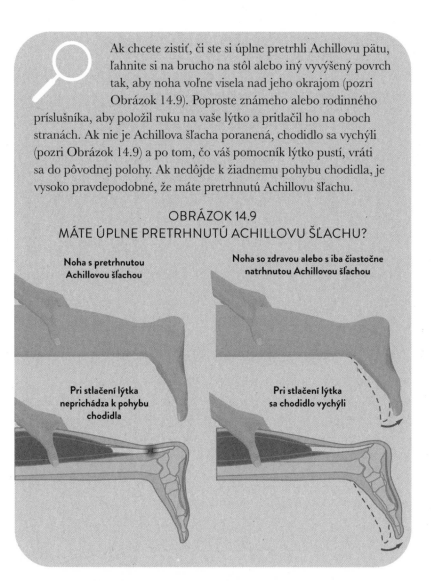

Noha s pretrhnutou Achillovou šľachou

Noha so zdravou alebo s iba čiastočne natrhnutou Achillovou šľachou

Pri stlačení lýtka neprichádza k pohybu chodidla

Pri stlačení lýtka sa chodidlo vychýli

K menej závažným poraneniam Achillovej šľachy zaraďujeme natiahnutia, drobné natrhnutia a zápaly šľachy. Achillova šľacha najčastejšie trápi bežcov, ľudí, ktorí sa po dlhých rokoch nečinnosti rozhodli začať športovať, či tých, ktorí si medzi jednotlivými tréningami nedopriali dostatočný čas na oddych.

Natiahnutia aj zápalové ochorenia sa prejavujú podobnými symptómami a zaberá na ne rovnaká liečba. Nižšie preto nájdete rady týkajúce sa oboch ochorení. K pretrhnutiu Achillovej šľachy prichádza relatívne zriedkavo a rady nižšie sa naň nevzťahujú.

Emily nadchlo behanie. Pridala sa dokonca k miestnemu bežeckému klubu. Vždy po behu pociťovala v oboch achilovkách bolesť, ktorej by priradila dvojku či trojku na stupnici bolesti. Ráno pociťovala stuhnutosť v lýtkach. Vystriedala niekoľko párov bežeckých topánok, ale nič nepomáhalo. Ubiehali mesiace a bolesť sa neustále zhoršovala, až kým nedosiahla stupeň šesť stupnice bolesti. Vtedy sa Emily rozhodla navštíviť moju ordináciu. Uvoľnil som jej lýtkové svaly a mobilizoval chodidlá. Najviac jej však pomohlo každodenné cvičenie zamerané na členky. Pozrel som sa takisto na jej bežeckú techniku a zistil som, že jej bežecký štýl nadmerne zaťažoval jej Achillovu šľachu. Emily zmenila pár drobností a dnes jej beh opäť prináša radosť.

Priraďte svojej bolesti stupeň podľa stupnice bolesti a pokračujte metódou **STOP**. Ak máte natiahnutú, čiastočne natrhnutú alebo zapálenú Achillovu šľachu, bude pre vás platiť:

- **S**ite – Miesto: Bolesť sa vyskytuje buď špecificky v päte, alebo v strede lýtka, alebo sa rozšíri do celej Achillovej šľachy.

- **T**ype – Typ: Prejavuje sa miernou až ostrou bolesťou. Najmä ráno alebo po odpočinku sa zvykne objaviť stuhnutosť v lýtku. Postihnuté miesto môže byť citlivé na dotyk. Šľacha môže stvrdnúť a v nohe sa zvyknú objaviť hrčky alebo uzlinky.

- **O**nset – Nástup: Bolesť nastupuje náhle, alebo postupne. Pri postupnom nástupe sa bolesť na krátky čas objaví a potom znovu zmizne.

- **P**rovoked – Spúšťač: Medzi najčastejšie spúšťače patria chôdza hore schodmi, beh, nosenie topánok na vysokom opätku a zdvíhanie predkolenia.

DOMÁCA LIEČBA

V domácom prostredí môžete vyskúšať jednoduché cvičenie na posilnenie Achillovej šľachy. Postavte sa na špičky pri okraji nízkeho schodu (pozri Obrázok 14.10). Preneste váhu na pravú nohu a ľavú nohu zdvihnite. Pomocou nohy, ktorou sa dotýkate schodu, sa pomaly spúšťajte dole. Cvičenie zopakujte pre obe nohy päťkrát. Skúste cvičiť dvakrát denne.

OBRÁZOK 14.10
CVIKY NA POSILNENIE ACHILLOVEJ ŠĽACHY

PROFESIONÁLNA LIEČBA

- Pri problémoch s Achillovou šľachou môžete navštíviť fyzioterapeuta, chiropraktika alebo osteopata.

- Väčšinu problémov s Achillovou šľachou spôsobuje nerovnováha svalov v lýtku. Liečbu by som začal ich uvoľnením. Kĺbom v chodidle a členku by rovnako prospelo uvoľnenie prostredníctvom mobilizácie. Masáž si zaslúži aj plantárna fascia. Achillovu šľachu je skutočne dôležité liečiť komplexne.

- Ak nie je Achillova šľacha príliš citlivá na dotyk, premasíroval by som ju. Pri masáži achilovky sa nezameriavam len na jej stred, ale aj na jej boky, ktoré sú často zanedbávané. Ak je Achillova šľacha citlivá na dotyk, ošetrím ju metódou suchej ihly.

- Prospešná môže byť aj analýza držania tela pri chôdzi, ktorá často odhalí, prečo prichádza k podráždeniu Achillovej šľachy.

ĎALŠIE BEŽNÉ OCHORENIA CHODIDIEL A ČLENKOV

- *Dna* je druh artritídy, ktorý najčastejšie postihuje palec na nohe, ale môže sa objaviť aj na iných kĺboch. Väčšinou sa objaví náhle a sprevádza ju silná bolesť. Palec je teplý na dotyk a začervenaný. Častejšie sa vyskytuje u mužov, ale ženy v období menopauzy sú na dnu obzvlášť náchylné. Ochorenie sa diagnostikuje krvnými testami a rádiologickým vyšetrením.

- *Hallux valgus* (vybočený palec) sa najčastejšie objavuje u žien, ktoré nosia topánky na vysokom podpätku, no rovnako ho spôsobujú aj špicaté topánky či obuv nevhodnej veľkosti. V niektorých prípadoch môže za halluxy artritída alebo genetická predispozícia. K halluxom dochádza vybočením kostí palca na nohe (pozri Obrázok 14.11). Kosť do pôvodnej polohy vráti operačný zákrok.

OBRÁZOK 14.11
AKO PRICHÁDZA K VYBOČENIU PALCA

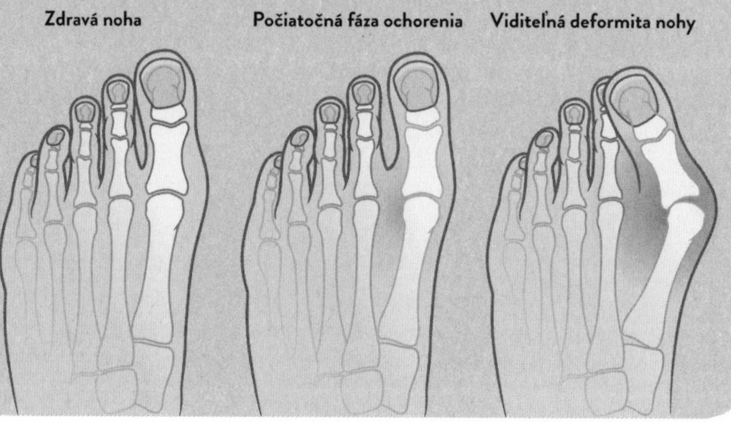

Zdravá noha   Počiatočná fáza ochorenia   Viditeľná deformita nohy

- *Sezamoiditída* je zápalové ochorenie, ktoré postihuje sezamské kostičky (pozri Obrázok 14.12). Sezamské kostičky sa nachádzajú pod palcom na nohe a ich úlohou je tlmenie nárazov. Sezamoiditída sa prejavuje opuchom a začervenaním palca na nohe. Pacient môže pociťovať ťažkosti pri pohybe postihnutým palcom. Lekár vám obvykle odporučí operáciu, ale mnohokrát prinesie úľavu masáž krátkeho ohýbača palca (*m. flexor hallucis brevis*) a svalov chodidla. Uvoľnenie svalov zmierni napätie v nohe a sezamské kostičky sa zotavia.

OBRÁZOK 14.12
SEZAMSKÉ KOSTIČKY

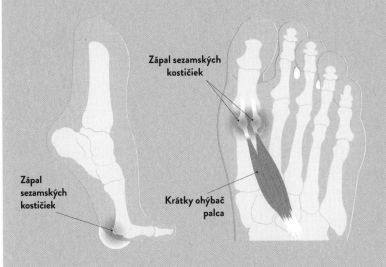

Zápal sezamských kostičiek

Zápal sezamských kostičiek

Krátky ohýbač palca

- U niektorých pacientov trpiacich *cukrovkou* sa môže prejavovať necitlivosť v nohách. Ak stratíte cit v ktorejkoľvek časti tela, ide o závažný stav a mali by ste navštíviť svojho ošetrujúceho lekára.

- *Syndróm padajúcej špičky nôh* sme si už predstavili v 2. kapitole. Pacient nedokáže zdvihnúť chodidlo smerom hore. Príčinou ochorenia je obvykle platnička tlačiaca na driekový stavec L5 v spodnej časti chrbta.

STREČING A CVIKY NA CHODIDLÁ A ČLENKY

Z obrovského množstva cvičení vhodných na precvičovanie chodidiel a členkov som vybral zopár takých, ktoré vám prospejú v ktorejkoľvek fáze rekonvalescencie. Pri všetkých nižšie opísaných cvičeniach platí presne to isté, čo pri ostatných cvičeniach v tejto knihe: ak pri cvičení pociťujete bolesť alebo sa váš stav zhoršuje, s cvičením okamžite prestaňte.

OBRÁZOK 14.13
MASÁŽ CHODIDIEL

1

Veľký úžitok vašim chodidlám prinesie, ak si ich premasírujete. Krúživými pohybmi na vrchnej časti chodidla masírujte nohu medzi kosťami a prstami na nohe. Nohy si môžete masírovať nasucho, ale môžete využiť aj olej. Taktiež sa môžete na chodidle pokúsiť nájsť spúšťacie body bolesti (pozir Obrázok 14.13) a zatlačiť na ne po dobu piatich sekúnd.

2

Nohám môžete dopriať pohyb aj v tom prípade, ak ste si zranili členok a lekár vám odporučil zranenú nohu nezaťažovať alebo vám prenášanie váhy na nohu spôsobuje veľkú bolesť. Usaďte sa a pomocou nôh skúste napísať veľké písmená abecedy.

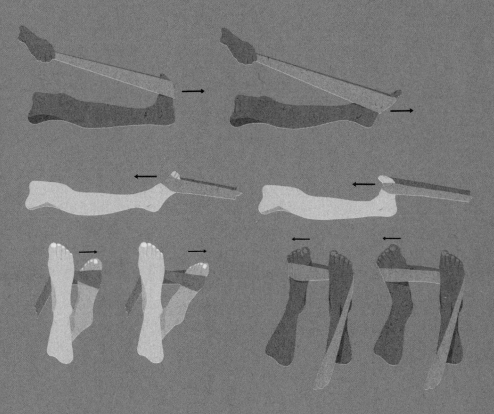

3

Guma na cvičenie je skvelým pomocníkom pri posilnení chodidiel a členkov. Navyše do nej nemusíte vôbec investovať veľkú sumu. Pomocou gumy na cvičenie vyskúšajte všetky cviky zobrazené na Obrázku 14.14. Každý jeden by ste mali zopakovať desaťkrát denne. Pri niektorých cvičeniach poproste o pomoc známeho alebo rodinného príslušníka, alebo gumu uviažte k niečomu pevnému.

4

Po zotavení zo zranenia môžete skúsiť zopár jednoduchých cvičení na prenášanie hmotnosti. Postavte sa na špičky prstov a potom sa pomaly zosuňte na päty. Cvičenie zopakujte desaťkrát. Môžete ho vyskúšať aj na jednej nohe. Spočiatku vydržte päť sekúnd a postupne zvyšujte čas na špičkách na desať sekúnd.

Terapeuti a liečba

U terapeuta

Terapeut je odborník, ktorý sa zameriava na konkrétnu liečebnú metódu (alebo viac liečebných metód). Vďaka jeho pomoci sa váš zdravotný stav môže zlepšiť. Ak ste si prečítali predchádzajúce kapitoly, zrejme už tušíte, aká diagnóza je príčinou vášho trápenia. No mnohé otázky ostávajú nezodpovedané. Za ktorým odborníkom sa vybrať? A ako nájsť toho najlepšieho terapeuta v okolí?

Ak by som si mal vybrať terapeuta, v prvom rade by som sa zameral na to, čo vám terapeut môže ponúknuť. Mnohé zručnosti sa prekrývajú, preto niektoré špecializácie nemajú jasnú definíciu. A terapeut mohol navyše absolvovať kurz alebo získať certifikát aj v inej oblasti. Preštudujte si webovú stránku potenciálneho terapeuta. Ponúka metódu suchej ihly? Aké má skúsenosti s naprávaním a mobilizáciou? Má v ponuke aj iné liečebné postupy? Najdôležitejšie zo všetkého je však položiť si otázku, či daný terapeut dokáže skombinovať všetky liečebné postupy do jedeného sedenia. Namiesto separátneho sedenia venovaného iba naprávaniu, iba metóde suchej ihly či masáži, by vám terapeut mal byť schopný – vždy, keď je to možné – ponúknuť komplexné sedenie. Jednotlivé liečebné metódy by sa mali používať v symbióze.

Terapeuti sa zvyknú špecializovať na liečbu konkrétneho ochorenia. Niektorí dosahujú vynikajúce výsledky pri liečbe hypermobility,

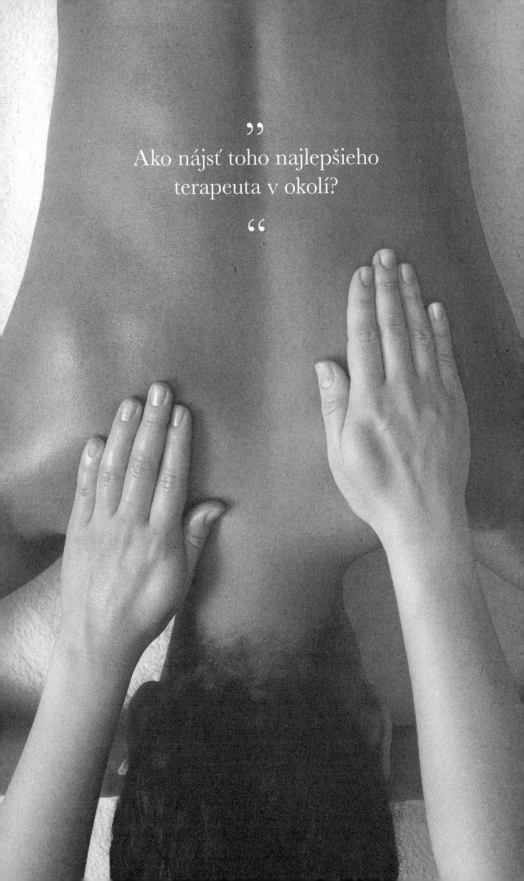

„
Ako nájsť toho najlepšieho
terapeuta v okolí?
"

iní sa zameriavajú výhradne na liečenie športových zranení. Nechcem tým v žiadnom prípade naznačiť, že by vám takýto terapeut nedokázal pomôcť. Ak však trpíte napríklad chronickou únavou, viac sa vám oplatí navštíviť odborníka, ktorý sa vašou diagnózou zaoberá na dennej báze. Rýchlejšie sa tak prepracujete k správnej liečbe.

Návšteva terapeuta by vám mala priniesť čo najväčší osoh. Vo Veľkej Británii poskytujú zdravotnícke zariadenia zaradené do siete národnej zdravotnej služby (National Health Service, NHS) bezplatnú zdravotnú starostlivosť každému, kto žije na území Spojeného kráľovstva. Ak váš terapeut nie je súčasťou tejto siete, budete si musieť za jeho služby priplatiť. Aby ste za svoje peniaze dostali naspäť čo najviac, na sedenie sa vopred dobre pripravte. Na prvom sedení sa vás terapeut bude pýtať na vašu anamnézu. Ak dokážete odpovedať na otázky o prekonaných ochoreniach a súčasnom zdravotnom stave, skrátite si čas potrebný na liečbu. Na sedenie si taktiež prineste vopred pripravený zoznam liekov, ktoré užívate. Ak sa vás na ne terapeut spýta, nebudete sa musieť prehrabávať v taške či volať vášmu ošetrujúcemu lekárovi. Skúste sa zamyslieť, či dokážete presne a jasne opísať, čo vás trápi. Na správnu cestu vás môže naviesť stupnica bolesti, mnemotechnická pomôcka STOP. Pri rozhovore s terapeu-

> # PRESNE A JASNE OPÍŠTE, ČO VÁS TRÁPI. POMÔŽE VÁM STUPNICA BOLESTI A METÓDA STOP.

TIP

Pri návšteve lekára alebo terapeuta nezabúdajte na stupnicu bolesti a metódu STOP. Obe pomôcky vám pomôžu stručne a jasne opísať váš zdravotný stav.

---

tom hovorte jeho jazykom. Ak máte podozrenie, že ste si preťažili lichobežníkový sval, povedzte to. Terapeut ocení, že ste sa o svojom probléme snažili zistiť čo najviac. Čím viac relevantných informácií terapeutovi poskytnete, tým skôr terapeut odhalí vašu diagnózu a nastaví liečbu. Nemusíte mať obavy, že by vám terapeut vyčítal, ak napokon vyjde najavo, že ste si preťažili zdvíhač lopatky. Súčasťou prvého sedenia by malo byť aj krátke, hoc desaťminútové ošetrenie. Nenechajte sa oň preto ukrátiť.

U DOBRÉHO TERAPEUTA SA BUDETE CÍTIŤ AKO JEDINEČNÁ ĽUDSKÁ BYTOSŤ, A NIE AKO JEDNA Z MNOHÝCH BEZMENNÝCH TVÁRÍ.

Rovnako pristupujte aj k návšteve lekára. Času nie je nazvyš. Nacvičte si preto, čo lekárovi poviete a akými slovami opíšete svoj stav. Oprite sa pritom o stupnicu bolesti a metódu STOP. Všetky informácie, o ktoré sa podelíte s lekárom, predstavujú záchytné body, vďaka ktorým dokáže lekár stanoviť správnu diagnózu. Bez odporúčania všeobecného lekára sa k lekárovi-špecialistovi nedostanete, preto nič nevynechajte a svoj stav opíšte čo najdetailnejšie.

Pri výbere terapeuta nezanedbajte ani odporúčania rodinných príslušníkov či známych. Väčšina pacientov, ktorí prichádzali do mojej ordinácie v časoch, keď som tam pracoval na plný úväzok, prišla na základe odporúčania od známych.

Kľúč k úspešnej liečbe je pomerne jednoduchý: nestačí ošetriť iba bolestivé miesto. Ak máte napríklad problémy s ramenom a váš terapeut nevenuje žiadnu pozornosť vášmu krku a chrbtu, je načase nájsť si nového terapeuta. U dobrého terapeuta sa budete cítiť ako jedinečná ľudská bytosť, a nie ako jedna z mnohých bezmenných tvárí, ktoré sa v ordinácii striedajú ako na bežiacom páse. Od skvelého terapeuta budete okrem dobrého pocitu odchádzať aj s:

- jasnou predstavou o príčine svojho problému alebo ďalšími krokmi vedúcimi k diagnóze,
- miernejšou bolesťou ako pred sedením
- a s plánom, ako sa v praxi popasujete so svojím problém na sedeniach s terapeutom, ale aj v domácom prostredí.

ÚPRIMNOSŤ

Ak ste si po prvom sedení so svojím terapeutom neodškrtli ani jeden z vyššie uvedených bodov a neexistuje žiadna objektívna príčina, prečo terapeut týmto bodom nevenoval pozornosť, mali by ste sa poobzerať po novom terapeutovi.

K znakom dobrého terapeuta patrí aj to, že sa s vami o vašom zdravotnom stave rozpráva jazykom, ktorému rozumiete. Ak niečomu nerozumiete, pýtajte sa. Možno patríte k ľuďom, ktorí sa pri spracovávaní nových informácií opierajú skôr o vizuálne pomôcky ako o slová. V takomto prípade by vám terapeut mal ukázať model alebo ilustráciu zreteľne opisujúcu váš stav. Vysvetľovať zložité medicínske výrazy patrí k práci terapeuta. Terapeut by sa mal dokázať vcítiť do vašej situácie a všetky informácie podať ľahko zrozumiteľným jazykom. Ak vám terapeut odmietne alebo nedokáže poskytnúť zrozumiteľné vysvetlenie, mali by ste sa zamyslieť nad dôvodmi jeho konania. Možno si nie je istý, čo je príčinou vášho problému, a svoju nevedomosť sa pokúša zakryť zložitými odbornými výrazmi.

V neposlednom rade ide o úprimnosť. Ani ten najlepší terapeut nemusí po prvom sedení okamžite odhaliť príčinu vašich ťažkostí. Sám som niekedy na pochybách. Dobrý terapeut vám však vždy povie, že si nie je istý alebo nie je pre vás tým správnym špecialistom. Správny terapeut si je vedomý, že o svoje schopnosti takýmto priznaním nepríde. Pokiaľ ide o pacientovo zdravie, hľadanie si vlastného ega nie je na mieste. Terapeut by vám mal odporučiť iného špecialistu alebo vysvetliť ďalší postup. Od diagnostiky problému k jeho liečbe vedie mnoho ciest. Každý terapeut má vlastnú techniku alebo používa liečebné postupy, ktoré u iných odborníkov nenájdete. Najdôležitejšie však je, aby vás terapeut úspešne doviedol až do cieľa. Ak to nedokáže – a to sa môže stať každému z nás –, mal by vám to povedať, vysvetliť prečo a poslať vás k inému špecialistovi alebo lekárovi. V tejto kapitole nájdete informácie o rôznych terapeutoch poskytujúcich svoje služby vo Veľkej Británii. Môžete sa tak ľahšie rozhodnúť, ktorý je pre vás najvhodnejší.

OSTEOPAT

Osteopat nazerá na telo ako na celok. Je presvedčený, že na to, aby telo správne fungovalo, musia kosti, svaly, väzy a spojivové tkanivá spolupracovať. Jedným zo základných princípov osteopatie je, že každá časť tela má svoju jedinečnú úlohu. Ak sa poškodí alebo zraní, telo ako celok nedokáže vykonávať funkcie, na ktoré bolo stavané. Preto v osteopatii platí zásada, že „štruktúra riadi funkciu a funkcia riadi štruktúru". Vzdelávanie v odbore osteopatia trvá štyri roky. Jeho absolventom je osteopat, ktorý dokáže diagnostikovať široké spektrum ochorení. Osteopati ošetrujú telo prostredníctvom masáže, mobilizácie a manipulácie (naprávania) kĺbov a snažia sa podporiť krvný obeh vo všetkých tkanivách.

Osteopatia vznikla na konci devätnásteho storočia v Spojených štátoch amerických. Jej otcom je lekár a chirurg Andrew Taylor Still. Z USA sa osteopatia rozšírila do Spojeného kráľovstva. Priekopníkom bol jeden zo Stillových študentov, ktorý jej základné princípy preniesol cez oceán v roku 1913. Osteopatiu ako medicínsky odbor uznáva aj Svetová zdravotnícka organizácia (WHO). WHO v roku 2010 publikovala vlastné usmernenia pre vzdelávanie v odbore osteopatia.

Predtým, než sa vyberiete za osteopatom, overte si, či je vami vybraný osteopat zaregistrovaný v registri Osteopatickej rady (osteopathy.org.uk). Vo Veľkej Británii ide o zákonnú podmienku na výkon tohto povolania. Je protizákonné označovať sa za kvalifikovaného osteopata, pokiaľ nie ste zaregistrovaní v tejto organizácii.

Sedenie u osteopata trvá v priemere tridsať až štyridsať minút. Ak to nie je nebezpečné, osteopat vás ošetrí už na prvom sedení. Cenník osteopatických služieb nájdete na webovej stránke svojho osteopata. Obvykle si budete musieť zaplatiť viac za úvodnú konzultáciu.

K osteopatovi sa vyberte v pohodlnom a voľnom oblečení. V závislosti od konkrétneho ochorenia a úkonu vás osteopat môže požiadať, aby ste si vyzliekli vrchnú vrstvu oblečenia. Pri niektorých úkonoch môžete ostať oblečení. Pri masáži osteopati obvykle nepoužívajú olej, ja ho však používam pri každom pacientovi. Dobrý osteopat nezameriava pozornosť iba na miesto, kde pociťujete bolesť alebo nepohodlie, ale venuje sa aj ostatným častiam tela. Ak máte napríklad problémy

KVALIFIKÁCIA

s kolenami, mal by vám prezrieť aj členky, bedrá a spodnú časť chrbta. V osteopatii nie je nič prvoplánové a ak vás bolí koleno, neznamená to, že bolesť aj jej príčina súvisia iba s kolenom. Všetko je vzájomne prepojené.

CHIROPRAKTIK

Oblasťou záujmu chiropraktika je nervový systém. Chiropraktik sa zameriava na diagnostiku a liečbu ochorení súvisiacich so svalmi a s nervami. Najčastejšie si ľudia chiropraktikov spájajú s ochoreniami krku a chrbta, ale chiropraktik dokáže ošetriť celé telo. Opiera sa najmä o mobilizáciu a manipuláciu (naprávanie) kĺbov a masáž. Vzdelávanie v odbore chiropraxia trvá štyri roky. Hlavným pilierom chiropraxie je, že kosti, svaly a iné tkanivá ovplyvňujú nervový systém a tým pádom aj celkové zdravie pacienta. Chiropraktici pri diagnostike často využívajú aj röntgenové vyšetrenie, ktoré vám urobia priamo na klinike.

POMENOVANIE CHIROPRAXIA POCHÁDZA Z GRÉČTINY A ZNAMENÁ „TERAPIA VYKONÁVANÁ RUKAMI".

Chiropraxia vznikla v Spojených štátoch amerických na konci devätnásteho storočia, približne desať rokov po osteopatii. Zakladateľom je Daniel David Palmer. Pomenovanie tohto medicínskeho odboru pochádza z gréčtiny a znamená „terapia vykonávaná rukami". Britská chiropraktická spoločnosť vznikla v roku 1925.

Predtým, než sa vyberiete za chiropraktikom, overte si, či je vami vybraný chiropraktik zaregistrovaný v registri Chiropraktickej rady (www.gcc-uk.org/). Vo Veľkej Británii ide o zákonnú podmienku na výkon tohto povolania.

Sedenie u chiropraktika netrvá viac ako tridsať minút. Úvodné sedenie však môže trvať dlhšie. Cenník chiropraktických služieb nájdete na webovej stránke svojho chiropraktika. Pri prvom sedení sa chiropraktik zameria na vyšetrenie a diagnostiku. Ak bude potrebné podstúpiť röntgenové vyšetrenie, budete si zaň musieť priplatiť. Vašu diagnózu dostane vo forme lekárskej správy na nasledujúcom sedení, kde vám zároveň načrtne ďalší postup liečby. Za správu platiť nemusíte, jej vypracovanie býva zahrnuté v cene za úvodnú konzultáciu. Niektoré chiropraktické ordinácie ponúkajú možnosť predplatiť si služby chiropraktika na týždennej či mesačnej báze. Bežný chiropraktik vám obvykle nevypracuje cvičebný plán, špecializovaný chiropraktik vám však vie odporučiť správne cviky.

Počas úvodného sedenia vás môže chiropraktik požiadať, aby ste sa vyzliekli. Pri bežnom sedení – pokiaľ na sebe nemáte hrubý sveter – môžete zostať oblečení. Každý chiropraktik má však vlastný pracovný postup. Mnohé chiropraktické ordinácie ponúkajú okrem chiropraktických služieb aj služby maséra. Pacient si tak môže zvoliť aj kombináciu týchto dvoch liečebných metód.

FYZIOTERAPEUT

Fyzioterapeut nazerá na telo ako na celok a zameriava sa na obnovenie funkčnosti a pohyblivosti tela prostredníctvom cvičenia, masáže tkanív a mobilizácie a naprávania kĺbov. Zároveň často vypracuje pacientovi cvičebný plán, v ktorom môže pokračovať aj v domácom prostredí. Vo Veľkej Británii je väčšina fyzioterapeutov súčasťou siete národnej zdravotnej služby a podľa špecializácie posyktuje služby zamerané na liečbu úrazov hlavy, miechy a dýchacej či opornej sústavy.

V súkromných ordináciách sa fyzioterapeuti orientujú skôr na rehabilitácie po úrazoch a operáciách alebo spolupracujú so športovcami. Vyškolený fyzioterapeut dokáže navrhnúť cvičebný plán pre každý ochabnutý sval či kĺb. Ak sa zotavujete z náročného zranenia alebo ste po operácii, fyzioterapeut vám zostaví podrobný plán rehabilitácie.

AK SA ZOTAVUJETE Z NÁROČNÉHO ZRANENIA ALEBO STE PO OPERÁCII, FYZIOTERAPEUT VÁM ZOSTAVÍ PODROBNÝ PLÁN REHABILITÁCIE.

Fyzioterapia sa zakladá na myšlienke, že cvičenie udržiava telo zdravé. Aj keď túto myšlienku uznávali lekári a špecialisti už pred tisícročím, formálne fyzioterapia vznikla na začiatku devätnásteho storočia vo Švédsku a jej základom sa stala publikácia *Švédske cvičenia*. V roku 1894 založili v Spojenom kráľovstve štyri zdravotné sestry Komoru fyzioterapeutov.

Fyzioterapia je na rozdiel od osteopatie a chiropraxie pevnou súčasťou systému britského zdravotníctva a váš všeobecný lekár vás tak poľahky pošle na fyzioterapeutické vyšetrenie. Čakacie doby u štátnych fyzioterapeutov sú však dlhé, preto mnohí pacienti navštevujú súkromné ordinácie. Predtým, než navštívite súkromnú fyzioterapeutickú ordináciu, overte si, či je váš fyzioterapeut registrovaný v registri Komory fyzioterapeutov (www.csp.org.uk) a taktiež v registri Komory zdravotníkov a ošetrovateľov (hcpc-uk.org).

Fyzioterapeuti, ktorí sú súčasťou siete národnej zdravotnej služby, majú oveľa väčší záber a vo svojich ordináciách pracujú s rozličnými ochoreniami. Preto obzvlášť vynikajú pri diagnostike ortopedických ochorení. Osteopati aj chiropraktici všetky tieto ochorenia poznajú, v ordináciách sa s nimi však stretávajú v oveľa menšej miere ako fyzioterapeuti. Môžeme teda povedať, že osteopati a chiropraktici sa zaoberajú skôr akútnymi zraneniami, kým fyzioterapeuti sa venujú rehabilitácii a vypracovávaniu cvičebných plánov.

PROFESIONÁLNE ŠPORTOVÉ TÍMY MAJÚ VLASTNÝCH ŠPECIALIZOVANÝCH MASÉROV.

Sedenie u fyzioterapeuta trvá obvykle tridsať až šesťdesiat minút. Podrobnosti o cenách fyzioterapeutických služieb nájdete na webovej stránke svojho fyzioterapeuta. K fyzioterapeutovi sa vyberte v pohodlnom oblečení a teniskách. Sedenie totiž môže zahŕňať aj cvičenie.

MASÉR

Ak hľadáte maséra, môžete sa stretnúť s mnohými masážnymi technikami. Ponuka je vskutku rôznorodá: od masáží inšpirovaných východnými filozofiami až po športové masáže. Nazdávam sa, že dobrý masér dokáže počas masáže jednotlivé techniky nakombinovať a prispôsobiť tak masáž pacientovým potrebám. Masér by to mal robiť úplne prirodzene a nečakať, že si pacient sám vyberie z ponuky rôznorodých masáží.

NA VÝKON MASÉRSKEHO POVOLANIA SA VO VEĽKEJ BRITÁNII NEVYŽADUJE ODBORNÉ VZDELANIE.

Profesionálne športové tímy majú vlastných špecializovaných masérov. Ak sa vám podarí natrafiť na skutočného odborníka, pomôže vám zotaviť sa zo zranenia a zároveň udrží vaše telo v kondícii. Masáž pokladám za mimoriadne prospešný nástroj pri predchádzaní zranení. O masáži sa dočítate viac v 16. kapitole.

Na rozdiel od osteopatov, chiropraktikov a fyzioterapeutov maséri nepotrebujú medicínske vzdelanie. Rozhodne by som preto nedostúpil ošetrenie pomocou suchej ihly a nenechal si naprávať kĺby na masérskom stole. Masér nemusí mať žiadne vzdelanie v oblasti povrchovej anatómie a taktiež si nemôžeme byť istí, aké kurzy a školenia masér podstúpil a čo bolo ich obsahom.

Na výkon masérskeho povolania sa vo Veľkej Británii nevyžaduje odborné vzdelanie a rovnako nie je regulovaný ani inými predpismi. Prax si tak môže otvoriť aj masér bez registrácie, čo pri výkone osteopatických, chiropraktických alebo fyzioterapeutických postupov nie je možné. Maséri sa však dobrovoľne združujú v organizáciách, akými sú Komora doplnkovej a prírodnej medicíny (www.cnhc.org. uk) alebo Federácia holistických terapeutov (www.fht.org.uk). Členstvo v týchto organizácia znamená, že masér spĺňa základné členské kritériá. Ak vám rodinný príslušník alebo známy maséra vyslovene neodporúča, maséra by som si hľadal v registroch vyššie uvedených organizácií.

Masáž obvykle trvá tridsať až šesťdesiat minút. Pri masáži sa budete musieť vyzliecť do spodnej bielizne. Masér zakryje uterákom tie časti tela, ktoré práve nemasíruje.

PODOLÓG

Podológia je medicínsky odbor, ktorý sa zameriava na ochorenia chodidiel a členka. Môžete sa takisto stretnúť aj s označením „podiatria", je to však zastarané pomenovanie. Podológ vám môže operačne odstrániť zarastený necht, ale takisto vám pomôže aj pri bežných problémoch, akými sú bradavice, kurie oká, plesňové infekcie či diabetická noha. Pacienta, ktorý príde do mojej ordinácie s problémami v oblasti päty alebo potrebuje ortopedické pomôcky, posielam za odborníkom na slovo vzatým – za podológom. Podológ vie takisto podať pomocnú ruku pri analýze držania tela pri chôdzi či behu. Vzdelanie v odbore podológia trvá tri roky.

Korene starostlivosti o chodidlá siahajú až do starovekého Egypta, podológia však nikdy nebola súčasťou konvenčnej medicíny. Situácia sa zmenila na konci devätnásteho storočia, keď v Spojených štátoch amerických vznikla prvá podologická spoločnosť. V Spojenom kráľovstve vzniklo prvé profesionálne združenie podológov v roku 1912.

Podológovia sú obvykle súčasťou siete národnej zdravotnej služby, preto sa o tejto možnosti porozprávajte so svojím ošetrujúcim lekárom. Väčšina pacientov však vyhľadáva podológov v súkromných ambulanciách. Predtým, než navštívite súkromnú podologickú ordináciu, overte si, či je váš fyzioterapeut registrovaný v registri Britskej asociácie pre podológiu (bcha-uk.org).

Sedenie u podológa trvá obvykle tridsať až šesťdesiat minút. Podrobnosti o cenách podologických zákrokov nájdete na webovej stránke svojho podológa. Zložitejšie zákroky, napríklad chirurgické odstránenie zarasteného nechta alebo príprava ortopedických pomôcok, si môžu vyžadovať dodatočné poplatky. Podológ bude ošetrovať najmä vaše chodidlá, ale môže taktiež preskúmať aj vaše lýtka. Preto si pred návštevou jeho ordinácie oblečte voľné nohavice, ktoré si viete jednoducho vyhrnúť.

Základné liečebné metódy

Ak pociťujete bolesť, môžete sa oprieť o širokú škálu liečebných metód, ktoré vám pomôžu zmierniť jej príznaky alebo sa jej úplne zbaviť. Počas svojej praxe som nezaspal na vavrínoch a absolvoval som školenia a doplnil si tak osteopatické vzdelanie aj o rôzne iné liečebné postupy. Svojim pacientom tak môžem ponúknuť najlepšiu možnú starostlivosť priamo vo svojej ordinácii a nemusím ich posielať za ďalšími špecialistami. Mám tak v zálohe pomerne obsiahlu zbierku metód, po ktorých môžem kedykoľvek siahnuť. Domnievam sa, že práve toto odlišuje dobrého terapeuta od priemerného. Nikdy som nerozumel, prečo by som pacienta na jednom sedení nemohol ošetriť rovno viacerými metódami. Nedáva mi zmysel vyšetriť pacienta a napraviť mu kĺby a potom mu dať termín na masáž o týždeň neskôr. A o ďalší týždeň by ku mne prišiel na ošetrenie studeným laserom. Mnohé z postupov sa dopĺňajú, tak prečo ich nepoužívať spoločne?

Vždy som sa snažil, aby pacient pocítil čo najväčšiu úľavu a zároveň čo najmenší diskomfort. Tomu som prispôsobil aj svoje metódy. Akúkoľvek metódu terapeut zvolí, pacient by nemal pociťovať bolesť. Pri liečbe neplatí, že bolesť zoceľuje. Už na začiatku svojej kariéry som si uvedomil, že úlohou osteopata je nielen pacienta vyliečiť, ale navodiť mu príjemný pocit. Je nesmierne dôležité, aby

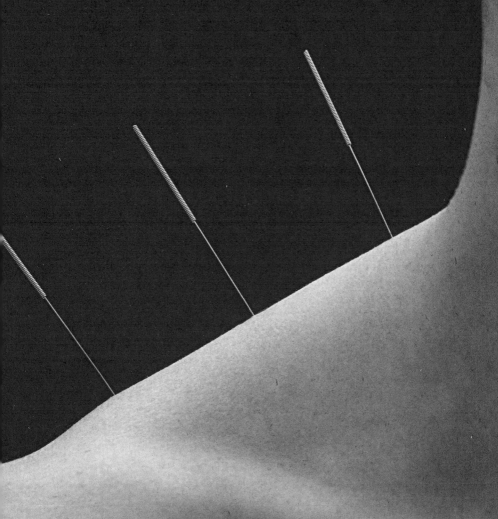

Vždy som sa snažil, aby pacient
pocítil čo najväčšiu úľavu
a zároveň čo najmenší diskomfort.

pacient odchádzal z ordinácie s úsmevom na perách. Takto k pacientom pristupuje profesionál. Myslite na to, keď vás bude nabudúce niekto ošetrovať.

V tejto kapitole vám opíšem liečebné metódy, o ktoré sa opieram pri liečbe svojich pacientov a zároveň mám o nich dostatok vedomostí. Kombinujú klasickú medicínu a doplnkové či alternatívne metódy. Aj keď väčšina ľudí prirodzene inklinuje k jednej či druhej strane spektra, ja sa nazdávam, že pri liečbe prináša pacientovi úžitok ich kombinácia, keďže sa oba prístupy navzájom vyvažujú.

NAPRÁVANIE A MOBILIZÁCIA

Naprávanie kĺbu je metóda používaná v prípade, ak príde k obmedzeniu pohyblivosti kĺbu. Táto metóda je taktiež známa aj pod pojmami kĺbová manipulácia či mobilizácia kĺbov rýchlymi pohybmi. Terapeut pomocou krátkeho trhnutia kĺb „napraví" a obnoví tým jeho prirodzenú funkciu a pohyblivosť. Ak sa kĺb vysunie z kĺbovej jam-

PRÍBEHY PACIENTOV: ZATÚLANÉ REBRO

Amelie priviedlo do mojej ordinácie koleno. Všimol som si však, že jedno rameno má položené vyššie ako druhé. Keď som sa jej na to opýtal, povedala mi, že rameno ju pobolieva už vyše desiatich rokov. Bolesť je intenzívnejšia, ak drží v ruke tašku. Niekoľkokrát bola na masáži a od bolesti sa jej na chvíľu uľavilo, ale o pár dní sa bolesť znova vrátila. Vyšetril som jej chrbát a zistil som, že je stuhnutá v okolí krku a vyčnieva jej chrbtica. Keď som zatlačil na špičku prvého rebra, na jednej strane bolo miesto citlivé na dotyk, kým na druhej nie. Uvedomil som si, že sa prvé rebro, ktoré sa nachádza v blízkosti ramenného kĺbu, muselo vysunúť z kĺbovej jamky. Uvoľnil som tkanivá v jeho blízkosti a vysvetlil Amelie, že jediná možnosť, ako jej problém vyriešiť, je rebro napraviť. S riešením súhlasila. Rebro bolo až príliš vychýlené, preto sa pri naprávaní ozvalo hlasné puknutie a Amelie zalapala po dychu. Okamžite však pocítila uvoľnenie svalového napätia v ramenách a vo vrchnej časti chrbta. Chrbtica sa vrátila do prirodzenej polohy a Amelie už viac nepociťovala bolesť v ramene ani v chrbte.

ky, na rad prichádza bolesť a postihnuté miesto sa zapáli. Úľavu od obidvoch problémov vám môže priniesť naprávanie. Napraviť sa dá každý jeden kĺb, no najčastejšie sa táto metóda používa v krku a na chrbte. Napraviť sa dá aj uvoľnené rebro.

Pravdepodobne ste to už počuli stokrát, no je dôležité si to zakaždým pripomínať: naprávať kĺby môže iba na to vyškolený odborník. V opačnom prípade si môžete privodiť zhoršenie zdravotného stavu. Existuje vyše 100 techník, ako kĺb napraviť. So všetkými som sa oboznámil počas štúdia osteopatie. V prvých dvoch ročníkoch som sa učil, ako pomocou dotyku rozoznať zdravý kĺb s plnou pohybovou schopnosťou. Neskôr nám učiteľ ukázal techniku, ako napraviť ten-ktorý kĺb a potom sme si vo dvojiciach skúšali navzájom kĺby naprávať. Najprv sme však museli dva roky do najmenších detailov študovať anatómiu. Kým sme sa dostali k naprávaniu, vedeli sme určiť, ako vyzerá postihnutý kĺb už len pri pohľade na kožu.

PREČ S MÝTMI

Puknutie, ktoré počujete pri naprávaní, nezapríčiňuje obtieranie kosti o kosť. V skutočnosti sa pri naprávaní z kĺbu uvoľňuje plyn. Platí to pre akékoľvek naprávanie. Pukanie hánkami prstov môžeme taktiež označiť za naprávanie. Mnohí ľudia sú presvedčení, že pukanie prstami spôsobuje artritídu. Výskumy však potvrdili, že to nie je pravda. Nie je však vylúčené, že k nejakému poškodeniu kĺbov a kostí príde.

Predtým, než terapeut pristúpi k naprávaniu, je nevyhnutné uvoľniť akékoľvek stuhnuté svaly v okolí kĺbu. Terapeut by si mal vždy vypýtať váš súhlas s naprávaním. Ideálnym príkladom naprávania je precízny manéver smerom ku kĺbu, ktorý čo najmenej poškodí okolité tkanivá. Pacienti si obvykle myslia, že kvalita naprávania sa meria hlasitosťou alebo počtom puknutí. Nemusí to však tak byť. Typické puknutie alebo praskanie spôsobuje uvoľnenie plynu z kĺbu. Naprávanie však nie je koncert pod holým nebom. Neplatí tu rovnica: čím hlasnejšie, tým lepšie.

Úžitok prinesie už aj jedno sedenie. Naprávanie v mnohých prípadoch takmer okamžite prinavráti pohyblivosť dokonca aj tým kĺbom, ktorými pacienti predtým nedokázali pohnúť. Kĺby by sa však nemali naprávať každý týždeň. Ak sa kĺb opakovane vysúva z kĺbovej jamky, bude potrebné posilniť tkanivá v jeho okolí, ktoré kĺb udržia v správnej polohe. Naprávanie teda nepredstavuje dlhodobé riešenie, najmä, ak treba opakovane naprávať rovnaký kĺb. Sprevádzať by ho vždy mala aj masáž. Zabezpečí sa tak flexibilita okolitých svalov. Naprávanie si vyžaduje vysokú mieru odbornosti. Niektorí terapeuti absolvovali iba zrýchlený intenzívny kurz počas víkendu, dbajte preto na odporúčania svojho okolia a vždy si svojho terapeuta preverte. Niekoľko pacientov priviedlo do mojej ordinácie nesprávne naprávanie, ktoré im spôsobilo zranenie. Ak sa rozhodnete pre naprávanie, určite vám odporúčam zájsť za osteopatom alebo chiropraktikom. Dokonca aj niektorí fyzioterapeuti

NAPRÁVANIE SI VYŽADUJE VYSOKÚ MIERU ODBORNOSTI.

dokážu kĺb korektne napraviť – fyzioterapeuti študovali anatómiu a mnohí si rozšírili kvalifikáciu kurzom naprávania. Naprávaniu by mal predchádzať aj rozhovor o anamnéze pacienta, aby terapeut zistil, či je naprávanie kĺbov vhodnou liečbou.

Predtým, než terapeut kĺb napraví, mal by sa pokúsiť dostať kĺb na správne miesto pomocou techniky zvanej „mobilizácia". Aj pri mobilizácii sa využívajú pomalšie a jemnejšie pohyby, stále ide o veľmi účinnú liečebnú metódu na prinavrátenie kĺbovej pohyblivosti. Pri ošetrovaní pacientov sa vždy držím svojho pravidla: najskôr sa pokúsim mobilizovať a ošetriť mäkké tkanivá a až potom – ak je to nevyhnutné – kĺb naprávam.

Na Youtube nájdete plno videí, z ktorých sa dozviete, ako si naprávite krk. Nasledujúcu vetu by som najradšej vytesal do skaly veľkými písmenami: Nikdy sa nepokúšajte naprávať vlastný krk! Aj keby sa vám z videa podarilo odpozerať správnu techniku, iba certifikovaný terapeut dokáže zistiť, ktorý medzistavcový (fazetový) kĺb treba napraviť. Správna technika vám teda veľmi nepomôže, ak ju neúmyselne použijete na nesprávny kĺb. Môžete si tým iba poškodiť úplne zdravý kĺb. V blízkosti miechy sa nachádza aj množstvo tepien, ktoré si neodbornou manipuláciou môžete taktiež poškodiť. To môže viesť až k porážke. Lekári už takéto prípady zaznamenali. Ak si nemôžete dovoliť návštevu súkromného terapeuta, navštívte svojho ošetrujúceho lekára, ktorý vás pošle za fyzioterapeutom patriacim do siete národnej zdravotnej služby.

METÓDA SUCHEJ IHLY A ELEKTROAKUPUNKTÚRA

Metódou suchej ihly ošetrujem pacientov azda každý týždeň. Považuje sa za západnú verziu tradičnej čínskej akupunktúry a možno ju skôr poznáte pod názvom medicínska akupunktúra. Ak by ste vošli do mojej ordinácie práve vo chvíli, keď pacienta ošetrujem metódou suchej ihly, zrejme by ste si pomysleli, že v skutočnosti vykonávam akupunktúru. Tieto dve metódy sú na prvý pohľad takmer na nerozoznanie. Pri obidvoch sa na vybrané miesto na tele vkladajú tenké ihly. Tu sa však všetky podobnosti končia. Princíp vkladania ihiel je totiž diametrálne odlišný a riadia ho dva rozdielne prístupy.

Pri akupunktúre terapeut nevkladá ihly priamo na zranené miesto. Cieľom akupunktúry je nastoliť rovnovážne prúdenie toku energie v celom tele. Viac informácií o akupunktúre nájdete v 17. kapitole.

Pri metóde suchej ihly, resp. medicínskej akupunktúre sa ihly vkladajú priamo na miesto, ktoré je zdrojom bolesti. Terapeut sa nesnaží prinavrátiť rovnováhu akejkoľvek energii, ale podporiť proces hojenia. Prívlastok „suchá" naznačuje, že do tela sa nič nevstrekujte. Keď sa pod kožu vpichne tenká ihla, podráždia sa nervy a vyšlú do mozgu signál, že v mieste vpichu došlo k zraneniu. Mozog zvýši v danej oblasti prietok krvi a do postihnutej oblasti sa dostávajú živiny, kyslík a chemické látky, ktoré napomáhajú hojeniu. Ak by sme to chceli zjednodušiť, metóda suchej ihly pripomína mozgu, aby začal s liečením postihnutého miesta.

Národný inštitút pre kvalitu zdravia a zdravotnej starostlivosti (The National Institute for Health and Care Excellence, NICE), ktorý vydáva usmernenia pre národnú zdravotnú službu, prednedávnom schválil akupunktúru a metódu suchej ihly ako liečebnú metódu pri chronickej bolesti „v tradičnom čínskom alebo západnom systéme akupunktúry" (Smernica NICE NG193, 7. apríl 2021). Národná zdravotná služba taktiež schválila tieto metódy pri liečbe chronickej tenznej bolesti hlavy a migréne.

Krása metódy suchej ihly spočíva v precíznosti. Ihly sú dostatočne tenké na to, aby ich terapeut mohol zaviesť do akejkoľvek špecifickej oblasti. Aj masáž prináša telu úžitok v podobe lepšieho prekrvenia a hojenia, ale pôsobí na oveľa širšiu oblasť. Preto hrozí riziko poškodenia okolitých tkanív, a to najmä v prípade, ak sú natrhnuté. Obe metódy sa navzájom dopĺňajú a často ich používam spoločne.

SUCHEJ IHLY

Metóda suchej ihly neslúži iba na podporenie procesu hojenia. Spolieham sa na ňu aj pri uvoľňovaní svalového napätia. Pri vyšetrovaní pacienta si všímam stuhnuté svaly. Na tieto miesta zavediem na niekoľko sekúnd či minút tenké ihly. Čas odhadujem podľa potreby. Keď som s touto metódou začínal, nechával som ihly v pacientovom tele dvadsať minút. Teraz mám však viac skúseností a zistil som, že rovnako dobre na telo pôsobí, ak postihnuté miesto premasírujem pred aj po použití metódy suchej ihly. Takto často predídem negatívnym vedľajším účinkom, ako je napríklad bolestivosť v mieste vpichu. Vždy som sa snažil, aby pacient pocítil čo najväčšiu úľavu a nepocítil pri tom nepohodlie. Keď ihlu z tela vyberiem, neraz vidím zreteľný rozdiel vo svalovom tone.

Ďalší postup, na ktorý sa pri metóde suchej ihly spolieham, je opakované vkladanie a vyberanie ihly zo svalu. Sval sa pri tom začne prirodzene šklbať. Obvykle poprosím pacienta, aby sa svalu dotkol pred a po aplikácii ihiel. Pacienti tak na vlastnej koži pocítia rozdiel vo svalovom napätí.

Skúsenosti mi ukazujú, že metóda suchej ihly najlepšie prospieva oblasti chrbta, predovšetkým platničkám. Najčastejšie ihly vkladám do oblasti lichobežníkového svalu, keďže na ne v dôsledku stresu a držania tela pôsobí veľké napätie. Ihly často využívam aj pri plantárnej fascitíde, čo je bolestivé presilenie v spodnej časti chodidla. Koža je v tejto oblasti pomerne tvrdá, preto môže byť vkladanie ihiel trochu bolestivé. Metóda suchej ihly prináša úžitok aj pri problémoch s kĺbmi a poraneniach kostí. Hrot ihly je možné vpichnúť priamo na kosť. Úľavu od bolesti prinášajú aj ihly aplikované v zadnej časti krku.

Elektroakupunktúru vo svojej ordinácii využívam pravidelne. Elektrický prúd posiela do mozgu silnejší podnet za oveľa kratší čas

POVRCHOVÁ ANATÓMIA

Všetci veľmi dobre vieme, že anatómia sa zaoberá skúmaním častí tela a ich usporiadaním. Povrchová anatómia však skúma povrch ľudského tela a študuje vnútorné štruktúry tela bez potreby vykonania pitvy.

ako pri metóde suchej ihly. Ide pritom o nesporný benefit: čím kratšie je ihla v tele, tým viac sa znižuje pravdepodobnosť, že pacient pocíti bolesť v mieste vpichu. Pri elektroakupunktúre sa na postihnuté miesto aplikujú tenké ihly, potom sa na ne umiestnia malé krokodílové svorky a cez ihlu prejde slabý elektrický prúd.

Všetky ihly, ktoré sa použijú pri akupunktúre či metóde suchej ihly, je potrebné pred použitím vydezinfikovať. Každá ihla sa smie použiť iba raz a po skončení procedúry ju treba vyhodiť. Aby sa účinok metódy suchej ihly naplno prejavil, musí pacient obvykle absolvovať niekoľko sedení. Úžitok sa však dostaví už po jednom sedení, preto sa nemusíte báť, keď nemáte dostatok financií na absolvovanie niekoľkotýždňovej procedúry. Aj keď majú ihly rôznu hrúbku, ak vás ošetruje skúsený terapeut, nemali by ste pocítiť bolesť pri ich aplikovaní. Je skutočné umenie uchopiť kožu tak, aby pacient pocítil čo najmenšiu bolesť. Keď som s metódou začínal, strávil som mnohé hodiny tým, že som sa snažil zaviesť ihly sám sebe bez toho, aby som pocítil nepohodlie. Až potom som sa odvážil vyskúšať aplikovať ihlu kolegom a rodinným príslušníkom. Bolesť môžete vo výnimočných prípadoch pocítiť aj v prípade, že vás ošetruje skúsený terapeut, a to najmä na miestach, kde je koža hrubá (napríklad na päte). Ide však o ojedinelé prípady.

Aj akupunktúra, aj metóda suchej ihly sa považujú za bezpečné liečebné metódy. Počul som však aj o prípadoch, keď nekvalifikovaný či neskúsený terapeut prepichol pacientovi pľúca. Použil príliš dlhú ihlu a do chrbta ju neaplikoval pod uhlom, ale priamo. Práve preto je nevyhnutné, aby mal terapeut dostatočné vedomosti z oblasti povrchovej anatómie (pozri rámček na strane 301). Skúsenému terapeutovi postačí pohľad či dotyk, aby vycítil, kde sa nachádzajú pľúca, iné orgány, ale aj cievy a nervy. Kvalifikáciu a skúsenosti svojho terapeuta si preto vždy

PUNKTÚRA

dôkladne preverte. V súčasnosti je možné absolvovať víkendový kurz a prehlásiť o sebe, že viete vykonávať metódu suchej ihly. Stačí si len uzavrieť poistku, keďže neexistuje žiaden register licencovaných terapeutov špecializujúcich sa na metódu suchej ihly. Navštívte preto osteopata, chiropraktika alebo fyzioterapeuta, ktorí túto službu ponúkajú.

NEINVAZÍVNA LIEČBA POŠKODENÝCH TKANÍV

Na trhu nájdete množstvo neinvazívnych metód slúžiacich na liečbu poškodených tkanív. Ich používanie si vyžaduje špeciálne vybavenie. Na nasledujúcich stránkach vám predstavím tie z nich, ktoré vám môžu priniesť najväčší úžitok. S výnimkou ultrazvuku ich všetky pravidelne používam. Aj pri týchto metódach platí, že by ste mali navštíviť terapeuta, ktorý má potrebnú kvalifikáciu, správne vybavenie a dokáže ho aj používať. Ak sa rozhodnete podstúpiť neinvazívne ošetrenie, mali by ste zájsť za vyškoleným osteopatom, chiropraktikom alebo fyzioterapeutom.

Všetky nasledujúce metódy prinášajú mimoriadny úžitok najmä pri akútnej alebo chronickej bolesti, ktorá sa prejavuje citlivosťou na dotyk v postihnutej oblasti. Metódy využívajúce svetlo, zvukové vlny alebo elektrický prúd pomôžu pacientom uľaviť od bolesti bez toho, aby sa pri ošetrení cítili nepríjemne.

KVALIFIKÁCIU A SKÚSENOSTI SVOJHO TERAPEUTA SI VŽDY DÔKLADNE PREVERTE.

ULTRAZVUK

Keď sa povie ultrazvuk, väčšina ľudí si predstaví vyšetrenie u lekára. Ultrazvuk sa však nepoužíva iba na diagnostiku ochorení, ale aj na ich liečbu. Na pokožku v mieste poranenia sa aplikuje gél a potom sa naň položí malá ultrazvuková hranica. Zvukové vlny, ktoré vytvára, pomáhajú s krvným obehom, zmierňujú bolesť a urýchľujú proces hojenia.

Ak vezmeme do úvahy všetky tu spomínané metódy neinvazívnej liečby poškodených tkanív, ultrazvuk môžeme označiť za dedka. Pred dvadsiatimi či tridsiatimi rokmi si ultrazvuk užíval veľkú popularitu. Nespolieham sa naň síce, ale to neznamená, že nejde o veľmi účinnú metódu, ktorá pomáha hojeniu. Ostatné metódy ju však prevyšujú.

TERAPIA STUDENÝM LASEROM

Terapia studeným laserom sa opiera o účinok nízkofrekvenčného laserového svetla. Aj keď ju mnohí považujú za experimentálnu metódu, prax mi potvrdzuje, že je mimoriadne efektívna. Keďže ide stále o relatívne novú metódu, v súčasnosti je predmetom vedeckého skúmania. Preto nie je ešte zahrnutá do siete národnej zdravotnej služby. Športovci ju však využívajú pomerne často. Terapeut drží v ruke malé zariadenie, v ktorého hlavici sa nachádza laser, a aplikuje ho na bolestivé miesto. Prívlastok „studený" značí, že na rozdiel od laserov používaných v chirurgii, studený laser tkanivo neprereže ani neprepáli. Studené laserové svetlo podporuje obnovu tkanív a krvný obeh, ktoré sú nevyhnutným predpokladom liečebného procesu. Taktiež pomáha znížiť citlivosť a bolestivosť a odvádza odpadové látky z postihnutého miesta.

Najlepšie výsledky prináša terapia studeným laserom pri problémoch s kolenným kĺbom a predovšetkým dobre zaberá na kolená postihnuté artritídou. Účinná je taktiež pri natrhnutiach svalov.

V ordinácii používam laser štvrtej triedy. Studený laser si môžete zakúpiť aj vy. Pre širokú verejnosť sú však dostupné iba menej výkonné lasery. Tým pádom neprinesie domáca liečba nikdy taký úžitok, ako keď sa zveríte do rúk kvalifikovaného terapeuta. Ošetrenie studeným laserom nie je bolestivé, ale na pokožke môžete zacítiť mierne

PRÍBEHY PACIENTOV: NEDOTKNUTEĽNÝ

Dan práve trénoval na svoj tretí maratón. Počas tréningov začal pociťovať bolesť v oboch Achillových šľachách. Bolesť sa napokon tak zintenzívnila, že Dan nedovolil, aby sa niekto k jeho lýtkam čo i len priblížil. Pretože som sa Danových lýtok nemohol dotknúť, ošetril som ich studeným laserovým svetlom. Citlivosť na dotyk sa zmiernila a už po prvom sedení som sa mohol dotknúť kože v okolí achilovky. Dan absolvoval niekoľko sedení a napokon vďaka terapii studeným laserom bolesť ustúpila.

teplo. Laser by sa nemal prikladať k telu po dobu viac ako päť až desať minút. Laser sa taktiež nesmie používať na potetované oblasti. Teplo z lasera môže nahriať atrament a spôsobiť tak pacientovi bolesť.

TERAPIA RÁZOVÝMI VLNAMI

Terapia rázovými vlnami (Extracorporeal Shockwave Therapy, ESWT) je liečebná metóda určená na liečbu akútnej a chronickej bolesti. Na trhu je dostupná už niekoľko desaťročí a využívajú ju ambulancie zaradené do siete národnej zdravotnej služby, ako aj súkromné ambulancie. Klinické testy dokazujú, že táto metóda pomáha zlepšiť prekrvenie a urýchľuje proces hojenia. Terapeut drží v rukách zariadenie, ktoré namieri na postihnuté miesto a vyšle doň zvukové vlny. Pri terapii rázovými vlnami môžete pociťovať mierne nepohodlie. Zvukové vlny môžete pociťovať ako pulzovanie, bolesť by ste však cítiť nemali.

Terapia rázovými vlnami má krátke trvanie a je mimoriadne efektívna. Výsledok si všimnete takmer okamžite. Najlepšie výsledky prináša terapia rázovými vlnami pri problémoch so šľachami, obzvlášť pri zraneniach Achillovej šľachy. Túto metódu je možné použiť aj na kosti. Keď som pracoval pre olympijský reprezentačný tím, aplikoval som rázové vlny na miesta, kde sa spája sval so šľachou. Najčastejšie som športovcom ošetroval zadné stehenné svaly. Terapia rázovými vlnami pomáha aj pri liečbe zjazveného tkaniva.

NAJLEPŠIE VÝSLEDKY PRINÁŠA TERAPIA RÁZOVÝMI VLNAMI PRI PROBLÉMOCH SO ŠĽACHAMI.

TERAPIA TECAR

Terapia TECAR je ďalšou pomerne novou liečebnou metódou, a preto zatiaľ nebola klinicky otestovaná ako napríklad terapia rázovými vlnami. Do Spojeného kráľovstva sa rozšírila z Talianska a zo Španielska. Jej účinky využívajú najmä futbalisti anglickej Premier League. Vo Veľkej Británii nie je vo veľkom rozšírená a nie je zahrnutá do siete národnej zdravotnej služby. Som jedným z mála Britov, ktorí terapiu TECAR praktizujú. Minimálne raz do týždňa mi zavolá niekto, kto sa práve presťahoval z Talianska, alebo má talianskeho strýka, ktorý na terapiu TECAR nedá dopustiť. A preto volajúci hľadá niekoho, kto má túto liečebnú metódu v ponuke služieb. Pri terapii TECAR drží terapeut v ruke zariadenie, ktoré vyvíja elektrický výboj. Veľkosť hlavice tohto zariadenia sa dá prispôsobiť, aby sa dosiahla čo najväčšia presnosť. Na podložku, na ktorej pacient leží, sa nanesie gél, a tým sa uzavrie elektrický okruh. Keďže pri terapii ležíte na podložke natretej gélom, môžete sa trochu zašpiniť. Terapia TECAR sa využíva na zmiernenie bolesti a zápalu. Rovnako sa vďaka tejto metóde skracuje čas potrebný na hojenie. Pri terapii TECAR sa zohrievajú väzy, šľachy a kosti, čo pacientovi navodzuje príjemné pocity.

TERAPIA TECAR SA HODÍ NA LIEČBU ŠIROKEJ ŠKÁLY OCHORENÍ.

Terapiu TECAR využívam vo svojej ordinácii oveľa častejšie ako terapiu rázovými vlnami. Má všestranné využitie pri bolesti svalov, ale aj kĺbov. Ja ju však vo väčšej miere využívam pri liečbe akútnej a chronickej bolesti svalov. Terapia TECAR pôsobí ako na povrchové vrstvy svalov, tak aj na vnútorné svaly a šľachy. Zo všetkých neinvazívnych liečebných metód sa preto hodí najlepšie na liečbu širokej škály ochorení.

PRÍSTROJ NA TRANSKUTÁNNU ELEKTRICKÚ NERVOVÚ STIMULÁCIU (TENS)

Ak sa moji pacienti zotavujú zo zranenia alebo trénujú na dôležitú športovú udalosť, obvykle im odporúčam investovať do kúpy prístroja TENS. Tieto prístroje fungujú na princípe slabého elektrického prúdu. Rokmi prešli veľkým vývojom a dostať ich už aj v bezdrôtovej verzii. Prístroj TENS obvykle využívam na liečbu svalu, ktorý prišiel o svoju veľkosť a hĺbku. Rôzne nastavenia moderných prístrojov TENS vám pomôžu:

- zmierniť bolesť svalov a kĺbov, predovšetkým v spodnej časti chrbta a v kolene,

- uvoľniť stuhnutosť svalov a zmierniť svalové napätie,

- vybudovať svalovú hmotu,

- zlepšiť krvný obeh,

- podporiť obeh lymfy,

- zotaviť sa zo zranenia,

- urýchliť zotavenie sa medzi jednotlivými tréningami alebo inými činnosťami, pri ktorých príde k preťaženiu svalov.

MASÁŽ

Zrejme vás neprekvapí, ak vám poviem, že prvé zmienky o masáži majú tisícky rokov. Predpokladá sa, že pôvod má v Indii, Číne a Egypte. Prvá kniha opisujúca masážne techniky pochádza z Číny a napísaná bola v roku 2 700 pred naším letopočtom.

Masáž v prvom rade pomáha pacientovi uvoľniť sa. No nesporne so sebou prináša omnoho viac výhod. Pomáha zmierňovať napätie a bolesť svalov a podporuje prúdenie krvi. Pod masážou si často predstavujeme iba masáž chrbta a končatín, je to však oveľa širší pojem. Vo svojej ordinácii často využívam aj viscerálnu masáž, teda jemnú masáž brucha, ktorá pomáha pri zápche a črevných problémoch. Masáž patrí k liečebným technikám, ktoré využívam najčastejšie. Väčšinou ju zaraďujem na začiatok každého sedenia. Rozmasírujem bolestivú oblasť a zároveň rukami vyšetrím svaly, šľachy a kĺby. Spojím tak do jedného diagnostiku s liečbou.

> ### PRÍBEHY PACIENTOV: DVOJITÁ MASÁŽ
>
> Michael pracoval ako šofér a do mojej ordinácie ho priviedla bolesť a nepokojné nohy. Vyšetril som ho a zistil som, že svaly jeho nôh neboli napnuté, preto som jemne premasíroval povrchové nervy v snahe podporiť krvný a lymfatický obeh. Pri hlbokých svaloch v spodnej časti chrbta, ktoré boli priveľmi stuhnuté a v kŕči, som musel použiť inú masážnu techniku. Na to, aby sa svaly Michaelovho chrbta uvoľnili, bolo potrebné vyvinúť väčší tlak.

Je nesmierne dôležité podotknúť, že po masáži by ste sa mali cítiť príjemne. Nemali by ste sa cítiť dotlčení či horšie ako pred masážou. Bolesť po masáži neznamená, že vám masáž prospela oveľa viac. Takisto by ste nemali z masáže odchádzať s pocitom, že ste si zaplatili za to, že ste si na hodinku ľahli na stôl s dierou pre hlavu a niekto vás iba šteklil.

Po masáži by ste mali cítiť príjemnú bolesť, a to najmä vtedy, ak nechodíte na masáže pravidelne a vaše svaly nie sú v dobrej kondícii.

CIEĽOM MASÁŽE JE UVOĽNIŤ SVALOVÉ NAPÄTIE.

Ak si po napätých svaloch prejdete rukou, môžete pocítiť jemné hrbolčeky. Cieľom masáže je svaly „vyhladiť", čiže uvoľniť z nich napätie. Zo začiatku môže byť masáž pre vás bolestivá, ale čím viac sedení absolvujete, tým menej bolesti budete cítiť. Masáž uvoľňuje endorfíny, preto by sa pacient mal počas masáže cítiť uvoľnený. Pocit uvoľnenia sa nedostaví, ak pacient celý čas trpne a čaká, kedy sa masér pustí do rozpúšťania ďalšieho svalového uzlíka. Z masážneho stola by ste mali odchádzať s dobrým pocitom a plní energie.

Na druhej strane musím vniesť kritiku aj do vlastných radov. Nepáči sa mi, ako sa masáž v dnešnej dobe propaguje. Z ponuky u maséra si musíme vybrať, či chceme hĺbkovú masáž, športovú masáž alebo švédsku masáž. Všetky masáže však majú presne rovnaký účinok, keďže sa pri nich masírujú hlboké svaly. Často sme presvedčení, že keď si vyberieme ľahkú masáž, prinesie nám viac úžitku a budeme sa cítiť oveľa viac uvoľnení. Z ponuky na nás často svietia aj názvy rôznych masážnych techník ako tapotement, petrisáž či efloráž. Možno ani netušíme, čo tieto názvy znamenajú, no aj tak sme presvedčení, že si jednu z týchto techník musíme vybrať. Čo teda robiť a ako si z tejto pestrej palety možností vybrať?

Odpoveď je jednoduchá: zverte sa do rúk skúseného maséra, ktorý vyberie za vás. Zodpovednosť sa výber správnej masážnej techniky by nemal niesť pacient. Hĺbku masáže aj masážnu techniku by mal počas celej masáže masér prispôsobovať každému jednému svalu, stavu pacientovho tela a oblastiam, ktoré treba ošetriť. Masáž je masáž a masér by mal najlepšie vedieť, kedy zatlačiť trochu viac a kedy byť, naopak, jemný. Poctivý masér – a verte mi, že ich je veľa – dôveruje tomu, čo mu hovoria ruky.

Prínosy masáže sú nezmerné. Masáž využívam v spojení s mnohými ďalšími liečebnými metódami. Iba zriedkavo sa stane, že pacienta na sedení nepremasírujem. Účinky masáže pocítite už po prvom sedení. V ideálnom svete by ste mali navštevovať maséra pravidelne, minimálne raz do mesiaca. Masáž pomáha predchádzať zraneniam, a preto sa do kvalitnej masáže oplatí zainvestovať. Ak si masáž dovoliť nemôžete, prečítajte si 21. kapitolu, v ktorej nájdete opísané masážne techniky, s ktorými vám pomôže partner alebo dobrý kamarát. Nemali by ste však zabúdať, že deň pred športovým výkonom by ste nemali absolvovať hlbokú masáž. Po masáži totiž dochádza k obnove svalov, a preto môžete byť náchylnejší na zranenia.

Pri masáži sa často zanedbávajú vedľajšie svaly. Skúsený masér však vie, že premasírovať treba nielen hlavné svaly, ale celú oblasť. Ak napríklad pociťujete bolesť v spodnej časti chrbta, pravdepodobne máte stuhnuté aj sedacie svaly a treba ich tiež ošetriť. Niektorí maséri sa masáži zadku vyhýbajú, ale svaly v tejto oblasti sú nesmierne dôležité pri liečbe bolesti v spodnej časti chrbta. Často sa napríklad stáva, že masér premasíruje ramená a pacientovi povie, že sú plné uzlín. V skutočnosti však ide o rebrá, ktoré sa k chrbtici napájajú práve v oblasti ramien. Preto by mal mať masér dobré znalosti v oblasti povrchovej anatómie. Počas sedenia by sa mal masér venovať masáži celého tela, a nie iba niekoľkým vybraným oblastiam.

Niektoré časti tela môžu byť natiahnuté prirodzene. Týka sa to napríklad iliotibiálneho traktu, čo je dlhý šľachovitý pás, ktorý sa tiahne po vonkajšej strane stehna a spája stehno s kolenom. Keďže ide o spojivové tkanivo, musí byť napnuté. Nie je teda potrebné ho premasírovávať. Pri uvoľňovaní svalov je výborným pomocníkom teplo. Masér by vás preto mal masírovať teplými rukami vo vyhriatej miestnosti.

ANALGETIKÁ

Buďte k sebe úprimní. Koľkí z vás si pozorne preštudujú príbalový leták a oboznámia sa s možnými vedľajšími účinkami predtým,

PRÍNOSY MASÁŽE SÚ

N E Z M

než prehltnú tabletku proti bolesti? Analgetikám som sa venoval už v 2. kapitole, ale nezaškodí si zopakovať, že z dlhodobého hľadiska analgetiká nie sú prínosné. Výnimkou je azda iba paliatívna starostlivosť. Čím dlhšie analgetiká užívate, tým sa viac znižuje ich účinnosť. Zároveň sa zvyšuje pravdepodobnosť, že sa stanete závislými od látok, ktoré obsahujú.

Národný inštitút pre kvalitu zdravia a zdravotnej starostlivosti (The National Institute for Health and Care Excellence, NICE), ktorý vydáva usmernenia pre národnú zdravotnú službu, prednedávnom upravil odporúčania týkajúce sa predpisovania liekov pre pacientov trpiacich chronickou bolesťou, t. j. bolesťou, ktorá trvá viac ako tri mesiace a jej zdroj nie je známy:

> "
>
> Ľudia s chronickou primárnou bolesťou by nemali začať užívať bežne používané lieky vrátane paracetamolu, nesteroidných protizápalových liekov, benzodiazepínov či opioidov. Dôvodom je nedostatok podložených dôkazov o tom, že tieto látky významne ovplyvňujú kvalitu života pacienta, zmierňujú bolesť alebo psychickú nepohodu. Na druhej strane však môžu privodiť pacientovi ujmu na zdraví a pacient si od nich môže vybudovať závislosť.
> (tlačová správa NICE, Smernica NG193, 7. apríla 2021)
>
> "

Vo vyhlásení NICE odporúča namiesto medikatívnej liečby vypracovanie plánu podpory a starostlivosti. Lekári by podľa tejto smernice mali uprednostňovať liečebné metódy zahŕňajúce cvičenie, terapie so psychológom a akupunktúru.

Z krátkodobého hľadiska však analgetiká môžu priniesť úžitok, najmä v tom prípade, ak sa popri ich užívaní začne s liečbou problému, ktorý bolesť vyvolal. Pri užívaní liekov je dôležité myslieť na to, aby ste bolestivé miesto nepreťažovali len preto, že lieky vašu bolesť utlmia. Analgetiká utlmujú signály, ktoré nám vysiela naše telo. Ak tieto signály neprijímame, môžeme svojmu telu narobiť oveľa viac škody. Predtým, než začnete užívať akékoľvek lieky, zmieňte sa svojmu lekárovi aj o ostatných liekoch, ktoré užívate. Kombinovanie niektorých druhov liekov môže byť nebezpečné. Nižšie nájdete informácie o najbežnejších analgetikách.

PARACETAMOL

Paracetamol je analgetikum, o ktorom počul azda každý a väčšina ľudí ho má aj vo svojej domácej lekárničke. Používa sa pri liečbe slabej až miernej bolesti, najmä pri bolestiach hlavy a svalov. Taktiež pomáha zmierňovať horúčku. Pri správnom užívaní sa vedľajšie účinky paracetamolu objavujú iba zriedkakedy. Denná dávka je však obmedzená, preto ak si na liek vybudujete odolnosť a už ste užili maximálnu dennú dávku, nesmiete ju prekročiť.

NESTEROIDNÉ PROTIZÁPALOVÉ LIEKY

Nesteroidné protizápalové lieky takisto patria k tým liekom, ktoré sa bežne vyskytujú v domácich lekárničkách. Do tejto skupiny patria ibuprofen a aspirín. Oba lieky sa používajú na liečbu zápalov. Pôsobia proti hormónom, ktoré spôsobujú opuch, čo je bežný následok zranení tkanív. Pri liečbe zápalov sa častejšie používa ibuprofen, keďže lepšie účinkuje proti bolesti. Neodporúča sa však na dlhodobé užívanie, pokiaľ tak neurčil lekár. Má viac vedľajších účinkov ako paracetamol. Patria medzi ne žalúdočné problémy, problémy s obličkami a, ironicky, bolesti hlavy.

OPIOIDY

Opioidy sa používajú pri liečbe miernej až silnej bolesti a sú dostupné len na lekársky predpis. Vo Veľkej Británii tvorí výnimku z tohto pravidla liek Codamol, ktorý je bežne dostupný v britských lekárňach. Účinnú zložku tvorí zmes paracetamolu a kodeínu. Codamol je vhodný pri liečbe migrén, bolestí hlavy a svalov a na zmiernenie tých bolestí, pri ktorých nezaberá paracetamol ani ibuprofen. K opioidom sa zaraďujú aj morfium a kodeín. Tieto látky sa s výnimkou smrteľne chorých pacientov neodporúčajú na dlhodobé užívanie, keďže sú vysoko návykové. Medzi vedľajšie účinky patrí nevoľnosť, zápcha a závraty.

VÝKONNOSTNÁ TERAPIA

Športovci využívajú výkonnostnú terapiu už mnohé roky, ale iba predednedávnom sa táto metóda rozšírila aj do amerických posilňovní. Výkonnostná terapia predstavuje krátku liečebnú prestávku uprostred cvičebného procesu. Keď som pôsobil ako terapeut, navštevoval som so svojimi zverencami atletické súťaže. Postavil som sa k postrannej čiare a sledoval atlétov pri tréningu. Ak som pri ich pohybe spozoroval, že niektorý sval sa napol, atlét prišiel za mnou a ja som mu sval uvoľnil. Tým sa zlepšil jeho športový výkon. Pri tejto metóde ide o čo najrýchlejšiu nápravu zdravotného stavu. Atlét môže potrebovať kĺb napraviť, natiahnuť sval, uvoľniť sval. Potrebná môže byť aj ART terapia, pri ktorej sa na sval zatlačí a bolestivá končatina sa použije ako páka. Po krátkej terapeutickej prestávke sa atlét vráti k tréningu. Naďalej ho však sledujem. Ak sa jeho stav nezlepší, viem, že na nás čaká viac práce mimo atletického štadióna.

> „VÝKONNOSTNÁ TERAPIA JE KRÁTKA LIEČEBNÁ PRESTÁVKA UPROSTRED CVIČENIA."

V súčasnosti využívam výkonnostnú terapiu najmä, ak ma klient zavolá na svoj tréning alebo do posilňovne. Keď klient posilňuje bicepsy a všimnem si, že s ramenom nie je niečo v poriadku, rýchlo ho uvoľním.

Výkonnostnú terapiu som na toto miesto zaradil najmä preto, lebo už čoskoro nebude výsadou profesionálnych športovcov. Posilňovne v Spojených štátoch už teraz zamestnávajú ľudí, ktorí sledujú ľudí pri cvičení, a akonáhle si všimnú, že niektorý sval stuhne, rozmasírujú ho masážnou pištoľou. Keďže asi niet trendu, ktorý vznikol v Amerike a nerozšíril sa aj na druhú stranu oceánu, predpokladám, že sa výkonnostná terapia zakrátko objaví aj v britských posilňovniach.

Rovnako dúfam, že sa výkonnostná terapia stane súčasťou aj vašej dennej rutiny. Aj ponaťahovanie sa po zobudení či použitie masážnej pištole alebo masážneho valčeka počas dňa takisto môžeme považovať za určitú formu výkonnostnej terapie. Obe totižto spĺňajú definíciu: rýchlo odvrátiť akékoľvek potenciálne problémy, ku ktorým by mohlo v budúcnosti prísť.

Ďalšie liečebné metódy

V tejto kapitole nájdete opísané tie liečebné metódy, v ktorých som síce vyškolený, ale nevyužívam ich na týždennej báze. Rovnako tu opisujem metódy, ktoré som niekoľkokrát vyskúšal a som presvedčený, že by vám priniesli osoh. Väčšina týchto liečebných metód by sa dala opísať prívlastkom „alternatívne" alebo „doplnkové".

Alternatívna a doplnková medicína vyvoláva veľké vášne u predstaviteľov oboch názorových táborov. Niektorí tieto metódy označujú za „pseudovedu", iní by však pri obhajobe týchto metód vložili ruku do ohňa.

V posledných rokoch si sieť národnej zdravotnej služby začala čoraz viac všímať prínosy alternatívnych a doplnkových liečebných metód. Do tejto kategórie zaraďuje národná zdravotná služba aj osteopatiu a chiropraxiu, a to napriek tomu, že obe využívajú postupy podobné fyzioterapeutickým postupom. Zaujímavým faktom však je, že osteopatia aj chiropraxia sú jediné dve alternatívne či doplnkové liečebné metódy, ktoré podliehajú rovnakej regulácii ako konvenčná medicína.

Žijeme v časoch, keď musí byť každé tvrdenie potvrdené výskumom. A tu ťahá alternatívna medicína za kratší koniec. Vykonanie klinických testov tak, aby zodpovedali nekompromisným testovacím požiadavkám vedeckej komunity, predstavuje pre alternatívne liečeb-

Alternatívna a doplnková medicína vyvoláva veľké vášne u predstaviteľov oboch názorových táborov.

né metódy prekážku, ktorú obvykle nedokážu prekonať. Pri klinických testoch je potrebné mať dve skupiny: jednu, ktorej sa podá testovaná liečba, a druhú, testovaciu, ktorej sa podá placebo, čiže liečba, ktorá sa síce podobá liečbe testovacej, ale je neúčinná. Výsledky a získané dáta od obidvoch skupín sa potom porovnajú.

Prvý problém spočíva v určení placeba. Keď sa napríklad testuje nový liek, placebo skupina namiesto neho dostane cukrovú pilulku. Takúto náhradu však v alternatívnej medicíne nie je vôbec jednoduché nájsť. Druhý problém predstavuje tzv. placebo efekt. Mnohí ľudia pocítia zlepšenie stavu aj v prípade, ak im liek nepomáha. Vedci sa pri odôvodňovaní často až prekvapivo pozitívnych testovacích výsledkov alternatívnych metód odvolávajú práve na placebo efekt. Dostávame sa tak do začarovaného kruhu. Liečebná metóda musí preukázať, že je prínosná, ale akýkoľvek prínos, ktorý preukáže, je označený ako placebo efekt.

Moja práca terapeuta vyžaduje, aby som sa neustále vzdelával a bol otvorený novým myšlienkam. Vždy sa môžem zlepšovať. Mal som to šťastie a precestoval som svet. Spoznal som tak rozličné liečebné metódy. Veľa som sa naučil aj pozorovaním ostatných olympijských tímov a ich prístupov k liečbe. Vždy bolo mojím cieľom sprevádzať pacienta po ceste uzdravenia sa od jej začiatku až po koniec. Ak pacientovi k jej úspešnému zvládnutiu pomôže alternatívna alebo doplnková medicína, nevidím dôvod, prečo by tieto liečebné postupy nemohli byť doplnkom ku konvenčnej liečbe. Som z celého srdca presvedčený, že na dosiahnutie tých najlepších výsledkov je potrebné zvoliť kombináciu tradičných a alternatívnych postupov.

VŽDY BOLO MOJÍM CIEĽOM SPREVÁDZAŤ PACIENTA PO CESTE UZDRAVENIA SA OD JEJ ZAČIATKU AŽ PO KONIEC.

Nesnažím sa nasilu pretláčať vlastné názory a plne rešpektujem, že každý máme iný pohľad. Ja môžem povedať iba to, čo sa mi vďaka týmto metódam podarilo dosiahnuť, a zopakovať to, čo mi povedali pacienti. Predtým, než nejakú novú liečebnú metódu odporučím pacientom, vyskúšam ju niekoľkokrát na sebe. Niektoré z nasledujúcich metód používam vo svojej ordinácii a niektoré som vyskúšal a priniesli mi osoh. Či sa rozhodnete niektorej z nich dať šancu, už nechám na vašom rozhodnutí.

Pri hľadaní vhodného terapeuta sa v prvom rade obráťte na priateľov a rodinných príslušníkov a ich odporúčania. Vybraného terapeuta si môžete overiť aj v registroch Komory doplnkovej a prírodnej medicíny (www.cnhc.org.uk) alebo Federácie holistických terapeutov (www.fht.org.uk). Členstvo v týchto organizáciách je síce dobrovoľné, ale predstavuje dobrý východiskový bod pri hľadaní.

AKUPUNKTÚRA A AKUPRESÚRA

Akupunktúra má niekoľko tisícročnú tradíciu a medzi širokou verejnosťou panuje zhoda, že pochádza z Číny. Akupunktúra sa zakladá na princípe energie *čchi*, ktorá preteká telom prostredníctvom dvanástich hlavných kanálov nazývaných meridiány. Každý meridián je previazaný s jednotlivými orgánmi či telesnými funkciami. Meridiány prechádzajú špecifickými oblasťami tela, ale nenasledujú rovnakú líniu ako cievy či nervy. Akupunktúra sa využíva na zmiernenie bolesti, pri bežných ochoreniach alebo na riešenie špecifických problémov, napríklad pri závislosti od fajčenia. Terapeut vpichuje pod kožu v mieste meridiánu tenkú ihlu v snahe prinavrátiť rovnováhu toku energie *čchi*. Miesto vpichu ihly iba zriedkakedy korešponduje s postihnutým miestom, ktoré si vyžaduje ošetrenie. Pri problémoch s hrubým črevom môže napríklad terapeut vpichnúť ihlu do pacientovej ruky. Ak sa niekto snaží zbaviť závislosti od cigariet, terapeut mu vpichne ihlu do ušného lalôčika.

> KAŽDÝ MERIDIÁN JE PREVIAZANÝ S JEDNOTLIVÝMI ORGÁNMI ČI TELESNÝMI FUNKCIAMI.

Akupunktúra sa využíva v celom Spojenom kráľovstve pri operáciách, na klinikách špecializovaných na liečenie bolesti a v hospicoch. Prednedávnom ju spolu s metódou suchej ihly schválil Národný inštitút pre kvalitu zdravia a zdravotnej starostlivosti ako metódu vhodnú pre liečbu chronickej bolesti, tenznej bolesti hlavy a migrény.

Akupresúra je často doplnkom akupunktúry. Funguje na podobnom princípe, no namiesto vpichovania ihiel do tela pacienta terapeut zatlačí na tú časť tela, ktorou prechádza meridián.

Z vlastnej skúsenosti môžem povedať, že akupunktúra a akupresúra pôsobia na telo blahodarne. Absolvoval som viacero sedení a po každom som sa cítil plný energie. Pomohli mi so zmiernením bolesti v spodnej časti chrbta a dokonca ma zbavili aj chrípky. Pacienti mi taktiež potvrdzujú, že akupunktúra im poskytla úľavu od bolesti a nabila ich energiou. Niektoré pacientky sú dokonca presvedčené, že vďaka akupunktúre sa im podarilo otehotnieť.

Akupunktúra je dostupná aj v sieti národnej zdravotnej služby v ambulanciách praktických lekárov alebo certifikovaných fyzioterapeutov. Ak sa však rozhodnete navštíviť terapeuta mimo siete, dbajte na odporúčania svojich blízkych. Terapeuta sa taktiež opýtajte, ako dlho sa akupunktúre venuje a kde získal kvalifikáciu na jej vykonávanie.

ČREVNÁ SPRCHA

Najstaršie zmienky o očiste či preplachovaní hrubého čreva majú vyše 2 000 rokov. Pri črevnej sprche sa do konečníka vloží tenká trubička a do čreva sa napustí vlažná voda. Voda sa potom vysaje a s akýmikoľvek nečistotami a odpadovými látkami z čreva vytečie. Tento proces sa počas jedného sedenia niekoľkokrát zopakuje. Po celý čas terapeut masíruje pacientovi brucho. Nevzniká pri tom žiadny zápach a rovnako nedochádza ani k špineniu. Zástancovia tejto metódy tvrdia, že zlepšuje trávenie, pomáha pri chudnutí a zmierňuje príznaky zápchy.

Svoju prvú črevnú sprchu som absolvoval ako 24-ročný na ozdravnom pobyte v thajskom meste Čiang Mai. Bol som tam so svojou mamou, ktorá doslova donútila túto metódu vyskúšať. Spočiatku som sa zdráhal. Kam to chcú dať tú trubicu? Po procedúre som sa však cítil ľahký ako pierko a menej nafúknutý. Akoby akýkoľvek tlak v spodnej časti chrbta prestal existovať.

KAM TO CHCÚ DAŤ TÚ TRUBICU?

Ak mi to pracovné povinnosti dovolia, usilujem sa absolvovať dve črevné sprchy za rok. Túto procedúru vykonávajú len súkromní terapeuti, preto sa pri hľadaní toho najlepšieho obráťte na známych alebo

ČREVNÁ SPRCHA NIE JE NÁHRADOU ZDRAVÉHO ŽIVOTNÉHO ŠTÝLU A VYVÁŽENEJ STRAVY.

si preštudujte recenzie na internete. Črevná sprcha nie je náhradou zdravého životného štýlu a vyváženej stravy. Udržiavať črevá zdravé vám pomôže:

- Pitie dostatočného množstva vody. Voda reguluje tráviaci systém. Väčšina pacientov, ktorí sa na mňa obrátia s tráviacimi ťažkosťami, nepije dostatok vody.
- Strava bohatá na vlákninu.
- Užívanie probiotík.
- Pitie smoothie alebo štiav.

KRANIOSAKRÁLNA TERAPIA

Pri kraniosakrálnej terapii, resp. „kraniálnej osteopatii" terapeut rukami jemne zatlačí na pacientovo telo a manipuluje s lebkou, panvou a chrbticou. Táto liečebná metóda je založená na myšlienke, že manipulácia lebky ovplyvňuje a udržuje v rovnováhe tok tekutín v okolí miechy. Rozdiel medzi kraniálnou osteopatiou a kraniosakrálnou terapiou spočíva v tom, kto ju vykonáva a kde tento terapeut získal kvalifikáciu. Kým kraniálnu osteopatiu vykonáva osteopat, kraniosakrálnu terapiu môže vykonávať chiropraktik, masér alebo iný terapeut, ktorý na to získal kvalifikáciu. Na škole som sa učil kraniálnu osteopatiu a celé hodiny som cvičil na hlavách svojich spolužiakov a snažil som sa rozoznávať jednotlivé lebečné kosti.

Kraniosakrálna terapia aj kraniálna osteopatia sú považované za jemné metódy. Preto sú vhodné najmä pri liečbe bábätiek, starších ľudí a ľudí, ktorí netolerujú drsnejšie liečebné metódy. Kraniálnu osteopatiu občas využívam aj vo svojej ordinácii. Ošetril som takto bábätko, ktoré zle spalo a jedlo. Jeho rodičia mi povedali, že po sedení začalo ich bábätko lepšie jesť aj spať. Pomohla taktiež pacientovi, ktorého spodná časť chrbta bola extrémne citlivá na dotyk. Potom, čo som mu touto metódou ošetril kríže, pocítil úľavu a citlivosť sa zmiernila. Jeden z mojich pacientov mi povedal, že mu karnioskarálna terapia pomohla pri problémoch s prínosovými dutinami.

BANKOVANIE

V posledných rokoch si bankovanie získalo mimoriadnu popularitu, nie je však výdobytkom našej doby. Jeho korene siahajú do obdobia spred tisíc rokov do Egypta, Číny a na Stredný východ. Malé nádoby, nazývané banky, sa môžu priložiť na ktorékoľvek miesto na tele, najčastejšie sa však prikladajú na chrbát, ramená a zadok. K telu sa prikladá jedna za druhou niekoľko baniek, ktoré v závislosti od použitého materiálu môžu pripomínať štamperlíky. V mojej ordinácii sa nájdu banky zo skla a z bambusu, ale na trhu sú dostupné aj plastové banky.

Keď sa banka prisaje na kožu, vytvorí sa podtlak, ktorý popraská drobné cievky v koži, čo prispieva k zlepšeniu krvného obehu. Bankovanie sa mi osvedčilo aj ako metóda, ktorá výborne dopĺňa masáž a uvoľňuje napäté svaly. Mnohé pacientky mi tvrdia, že vďaka bankovaniu sa im krátko po pôrode podarilo zbaviť strií. Iní tvrdia, že banky priložené v spodnej časti chrbta im rozhýbali spomalené trávenie. Bankovanie využívam aj ako diagnostický nástroj. Po priložení banky sa ukáže, či je pacient dehydratovaný alebo či má v tele veľa toxínov. Bankovanie je obľúbené aj medzi športovcami, a to napriek tomu, že jeho prínosy nepotvrdilo dostatočné množstvo klinických štúdií.

> PODTLAK BANKY POPRASKÁ DROBNÉ CIEVKY V KOŽI, ČO PRISPIEVA K ZLEPŠENIU KRVNÉHO OBEHU.

Pacient si ľahne a pomocou plameňa terapeut rýchlo nahreje vnútro banky. Horenie spotrebuje kyslík a v banke sa vytvorí vákuum. Potom sa banka priloží k liečenému miestu. Koža sa prisaje k banke a koža pod bankou sčervená, keďže do nej začne prúdiť krv. Intenzitu podtlaku v banke určuje dĺžka horenia plameňa v banke. Plastové banky využívajú na vytvorenie podtlaku pumpu, čiže ich netreba nahrievať plameňom.

Aj keď sa banka nahrieva, nemala by pacienta páliť. Často však po bankovaní zostávajú na pacientovom tele červené kruhy vytvorené podtlakom. Rovnaké kruhy mal na tele aj americký plavec Michael Phelps na ikonických fotografiách z olympiády v Riu. Netreba však prepadať panike, kruhy po niekoľkých dňoch až týždňoch zmiznú.

Predtým, než sa rozhodnete dať si ku koži priložiť banky, si preto dobre rozmyslite, čo vás v najbližších týždňoch čaká. Zrejme nechcete, aby váš chrbát na svadobných fotografiách zdobili veľké červené kruhy. Ak je podtlak vákua v banke príliš vysoký, môžu sa na tele vytvoriť bolestivé pľuzgiere, čo je, samozrejme, neakceptovateľné. Aj pri bankovaní platí, že by ste mali vyhľadať skúseného terapeuta a dať na odporúčania svojich blízkych.

Z vlastnej skúsenosti viem, že bankovanie je veľmi upokojujúce a zmierňuje stres. Preto som presvedčený, že táto liečebná metóda je prospešná pre väčšinu ľudí.

PILATES

Pilates vznikol pred vyše sto rokmi s cieľom posilniť telo. Zameriava sa najmä na držanie tela, rovnováhu, flexibilitu a silu v strednej časti tela. Pilatesové cvičenia zostavil na začiatku dvadsiateho storočia nemecký rodák Joseph Pilates. Zaujímal sa o rozličné cvičebné metódy a bol jedným z prvých terapeutov, ktorí prepojili prvky východných a západných praktík. Krátko po tridsiatke sa Pilates presťahoval do Veľkej Británie a pre nemecký pôvod bol počas prvej svetovej vojny internovaný. Práve vo väzení zostavil súbor cvičení, ktorý dnes poznáme pod názvom pilates. Pilates je vhodný pre všetkých bez ohľadu na vek či fyzickú kondíciu. Pilates môžete cvičiť buď na špeciálnom cvičebnom stroji zvanom reformer, alebo úplne jednoducho na podložke. Protiváhu vám v tomto prípade poskytne hmotnosť vlastného tela.

> PACIENTOM S BOLESŤAMI V SPODNEJ ČASTI CHRBTA ZVYKNEM ODPORÚČAŤ PILATES.

Pacienti sa ma často pýtajú, či majú cvičiť pilates alebo jogu. Pacientom s bolesťami v spodnej časti chrbta zvykneme odporúčať pilates. Cvičenie prispeje k stabilizácii oslabenej a bolestivej oblasti. Prax mi ukazuje, že pilates zlepšuje vzájomnú prepojenosť bedrovej chrbtice, panvy a bedier a napomáha tak pri problémoch so správnym postavením panvy, čo je jedna z bežných príčin bolesti v spodnej časti chrbta.

Či už ide o jogu alebo pilates, nesmierne dôležitú úlohu zohráva inštruktor. Akákoľvek spätná väzba, ktorú vám inštruktor počas hodiny dá, vám pomôže predísť zraneniam. Pri skupinovom cvičení sa v triede stretnú ľudia na rôznych úrovniach. Vaše telo možno nebude schopné cvičiť rovnako ako telo osoby na podložke vedľa vás. Nedajte sa odradiť a zameriavajte sa len sami na seba a svoj pokrok. Pilates nie je vhodný pre ľudí s určitými zdravotnými kontraindikáciami. Preto pred prvou hodinou oboznámte inštruktora so svojou anamnézou. Joga ani pilates by nemali bolieť. Po cvičení môžete pociťovať miernu bolesť, ale pri cvičení by vás nemalo bolieť nič. Aj tu platí: počúvajte svoje telo. Ak pri cvičení pociťujete bolesť, okamžite prestaňte.

TOK SEN

Tok sen je masážna technika, pri ktorej sa využíva kladivko a klin z dreva stromu tamarind. Vyvinuli ju thajskí mnísi pred vyše 5 000 rokmi. Jej názov sa skladá z dvoch slov: „tok" znamená udrieť alebo búchať kladivom a „sen" je označenie pre energetické dráhy. Terapeut pomocou kladivka a klinu rytmicky poklepkáva po svaloch, šľachách a väzoch. Takto sa k životu prebúdza masírovaná oblasť a uvoľňuje sa telesná energia potrebná na udržanie zdravia a duševnej pohody. Aj pri masáži tok sen je upokojenie tela a mysle, ale tok sen taktiež poskytuje úľavu od bolesti a zmierňuje napätie v tele. Zástancovia tejto masážnej techniky tvrdia, že je prospešná pre imunitný systém, podporuje prekrvenie a postavenie tela.

S tok sen som sa prvýkrát stretol na návšteve Thajska a absolvoval som niekoľko masáží. Táto technika mi pripadala taká prospešná, že som sa rozhodol spraviť si kurz. Keďže tok sen aktivuje svaly a prebúdza nervové prepojenia,

TERAPEUT POMOCOU KLADIVKA A KLINU RYTMICKY POKLEPKÁVA PO SVALOCH, ŠĽACHÁCH A VÄZOCH.

ošetrujem ňou najmä športovcov. Neraz sa stalo, že som zopárkrát poklepal v okolí zadku a mobilita bedier sa zlepšila. Tok sen prepájam s tradičnou masážou. Kladivko a klin používam najmä v oblasti panvy, spodnej časti chrbta a zadku. Športovci majú v týchto oblastiach mimoriadnu silu, preto je pre nich tok sen vhodnou metódou. Tok sen používam aj ako alternatívu k metóde suchej ihly.

JOGA

Joga je prastarý súbor cvičení, ktorý vznikol približne pred 5 000 rokmi v Indii. Držanie jednotlivých pozícií a správne dýchanie pomáhajú zvýšiť ohybnosť tela. Cvičenie jogy je tiež pomocníkom pri meditácii. Joga je skvelým prostriedkom na vnorenie sa do seba samého. Zároveň pôsobí upokojujúco a navodzuje duševnú pohodu.

Jogová tradícia hovorí o joge ako o cvičení pre jednotlivca, v poslednej dobe sa však rozmohol trend cvičenia jogy vo väčších skupinách. Do mojej ordinácie zavítalo niekoľko pacientov, ktorí sa poranili pri cvičení jogy. Vnímajte preto medze, ktoré vám vaše telo vytyčuje. Ak sa pri niektorej pozícii cítite nepohodlne alebo vám pripadá ťažká, skúste sa radšej niekoľkokrát natiahnuť. Dôvodom môže byť aj vaša telesná konštrukcia, ktorá vám nedovoľuje ohnúť sa určitým spôsobom. Pre každého je prirodzené niečo iné a vaše telo nemusí fungovať presne rovnako ako telo človeka na vedľajšej podložke. Nejde o žiadnu slabosť – každý z nás má predsa inú telesnú konštrukciu.

AJ PRI JOGE SA MÔŽETE ZRANIŤ. VNÍMAJTE PRETO MEDZE, KTORÉ VÁM VAŠE TELO VYTYČUJE.

Jogové štúdiá ponúkajú širokú paletu rôznych druhov jogy od tradičnej jogy po hot jogu. Jogové pozície sa taktiež môžete naučiť na základe informácií dostupných na internete. Na to, aby vám cvičenie jogy prinášalo úžitok, nemusíte navštevovať jogový kurz a cvičiť v skupine. Jednu z najjednoduchších jogových polôh, polohu dieťaťa, hravo zvládnete aj v domácom prostredí. Ráno po prebudení vám pomôže prebrať svaly. Joga a jogové dýchacie techniky podľa mojich pacientov upokojujú myseľ a pomáhajú pri zvládaní stresu. Jogín si tak môže naplno vychutnať všetky výhody, ktoré joga prináša.

Reštart
a oslobodenie tela

OSEMNÁSTA KAPITOLA

Stres

a úzkosť

Zamerajme svoju pozornosť na stres a úzkosť. Ak pred nimi zavrieme oči, telo sa nám „odvďačí" bolesťou. Stres a úzkosť sú signály, ktorými sa nám telo snaží povedať, že niečo nefunguje tak, ako má. Azda až 90 percent mojich pacientov vykazuje známky pretrvávajúceho stresu a úzkosti. Ich chronická podoba sa prejavuje na tele fyzickými následkami. Niektorí pacienti stres ani necítia. Ich stiahnuté svaly, ramená či hruď však hovoria niečo iné. Pacienti si neuvedomujú, že aj toto je príznak stresu. Iných pacientov môžu trápiť bolesti hlavy, zažívacie ťažkosti alebo časté ochorenia. Pacienti si však ani toto nespájajú so stresom. Štúdie dokazujú, že dlhodobé vystavovanie sa stresu má na telo a jeho funkčnosť mimoriadne nepriaznivé účinky a dokonca môže znížiť dĺžku nášho života.

Predtým, než sa popasujeme so stresom a s úzkosťou, musíme ich pochopiť a naučiť sa ich rozoznávať. Stres je zdrojom bolesti a – ako už veľmi dobre vieme – žiadnu bolesť neradno prehliadať.

"

Dlhodobé vystavovanie sa
stresu môže znížiť dĺžku
nášho života.

"

ČO JE STRES?

Za posledné desaťročia si stres vyslúžil nie práve najlepšie meno. „Som taký vystresovaný!" „Už ďalej nevládzem pracovať pod takýmto tlakom!" „Neskutočne ma to znervózňuje!" Podobné vety možno zaznievajú aj z vašich úst cestou z jedného stretnutia na druhé, keď sa do seba rýchlo snažíte natlačiť bagetu a zachytiť aspoň nejaký ten slnečný lúč, ktorý najmä v zime neprenikne cez hrubé steny našich kancelárií. Žijeme vo svete, ktorý sa rúti obrovskou rýchlosťou dopredu. A my s ním musíme držať krok. Inak nás nahradia, prepustia alebo upadneme do zabudnutia. Preto sa snažíme využiť každú jednu minútu a napĺňať ju nad jej kapacitu. Plánujeme si viac stretnutí, viac spoločenských udalostí, viac telefonátov, viac podujatí, viac služobných ciest, viac cvičenia, viac výletov, viac priateľov a, samozrejme, čo najviac zážitkov, ktoré zmenia náš život.

Negatívny vplyv stresu sme už okúsili na vlastnej koži azda všetci. Mnohí si však neuvedomujú, že stres má aj kladnú stránku.

VO SVOJEJ NAJČISTEJŠEJ FORME NÁM STRES, ROVNAKO AKO BOLESŤ, DOKÁŽE ZACHRÁNIŤ ŽIVOT.

Vo svojej najčistejšej forme nám stres, rovnako ako bolesť, dokáže zachrániť život. Stres je odpoveďou tela na skutočnú alebo pociťovanú hrozbu, ktorá vyvoláva v tele biologickú odpoveď.

Obzrime sa naspäť do čias, keď sa naši predkovia každé ráno vydávali na výpravu, aby si doplnili zásoby. Chodili šesť hodín, občas sa zastavili a pozbierali drevo na oheň alebo sa natiahli za bobuľou na najvyššom konári kríku. Večer sa vrátili do svojich príbytkov, zdvihli ruky na pozdrav deťom, ktoré ich už netrpezlivo čakali od chvíle, keď zapadlo slnko. Keď už boli blízko k vchodu do jaskyne, začuli nezvyčajný zvuk. Zdvihli hlavy. Zdvihol sa prach a ich pohľad za zastavil

BOJUJ

na prevísajúcej skale. Prasklina si ňou nebezpečne rýchlo razila cestu. Rozšírili sa im zreničky. V zlomku sekundy sa zrýchlil dych, do ciev sa nahnal kyslík, srdce sa rozbúšilo a cievy v jeho okolí sa roztiahli, aby sa nevyhnutné živiny, kyslík a hormóny mohli rozšíriť do celého tela. Svaly sa im napli a v pohotovosti čakali na príkaz mozgu: bojuj, alebo uteč. Mozog zvolil možnosť „uteč" a naši predkovia uskočili práve vo chvíli, keď skala dopadla s hrmotom na zem. Skaly sa netrieštia každý deň, ale našim predkom sa podarilo prežiť.

Ako tak ležali na zemi s roztiahnutými rukami, telo sa začalo postupne upokojovať a zvýšené telesné funkcie sa prinavracali do normálu. Ak by zostali zvýšené dlhodobo, telo by to nepríjemne poznačilo. Búšenie srdca ustalo, krvný tlak klesol a dýchanie sa spomalilo. Tráviaci systém, ktorý v stave akútnej hrozby nie je nevyhnutný na prežitie, sa akoby reštartoval a znovu sa spustili všetky tráviace procesy.

Všetky fyzické reakcie tela sú automatické a riadi ich nervový systém. Vedome nerozhodujeme o tom, či nám klesne tlak, a rovnako nedokážeme prikázať zreničkám, aby sa rozšírili. Ak by sme mali nad prirodzenými reakciami svojho tela kontrolu, prišli by sme o drahocenné sekundy a náš reakčný čas by sa znížil. Mimovoľné reakcie riadia dva protichodné systémy: mechanizmus „bojuj, alebo uteč" na jednej strane a na druhej strane systém, ktorého odpoveďou je pokojné „odpočívaj a tráv".

Ideálnym stavom pre naše telo je rovnováha týchto dvoch systémov. V skutočnosti tieto dva systémy pôsobia proti sebe a navzájom sa vyrovnávajú. Telo preto nezotrváva ani v jednom z nich. Optimálne fungovanie a rovnováha nášho autonómneho nervového systému sa nazýva homeostáza. Jej dosiahnutie by malo byť naším cieľom.

Autonómny nervový systém riadi všetky mimovoľné procesy vrátane dýchania a srdcového rytmu. Skladá sa z troch častí: sympatický nervový systém, parasympatický nervový systém a enterický nervový systém (pozri Obrázok 18.1). V prípade nebezpečenstva bije *sympatický nervový systém* na poplach a prikazuje nášmu telu bojovať, alebo utekať. *Parasympatický nervový systém* pôsobí presne opačne a telu vysiela signál, aby oddychovalo a vstrebávalo potravu. Spomaľuje zvýšený tep srdca a upokojuje dýchanie. Tretia časť autonómneho nervového systému, *enterický nervový systém*, kontroluje trávenie. Ak nad telom prevezme kontrolu sympatický nervový systém, trávenie sa vypne. Tráviace procesy znova naštartuje parasympatický nervový systém.

DOBRÝ A ZLÝ STRES

Stres nám nielenže môže zachrániť život, ale je aj naším motivátorom. Vďaka nemu sa dokážeme sústrediť a posúvať sa dopredu. Predstavte si, že zrazu dostanete e-mail, v ktorom sa píše, že práca na projekt musí byť hotová do pol piatej poobede. Naše telo ovládne stresová reakcia a pustíme sa do práce. Ak by sme zostali v relaxačnom móde, daný termín by sme určite nedodržali.

Hodinky ukazujú 16.29 a vy práve odosielate e-mail so splnenou úlohou. Cítite sa plní energie a hrdí sami na seba, že ste úlohu dokončili načas. Riadenie vášho tela preberá parasympatický systém a spúšťa sa relaxačná reakcia. Vaše telo zaplavia hormóny a chemické látky, ktoré vás vrátia do normálu.

TRI NAJDÔLEŽITEJŠIE STRESOVÉ HORMÓNY

Spomedzi všetkých stresových hormónov by sme si mali povedať viac o troch najdôležitejších: o adrenalíne, noradrenalíne a kortizole.

1. ADRENALÍN

Adrenalín je typický hormón typu „bojuj, alebo uteč". Zrýchľuje tep srdca a dodáva telu okamžitú energiu.

2. NORADRENALÍN

Noradrenalín, známy aj ako norepinefrín, funguje podobne ako adrenalín. Vďaka nemu sa dokážeme viac sústrediť a lepšie reagujeme na podnety.

3. KORTIZOL

Produkcia kortizolu nie je otázkou sekúnd, ale skôr niekoľkých minút. Zvyšuje hladinu cukru v krvi a utlmuje menej dôležité telesné procesy, napr. trávenie.

OBRÁZOK 18.1
SYMPATICKÝ A PARASYMPATICKÝ NERVOVÝ SYSTÉM

SYMPATICKÝ
NERVOVÝ
SYSTÉM

Rozširuje zreničky

Obmedzuje tvorbu slín

Rozťahuje dýchacie cesty

Zrýchľuje tep srdca

Tlmí peristaltiku
a vyprázdňovanie

Podporuje produkciu
glukózy

Podnecuje tvorbu adre-
nalínu a noradrenalínu

Sťahuje močový
mechúr

Prispieva k orgazmu

PARASYMPATICKÝ
NERVOVÝ SYSTÉM

Sťahuje zreničky

Podporuje tvorbu slín

Sťahuje dýchacie cesty

Spomaľuje tep srdca

Podporuje peristaltiku
a vyprázdňovanie

Podnecuje tvorbu žlče

Uvoľňuje močový
mechúr

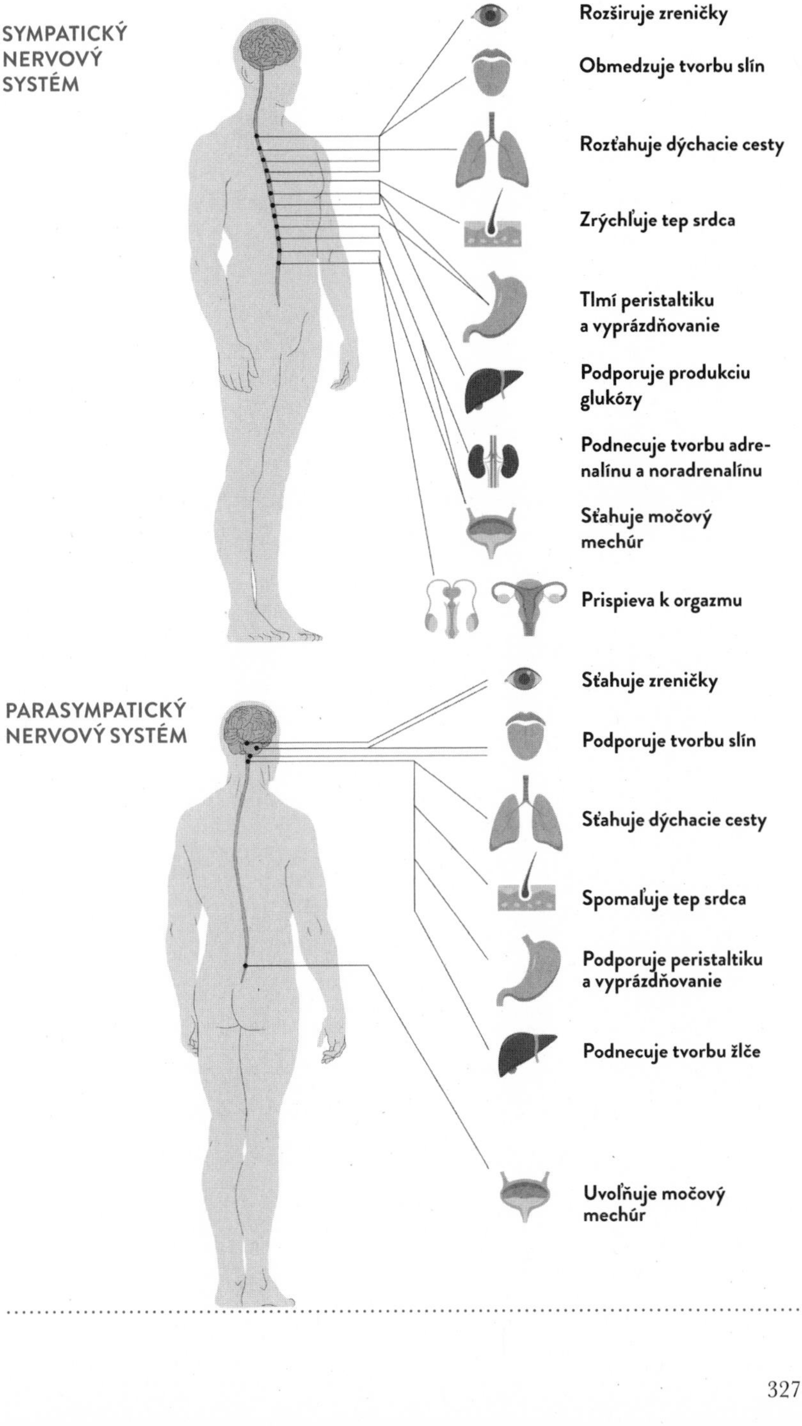

Čo však, ak si uvedomíme, že sme e-mail poslali na nesprávnu adresu? Alebo otvoríme list od banky a zistíme, že sme nezaplatili splátku za kreditnú kartu? Alebo nám príde ďalší e-mail a dočítame sa, že do dvoch dní musíme dokončiť ďalší projekt? Znova sa ozve stresová reakcia „bojuj, alebo uteč" a chvíle odpočinku sú čoraz vzácnejšie.

V momente, keď sa nedokážeme vrátiť do prirodzeného, vyrovnaného stavu a neustále na nás útočia ďalšie a ďalšie stresujúce faktory, resp. očakávame, kedy sa nejaký z nich objaví, sa dobrý stres mení na škodlivý stres. Chvíľu takto dokážeme fungovať a naša produktivita narastá, ale v jednej chvíli sa všetko zrúti ako domček z karát. Mali by sme sa sústrediť, no namiesto toho sme nervózni a pociťujeme úzkosť. Pozornosť už viac nedokážeme zamerať na úlohu pred sebou. Miesto toho začne inštinktívne krúžiť po miestnosti v snahe spáliť nadbytočnú energiu.

PRÍZNAKY VYSOKEJ HLADINY KORTIZOLU

Zmeny na koži	Hlad	Nepravidelný menštruačný cyklus
Problémy s močovým mechúrom	Zmeny nálad	Opuchnutá tvár
Strata libida	Únava (aj po dostatočnom odpočinku)	Úzkosť
Priberanie	Oslabená imunita	Zvýšený krvný tlak
	Krehké kosti a osteoporóza	

AKO ROZLÍŠIŤ AKÚTNY A CHRONICKÝ STRES

AKÚTNY STRES

- Prezentácia pred všetkými kolegami v práci
- Obavy o úspech blížiaceho sa podujatia
- Zlá dopravná situácia, pre ktorú budete meškať do práce
- Nedávna hádka s partnerom

CHRONICKÝ STRES

- Nesprávne spánkové návyky
- Nezdravé vzťahy alebo prostredie
- Dlhodobé zdravotné problémy
- Stresujúca práca
- Bývanie v oblasti s vysokou mierou kriminality

Dlhodobo zvýšené hladiny kortizolu nabúravajú normálne fungovanie tela. Úlohou kortizolu je stlmiť tie systémy, ktoré sú v podmienkach, keď sme nútení čeliť situácii ohrozujúcej náš život, považované za menej užitočné, napríklad trávenie či imunitný systém. Pre našu pohodu je však nevyhnutné, aby všetky systémy fungovali naplno. Ak stlmíme veľa dôležitých funkcií, naše telo nedokáže pracovať tak, ako by malo.

Rovnako ako rozlišujeme bolesť akútnu a chronickú, poznáme aj akútny a chronický stres. Stres vo veľkej miere zapríčiňujú vonkajšie faktory. Ak telo stojí znova a znova zoči-voči spúšťačom stresu, neustále odpovedá na tieto podnety. Relaxačná reakcia sa tak nedostáva k slovu a telo sa nedokáže zregenerovať a prinavrátiť do vyváženého stavu. Pri zamýšľaní sa nad príčinou svojho stresu nezabúdajte vziať do úvahy, či ide len o krátkodobý faktor, alebo či vás niečo stresuje už dlhodobo. V takom prípade bude potrebné pristúpiť k zmene životného štýlu.

ČO SA STANE, AK SA STRESU NEZBAVÍME?

Ak naše telo dlhodobo zotrváva v stresovej reakcii, systémy a telesné funkcie nedokážu fungovať tak, ako by mali. Na tele tak môžeme pocítiť vážne zdravotné následky. Aj keď si v niektorých chvíľach hladiny stresových hormónov vybičované na maximum užívame, tak či tak vzniká napätie v svaloch, čo ovplyvňuje ostatné svaly, šľachy a kĺby.

Ak so stresom nebojujeme, cítime sa neustále vyčerpaní. Stres taktiež narúša reakcie nášho imunitného systému, čo má za následok, že ľahšie ochorieme a problémy sa nám len ďalej nabaľujú. Imunitný systém tvoria zhluky buniek a orgánov, ktoré chránia naše telá pred infekciou. Ak napríklad naše telo napadnú mikróby, imunitný systém zareaguje zvýšením telesnej teploty, ktorá nežiadaných hostí usmrtí. Ak však stresová reakcia imunitný systém permanentne utlmuje, naša schopnosť brániť sa vírusom a baktériám klesá.

Vystavovanie sa stresu má reálne fyzické a psychické následky a môže spôsobiť:

- tráviace ťažkosti,
- nárast hmotnosti,
- vysoký krvný tlak,
- cukrovku,
- bolesti hlavy,
- úzkosť,
- depresie,

- svalové napätie a bolesť,
- porážku,
- únavu,
- stratu koncentrácie,
- urýchlenie nárastu rakovinotvorných buniek,
- srdcovo-cievne ochorenia.

Som presvedčený o tom, že stres je tichý zabijak. Stresové hormóny vedú k nesprávnemu fungovaniu toľkých nedoceniteľných telesných systémov! Sami si tak zhoršujeme zdravotný stav a sme oveľa

STRES JE
TICHÝ

náchylnejší ochorieť. Aby toho nebolo málo, nevšímame si ani signály, ktoré nám naše zúfalé telo posiela. Nemáme čas zastaviť sa a započúvať sa, čo nám chce povedať. Neurobil to ani môj otec.

Tesne pred tým, než som dovŕšil tridsať rokov, navštívil som svojho otca v Indii. Pracoval tam ako stavebný inžinier a mal všetko, čo má úspešný muž mať: v práci sa mu darilo, šplhal sa po kariérnom rebríčku a mal doktorát. Rovnako ako všetkým mojim priateľom a rodine, aj jemu som ponúkol ošetrenie. Je to môj spôsob, ako im preukázať, že mi na nich záleží. Hneď som si všimol, že stredná časť chrbta a hrudník môjho otca boli následkom chronického stresu stuhnuté. Ak by sa chcel bolesti zbaviť, musel by zmeniť spôsob svojho života. Opatrne som to otcovi naznačil. Možno by mohol menej pracovať? Otec len rázne pokrútil hlavou a naznačil mi, že túto tému nechce znova otvárať.

Môj otec stále niečo hľadal. Vždy chcel viac a bol ochotný pracovať od nevidím do nevidím, aby to dosiahol. Neexistovalo nič, čo by ho prinútilo stlačiť pomyselný gombík a svoj organizmu reštartovať. Vždy sa len napol, naskočil na vlnu chronického stresu a bol presvedčený, že ju dokáže dokonale ovládať. Nemal čas poriadne sa najesť, spýtať sa seba samého, prečo chudne, a už vôbec mu nezvýšil čas na to, aby zašiel k doktorovi, keď mu začala žltnúť koža. Mal príliš veľa práce, aby venoval pozornosť tej mučivej bolesti v podbrušku a zamyslieť sa nad tým, prečo ho stále trápi aj po tom, čo mu bol odstránený žlčník.

Zastavil sa, až keď mu lekári diagnostikovali rakovinu prostaty. Zrazu obrátil všetku pozornosť na svoje zdravie. Bolo však už príliš neskoro. Zomrel vo veku 61 rokov, iba štyri mesiace po diagnóze.

Často myslím na svojho otca a uvažujem, či by si aj teraz, keď už poznal všetky následky, zvolil rovnakú životnú cestu. Ak sa spätne pozrieme na svoje životy, uvedomíme si, že dnes by sme sa rozhodli inak. Príbeh môjho otca je len jedným z odstrašujúcich príkladov, aké následky môže mať, ak sa rozhodnete prestať načúvať svojmu telu. Nedopustite, prosím, aby vás postihol rovnaký osud.

ZABIJAK

NÁSLEDKY KRÁTKO A DLHODOBÉHO STRESU

DÝCHANIE

- *Krátkodobé následky*: Dýchate rýchlejšie a plytšie, ale keď pominie stresujúca situácia, dýchanie sa vráti do normálu.

- *Dlhodobé následky*: Ak máte respiračné problémy, napríklad astmu, zmena dýchania môže spôsobiť zníženie prísun kyslíka. Ak sa vám ťažšie dýcha, môžete sa poľahky zadýchať.

SRDCE

- *Krátkodobé následky*: Krv prúdi zo srdca do celého tela oveľa rýchlejšie. Rozširujú sa cievy v blízkosti srdca, aby sa zvýšil prietok krvi do svalov. Zároveň sa zvyšuje krvný tlak.

- *Dlhodobé následky*: Zvýšený tep a zvýšený krvný tlak nemusia ustúpiť a môžete ich pociťovať natrvalo. Ak sa k tomu pridajú aj stresové hormóny, výrazne stúpa šanca infarktu alebo porážky. Navyše to môže viesť aj k zvýšeniu hladiny cholesterolu.

SVALSTVO

- *Krátkodobé následky*: Svaly sa napnú, čím je telo pripravené vyskočiť do akcie. Keď však pominie stresujúca situácia, svaly sa znova uvoľnia.

- *Dlhodobé následky*: Ak sú vaše svaly konštantne napäté, poškodia aj ostatné svaly, šľachy a kĺby, čo vedie k zraneniam. Môžu sa objaviť aj tenzné bolesti hlavy alebo migrény.

TRÁVENIE

- *Krátkodobé následky*: Môžete pociťovať nevoľnosť alebo dokonca vracať. Dočasne vás môže potrápiť aj hnačka alebo zápcha.

- *Dlhodobé následky*: Stres spôsobuje chronické zmeny trávenia a stravovacích návykov. Vaše telo nebude schopné prijímať živiny a môže sa u vás vyskytnúť aj reflux pažeráka.

HORMÓNY

- *Krátkodobé následky*: Stresové hormóny zvyšujú hladinu cukru v krvi a dodávajú telu energiu.

- *Dlhodobé následky*: Ak sa vášmu telu nepodarí vstrebať nadbytočný cukor, môže sa u vás rozvinúť cukrovka. Zvýšené hladiny kortizolu taktiež vedú k problémom so štítnou žľazou či k priberaniu.

ROZMNOŽOVACIA SÚSTAVA

- *Krátkodobé následky*: Prívod krvi sa z pohlavných orgánov dočasne presmeruje do iných častí tela.

- *Dlhodobé následky*: U mužov stres negatívne ovplyvňuje produkciu spermií a hladinu testosterónu, môže viesť dokonca aj k erektilnej dysfunkcii. U žien stres zhoršuje príznaky menopauzy alebo ju vyvoláva. Dochádza aj k poruchám menštruačného cyklu. U oboch pohlaví následkom stresu klesá libido.

IMUNITNÝ SYSTÉM

- *Krátkodobé následky*: Imunitný systém sa dočasne utlmí.

- *Dlhodobé následky*: Stres zvyšuje zraniteľnosť voči baktériám a chorobám. Taktiež predlžuje uzdravovanie.

OBRÁZOK 18.2
VPLYV STRESU A ÚZKOSTI NA ĽUDSKÉ TELO

Slabá koncentrácia, zvýšená
podráždenosť, zahmlená
myseľ

Zvýšené hladiny
cholesterolu a vysoký krvný
tlak

Zvýšené napätie svalov
a zápaly, bolesť a stuhnutosť
svalov

Oslabená imunita a dlhší
čas na zotavenie

Strata vlasov, oslabené
nechty, suchá pokožka
a akné, ktoré sa dlhšie hojí

Nedostatočné vstrebávanie
živín do tela, zápcha,
hnačka, nafukovanie,
poruchy trávenia

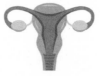

Znížené libido
a produkcia hormónov,
zhoršenie PMS

....

ČO JE ÚZKOSŤ?

Ak je naše telo v režime „bojuj, alebo uteč", zareaguje okrem stresu aj úzkosťou. Úzkosť je prirodzená reakcia, ktorej cieľom je udržiavať nás v bezpečí. Je úplne v poriadku, ak pred dôležitým vystúpením alebo v strachu, že zmeškáte autobus, pociťujete nervozitu a úzkosť. Vďaka úzkosti sme ostražití, lepšie nám to myslí a sme pripravení konať.

Stres a úzkosť sa síce dajú na prvý pohľad ľahko zameniť, ale ide o dva rozličné pojmy. Ak to zjednodušíme, stres je reakciou tela na vonkajší faktor, kým úzkosť je vnútornou reakciou na stres. Spomeňme si na náš príklad s e-mailom a pracovnou úlohou, ktorú bolo treba dokončiť do pol piatej. Keďže ide o externý faktor, ide o zdroj stresu. Každý z nás však naň zareaguje odlišným spôsobom. Niekto nasadne na vlnu produktivity, ktorú stresová reakcia vyvolala, a úlohu zvládne ľavou-zadnou. Iný síce úlohu splní a odovzdá ju v rovnakej kvalite, ale celý čas ho pri jej plnení bude zožierať úzkosť. Bude sa báť, že niekde spraví chybu, bude ho znepokojovať, prečo túto úlohu dostal práve on, bude ho desiť predstava, že nestihne úlohu dokončiť včas. Negatívne úzkostné myšlienky sú vnútornou reakciou na externý zdroj stresu.

Ak si to zhrnieme, stres sú fyzické a psychické požiadavky, ktoré sú na nás kladené, a úzkosť je, keď na tieto požiadavky reagujeme strachom, obavami alebo nepokojom.

Stres sa od úzkosti líši aj dĺžkou svojho trvania. Stresová reakcia ustupuje, keď zaniká zdroj, ktorý ju vyvolal (teda pokiaľ nejde o opakujúce sa zdroje stresu, napríklad stále nové a nové úlohy či zabudnutá splátka kreditnej karty). Úzkosť však zvyčajne pretrváva aj po tom, čo zanikol pôvodný zdroj bolesti. Za normálnych okolností by úzkosť mala zaniknúť so stresom, u ľudí s úzkostnými poruchami však jej prejavy neustupujú a zostávajú tak v stave ostražitosti.

Obdobne ako stresová reakcia, aj krátkodobá úzkosť má na naše telo fyzický vplyv. Zvyšuje nám tep a krvný tlak a takisto sa viac potíme. Úzkosť môže ovplyvniť aj náš spôsob premýšľania a zvýšiť koncentráciu. Ak u nás úzkosť pretrváva dlhodobo, nadmerne premýšľame, dookola si v hlave premietame minulé udalosti, neustále sa znepokojujeme a dokonca môžeme začať strácať pamäť (pozri Obrázok 18.3). A to, samozrejme, ovplyvňuje všetky oblasti nášho života. Môžeme mať problémy so spánkom, začneme sa vyhýbať určitým situáciam, rýchlo sa rozzúrime alebo neustále vyhľadávame útechu.

OBRÁZOK 18.3
AKO ROZOZNAŤ PREJAVY ÚZKOSTI

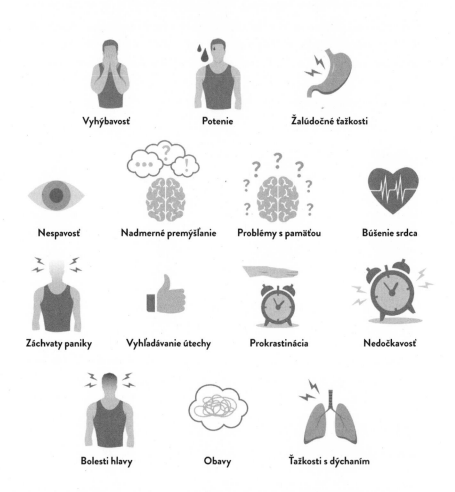

Vyhýbavosť   Potenie   Žalúdočné ťažkosti

Nespavosť   Nadmerné premýšľanie   Problémy s pamäťou   Búšenie srdca

Záchvaty paniky   Vyhľadávanie útechy   Prokrastinácia   Nedočkavosť

Bolesti hlavy   Obavy   Ťažkosti s dýchaním

AKO LIEČIŤ STRES A ÚZKOSŤ PROSTREDNÍCTVOM TERAPIE

Terapeut vám môže pomôcť s akútnymi aj chronickým príznakmi stresu a úzkosti. Nastaví vám takú liečbu, ktorá prinavráti rovnováhu obom nervovým systémom, ktoré riadia stresovú reakciu. Masáž či metóda suchej ihly dokážu uvoľniť napätie z tela. Medzi svaly, ktoré obvykle trpia následkami stresu a úzkosti, patria:

- hlboké šijové svaly (*mm. suboccipitales*) v zadnej časti hlavy,

- žuvací sval (*m. masseter*) v čelustnej oblasti,

- lichobežníkový sval (*m. trapezius*), ktorý sa tiahne spopod lebky cez krk a ramená až do strednej časti chrbta,

- medzirebrové svaly (*mm. intercostali*).

Ak sa cítime uvoľnení, kontrolu nad telom preberá relaxačná reakcia („oddychuj a tráv") a ovplyvňuje našu náladu a zlepšuje spánok a trávenie.

Z mozgu vychádzajú dva dôležité nervy a cez tvár prechádzajú až do brušnej dutiny. Poznáme ich pod názvom blúdivý nerv (*nervus vagus*). Blúdivý nerv je najdlhším lebečným nervom. Zodpovedá za relaxačnú reakciu a súčasne prenáša signály z mozgu do orgánov (pozri Obrázok 18.4), čím poskytuje orgánom informáciu, že je načase upokojiť sa.

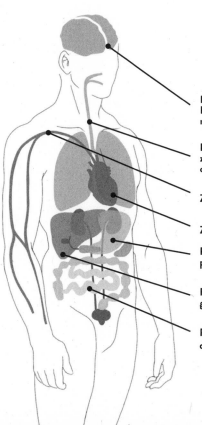

OBRÁZOK 18.4
BLÚDIVÝ NERV A JEHO VPLYV
NA TELO

Pomáha držať úzkosť a depresiu na uzde. Predstavuje protiváhu sympatickej stresovej reakcii.

Informácie o chuti prenášajú tri lebečné nervy, jedným z nich je aj blúdivý nerv. Blúdivý nerv zodpovedá za dávivý reflex, prežúvanie a kašľanie.

Zmierňuje cievny tonus a znižuje krvný tlak.

Znižuje tep srdca.

Podporuje produkciu žalúdočných štiav, pohyblivosť čriev a aciditu žalúdka.

Reguluje vylučovanie inzulínu a homeostázu glukózy v pečeni.

Prostredníctvom cholinergickej protizápalovej dráhy potláča zápal.

V uchu nájdeme tri akupresúrne body, pomocou ktorých možno ošetriť blúdivý nerv. Ošetrenie vám poskytne skúsený terapeut, ale môžete k nemu pristúpiť aj v domácom prostredí. Približne minútu masírujte špičkou prsta každý z troch bodov zobrazených na Obrázku 18.5. Masáž dokončite stláčaním chrupky ucha. Po masáži by ste mali dýchať plynulejšie a mali by ste sa cítiť uvoľnenejší.

Pri liečbe blúdivého nervu môžete využiť aj pohmkávanie či spievanie. Blúdivý nerv sa totižto pripája k hlasivkám a svalom obklopujúcim hrdlo. Pomáha vystavovanie sa chladu, či už vo forme ľadových kúpeľov alebo studených spŕch. Na zmiernenie stresu pomáha aj niečo také jednoduché ako opláchnutie si tváre studenou vodou.

OBRÁZOK 18.5
AKUPRESÚRNE BODY NA LIEČBU BLÚDIVÉHO NERVU

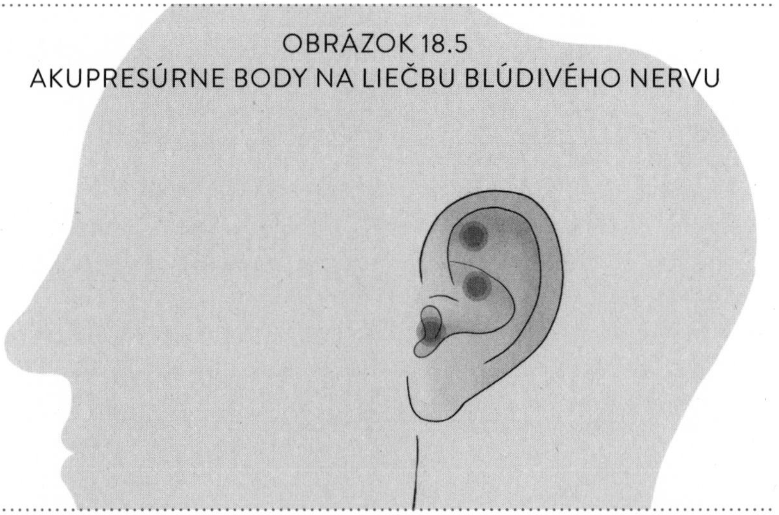

Pacientov, ktorých do mojej ordinácie privedie stres, musím často učiť, ako správne dýchať cez brucho, a nie cez hruď. Ľudia, ktorí viditeľne vykazujú známky stresu a úzkosti, často ramená predsúvajú alebo ich zdvíhajú k ušiam. Takéto držanie tela ovplyvňuje, ako dýchame. Ak sa nám podarí začať správne dýchať, telo sa začne narovnávať a uvoľňovať. Dýchanie cez brucho prirodzene znižuje tep, čo pomáha zmierňovať pocity stresu a úzkosti. Skúsený osteopat alebo iný terapeut nás naučí cvičenia na hlboké dýchanie s cieľom uvoľniť napätie v bránici, hrudníku a krku (pozri Obrázok 18.6).

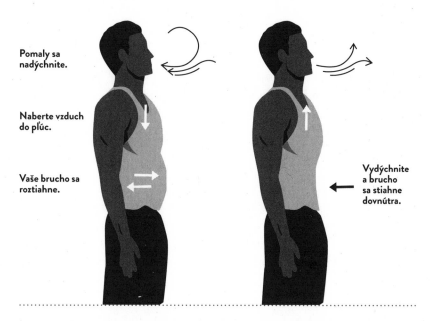

OBRÁZOK 18.6
DÝCHANIE CEZ BRUCHO

Pomaly sa
nadýchnite.

Naberte vzduch
do pľúc.

Vaše brucho sa
roztiahne.

Vydýchnite
a brucho
sa stiahne
dovnútra.

AKO LIEČIŤ STRES A ÚZKOSŤ V DOMÁCOM PROSTREDÍ

Zmiernenie príznakov stresu a úzkosti, ako aj posilnenie relaxačnej reakcie a nastolenie rovnováhy prinesie liečba v ordinácii terapeuta, ale aj tá, ktorú vykonáte v domácom prostredí. Pokiaľ ide o chronický stres alebo úzkosť, jediným spôsobom, ako sa s ich príznakmi popasovať, predstavuje zmena životného štýlu. Na vlastnej koži som to zažil v roku 2016, keď som sa vrátil z olympiády a otvoril si súkromnú ordináciu. Stres z predchádzajúcich rokov u mňa viedol k úplnému vyhoreniu a znova som sa začal venovať pacientom, minimálne desiatim každý deň. Medzi tým všetkým som sa snažil nezanedbávať svoje domáce povinnosti.

Niečo podobné vidím u mnohých pacientov. Majú štyridsať, päťdesiat či šesťdesiat a čakajú už len na dôchodok. Vyhoreli, ich telo ovládol stres, a preto nedokážu fungovať tak, ako by mali. Hovoria mi, že hneď ako zarobia určitú sumu alebo dosiahnu vysnívanú pozíciu, seknú s tým. Dôchodok si predstavujú ako bezstarostné obdobie, keď majú nasporené presne toľko, koľko potrebujú na život, o akom vždy snívali. Ošetrím ich, zaplátam, čo sa dá, a poradím im, aby sa o seba starali doma. Väčšinou sú však príliš zaneprázdnení alebo unavení, aby tak robili.

Niektorí pacienti navštevujú moju ordináciu vyše desiatich rokov. Mám preto príležitosť vidieť, či sa im podarí užívať si bezstarostný dôchodok. Nezriedka však trpia chronickými bolesťami a pasujú sa s rôznymi problémami a ochoreniami. Trápi ich cukrovka, srdcovo-cievne ochorenia či rakovina. K mnohým sa potichučky prikradne artritída a už nikdy neodíde. Keď snívali o svojom zaslúženom dôchodku, samých seba si predstavovali zdravých, v dobrej kondícii a schopných spraviť čokoľvek, čo si dlho odopierali. Namiesto toho predo mnou stoja vyčerpaní pacienti, ktorí si mnohokrát, bohužiaľ, privodili zdravotné problémy, ktoré nemožno zvrátiť.

Som si plne vedomý, že životný štýl sa nedá zmeniť z jedného dňa na druhý. Niektorým to môže pripadať ako nedosiahnuteľná méta alebo môžu pociťovať stres zo samotnej zmeny. V nasledujúcich kapitolách sa preto dočítate o malých zmenách, ktoré môžete robiť každý deň, a vymaniť sa tak z područia stresu a úzkosti, rozpoznať signály, ktoré nám telo vysiela, a udržať sa v dobrej kondícii, aby ste predišli zraneniam a iným problémom.

Predtým, ako sa do týchto kapitol začítate, dovoľte mi podeliť sa s vami o niekoľko tipov, ktoré mi v domácom prostredí pomáhajú udržiavať stresovú reakciu na uzde a prinavracajú mi rovnováhu a pokoj. V nasledujúcich riadkoch možno nájdete niečo, čo vám pomôže prekonávať každodenné úskalia.

K nedoceneným vlastnostiam dobrého terapeuta patrí schopnosť byť dobrým poslucháčom. Pri ošetrovaní mi pacienti často hovoria, ako sa cítia, a ja som poctený, že mi dôverujú. Schopnosť podeliť sa o naše myšlienky taktiež vstupuje do liečebného procesu v domácom prostredí. Som presvedčený, že to, čo vyvažuje moje intenzívne pracovné nasadenie a povinnosti v domácnosti, je pevná sieť ľudí, s ktorými sa pravidelne rozprávam. Považujem za dar, že v mojom okolí sa vyskytuje niekoľko podobne zmýšľajúcich ľudí, s ktorými sa každý týždeň stretávam. Tešia sa so mnou z mojich úspechov a súcitia so mnou, keď sa mi niečo nevydarí. A ja na oplátku dôverujem ich radám. Interakcia s ľuďmi mi poskytuje stabilitu, upokojuje ma a udržiava moje telo v rovnováhe.

Keď som bol mladý a svet mi začal prerastať cez hlavu, mama mi povedala, aby som vypil pohár vody, išiel von, pozrel sa na prírodu a zhlboka sa nadýchol. Vtedy som si myslel, že nevie, o čom hovorí. Dnes mám čosi po tridsiatke a každé ráno stojím vonku a hľadím na oblohu. Aby som videl aj hviezdy, chodím von aj večer. Možno teraz čítate tieto riadky a myslíte si, že netuším, o čom hovorím. Ale skúste si to na vlastnej koži. Zoberte samých seba na prechádzku. Nerozprávajte, nerobte si fotky, nepíšte o tom priateľom. Iba sa pozrite dohora a niekoľkokrát sa zhlboka nadýchnite. Uvedomte si, aký ste malí v porovnaní so všetkým, čo sa tam vonku nachádza. Získate novú perspektívu, na niekoľko okamihov vystúpite zo seba a ponúknete tak svojmu preťaženému telu možnosť reštartu.

A práve o to ide pri popasovaní sa so stresom a s úzkosťou – ponúknuť nášmu telu možnosť reštartovať sa. Viac informácií o tejto téme nájde v 18. kapitole.

SPACE:

Univerzálny prístup

U ž sa nám podarilo vyliečiť a viac nás netrápi otravná bolesť v kolene či chrbte. Tak prečo nás náhle niekde pichne, ráno sa nám nechce vstávať a keď sa chystáme spať, necítime sa vôbec unavení? Ide o signály, ktoré nám telo vysiela, keď sa nám snaží povedať, že sa oň dobre nestaráme. A potom nasleduje bolesť. Kým si nezostavíte plán starostlivosti o seba samých, vďaka ktorému sa hladiny stresových hormónov vrátia do normálu a úspešne sa vyhneme zraneniam a iným zdravotným komplikáciám, telo zotrváva v neistote a nenastúpi na dráhu prevencie. Chceme sa dostať do čo najoptimálnejšieho zdravotného stavu, chceme mať plno energie, ale zároveň byť pokojní, chceme zostať koncentrovaní, ale súčasne uvoľnení.

Jedným z dôvodov, prečo vo svojej profesii vynikám, je, že nehľadím iba na problém, o ktorom mi pacient povie, a nehľadám iba možnosti, ako ho vyliečiť, ale nazerám na pacientov spôsob života ako na celok. Všímam si všetky drobnosti. Nie je v mojom záujme vyriešiť problém v krátkodobom horizonte, chcem si byť istý, že sa už nikdy nevráti. Každý pacient si musí uvedomiť, prečo sa mu telo ohlásilo bolesťou a problémami. Potom je už len na ňom, či sa rozhodne zo svojho života odstrániť to, čo ich spôsobilo.

Ľudia musia žiť v súčasnosti. Musia sa o seba starať teraz, a nie o desať, dvadsať či tridsať rokov. Vtedy už môže byť neskoro. Dlhujú

"

Ľudia musia žiť v súčasnosti.
Musia sa o seba starať teraz,
kým nebude neskoro.

"

to sami sebe. Ak to urobíte, bude sa vám lepšie dariť vo veciach, ktoré sú pre vás dôležité. Nejde iba o boj s bolesťou. Ide o pátranie po stopách, ktoré vás priviedli až do tohto bodu. A potom ide o vytýčenie si realistických cieľov. Chcem, aby sa ľudia cítili dobre vo svojich telách. Na to je však potrebné počúvať, čo nám naše telo chce povedať.

Skúste si premyslieť odpovede na nasledujúce otázky:

- Keď sa ráno zobudíte, cítite sa stuhnutí?
- Je vám zaťažko prechádzať sa?
- Máte ťažkosti pri vstávaní zo stoličky?
- Zadýchate sa, kým vyjdete hore schodmi?
- Neustále sa dotýkate svojho krku a ramien a prechádzate po nich rukou bez toho, aby ste si to uvedomovali?
- Bolí vás celé telo?
- Cítite sa neustále unavení?
- Nestačíte držať krok so svojimi deťmi?
- Priberáte na bruchu?
- Máte ťažkosti so zaspávaním?
- Pokleslo vám libido?
- Máte krehké nechty?
- Často sa vyhádžete na koži alebo sa na vašej koži objavujú fľaky?

 Vyššie spomenuté otázky poukazujú na niektoré signály, ktoré nám vysiela telo. Ak ich registrujete, je načase stať sa detektívom. Pri odhaľovaní stôp vám pomôže metóda SPACE, pomocou ktorej jednoducho skontrolujeme všetky oblasti, ktoré sa podieľajú na našej duševnej pohode. Za jednotlivými písmenami tejto skratky sa skrýva:

- **S**leep – Spánok
- **P**osture – Držanie tela
- **A**ctivity – Pohyb
- **C**alm – Pokoj
- **E**nergy – Energia

Nasledujúce sekcie dopodrobna rozoberajú jednotlivé vyššie uvedené oblasti.

SPÁNOK

Bez spánku nedokážeme žiť. Rovnako ako v prípade, keď nepijeme vodu a neprijímame potravu, systémy nášho tela sa vypnú aj vtedy, keď si nedoprajeme spánok. V dnešnej dobe sa spánok považuje za slabosť. Počuli ste už niektorého zo svojich kolegov chvastať sa, že nespí viac ako päť hodín? Že pracuje dvanásť hodín denne? Možno vás začnú hrýzť výčitky svedomia, že to nerobíte rovnako. Alebo si prajete tiež fungovať týmto spôsobom. Z takéhoto kolegu by som však rozhodne ohromený nebol. Pri takomto spôsobe života bijú naše vnútorné orgány na poplach. Rýchlejšie starneme, oslabí sa náš imunitný systém, poklesne libido, ukladá sa nám viac tuku a zvyšuje sa riziko srdcovo-cievnych ochorení a cukrovky (pozri Obrázok 19.1). Už to neznie tak lákavo, všakže?

Spánok nám dobíja baterky a vďaka nemu sa telo po prekonaní stresovej reakcie reštartuje. Rovnako lieči aj naše telo. Najlepšie je začať s osemhodinovým spánkom, no niektorí ľudia môžu potrebovať viac spánku, kým iným stačí spať kratšie. Mali by ste spať minimálne šesť hodín každú noc, ale je vysoko pravdepodobné, že vaše telo si vyžiada viac spánku. Už po jednej prebdenej noci sa na druhý deň budeme cítiť unavení a podráždení. Ak nespavosť pretrváva viac dní, týždňov či dokonca mesiacov, zanechá to vplyv na našom zdraví a na nálade. Nebudeme schopní jasného myslenia a náš imunitný systém sa oslabí. Ak na to máte príležitosť, skúste si na chvíľu zdriemnuť počas dňa. Môžete tak dohnať chýbajúce nočné hodiny spánku, lepšie je však dopriať si neprerušovaný spánok počas noci.

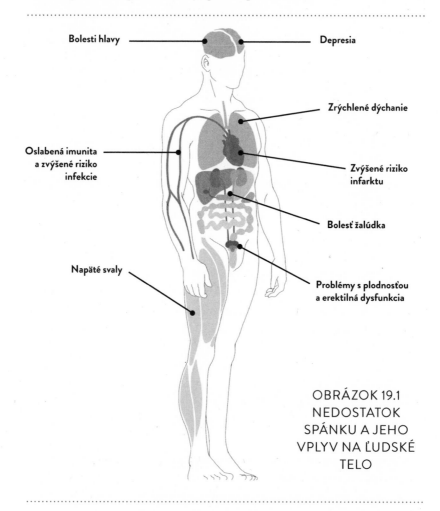

Bolesti hlavy

Depresia

Zrýchlené dýchanie

Oslabená imunita a zvýšené riziko infekcie

Zvýšené riziko infarktu

Bolesť žalúdka

Napäté svaly

Problémy s plodnosťou a erektilná dysfunkcia

OBRÁZOK 19.1
NEDOSTATOK
SPÁNKU A JEHO
VPLYV NA ĽUDSKÉ
TELO

Na kvalite nášho spánku záleží. Ak sa neustále prebúdzame, nenastane u nás fáza hlbokého spánku, počas ktorej sa telo dáva do poriadku, a neskôr ani REM fáza, ktorá podporuje naše mentálne procesy. Počas noci prechádzame z jednej fázy do druhej, a ak sa zobudíme, musí sa celý cyklus spustiť od začiatku (pozri Obrázok 19.2).

OBRÁZOK 19.2
ŠTYRI FÁZY SPÁNKU

   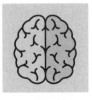

Bdelosť   **Ľahký spánok**   **Hlboký spánok**   **REM** spánok

Medzi jednotlivými fázami sa naruší rovnováha. K hlbokému spánku prichádza počas prvých hodín spánku a REM fáza nastupuje v jeho neskorších hodinách. Výskumy preukazujú, že hlboká fáza spánku sa najčastejšie objavuje pre polnocou. Preto je lepšie rozvrhnúť si osemhodinový spánok tak, aby ste aspoň nejakú jeho časť strávili spánkom pred polnocou. Je to určite lepšie riešenie, ako sa po polnoci na osem hodín uložiť do postele.

Zvýšiť kvalitu spánku a uľahčiť zaspávanie vám pomôže:

- maska na spanie,

- zatemnenie spálne,

- prenesenie telefónu do inej miestnosti,

- obmedzenie sledovania televízie pred spaním,

- obmedzenie používania elektronických zariadení, napr. laptopov, tabletov či čítačiek,

- užívanie prírodných doplnkov na spanie.

V posledných rokoch som začal ošetrovať pacientov u nich doma. Vidím tak, ako sedia na gauči alebo za kuchynským stolom, v akej polohe spia a koľko vankúšov potrebujú na spánok. Pacienti sa ma vždy pýtajú, ktorý matrac či vankúš je najlepší. Príčinu problémov so spánkom by sme však nemali zjednodušovať len na výber nesprávneho matraca či vankúša. Nesmierne dôležitá je poloha, v ktorej spíme (pozri Obrázok 19.3), a či je táto poloha vhodná pri zdravotných problémoch, ktoré nás trápia. Spánková poloha ovplyvňuje prietok krvi, zásobovanie kyslíkom a produkciu hormónov. Môže mať vplyv aj na hojenie, tráviaci trakt a krvný tlak.

Čím ste starší, tým viac pre vás naberá poloha na spanie väčší význam. V ideálnom svete posúdi terapeut vašu polohu na spanie a povie vám, či je pre vás prospešná, alebo spôsobuje vaše zdravotné problémy. Ak si návštevu terapeuta nemôžete dovoliť, nižšie nájdete zopár tipov, ako prispôsobiť polohu na spanie signálom, ktoré sa vám vaše telo snaží vyslať.

OBRÁZOK 19.3
NAJOBĽÚBENEJŠIE POLOHY NA SPANIE

SPÁNOK NA BOKU

Väčšina ľudí spí na boku, schúlená do klbka v polohe, ktorá pripomína polohu dieťaťa v maternici. Sám spávam na boku a snažím sa spať na ľavom boku. Nižšie nájdete výhody a nevýhody, ktoré spánok na boku prináša:

Výhody

- Spánok na boku zlepšuje dýchanie a otvára dýchacie cesty. Vzduchu nič nebráni v ceste, preto je to dobrá poloha pre zastavenie chrápania.

- Spánok na ľavom boku zlepšuje tráviace ťažkosti, medzi inými reflux pažeráka alebo pálenie záhy.

- Poloha pripomínajúca dieťatko v maternici pomáha pri bolestiach v spodnej časti chrbta, a to najmä v prípade, že si medzi nohy vložíte vankúš.

- Táto poloha sa odporúča v poslednom trimestri tehotenstva.

Nevýhody

- Spánok na pravom boku môže zhoršiť niektoré problémy, ako je reflux pažeráka a pálenie záhy.

- Ak spíte na boku, môže vám stŕpnuť alebo znecitlivieť ruka, pretože príde k prerušeniu prívodu kyslíka. Skúste predsunúť rameno mierne dopredu, aby sa vám uľavilo.

- Spánok na boku neprospieva slabým ramenám.

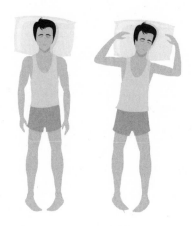

SPÁNOK NA CHRBTE

Vo všeobecnosti sa spánok na chrbte považuje za najlepšiu spánkovú polohu, ale to, samozrejme, závisí najmä od vášho zdravotného stavu.

Výhody

- Spánok na chrbte prospieva chrbtici, pretože umožňuje, aby sa počas noci všetky živiny vstrebali do platničiek.

- Úžitok prináša aj bedrám a kolenám.

- Veľmi dobre pôsobí aj na trávenie.

- Znižuje riziko vzniku refluxu pažeráka.

Nevýhody

- Pri bolestiach v spodnej časti chrbta sa pri spánku na chrbte môžete cítiť nepríjemne. Uľaví sa vám, ak si pod kolená podložíte vankúš, a tým zmiernite tlak na spodnú časť chrbta.

- Nepohodlne sa môžete cítiť aj v prípade, ak trpíte bolesťami krku.

- Pri spánku na chrbte sa zvyšuje riziko chrápania a spánkového apnoe (krátke zastavenie dýchania).

- Spánok na chrbte sa neodporúča ženám v poslednom trimestri tehotenstva.

SPÁNOK NA BRUCHU

Spánok na bruchu sa vo všeobecnosti považuje za najhoršiu polohu na spanie. Stačí však iba niekoľko malých úprav a negatíva sa zmiernia.

Výhody

- Spánok na bruchu je najlepšia poloha na zastavenie chrápania a zmiernenie spánkového apnoe.
- Ak spíte čelom nadol, a nie s hlavou vyvrátenou do boku, vaše horné dýchacie cesty sú uvoľnené a otvorené.

Nevýhody

- Spánok na bruchu je najškodlivejšia poloha pre krk, pretože svaly na jednej strane krku sa skracujú, kým na druhej strane sa predlžujú. Hrozí taktiež, že počas spánku príde k obmedzeniu mobility kĺbov krčnej oblasti
- Poloha na bruchu môže takisto zaťažiť chrbticu, čo môže zaťažiť svaly, šľachy a kĺby.

Ak nedokážete polohu zmeniť, skúste jedno koleno zdvihnúť do strany čo najvyššie a ruky vystrite nad hlavou, nenechávajte ich spustené popri tele. Vaša chrbtica taktiež môže pociťovať záťaž, ak máte pri spánku na bruchu príliš vysoko položený vankúš, skúste si zadovážiť nižší vankúš (pozri Obrázok 19.4). Ak si podložíte pod brucho plochý vankúš, znížite tlak na spodnú časť chrbta.

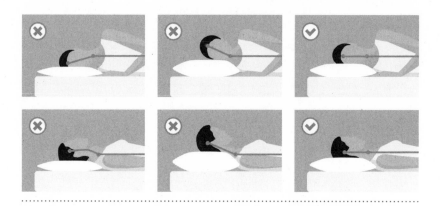

Výber správneho vankúša má veľký význam. Počas noci musíme udržiavať chrbticu čo najrovnejšiu. Z rovnakého dôvodu by sme nemali spať ani na príliš mäkkých matracoch. Chrbtica sa do nich prepadne a prirodzene sa skriví. Počas rokov mojej praxe som si uvedomil, že pacientov trpiacich bolesťami krku, ramien a spodnej časti chrbta niečo spája. Bolesť vzniká, ak musia prespať na gauči, u známych alebo v hoteli, kde nemali ten správny vankúš alebo bola posteľ príliš mäkká. Pacientom vždy odporúčam, aby si, ak je to len trochu možné, do batožiny pribalili vlastný vankúš a podložku na matrac. Keď som pracoval ako terapeut britského reprezentačného tímu, postupovali sme rovnako u 60 atlétov, aby predišli odvrátiteľným zraneniam. Podložky na matrac sú užitočným pomocníkom. Pomocou nich si dokážete prispôsobiť povrch postele tak, aby čo najviac vyhovoval vašej polohe na spanie, bez potreby kupovať nový matrac.

DRŽANIE TELA

Vždy, keď niekoho stretnem – a nemusí to byť iba pacient –, posúdim držanie jeho tela. Dokážem tak rozpoznať potenciálne zdravotné komplikácie, ktoré môžu u daného človeka nastať. Je to choroba z povolania a jej korene siahajú ešte do mojich školských čias. Mnohé hodiny sme so spolužiakmi trávili vzájomným pozorovaní toho, ako vyzerá držanie našich tiel spredu, zozadu a zboku. Na papier sme museli načrtnúť, ako spolužiaci držia svoje telá, a zaznačili sme si akékoľvek odchýlky a vybočenia z normy.

Ak si chcete skontrolovať držanie svojho tela, postačí vám na to telefón s fotoaparátom. Umiestnite ho na statív alebo niekoho poproste, aby vás odfotil spredu, zozadu a zboku. V ideálnom prípade by sa na fotke nemala objaviť vaša hlava, aby ste jasne videli tvar svojej chrbtice. Na fotografii nezabudnite skontrolovať, či sú vaše plecia v rovnakej výške. Pri častom nosení ťažkých tašiek na pleciach sa nezriedka stáva, že jedno plece je nižšie položené ako druhé (pozri Obrázok 19.5).

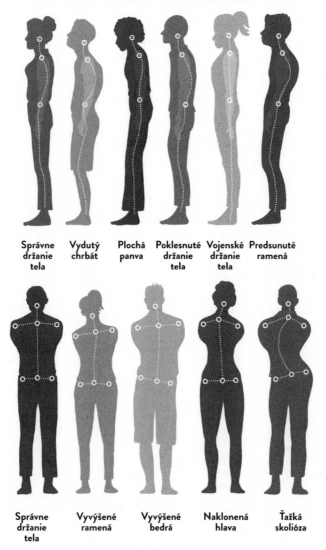

OBRÁZOK 19.5
AKÉ JE DRŽANIE VÁŠHO TELA?

Správne držanie tela • Vydutý chrbát • Plochá panva • Poklesnuté držanie tela • Vojenské držanie tela • Predsunuté ramená

Správne držanie tela • Vyvýšené ramená • Vyvýšené bedrá • Naklonená hlava • Ťažká skolióza

Žijeme v časoch, keď potrebujeme navštíviť odborníka pre problémy s nesprávnym držaním tela. Často nerobíme to, čo naše telo potrebuje, alebo dlhodobo zotrvávame v polohách, ktoré nie sú pre telo prirodzené. Držanie tela ovplyvňujú aj fyzické nároky, ktoré na nás kladie naša práca – od pracovníka na pošte sa vyžaduje niečo iné ako napríklad od údržbára. Vplyv však majú aj iné faktory, týkajúce sa nášho životného štýlu. Držanie tela sa bude líšiť, ak sa vo voľnom čase venujeme športu, no môže ho ovplyvniť aj nízke sebavedomie. Ak si neveríme, na verejnosti sa prirodzene snažíme schúliť a zmenšiť sa.

Držanie tela závisí aj od mnohých faktorov vnútri nášho tela. Časť chrbtice môže napríklad zasiahnuť skolióza, a preto sa telo môže vychýliť do strany. Alebo môže byť jedna dolná končatina dlhšia ako

OBRÁZOK 19.6
ROZDIELNA DĹŽKA
DOLNÝCH KONČATÍN

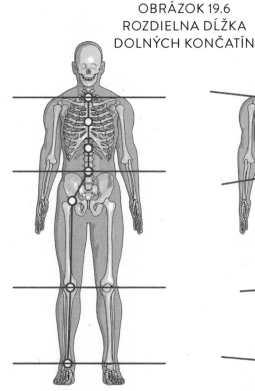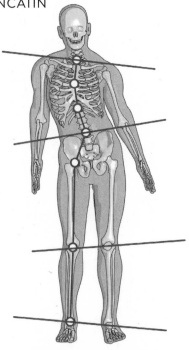

ZDRAVÉ KONČATINY
Rovnaká dĺžka oboch končatín.
Bedrá sú na rovnakej úrovni.
Ramená sú na rovnakej úrovni.
Nedochádza k presunu váhy tela.
Rovná chrbtica.

PROBLÉMY S DĹŽKOU KONČATINY
Dlhšia ľavá noha.
Ľavé bedro je vyššie položené ako pravé.
Pravé rameno je vyššie položené ako ľavé.
Váha tela sa presúva na pravú stranu.
Zakrivená chrbtica.

druhá. Váha nášho tela sa potom prenáša na kratšiu končatinu (pozri Obrázok 19.6). Dodatočný tlak na vnútorné štruktúry nášho tela môže pridávať aj nadbytočné rebro alebo časť chrbtice.

Dôležitú úlohu zohráva aj vek. S pribúdajúcimi rokmi sa držanie nášho tela prirodzene mení. Držanie tela ovplyvňuje aj tehotenstvo. Do hry vstupuje aj faktor bolesti. Často totiž prispôsobujeme držanie nášho tak, aby sme chránili samých seba a pociťovali čo najmenšiu bolesť. Niektoré choroby, napríklad artritída, napádajú kĺby a kosti a tým zhoršujú celkové držanie tela. Ak sa teda zamýšľame nad tým, čo by sme mali zmeniť, aby sa držanie nášho tela zlepšilo, musíme vziať do úvahy každý jeden aspekt našich životov.

Prečo je však správne držanie tela také dôležité? Ak máme správne držanie tela, spotrebovávame oveľa menej energie na jeho udržiavanie, dýcha sa nám oveľa lepšie, ale, čo je najdôležitejšie, správne držanie tela nemá negatívny vplyv na ostatné časti tela. Keď začneme držanie tela niečomu prispôsobovať alebo sa vychýlime z normy, spustí sa v našom tele pomyselná lavína: vyvinie sa nadmerná záťaž na zvyšné časti tela, telo sa preťaží, čo nevyhnutne vedie k jeho poškodeniu. Takéto držanie tela sa nazýva antalgická poloha (pozri Obrázok 19.7) a v spoločnosti sa vyskytuje oveľa častejšie, ako by ste si pomysleli. Veľmi frekventovaný je jej výskyt u pacientov, ktorých trápia platničky.

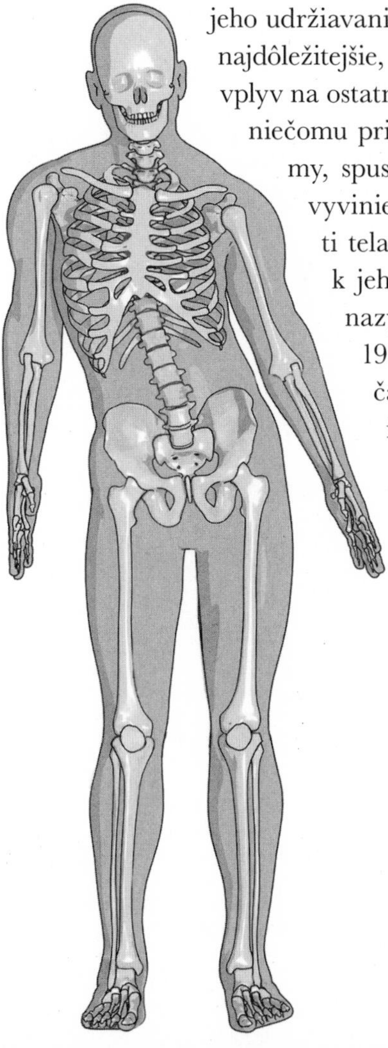

OBRÁZOK 19.7
ANTALGICKÁ POLOHA

K antalgickej polohe dochádza, keď sa človek nakláňa do jednej strany, aby zmiernil bolesť, ktorú pociťuje na opačnej strane tela.

Dlhodobé zotrvávanie v antalgickej polohe spôsobuje svalovú nerovnováhu a môže viesť aj k ďalším problémom.

Kyfóza a lordóza patria k najčastejšie sa vyskytujúcim odchýlkam pri držaní tela. Ak ste si urobili fotografie, veľmi pravdepodobne si všimnete, že vaše držanie tela ovplyvňujú práve tieto dve diagnózy.

HYPERKYFÓZA

Hyperkyfóza označuje nadmerné zakrivenie vo vrchnej časti chrbta (pozri Obrázok 19.8). Okrem nesprávneho zakrivenia chrbtice sú obvykle ramená aj hlava predsunuté dopredu. Kyfózu najľahšie spozorujete pri bočnom pohľade na svoje telo.

Nadmerné zakrivenie chrbta sa neprejavuje v spodnej či krčnej časti, postihuje najmä vrchnú časť chrbta. Vzniká z viacerých príčin, najčastejšie ju však spôsobuje nesprávne držanie tela (nosenie ťažkých tašiek, hrbenie sa nad pracovným stolom či pri šoférovaní). Vo veľkej miere postihuje najmä starších ľudí. Nemusí sa prejavovať žiadnymi

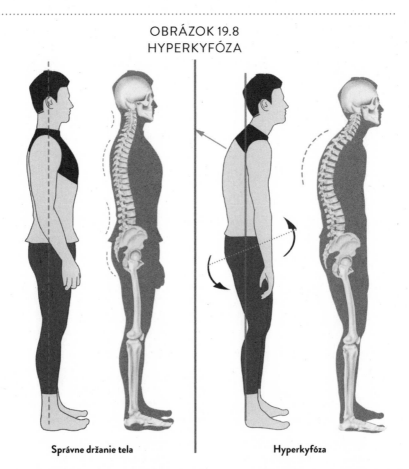

OBRÁZOK 19.8
HYPERKYFÓZA

Správne držanie tela | Hyperkyfóza

príznakmi, ale často ju sprevádza bolesť a citlivosť v svaloch, obvykle v oblasti ramien a krku. Ako protiváha pri hyperkyfóze pôsobí pravidelné cvičenie na otvorenie hrudníka. Môžete taktiež využiť masážny valček v strednej časti chrbta alebo stláčať lopatky k sebe. Viac informácií nájdete v 20. kapitole.

HYPERLORDÓZA

V spodnej časti chrbta je chrbtica prirodzene zakrivená. Ak však dôjde k jej nadmernému zakriveniu, tento stav nazývame hyperlordóza (pozri Obrázok 19.9). Lordózu najľahšie spozorujete pri bočnom pohľade na svoje telo. Môže postihnúť aj krčnú oblasť, no najčastejšie sa lordóza objavuje v spodnej časti chrbta. Jej sprievodným znakom je svalová bolesť a stuhnutosť v oblasti chrbta.

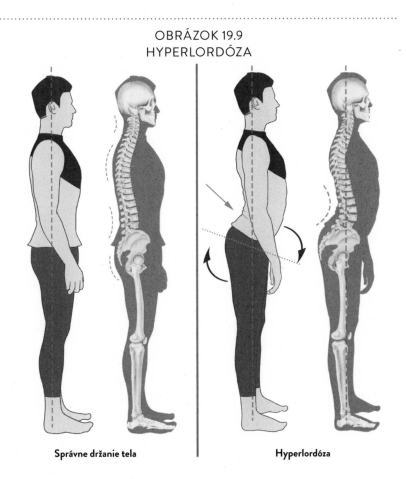

OBRÁZOK 19.9
HYPERLORDÓZA

Správne držanie tela

Hyperlordóza

Predpokladá sa, že dlhodobé sedenie alebo státie prispieva k vzniku lordózy. Preto by ste sa počas dňa mali vyvarovať monotónnemu sedeniu a státiu, alebo aspoň obe aktivity na chvíľu pravidelne prerušovať a zacvičiť si. Vhodné cvičenia vám predstavím v 20. kapitole. K vzniku lordózy napomáha aj spánok na bruchu, preto vyskúšajte pri spánku inú polohu.

Už od detstva si budujeme spočiatku nenápadné návyky a prispôsobujeme im držanie tela. Ak si na ne zvykneme, môžu v budúcnosti predstavovať vážny problém. Nesprávne návyky si prenášame do práce, ale aj do domácnosti: spôsob, akým umývame riady, ako sedíme na gauči či pri pracovnom stole a ako spíme. Posledné desaťročia priniesli do našich životov novinku, ktorá má zdrvujúci vplyv na držanie nášho tela. V rukách držíme mobilné telefóny, tablety či laptopy. Náš pohľad smeruje prirodzene dole na ich obrazovky. Dlhodobé skláňanie hlavy k displeju mobilného telefónu je pre vašu chrbticu nezdravé. Ak si to však zoberieme k srdcu, môžeme pomalými krokmi znižovať vplyv moderných technológií na naše zdravie. Môžete napríklad začať nasledujúcimi krokmi:

- Počas dňa niekoľkokrát skontrolujte držanie svojho tela. Môže vám pri tom pomôcť zrkadlo, fotoaparát alebo rodinný príslušník či známy.

- Obmedzte čas strávený pred obrazovkou telefónu a iných elektronických zariadení.

- Zadovážte si hands-free súpravu, aby ste sa mohli pri telefonovaní nerušene pohybovať.

- Ak váš telefónu podporuje funkciu hlasových správ, využívajte ju čo najviac. Posielanie a prijímanie hlasových správ si nevyžaduje dlhodobé pozeranie do obrazovky.

- Počas dňa sa ponaťahujte alebo si zacvičte (viac o cvičeniach nájdete v 20. kapitole).

- Elektronické zariadenia držte na úrovni očí.

- Ak dlho sedíte, robte si krátke prestávky a skúste sa poprechádzať.

TIPY PRI PRÁCI ZA PRACOVNÝM STOLOM

- Chrbticu udržujte vzpriamenú.
- Ramená nepredsúvajte príliš dopredu, ani ich nevytáčajte dozadu.
- Nohy majte pevne položené na zemi.
- Obrazovku počítača umiestnite do výšky očí.
- Kolená zohnite v pravom uhle.
- Lakte držte blízko tela. Snažte sa ich ohýbať iba v intervale 90 až 120 stupňov.
- Kancelársku stoličku vymeňte aspoň na polhodinu za fitloptu.
- Pravidelne si doprajte krátke prestávky a poprechádzajte sa po kancelárii.
- Sedenie prerušujte cvičeniami, ktoré nájdete opísané v 20. kapitole.
- Ak vás trápi bolesť chrbta, zamyslite sa nad investíciou do ergonomickej stoličky.

TIPY PRI STÁTÍ

- Stojte mierne rozkročení.
- Váhu preneste rovnomerne na obe dolné končatiny.
- Ruky uvoľnite a držte ich pri tele.
- Pozerajte sa priamo pred seba.
- Snažte sa čo najviac vystrieť, nehrbte sa.
- Pri dlhodobom státí vám môžu pomôcť aj kompresné ponožky.

TIPY PRI LEŽANÍ NA POSTELI

- Pri ležaní na chrbte si pod hlavu nepodkladajte niekoľko vankúšov, aby neprišlo k predsunutiu krku. Skúste si skôr rozmiestniť vankúše tak, aby poskytovali oporu vašej chrbtici.
- Pod kolená podložte vankúš. Zmierni sa tak tlak na spodnú časť chrbta.
- Ak ležíte na boku, prisuňte nohy k bruchu a zaujmite polohu dieťaťa v maternici. Celú váhu neprenášajte na ramená, jemne ich predsuňte.

TIPY PRI ZDVÍHANÍ

- Ak nesiete ťažký náklad, nedržte ho pred sebou, ale presuňte ho čo najbližšie k telu.

- Ak zdvíhate niečo zo zeme, chrbticu udržujte vzpriamenú a nepozerajte sa smerom dole na zdvíhaný objekt. Pokrčte nohy v kolenách a pohyb veďte cez svaly v stredovej časti tela. Pri zdvíhaní zapojte svaly dolnej končatiny (nezdvíhajte cez chrbát).

TIPY PRI ŠOFÉROVANÍ

- Seďte vzpriamene.

- Sedadlo by malo kopírovať zakrivenie spodnej časti vášho chrbta (pozri Obrázok 19.10).

- Pri šoférovaní na dlhšiu vzdialenosť vyskúšajte cvičenia opísané v 20. kapitole.

OBRÁZOK 19.10
SPRÁVNA POLOHA PRI ŠOFÉROVANÍ

Správna   Nesprávna   Nesprávna

POHYB

Naše telá sú stavané na celodenný pohyb. Keď sa počas dňa nehýbeme a prestaneme tak robiť to, čo naše telo nevyhnutne potrebuje, začnú sa objavovať zdravotné problémy. Pracovné povinnosti nás nútia zotrvávať hodiny v jednej polohe. Preto som vymyslel cvičenia opísané v 20. kapitole, pri ktorých môžete vykonávať pracovné povinnosti, ale zároveň ich vyvážite pohybom. V 20. kapitole nájdete všetky cvičenia, ktoré vaše telo potrebuje, aby sa udržalo v dobrej kondícii. Ak udržiavate telo v pohybe počas celého dňa, nebudete musieť obetovať toľko času cvičeniu v posilňovni.

Prínosy pohybu sú nesporné. Vedecké štúdie ukazujú, že pravidelné cvičenie pomáha predchádzať rakovine, srdcovo-cievnym ochoreniam, porážke, osteoartritíde, cukrovke, demencii a depresii. Niektoré štúdie dokonca tvrdia, že cvičenie znižuje šancu vzniku závažných zdravotných ťažkostí až o polovicu. Ak vás už zdravie trápi, cvičenie a pohyb vám ho pomôžu ľahšie zvládať.

Pohyb taktiež zlepšuje našu náladu. Naše telo od nás očakáva každodenný pohyb a cvičenie. Ak sme počas dňa aktívni, splníme požiadavky svojho tela a uhasíme jeho túžbu po pohybe. Telo sa nám, samozrejme, odvďačí a zaplaví nás endorfínmi, hormónmi šťastia.

Odvrátenou stranou nečinnosti je prílišná intenzita pohybovej aktivity. Veľmi často sa chýbajúci pohyb po osemhodinovej pracovnej dobe snažíme dohnať intenzívnym večerným cvičením v posilňovni. Tlačíme na pílu a poľahky sa zraníme. Alebo celý deň ťažko manuálne pracujeme, ale večer sa úplne vyčerpaní vyberieme zahrať si futbal s kamarátmi a privodíme si zranenie. Ak intenzívne cvičíte, v žiadnom prípade by ste nemali zanedbávať rozcvičku a vyhradiť si dostatok času na rozohriatie tela pred cvičením. Nezabúdajte dopriať svojmu telu dostatočný odpočinok, aby sa po telesnej námahe schladilo a dokázalo zregenerovať. Ak sa telo ohlási bolesťou, zbystrite pozornosť. Bolesť, ktorá sa zhoršuje alebo objavuje v rovnakej časti tela medzi rozdielnymi cvičeniami, značí, že sa s vaším telom niečo deje a mali by ste sa zamyslieť nad možnou príčinou.

Mnohí ľudia vyzerajú navonok zdraví a v dobrej kondícii. Vnútri ich tela však prevláda stres a napätie z vysokého pracovného nasadenia. Nikdy sa nezastavia, nikdy nedoprajú telu čas upokojiť sa a vrátiť sa do vyváženého stavu. V extrémnych prípadoch môže takýto spôsob života viesť k srdcovo-cievnym ochoreniam. Poznám niekoľko ľudí v strednom veku, ktorí tvrdo cvičili, behali maratóny či chodili na preteky Ironman. Potom však dostali infarkt alebo porážku. Naše telá potrebujú dostatok času na oddych a regeneráciu medzi cvičeniami. Ak im ich neposkytneme, výsledkom je hromadenie stresových faktorov a negatívny vplyv na telo. Ak ste sa v týchto riadkoch spoznali, veľmi pozorne si prečítajte nasledujúcu sekciu.

POKOJ

V 18. kapitole sme si povedali o stresovej reakcii „bojuj, alebo uteč" a relaxačnej reakcii „oddychuj a tráv", dvoch protichodných systémoch, ktoré musia byť v rovnováhe. Ak neustále bojujeme a utekáme a nedovolíme telu spustiť relaxačnú reakciu, zlyhajú mnohé systémy nevyhnutné pre správne fungovanie tela.

Aby sme si navodili pokoj, mali by sme sa začať postupne odstrihávať od vonkajších stresových faktorov, čiže by sme sa aspoň na krátky čas nemali zaoberať e-mailami, pracovnými telefonátmi a nárokmi, ktoré na nás kladú ostatní. Ak si ukradneme už len desať minút času bez vplyvu vonkajšieho stresu, vydali sme sa na správnu cestu, ktorá vedie k aktivácii relaxačnej reakcie. No nielenže sa upokojíme, dostaneme aj šancu odstúpiť od toho, čo nás predtým pohlcovalo, a budeme sa môcť na veci pozrieť v inom svetle. Výsledkom bude možno viac času, ktorý venujeme sami sebe.

Mnohokrát sa však stáva, že aj keď sa od vonkajšieho stresu odstrihneme, relaxačná funkcia neprichádza. Hladiny stresových hormónov sú také vysoké, že vypnúť jednoducho nedokážeme a namiesto desaťminútového relaxu sa zhrýzame obavami nad

ZAČNITE SA POSTUPNE ODSTRIHÁVAŤ OD VONKAJŠÍCH STRESOVÝCH FAKTOROV.

tým, čo na nás vyskočí, keď sa vrátime k stolu. Alebo nás prepadnú myšlienky, že sme zaručene niečo pokazili. Existuje hneď niekoľko metód, ako sa s takýmto stavom vyrovnať. Mne napríklad najviac zaberá preniesť pozornosť na niečo, čo sa odohráva tu a teraz. Pri stresovej reakcii sa často až príliš zaoberáme budúcnosťou alebo premýšľame o minulosti. Kľúčom je teda nájsť si niečo, čo vás a vaše myšlienky dokáže vrátiť do prítomného okamihu. Niekomu pomáha meditácia, iný nedá dopustiť na techniku mindfulness a prejavovanie vďačnosti. Niektorým pomáhajú dychové cvičenia, joga či písanie si denníka. Môžete vyskúšať každú z týchto techník. To, čo jedného človeka upokojuje, nemusí účinkovať rovnako aj na druhého. Neexistuje preto dobrá, alebo zlá voľba. Musí to však byť niečo, vďaka čomu zostanú vaše myšlienky zafixované na prítomnosť a nerozutekajú sa do minulosti či budúcnosti.

Na nasledujúcich stránkach by som sa s vami rád podelil o niekoľko techník, ktoré pomáhajú mne.

SAUNA

Som obrovským saunovým nadšencom. Teplo má relaxačné účinky a zároveň vyvíja na telo dobrý stres, vďaka ktorému sa spustí mnoho osožných procesov:

- zvýši sa teplota pokožky, čo pôsobí blahodarne na krvný obeh v koži,

- zvýši sa srdcová frekvencia,

- zintenzívni sa potenie.

Najlepšie nápady mi prišli na um práve v saune. Teplo núti zameriavať sa iba na prítomnosť a tak sa otvára kreatívna stránka mysle. Štúdie uvádzajú aj ďalšie pozitívne účinky na zdravie, ktoré pobyt v saune prináša. Patria medzi ne zmiernenie príznakov stresu a úzkosti, zníženie krvného tlaku, zlepšenie krvného obehu, úľava od respiračných ťažkostí (odkedy navštevujem saunu, môj dych sa prehĺbil), urýchlenie procesu hojenia preťažených svalov a zlepšenie spánku. Jedna fínska štúdia navyše dokázala na malej vzorke dobrovoľníkov, že pravidelný pobyt v saune zvyšuje dĺžku života. Ak sa rozhodnete dať saune šancu, nezabudnite vypiť dostatočné množstvo vody pred pobytom v saune aj po jeho skončení. V saune sa taktiež nezdržujte viac ako dvadsať minút.

PRECHÁDZKY

Jedno z najstresujúcejších období môjho života predstavovala práca v zahraničí pri britskej olympijskej reprezentácii. Žil a dýchal som pre prácu, nikdy som úplne nevypol hlavu a nedoprial si čas iba pre seba. Ráno som vstal a moja prvá myšlienka smerovala k športovcom. Zamýšľal som sa, ako im môžem čo najlepšie pomôcť. Táto myšlienka sa ma držala počas celého dňa ako kliešť, až pokým som úplne vyčerpaný nepadol večer do postele.

Jediný spôsob, ako som sa dokázal vymaniť z područia svojich myšlienok, bol vybrať sa na prechádzku. Nemal som žiadny konkrétny cieľ ani destináciu, iba som pomaly kráčal a dovoľoval mozgu, aby vnímal okolie. To ho upokojilo a utíšilo. Prechádzam sa dodnes. A to aj vtedy, ak nemám času nazvyš a využijem len krátke okno medzi dvoma telefonátmi na prechádzku po záhrade. Na niekoľko minút sa tak upokojím a som pripravený pokračovať v ďalších povinnostiach.

Poznám mnoho ľudí, ktorí sú presvedčení, že vyhradiť si čas na

MNOHÍ SÚ PRESVEDČENÍ, ŽE VYHRADIŤ SI ČAS NA SEBA SAMÉHO JE PREJAVOM SEBECTVA.

seba samého je prejavom sebectva. Sú rozlietaní na všetky strany, pendlujú medzi prácou a domácnosťou a na seba často zabúdajú. Ja na to však nazerám inak. Ak chcete vynikať či už v tom, čo vás baví, alebo v práci a vo vzťahoch s inými ľuďmi, musíte si vyčleniť čas aj na seba. Byť v najlepšej možnej kondícii, ktorá vám pomôže zvládnuť všetky úlohy a prekážky, nie je sebecké. Nikdy by vás nemal zožierať pocit viny len preto, lebo sa chcete starať o seba presne tak isto, ako sa staráte o tých, ktorých milujete.

ENERGIA

Nedostatok energie je ďalšou zo správ, ktorými nám naše telo dáva najavo, že nedostáva to, čo potrebuje. Ak nemáte dostatok energie, aby ste počas dňa dokončili všetko, čo treba, alebo sa večer cítite vyžmýkaní, vaše telo kričí, že niečo nie je v poriadku. Potrebujeme sa zamyslieť, na koľko percent máme nabité svoje energetické baterky. Nedostatok energie sa popri klasickej únave môže prejavovať aj zahmleným myslením, ťažkosťami s koncentráciou či stratou motivácie. V prvom rade by ste mali navštíviť svojho ošetrujúceho lekára a dať sa vyšetriť. Únavu môžu spôsobovať aj problémy so štítnou žľazou, hormonálna nevyváženosť, nízka hladina cukrov v krvi alebo spánkové apnoe. Ak vyšetrenie vylúčia medicínsky dôvod, budete sa musieť pozrieť na to, čo sa dostáva do vášho tela a čo z neho vychádza. Ak nie sú tieto veci v rovnováhe, je načase pristúpiť k zmenám.

ZAČNIME POHĽADOM NA TO, ČO PRIJÍMAME:

- Prijímate s potravou dostatočné množstvo živín? Pozrite sa na svoj jedálniček a úprimne ho zhodnoťte. Je vaša strava pestrá a vyvážená? Obsahuje vyvážené množstvá rôznych typov potravy? Ak ste odpovedali nie, na internete nájdete množstvo informácií, ktoré vám pomôžu zlepšiť stravovacie návyky. Môžete tiež navštíviť nutričného špecialistu.

- Pijete dostatočné množstvo vody? Ide o veľmi častý problém. Dehydratácia vedie k únave a nízkym hladinám energie. Množstvo vody, ktoré je potrebné vypiť, je u každého jedinca iné. Vo všeobecnosti sa však odporúča vypiť šesť až osem pohárov vody, čo predstavuje asi 1,2 až 1,5 litra vody denne.

- Máte dostatok spánku? O spánku sme si v tejto knihe už hovorili (pozri strany strany 345 − 352), čiže sa budem len opakovať: ak poriadne nespíme a naše telo nedostane množstvo spánku, ktoré potrebuje, nebudeme mať energiu potrebnú na to, aby sme zvládli nasledujúci deň.

ĎALŠÍ KROK JE ZISTIŤ, NA ČO MÍŇAME ENERGIU:

- Nerobíte toho príliš veľa? Zamyslite sa nad tým, či nebeháte z jedného miesta na druhé, od jednej úlohy k druhej. Aj keď možno nepociťujete zlý stres, aj nepretržitý dobrý stres môže mať na telo nepriaznivé účinky.

- Doprajete si pravidelný priestor na oddych? Ak sa naše telo iba zriedkakedy prepína do relaxačnej reakcie, nedokážeme sa upokojiť a poskytnúť mu priestor, aby sa zameralo na funkcie, ktoré sa odohrávajú na pozadí, a preto ich často prehliadame.

- Vynakladáte všetku svoju energiu na druhých? Ak áno, môže to ovplyvniť vašu psychickú aj fyzickú stránku. Keď som pracoval v súkromnej ordinácii, uvedomil som si, že som energiu venoval pacientom, neustálemu kontaktu s nimi, snahe vyliečiť ich a súcitiť s nimi. Všetku energiu som rozdával naokolo. Po desiatich rokoch sa už tento stav nedal udržať. Musel som obmedziť počet pacientov, ktorí prichádzali do mojej ordinácie. Niečo podobné vás však môže postihnúť aj v súkromí. Všetci máme priateľov, partnerov a známych, s ktorými sa pravidelne rozprávame a venujeme im energiu. Staráme sa o nich, počúvame ich, radíme im a podporujeme ich. Roky však ubiehajú a my im aj naďalej dávame všetko. Musíme sa však sami seba spýtať, či od nich dostávame aj niečo naspäť.

- Venujete všetku svoju energiu práci? Ak ste v práci od rána do večera, nezostáva vám veľa času na základné úlohy, ktoré navodzujú telu stav vyrovnanosti. Musíme telu dovoliť odpočinúť si, aby sa zregenerovalo. Musíme ho dobre kŕmiť, udržiavať v pohybe, čistiť ho a starať sa oň. Ak nemáme čas na tieto základné úlohy, nedokážeme žiť vyvážený život.

Pozrite sa teraz na svoj výdaj a príjem energie. Pokúste sa telu dávať čo najviac prospešných vecí a pouvažujte nad tým, ako obmedziť to, na čo vynakladáte svoju drahocennú energiu.

Chcel by som vám tiež predstaviť dve metódy, ktoré zaručene dobijú vaše baterky vždy, keď to potrebujete.

ĽADOVÝ KÚPEĽ

Kúpanie sa v ľadovej vode odporúčam až 95 % svojich pacientov. Sám sa každý deň sprchujem alebo kúpem v studenej vode. Na ľadový kúpeľ nemôžeme povedať ani jedno zlé slovo. Pozitívnu zmenu som pocítil na tele aj v mysli. Dokážem sa lepšie sústrediť a počas kúpeľa v ľadovej vode mi prichádzajú na um tie najkreatívnejšie myšlienky. Studená voda taktiež pomáha pri bolesti svalov, urýchľuje metabolizmus, znižuje zápal a nabíja telo energiou.

Ku kúpeľu v ľadovej vode sa prepracujete postupne. Začnite sprchovaním sa v studenej vode po dobu niekoľkých minút. Potenciál ľadového kúpeľa však naplno pocítite, ak sa ponoríte do vane plnej ľadovostudenej vody. V ľadovej vode nikdy neostávajte viac ako pätnásť minút, úžitok však prinesie už niekoľko sekúnd. Postupne môžete zvyšovať čas strávený v ľadovej vode, ale vždy sa poraďte s lekárom, ak máte obavy, či je to pre vás vhodné. Ak doma nemáte vaňu, rovnaký úžitok vám prinesie aj sprchovanie sa ľadovou vodou.

OBKLOPTE SA POZITÍVNYMI ĽUĎMI

Rozhovor s niekým, o kom viete, že sa s vami vždy podelí o niečo pozitívne alebo inšpirujúce, vám dokáže zdvihnúť náladu v priebehu niekoľkých minút. Ak trávite čas s pozitívnymi, energickými ľuďmi, nemôžete neabsorbovať ich energiu aj vy. Z pohľadu nabíjania vašich batériek preto ide o veľmi dôležitý krok.

Ak nám leží na srdci naša (duševná) pohoda, nemali by sme zabúdať na metódu SPACE (spánok, držanie tela, pohyb, pokoj, energia). Kedykoľvek pocítite nejaký problém alebo vám telo signalizuje, že niečo nie je v poriadku, metóda SPACE vám pomôže určiť, v čom sa môžete zlepšiť. Jej zmyslom je skvalitnenie piatich oblastí nevyhnutných na to, aby sme sa cítili plní energie a vyrovnaní. Zároveň vďaka nej v budúcnosti predídete možným chorobám a zdravotným komplikáciám.

Pohyb

Pohyb by mal byť neoddeliteľnou súčasťou nášho každodenného života. Ak sa nestane našou dennou rutinou, dáme za pravdu mýtu, že bolesť sa prirodzene stupňuje s vekom. Bolesti, ktorú pociťujeme vo vyššom veku, sa dalo predísť. Vo väčšine prípadov je jej pôvod jasný: v mladosti sme sa o seba nestarali a neudržiavali kĺby, svaly, šľachy a väzy v dobrej kondícii. Nemusí k tomu však vôbec prísť. Stačí, ak svoju dennú rutinu obohatíme o strečing alebo ľahké cvičenie a pridáme kardio. Ak sa nám to podarí, šanca, že sa budeme môcť venovať aktivitám, ktoré nám robia radosť, aj vo vyššom veku, exponenciálne narastá.

Ľudský život sa predlžuje. Medzi rokmi 2018 a 2022 predstavovala stredná hodnota dĺžky života 82,3 roka u mužov a 85,8 roka u žien. Vyplýva z toho jediné: dobré návyky musíme do svojich životov zapracovať už teraz. Iba tak zabezpečíme, že naše telo bude funkčné aj vo vyššom veku. Mám pacienta, ktorý si aj v deväťdesiatke dokáže bez problémov čupnúť. Celý život pri jedení čupel, preto sa jeho telo dokonale prispôsobilo tejto pozícii a zvláda ju bez problémov aj vo vyššom veku. Samozrejme, niektorým úrazom a zdravotným komplikáciám sa nevyhneme. Zabrániť však môžeme postupnému znižovaniu mobility. Stačí si len udržiavať telo v dobrej kondícii.

"
Bolesti, ktorú pociťujeme
vo vyššom veku, sa dalo predísť.

"

Položte si nasledujúce otázky: Chcete vykonávať svoju prácu bez bolesti, alebo chcete naďalej pociťovať bolesť v oblasti krku a chrbta, ktorá sa s pribúdajúcimi rokmi zhoršuje, až vás napokon úplne obmedzí? Chcete udržiavať krok so svojimi deťmi a sledovať, ako rastú, alebo budete pozorovať, ako sa z nich stávajú tínedžeri plní energie? Chcete si v štyridsiatke, päťdesiatke či šesťdesiatke nájsť nový koníček a začať cvičiť, alebo budete neustále dookola opakovať: „To nie je nič pre mňa."? Chcete si užívať potešenie z pohybu aj v sedemdesiatke či osemdesiatke, alebo sa chcete stať niekým, kto sa ledva postaví, lebo v predchádzajúcich desaťročiach neholdoval žiadnemu cvičeniu? Ak ste odpovedali kladne na prvé časti otázok, môžeme sa hneď pustiť do práce.

MULTITASKING

Všetci sme zaneprázdnení. Všetci sa toho snažíme zvládnuť čo najviac. Uvedomujeme si, že by sme do svojho každodenného programu mali napasovať viac cvičenia. Keďže sa cítime previnilo, začneme chodiť napríklad do posilňovne. Aj keď sme mali dobrý úmysel, naše nadšenie po pár týždňoch opadá. V cvičení nedokážeme pokračovať, lebo nezapadá do nášho života.

A čo tak zmeniť prístup? Nesnažiť sa vydolovať nejaké tie minúty navyše z našich už aj tak preplnených kalendárov, ale začať stavať na tom, čo už máme. Počas dňa vykonávame toľko úloh, ku ktorým by sme poľahky vedeli pridať zopár rýchlych cvikov. Čas vieme využiť napríklad aj vtedy, keď telefonujeme alebo ležíme v posteli. Aj za tých pár minút si dokážeme ponaťahovať unavené svaly. Ak nemáte dostatok voľného času, mali by ste aspoň začať čas využívať efektívne.

Cieľom je pritom vybudovať si návyky tak, aby sme si svaly krku či zápästia nasťahovali bez toho, aby sme si to uvedomovali. Pokiaľ je to možné, svaly by sme si mali naťahovať každých tridsať minút a každú hodinu by sme sa mali postaviť od stola a poprechádzať sa. Postačí aj

> V CVIČENÍ NEDOKÁŽEME POKRAČOVAŤ, LEBO NEZAPADÁ DO NÁŠHO ŽIVOTA.

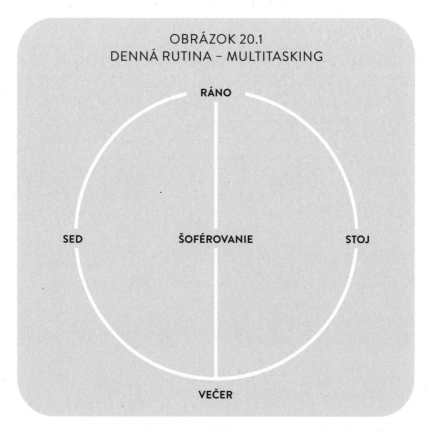

OBRÁZOK 20.1
DENNÁ RUTINA – MULTITASKING

RÁNO

SED   ŠOFÉROVANIE   STOJ

VEČER

zopár minút. Záleží najmä na dôslednosti. Nasledujúce cvičenia som navrhol tak, aby zasiahli tie časti tela, ktoré potrebujú najviac pomoci. Cvičenia sú prispôsobené činnostiam, ktoré počas dňa vykonávate.

Deň začneme ráno dvoma rutinami, ktoré závisia od toho, či po zobudení ešte chvíľu ostaneme v posteli, alebo hneď vyskočíme na nohy. Deň ďalej rozčleníme na tri vetvy, ktoré sa odvíjajú od toho, ako trávime väčšiu časť dňa: v sede, v stoji alebo v aute. Deň zakončíme večer na gauči.

RANNÁ RUTINA (V POSTELI)

Niektorí z nás po zobudení ešte chvíľu radi ostanú v posteli, než vstanú. Ak k týmto ľuďom patríte, môžete tento čas využiť na ľahké ponaťahovanie sa. Predstavte si posteľ ako veľkú podložku na cvičenie, vďaka ktorej objavíte nový spôsob, ako vyštartovať do nového dňa. Vaše telo a myseľ sa prebudia prv, než z postele vyleziete.

OBRÁZOK 20.2
DYCHOVÉ CVIČENIA

OBRÁZOK 20.3
MASÁŽ PREDNEJ ČASTI KRKU

1

Pokrčte kolená a chodidlá položte na matrac. Ruky vystrite popri tele (pozri Obrázok 20.2). Táto poloha predstavuje skvelé východisko pre cvičenie, lebo zmierňuje tlak z oblasti spodnej časti chrbta. Nosom sa zhlboka nadýchnite do bránice. Pri vdychovaní sa snažte pupok tlačiť smerom k stropu. Ústami pomaly vydychujte, kým nemáte prázdne pľúca. Začnite dýchať normálne a snažte sa pri tom vedome vdychovať vzduch do brucha, a nie do hrudníka.

2

Kolená pokrčte rovnako ako pri predchádzajúcom cvičení. Ruky položte pod bradu. Bruškami prstov masírujte dlhým, neprerušovaným pohybom obe strany krku až ku kľúčnej kosti (pozri Obrázok 20.3). Toto cvičenie vám pomôže uvoľniť svaly v prednej časti krku, ktoré sú vplyvom stresu často napäté. Cvičenie zopakujte desaťkrát.

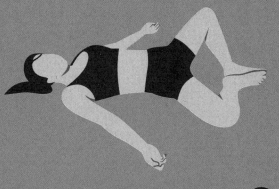

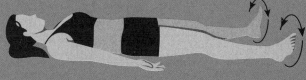

3

Položte ruky pozdĺž tela dlaňami nahor (pozri Obrázok 20.4). Kolená vytočte do strany a spojte chodidlá tak, aby ste vytvorili tvar diamantu. V tejto polohe vydržte 20 sekúnd. Toto cvičenie vám pomôže znova naštartovať panvu, otvoriť bedrá a zmierni tlak na spodnú časť chrbta.

4

Vystrite nohy a rozkročte ich na úroveň bedier. Ruky položte na brucho. Použite ich na overenie toho, že dýchate do brucha, a nie do hrudníka (pozri Obrázok 20.5). Nohy majte stále vyrovnané. Po dobu asi dvoch minút hýbte prstami na nohách k sebe a od seba. Toto cvičenie vám pomôže zmierniť napätie v nohách, kolenách a bedrách.

OBRÁZOK 20.6
MOBILIZÁCIA ČLENKOV

OBRÁZOK 20.7
MOSTÍK

5

Začnite v rovnakej polohe ako pri predchádzajúcom cvičení. Pohybuje chodidlami tak, aby prsty na nohách ukazovali najprv do strany a potom smerom k stropu (pozri Obrázok 20.6). Cvičenie zopakujte desaťkrát. Toto cvičenie napomáha mobilizácii členkov a krvnému obehu, pretože nasmerováva krv naspäť do srdca.

6

Pri poslednom cvičení si mierne zvýšite tep. Vychádza z polohy ako pri prvom cvičení, kolená roztiahnite na úroveň bedier. Ruky položte k telu dlaňami nadol. Pomocou nôh pomaly nadvihujte bedrá smerom k stropu (pozri Obrázok 20.7). Vydržte v tejto polohe tri sekundy a cvičenie zopakujte desaťkrát. Mostík pomôže posilniť sedacie svaly a svaly zadnej časti stehna. Dobre pôsobí aj pri posilňovaní strednej časti tela.

Je na vás, či budete v cvičení pokračovať cvikmi určenými pre tých, ktorí hneď po zobudení vstanú z postele.

RANNÁ RUTINA (MIMO POSTELE)

Zopár jednoduchých cvičení sa vojde do vášho ranného režimu aj v tom prípade, ak máte deti alebo iné povinnosti a nemôžete si dovoliť niekoľko minút po prebudení leňošiť v posteli.

Predtým, než sa pustíte do ktoréhokoľvek z nasledujúcich cvičení, poriadne si natiahnite telo. Nájdite si jednu minútu, keď sa budete zameriavať iba sami na seba. Nohy naširoko rozkročte a vystrite obe ruky nad hlavu tak, akoby ručičky na hodinkách ukazovali o desať dve. Mierne sa zakloňte. Zavrite oči a precíťte, ako sa vám naťahujú svaly od nôh cez hrudník až po ramená. Vydržte v tejto polohe asi tridsať sekúnd.

Každý máme ráno iný zaužívaný postup prípravy, preto nasledujúce cvičenia vykonávajte v takom poradí, aby zodpovedali vašej rannej rutine.

OBRÁZOK 20.8
UTERÁK V POZÍCII O DESAŤ DVE

1
Pri umývaní zubov sa mierne rozkročte. Postavte sa na špičky a potom sa pomaly spustite nadol. Toto cvičenie zopakujte päť- až desaťkrát. Podporuje krvný obeh a prietok krvi naspäť do srdca. Rovnako je účinné pri uvoľňovaní stuhnutého lýtka a mobilizácii členka.

2
Po tom, čo sa osprchujete a osušíte, vezmite uterák do rúk, ruky vystrite a držte ich desať sekúnd nad hlavou tak, akoby ručičky na hodinkách ukazovali o desať dve (pozri Obrázok 20.8). Toto cvičenie pomáha otvárať hrudník. V cvičení pokračujte a nakloňte telo najskôr do pravej, potom do ľavej strany (pozri Obrázok 20.9). V obidvoch polohách vydržte desať sekúnd. Toto cvičenie pomáha mobilizovať chrbát. Ak sa sprchujete večer, zacvičte si, keď sa ráno pripravujete v kúpeľni.

4

Kým čakáte, že vám zovrie voda na čaj alebo vyskočí hrianka z hriankovača, pochodujte na mieste až dovtedy, kým nebudú vaše raňajky hotové. Kolená zdvíhajte čo najvyššie. Toto cvičenie si určite obľúbia aj vaše deti. Predstavuje istú formu nízkozáťažového kardia, ktoré vám zahreje svaly, zvýši tep a zlepší krvný obeh.

5

Keď sa budete prezliekať, urobte po každom jednom kúsku oblečenia, ktorý si oblečiete alebo vyzlečiete, hlboký drep. Pri robení drepov sa naširoko rozkročte a ruky upažte. Pokúste sa spustiť čo najnižšie, alebo pokým vám je cvičenie príjemné. Hlboké drepy posilňujú sedacie a stehenné svaly. Napomáhajú udržiavať pohybový rozsah spodnej časti chrbta, bedier, kolien a členkov, prispievajú k rovnováhe spodnej časti chrbta a panvy a zlepšujú držanie tela. (Už asi chápete, prečo majú všetci tréneri drepy v takej obľube).

SED

Ak väčšinu dňa strávite sedením, existuje množstvo cvičení, ktoré pomôžu vášmu telu túto monotónnu aktivitu vyvážiť. Takmer všetky sú dostatočne nenápadné na to, aby si to, že cvičíte, nevšimli vaši kolegovia v kancelárii. Mali by ste sa pokúsiť cvičiť a postaviť sa a na minútku či dve sa poprechádzať po kancelárii. Krátke prestávky v práci by ste si mali robiť počas celého dňa každých tridsať až šesťdesiat minút.

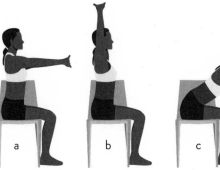

1

Krčné osmičky sú jedným
z najlepších cvičení na krk.
Na prvé počutie to môže znieť
zvláštne, ale predstavte si svoje
oči ako ceruzky. Nakreslite
nimi osmičky (pozri Obrázok
20.10). Osmičky „nakreslite"
v oboch smeroch. Po niekoľkých
opakovaniach premiestnite
ceruzku na konček nosa a celé
cvičenie zopakujte. Napokon
si predstavte ceruzku na brade
a nakreslite zopár ďalších
osmičiek. Toto cvičenie pomáha
mobilizovať kĺby a naťahuje krčné
svaly.

2

Pri tomto cvičení si ponaťahujete
zápästia, predlaktia, chrbticu
a svaly prepojené so strednou
a spodnou časťou chrbta. Vystrite
ruky pred seba a prepleťte prsty.
Ruky odťahujte čo najďalej od
hrude po dobu desiatich sekúnd
(pozri Obrázok 20.11a). Vystrite
ruky nad hlavu, prepleťte prsty
a vydržte v tejto pozícii desať
sekúnd (pozri Obrázok 20.11b).
Posaďte sa na kraj stoličky, ruky
predpažte pred seba v miernom
uhle a prepleťte prsty (pozri
Obrázok 20.11c). Aj v tejto
polohe vydržte desať sekúnd.
Napokon nakloňte trup najprv do
jednej, potom do druhej strany.
V obidvoch polohách vydržte po
dobu desiatich sekúnd.

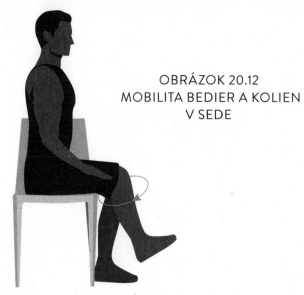

3

Posaďte sa, zdvihnite pravé koleno a ľavú nohu uvoľnite. Pomaly krúžte kolenom v smere a proti smeru hodinových ručičiek (pozri Obrázok 20.12). Cvičenie zopakujte aj s ľavým kolenom. Toto cvičenie pomáha pri problémoch s mobilitou bedier a kolien. Ak chcete, môžete k cvičeniu pridať aj krúženie členkom päťkrát v smere a päťkrát proti smeru hodinových ručičiek. Zlepšíte si tak flexibilitu členkov.

4

Posaďte sa, nohy mierne rozkročte a nadvihujte lýtka tak, akoby ste sa chceli postaviť na špičky. Cvičenie zopakujte desaťkrát. Toto cvičenie prospieva krvnému obehu, predchádza opuchom v lýtkach a členkoch a posilňuje svaly lýtka.

5

Natiahnite zápästia tak, aby ostali pohyblivé a zároveň ste sa vyhli opakovaným zraneniam. Ruku predpažte vo výške ramien a nechajte ju padnúť dolu. Uchopte ju druhou rukou a jemne pritiahnite smerom k telu. Aby ste precvičili zápästie aj z druhej strany, ruku znova predpažte vo výške ramien. Tentoraz však dlaň otočte smerom nahor. Uchopte ju druhou rukou a jemne pritiahnite prsty smerom k telu. Obe polohy držte po dobu dvadsiatich sekúnd a potom končatiny prestriedajte.

6

Keď sa postavíte od stola, aby ste sa na pár minút poprechádzali, nezabudnite si najprv nohy vytriasť. Podporíte tým svoj krvný obeh. Ak pracujete z domu – alebo ak sa na to cítite v kancelárii –, postavte sa na jednu nohu a koleno druhej nohy priložte na niekoľko sekúnd k hrudi. Zopakujte to aj s druhou nohou. Môžete dokonca urobiť aj niekoľko výpadov, ak si na toto cvičenie chcete vytvoriť návyk.

ŠOFÉROVANIE

Predtým než nasadnete do auta, je nesmierne dôležité sa ponaťaho-
vať. Vždy, keď ma čaká dlhá cesta autom, ponaťahujem sa. Ak by ste
ma stretli na čerpacej stanici, zrejme by ste ma prichytili, ako sa naťa-
hujem dokonca aj tam. Keďže auto ponúka veľmi limitovaný priestor
a mnohé cvičenia v ňom nemôžete bezpečne vykonávať, nasledujúce
cvičenia vám poslúžia ako rozcvička na rozohriatie tela pred cestou.

Pred dlhou cestou v aute by ste mali absolvovať tieto cvičenia:

OBRÁZOK 20.13
STREČING STEHENNÝCH
SVALOV

OBRÁZOK 20.14
STREČING LÝTKOVÝCH
SVALOV

1

Postavte sa a pätu pravej nohy
pritiahnite k zadku (pozri
Obrázok 20.13). Polohu držte
desať sekúnd a potom cvičenie
zopakujte aj s ľavou nohou.
Precvičíte si tak štvorhlavý sval
stehna.

2

Dlaňami sa zaprite do steny
(alebo aj o auto) a presuňte jednu
nohu dozadu (pozri Obrázok
20.14). Polohu držte desať sekúnd
a potom ju zopakujte aj s druhou
nohou. Precvičujete si takto svaly
lýtka a hrudníka.

OBRÁZOK 20.15
HOJDANIE NOHAMI

3

Vzpriamte sa, rukou sa oprite o stenu a nohou päťkrát kývajte dopredu a dozadu. Otočte sa tvárou k stene a rovnakou nohou pohybujte päťkrát zo strany na stranu (pozri Obrázok 20.15). Cvičenie zopakujte aj s druhou nohou. Toto cvičenie pomáha pri zlepšovaní mobility bedier.

Keď šoférujem, vkladám si medzi chrbát a sedadlo malú, tvrdú, napríklad bejzbalovú, lakrosovú alebo softbalovú (moja najobľúbenejšia) loptičku. Loptičku môžete použiť na vrchnú, strednú aj spodnú časť chrbta a podložiť ju môžete aj pod zadok a stehná. Loptička jemne zatlačí na svaly pri šoférovaní a pomôže tak zmierniť napätie. Ďalšou výhodou loptičky je, že napomáha telu zotrvávať pri šoférovaní v správnom držaní. Na obe strany chrbtice môžete použiť po jednej loptičke, ale postačí vám aj jedna.

Keď zastavíte na červenej, môžete si svaly natiahnuť pomocou nasledujúcich cvičení:

1

Obe ruky položte za hlavu a prepleťte. Pritlačte lopatky k sebe (pozri Obrázok 20.16). V polohe vydržte päť až desať sekúnd. Vďaka tomuto cvičeniu si natiahnete svaly hrudníka.

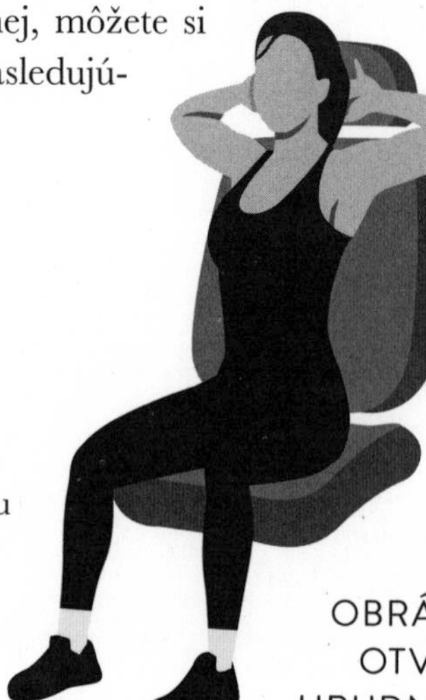

OBRÁZOK 20.16
OTVÁRANIE
HRUDNÍKA V SEDE

2

Nakloňte hlavu tak, aby pravé ucho smerovalo k pravému plecu. Pravou rukou opatrne ťahajte hlavu čo najbližšie k plecu (pozri Obrázok 20.17). Držte po dobu päť až desať sekúnd a potom cvičenie zopakujte aj na ľavej strane. Nakloňte hlavu smerom v hrudi a položte obe ruky na temeno hlavy. Rukami opatrne zatláčajte hlavu tak, aby bola brada čo najbližšie k hrudi. Držte po dobu päť až desať sekúnd. Obe cvičenia vám pomôžu precvičiť si svaly krku.

3

Vystrite ruky pre seba a prepleťte prsty tak, aby dlane smerovali od tela. Bradu nechajte padnúť k hrudi. Držte po dobu päť až desať sekúnd. Vďaka tomuto cvičeniu si precvičíte svaly chrbta, rúk a ramien.

STOJ

Ak si vaša práca vyžaduje celodenné státie, existuje množstvo cvičení, ktoré vám pomôžu zlepšiť prekrvenie nôh. Cvičiť by ste mali počas celého dňa každých tridsať až šesťdesiat minút.

OBRÁZOK 20.18
VYKOPÁVANIE PÄTY
V STOJI

OBRÁZOK 20.19
ODTIAHNUTIE NOHY
V STOJI

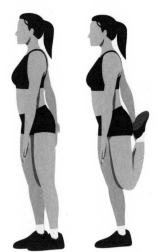

1

Položte ruky na spodnú časť chrbta. Pätu presuňte k ruke a znovu položte nohu k zemi. Rovnako postupujte aj s druhou nohou (pozri Obrázok 20.18). Cvičenie zopakujte desaťkrát. Toto cvičenie podporuje prekrvenie svalov a zároveň posilňuje strednú časť tela, zadné stehenné svaly a sedacie svaly.

2

Ruky zložte v bok. Ak je to potrebné a pomôže to vašej stabilite, jednu ruku upažte. Nohu odtiahnite smerom od tela (pozri Obrázok 20.19). Cvičenie zopakujte desaťkrát pre obe nohy. Toto cvičenie posilňuje bedrá, zadok a stehenné svaly.

3

Vzpriamte sa a ruky držte pri tele. Pomaly kĺžte rukami smerom ku kolenám. Cvičenie zopakujte desaťkrát. Toto cvičenie pomáha zlepšovať pohyblivosť chrbtice a posilňuje šikmé svaly brucha, napínač stehennej pokrývky a svaly chrbta.

4

Postavte sa prisuňte pravú nohu k hrudi. Rukami obopnite koleno, prepleťte prsty a koleno priťahujte čo najbližšie k hrudi. Chrbát udržiavajte vzpriamený a v polohe vydržte desať sekúnd, potom cvičenie zopakujte aj s ľavou nohou. Toto cvičenie zlepšuje rovnováhu a stabilitu a posilňuje svaly chrbta a nôh.

5

Preneste váhu tela do špičiek prstov. Pomaly sa prehupnite naspäť na päty. Po celý čas majte vzpriamený chrbát. Cvičenie zopakujte desaťkrát. Toto cvičenie zlepšuje krvný obeh a zároveň zlepšuje pohyblivosť členka a posilňuje svaly lýtka.

6

Predsuňte jednu nohu pred druhú a pätu odlepte od zeme. Mierne ohnite kolená. Pomocou bedier vytáčajte celú nohu smerom dovnútra a von. Cvičte desať sekúnd a potom končatiny prestriedajte. Toto cvičenie pomáha predchádzať stuhnutiu bedier a priľahlých svalov.

VEČER

Väčšina z nás sa večer na takú hodinku usadí na gauč. Keď večer pozerám televíziu, sedím na zemi a chrbtom sa opieram o sedačku. Nohy mám naširoko rozkročené a vystreté pred sebou. Často však polohy nôh striedam a sadám si do tureckého sedu. Pri sledovaní televízie ide o omoho menej zaťažujúcu polohu pre chrbticu. Jej protipólom je krčenie sa na gauči. Večer nastáva vhodný čas na použitie masážnej pištole alebo masážneho valčeka. Večer môžete vyskúšať nasledujúce cvičenia:

1

Sadnite si na okraj gauča, vystrite ruky pred seba a postavte sa. Cvičenie zopakujte minimálne desaťkrát a postupne opakovania pridávajte. Toto cvičenie posilní oblasť spodnej časti chrbta a panvy a je prospešné aj pre flexibilitu spodnej časti chrbta, bedier, kolien a členkov.

OBRÁZOK 20.20
CVIČENIA NA POSILNENIE BEDIER NA BOKU

2

Ľahnite si na bok, rukou podložte hlavu, aby ste poskytli podporu jej váhe (pozri Obrázok 20.20a). Ohnite kolená a začnite pomaly zdvíhať a spúšťať vrchnú nohu. Chodidlá držte po celý čas spojené (pozri Obrázok 20.20b). Cvičenie zopakujte pätnásťkrát a vymeňte strany. Toto cvičenie posilňuje bedrá a sedacie svaly. Môže takisto pomáhať pri stabilizácii panvy a predchádzaní bolesti v spodnej časti chrbta a bedrách.

OBRÁZOK 20.21
ZNÍŽENIE TLAKU
V SPODNEJ ČASTI CHRBTA

OBRÁZOK 20.22
NAŤAHOVANIE ZADNÝCH
STEHENNÝCH SVALOV
NA SEDAČKE

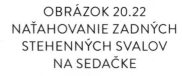

3

Ľahnite si na zem a nohy vyložte na gauč alebo stoličku tak, aby boli kolená ohnuté v pravom uhle (pozri Obrázok 20.21). V tejto polohe zotrvajte po dobu piatich minút. Toto cvičenie vám pomôže znížiť tlak v spodnej časti chrbta a zarovnáva panvu so spodnou časťou chrbta. Takisto zmierňuje tlak na medzistavcové kĺby a platničky.

4

Vyložte nohu na gauč tak, aby prsty na nohe smerovali nahor. Nohu majte neustále vystretú, zohnite sa a načiahnite sa k prstom (pozri Obrázok 20.22). V tejto polohe vydržte päť sekúnd a cvičenie zopakujte aj na druhej strane. Toto cvičenie zmierňuje stuhnutosť v spodnej časti chrbta a zadných stehenných svaloch a zároveň posilňuje lýtko.

OBRÁZOK 20.23
POSILNENIE BEDROVÉHO
OHÝBAČA NA SEDAČKE

5

Spustite sa dolu a zaujmite polohu, akoby ste išli robiť výpad (pozri Obrázok 20.23). Dbajte na to, aby pokrčené koleno vpredu zvieralo uhol smerom von a rovno pred vás. Zároveň nezabúdajte, že druhé koleno musí byť ohnuté smerom nahor a noha sa musí opierať o sedačku. Ak pociťujete bolesť v kolene, podložte ho vankúšom, uvoľní sa tak tlak. V tejto polohe vydržte desať sekúnd a cvičenie zopakujte aj na druhej strane. Toto cvičenie precviči bedrový sval v spodnej časti chrbta a štvorhlavý stehenný sval.

KARDIO

Popri strečingu a cvičení počas celého dňa si naše telá vyžadujú aj cvičenie, ktoré zvýši náš tep. A práve na to slúži kardio. Rozprúdi krvný obeh a podporuje reguláciu rozličných systémov. Význam kardia spočíva aj v zrýchľovaní metabolizmu, čo znamená, že spálime viac kalórií. Kardio nám okrem tohto zlepší náladu.

Kardio cvičeniu by ste sa nemali venovať viac ako dvadsať minút denne. Cvičenia sa však dajú nakombinovať do dlhších tréningov. Najlepšie je každý deň si trochu zacvičiť. Ak začnete cvičiť vyššie uvedené cvičenia, odporúčam venovať sa kardiu dvadsať minút. Ak však máte na tréning iba päť minút, využite ich naplno a snažte sa počas nich zvýšiť svoju srdcovú frekvenciu. Aj keby ste sa mali len chvíľu poprechádzať po záhrade – je lepšie urobiť aspoň niečo ako nerobiť nič.

Naše telá potrebujú čeliť rôznym výzvam, a preto, ak aspoň v malej miere nezahrnieme kardio cvičenie do nášho každodenného programu, naša kondícia utŕži ranu pod pás. Nevyhýba sa to nikomu. Aj tí najlepší športovci prídu o formu, keď poľavia v tréningu. Ak však tréningové dávky znova navýšia, rýchlo sa im vráti aj pôvodná kondícia. Je preto nesmierne dôležité cvičiť pravidelne. Mesiac intenzívneho cvičenia a mesiac strávený ničnerobením našej kondícii rozhodne neprospievajú.

Niekedy môže byť ťažké splniť vytýčenú métu dvadsaťminútového kardio cvičenia. Dôvod je prostý: cvičenie nám neprináša radosť. Mali by sme preto prehodnotiť, čo chápeme pod pojmom cvičenie, a popustiť uzdu kreativite. Cvičenie je široký pojem a nemusí nevyhnutne znamenať len návštevu posilňovne, beh či plávanie. Cvičením sú aj tímové športy, rýchla chôdza na vzduchu či na bežiacom páse. Cvičiť môžeme aj doma: môžeme tancovať v obývačke, chodiť hore-dole po schodoch, či si stiahnuť do mobilu aplikáciu na cvičenie. Môžeme sa pridať k miestnemu karate klubu alebo si vytýčiť náročnú úlohu: čo najrýchlejšie upratať celý dom či pokopať záhradu. Vyskúšajte rôzne aktivity a nastavte si stopky na dvadsať minút. Sami uvidíte, pri ktorej činnosti vám najrýchlejšie ubehne čas.

Možno ste už pred rokmi našli aktivitu, ktorá vám prinášala radosť do života. Pomery sa však zmenili a vy ju už nemôžete vykonávať. Napríklad ste pred desiatimi rokmi tancovali salsu. Teraz však máte tri deti a nezvyšuje vám čas, aby ste tanečnú školu navštevovali. Skúste sa preto prispôsobiť zmenenej situácii. Na internete isto nájdete online kurz alebo nahrávku vyučovacej hodiny, ktorej sa môžete venovať, kým deti spia alebo sú v škole. Kľúčom je nájsť si niečo, čo vám prináša radosť, a prispôsobiť to vášmu spôsobu života. Prispôsobte si to, čo máte radi, a neprispôsobujte sa tomu, čomu sa nechcete a ani nebudete chcieť venovať.

ČAS NA ZOTAVENIE

Po cvičení by ste si mali dopriať dostatok času na zotavenie sa. Vaše telo si potrebuje po fyzickej námahe oddýchnuť a vrátiť sa do pokojného stavu. Ak začneme nové cvičenie, obvykle na druhý deň pociťujeme svalovú bolesť. Netreba sa znepokojovať, nie je to nič nezvyčajné. Znamená to, že drobné trhlinky v svaloch, ktoré pri cvičení vznikli, sa začínajú hojiť. Ľudovo sa tomu hovorí svalovica, medzi odbornou verejnosťou je tento stav označovaný ako oneskorený nástup bolesti svalov (delayed onset muscle soreness). Svalovica zväčša trvá dvadsaťštyri až štyridsaťosem hodín a od bolesti spôsobenej zranením ju odlíšite jednoducho: kým bolesť po zranení vzniká okamžite, svalovica sa prihlási až na nasledujúci deň po docvičení. Nižšie nájdete niekoľko tipov, ktoré vám pomôžu príznaky svalovice zmierniť.

ĽADOVÁ MASÁŽ

Ihneď po cvičení si môžete dopriať tento nevšedný druh masáže. Napustite vodu do papierového pohárika a nechajte ju zamraziť. Ľad potom prikladajte na bolestivé miesta na tele. Keď sa ľad začne rozpúšťať, odstráňte papier a pokračujte v masáži. Počas pôsobenia pri olympijskom reprezentačnom tíme som túto metódu využíval vo veľkej miere. V súčasnosti sa stala časťou liečebného procesu v mojej ordinácii.

STRIEDAVÝ KÚPEĽ

Striedavý kúpeľ nielenže podporuje krvný obeh, ale má na telo aj terapeutický účinok. Pomáha pri opuchu, stuhnutých kĺboch a zmierňuje príznaky bolesti. Opiera sa o fakt, že horúca voda cievy rozťahuje, kým studená voda ich sťahuje. Tým striedavý kúpeľ podporuje mechanizmus pumpovania krvi v tele. Najjednoduchší spôsob je priložiť si k telu najprv teplý a potom aj studený uterák alebo striedať horúcu sprchu so studenou. Ak chcete túto metódu aplikovať na chodidlá, vložte ich najprv do lavóra so studenou vodou a potom do lavóra s teplou vodou. Takýto kúpeľ nôh prospieva predovšetkým ľudom trpiacim cukrovkou druhého typu.

HORKÁ SOĽ

Horká soľ alebo síran horečnatý obsahuje horčík a keď ju rozpustíte v horúcej vode a doprajete si kúpeľ, pomôže vám uvoľniť svaly. Síce nie je vedecky potvrdené, že horčík vieme vstrebávať cez kožu, stále si myslím, že taký to kúpeľ má na telo blahodarný účinok, či už ide o placebo, alebo nie. Zástancovia kúpeľov v horkej soli tvrdia, že horká soľ zmierňuje bolesti svalov, zlepšuje koncentráciu a spánok, nabíja telo energiou a znižuje zápal v svaloch.

Ak si myslíte, že ste sa počas cvičenia zranili, priraďte svojej bolesti stupeň podľa stupnice bolesti a pokračujte metódou **STOP**. Ak počas cvičenia pociťujete bodavú alebo pulzujúcu bolesť, ktorá naberá na intenzite, s cvičením ihneď prestaňte.

Ak ste utrpeli zranenie, vášmu telu nepomôže, ak sa utiahnete na gauč a celý týždeň sa z neho nepohnete. Ak ste sa zranili vo vrchnej časti tela, precvičujte aspoň spodnú časť tela a naopak.

Ak začínate cvičiť po zranení, venujte dostatok času rozcvičke a zahriatiu tela. Zistíte tak, ako sa cítite a či sa bolesť nechystá vrátiť. Veľmi dobrý spôsob, ako to odhaliť, je zacvičiť si pri chôdzi. Kráčajte pomaly a zdvíhajte kolená čo najvyššie. Ak necítite bolesť, každý deň tréningovú dávku postupne zvyšujte, až kým sa neprepracujete k svojej pôvodnej aktivite. Ak zostanete dlho nečinní a potom zrazu začanete cvičiť s pôvodnou intenzitou, ublížite si.

Mesačná generálka tela

A k si chcete zachovať dobrú formu, musíte si okrem cvičenia minimálne raz do mesiaca vyhradiť čas na odpočinok a uvoľniť napätie zhromaždené vo vašom tele. Doprajte si tento darček. Doprajte sami sebe tie vzácne okamihy, keď sa oddáte upokojujúcej a príjemnej činnosti, z ktorej vyťaží aj vaše telo.

Mesačná generálka tela vaše telo nielen reštartuje, ale vďaka nej sa dočkáte aj zaslúženej odmeny. Možno si na narodeniny raz za rok doprajete masáž, ale prečo si jej nedopriať viac? Ak si nemôžete dovoliť pravidelne navštevovať maséra, zozbieral som pre vás všetky tipy, ktoré vám pomôžu zmierniť a uvoľniť napätie z predchádzajúceho mesiaca. Ak to vaša finančná situácia umožňuje, doprajte si každý mesiac sedenie u maséra, osteopata alebo chiropraktika, ktorý vám pomôže telo znovu naštartovať. Sedenia u terapeuta môžete tiež obmieňať návštevami relaxačných zariadení a dopriať si tam saunu či ľadový kúpeľ.

MASÁŽNA PIŠTOĽ

V poslednej dobe sa masážne pištole tešia veľkej obľube. Dôvodov je hneď niekoľko. Masážnu pištoľ viete využiť na masáž takmer všetkých častí tela a nepotrebujete k tomu pomoc druhého človeka. Veľmi jednoducho ju taktiež zbalíte do kufra či tašky. Pred šiestimi rokmi som mal masážnu pištoľ, ktorú bolo potrebné zapájať do elektrickej

,,
Doprajte sami sebe tie
vzácne okamihy, keď
sa oddáte upokojujúcej
a príjemnej činnosti.

''

siete. Bola nesmierne ťažká a vždy, keď som ňou dokončil masáž pacientovho tela, cítil som, že sám potrebujem masáž. Dnes sú už na trhu dostupné bezdrôtové masážne pištole, ktoré nevážia viac ako jeden kilogram. Súčasťou balenia je taštička, do ktorej môžete masážnu pištoľ zbaliť a zobrať si ju kamkoľvek. Cena jednotlivých druhov masážnych pištolí sa líši, ak ju však chcete využívať vo veľkej miere, mali by ste zainvestovať do drahšieho modelu. Lacnejšie masážne pištole sa častejšie kazia a sú hlučnejšie.

V balení obvykle nájdete aj niekoľko vymeniteľných nadstavcov, ktoré vytvárajú vysokofrekvenčné vibrácie. Jedno miesto by ste si masážnou pištoľou mali masírovať najviac jednu až dve minúty, no počas masáže sa naň môžete ešte vrátiť. Masážnu pištoľ dokážete používať aj sami, ale vždy môžete poprosiť o pomoc známeho alebo rodinného príslušníka.

VÝHODY MASÁŽNEJ PIŠTOLE	ZAPAMÄTAJTE SI, ŽE…
• zmierňuje bolesť a stuhnutosť svalov	• … masážnu pištoľ nikdy neprikladajte priamo na kosť.
• podporuje krvný obeh, čím pripravuje telo na cvičenie	• … masážnu pištoľ neprikladajte na modriny, rezné alebo otvorené rany.
• môžete ju použiť kdekoľvek a kedykoľvek	• … masážnu pištoľ nikdy nepoužívajte v oblasti, kde sa nachádza zlomenina.
• poskytuje okamžitú úľavu unaveným svalom	• … masážnu pištoľ nikdy nepoužívajte na jednom mieste viac ako dve minúty. K danej oblasti sa neskôr môžete vrátiť.
• ušetrí vám peniaze, keďže nebudete musieť navštevovať maséra	

K masážnej pištoli bežne dostanete štyri alebo viac nadstavcov (pozri Obrázok 21.1). Čím väčšia je plocha nadstavca, tým viac bude masážna pištoľ pôsobiť iba na povrchu. Ak použijete menší nadstavec, vibrácie sa skoncentrujú na jedno miesto a masážny účinok prenikne hlbšie do svalu.

OBRÁZOK 21.1
NADSTAVCE MASÁŽNEJ PIŠTOLE

Guľovitý nadstavec patrí k najčastejšie používaným nadstavcom, pretože ponúka všestrannú masáž. Používa sa na masáž veľkých svalov tela, akými sú sedacie svaly, zadné stehenné svaly a štvorhlavý sval stehna. Keďže dokáže zasiahnuť aj bočné strany svalov, pokrýva takmer celú plochu svalu.

Kužeľovitý nadstavec vám pomôže zamerať sa na špecifické miesto alebo sval, v ktorom pociťujete stuhnutosť. Ak vás napríklad trápi tenisový lakeť, masážnu pištoľ môžete priložiť priamo na šľachu pod kostenou časťou lakťa.

Plochý nadstavec využívam najčastejšie. V porovnaní s ostatnými nadstavcami sa najlepšie hodí na masáž hlavných častí svalov na celom tele, od hrudníka cez sedacie svaly a stehná až po nohy. Veľmi dobre účinkuje aj medzi lopatkami, neprikladajte ho však na kosť alebo menšie svaly.

Nadstavec v tvare vidličky môžete použiť na masáž Achillovej šľachy a oboch strán chrbtice. Vďaka unikátnemu tvaru premasírujete obe strany chrbtice po celej jej dĺžke bez toho, aby ste sa dotkli kostí.

AKO POUŽÍVAŤ MASÁŽNU PIŠTOĽ

PREDNÁ ČASŤ STEHNA

- Masážnu pištoľ môžete používať v sede alebo stoji.

- Masážnu pištoľ priložte k prednej časti stehna a posúvajte ju smerom hore alebo dole.

- Uistite sa, že premasírujete aj vonkajšie strany stehenných svalov.

- Ak narazíte na miesto citlivé na dotyk, masírujte ho dvadsať až tridsať sekúnd.

LÝTKO

- Masážnu pištoľ používajte v sede.

- Masážnu pištoľ priložte k zadnej časti lýtka.

- Ak masírujete predkolenie, rukou prikryte píšťalu.

- Uistite sa, že premasírujete aj bočné strany svalov.

SEDACIE SVALY

- Masážnu pištoľ môžete používať v sede, stoji alebo v ľahu na boku.

- Masážnu pištoľ použite po celej ploche svalov.

ZADNÁ ČASŤ STEHNA

- Pri používaní masážnej pištole sa buď postavte, alebo si kľaknite.

- Masážnu pištoľ priložte na zadné stehenné svaly.

- Uistite sa, že premasírujete aj vonkajšie a vnútorné strany stehenných svalov, ako aj ich strednú časť.

SPODNÁ ČASŤ CHRBTA

- Masážnu pištoľ môžete používať v sede, stoji alebo v ľahu.

- Masážnu pištoľ prikladajte iba na svaly na oboch stranách chrbtice, nikdy nie priamo na chrbticu.

- Uistite sa, že premasírujete aj bočné strany svalov.

CHODIDLÁ

- Masážnu pištoľ používajte v sede.

- Guľovým nadstavcom pohybujte po chodidle smerom hore a dole.

MASÁŽNE LOPTIČKY

Lacnejšiu alternatívu masážnej pištole predstavuje malá, tvrdá loptička, napríklad tenisová, lakrosová, softbalová či bejzbalová. Osobne som všetky loptičky vyskúšal a víťazkou môjho testovania sa stala softbalová loptička. Spomedzi všetkých loptičiek sa jej veľkosť najlepšie hodí na masáž. Masáž loptičkami zvládnete aj sami. Loptičku vložte medzi tú časť tela alebo stuhnutý sval, ktoré chcete ošetriť, a tvrdý povrch, akým je stena alebo podlaha. Pri posúvaní loptičky okolo postihnutého miesta by ste si mali všímať, či nenarazíte na miesto, ktoré je citlivé na dotyk. Zamerajte sa na toto miesto a po dobu desiatich sekúnd po ňom krúžte loptičkou. Na citlivé miesto vyviňte čo najväčší tlak, aký dokážete ustáť. Loptičku presuňte inam a neskôr sa k citlivej oblasti vráťte a preverte, či je ešte stále citlivá na dotyk.

Nižšie nájdete rady, ako si pomocou loptičky premasírovať rôzne časti tela.

OBRÁZOK 21.2
MASÁŽ KRKU POMOCOU LOPTIČKY

KRK

Pri masáži krku loptičkou si môžete buď ľahnúť na podlahu, alebo sa oprieť o stenu. Ak si zvolíte polohu na podlahe, môžete si pod krk podložiť vankúš alebo blok na jogu. Zmenšíte tým zakrivenie krku a loptička bude mať lepší kontakt so svalmi krku (pozri Obrázok 21.2).

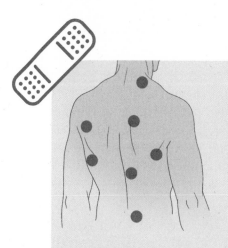

CHRBÁT

Na Obrázku 21.3 nájdete vyznačené oblasti chrbta, na ktoré by ste sa mali pri masáži loptičkou zamerať, v závislosti od cvičenia, ktoré ste vykonávali. Ak si chcete premasírovať okolie pliec, predsuňte ruku dopredu, aby ste loptičke umožnili čo najtesnejší kontakt so svalom (pozri Obrázok 21.4).

OBRÁZOK 21.3
OBLASTI NA CHRBTE
PRE MASÁŽ LOPTIČKOU

OBRÁZOK 21.4
MASÁŽ PLIEC POMOCOU
LOPTIČKY

OBRÁZOK 21.5
MASÁŽ HRUDNÍKA
POMOCOU
LOPTIČKY

HRUDNÍK

Hrudník a predná časť pliec patria pri masáži k často zanedbávaným oblastiam. Tieto oblasti si najjedno-duchšie premasírujete, ak sa postaví-te čelom k stene. Masáž na podlahe neprináša taký dobrý účinok (pozri Obrázok 21.5).

OBRÁZOK 21.6
MASÁŽ SEDACÍCH SVALOV POMOCOU LOPTIČKY

SEDACIE SVALY

Pri masáži sedacích svalov pomocou loptičky si môžete buď ľahnúť, alebo sadnúť. Ak chcete zvýšiť tlak loptičky na sval, zdvihnite nohu alebo ju prekrížte cez druhú nohu (pozri Obrázok 21.6).

OBRÁZOK 21.7
MASÁŽ ZADNÝCH STEHENNÝCH SVALOV POMOCOU LOPTIČKY

ZADNÉ STEHENNÉ SVALY

Zadné stehenné svaly si pomocou loptičky najlepšie premasírujete, ak si sadnete na stôl a spustíte nohy cez jeho okraj (pozri Obrázok 21.7). Váha nôh vyvinie dodatočný tlak na svaly.

OBRÁZOK 21.8
ZMIERNENIE PRÍZNAKOV PLANTÁRNEJ FASCITÍDY A TLAKU V CHODIDLÁCH

CHODIDLÁ

Masáž loptičkou zmierňuje príznaky plantárnej fascitídy a uvoľňuje napätie v oblúku chodidla (pozri Obrázok 21.8). Pri masáži chodidiel si buď sadnite, alebo ju vykonajte v stoji.

MASÁŽNY VALČEK

Masážne valčeky sú ďalšou finančne nenáročnou alternatívou masážnej pištole. Investíciu do valčeka odporúčam najmä pacientom, ktorí majú stuhnuté svaly. Ak už si raz masážny valček zadovážite, vydrží vám roky. Ak máte stuhnuté svaly, poskytne vám rýchlu a účinnú úľavu, a to pred, počas alebo po cvičení. Pri používaní masážneho valčeka musíte dávať pozor aj na rovnováhu, preto je skvelým pomocníkom pri posilňovaní svalov strednej časti tela.

Masážny valček môžete používať rozličnými spôsobmi, nižšie nájdete tri spôsoby, ktoré sa mi pri tejto pomôcke ukázali ako najúčinnejšie. Každé cvičenie by ste mali vykonávať približne dve minúty.

OBRÁZOK 21.9
UVOĽNENIE SEDACÍCH SVALOV

SEDACIE SVALY

Sadnite si na masážny valček a nakloňte sa v miernom uhle tak, aby ste umožnili čo najtesnejší kontakt medzi svalom a valčekom (pozri Obrázok 21.9). Podoprite sa rukami, aby ste získali čo najväčšiu stabilitu. Valček posúvajte pomocou ohýbania a vystierania kolien.

OBRÁZOK 21.10
UVOĽNENIE STEHENNÝCH SVALOV

STEHENNÉ SVALY

Ľahnite si smerom k podlahe a masážny valček položte medzi svoje stehná a podlahu. Rukami sa podoprite tak, akoby ste išli robiť kľuky, a preneste na ne váhu. Pomocou ramien posúvajte valček smerom dopredu a dozadu (pozri Obrázok 21.10). Valček môžete použiť na obe stehná súčasne alebo ním premasírujte najskôr jedno stehno, potom druhé stehno.

CHRBÁT

Ľahnite si na podlahu a masážnym valčekom podoprite vrchnú časť chrbta. Prepleťte prsty a rukami si podoprite krk (pozri Obrázok 21.11). Valček posúvajte pozdĺž celého chrbta pomocou ohýbania a vystierania kolien. Pri cvičení môžete pocítiť puknutie v chrbtici, nemalo by vás to však nijako znepokojovať. Cvičte asi dve minúty a potom presuňte valček do spodnej časti chrbta a v cvičení pokračujte.

ASISTOVANÝ STREČING

Pri asistovanom strečingu vám môže pomôcť rodinný príslušník alebo iná blízka osoba. Pri cvičení sa takisto môžete striedať a navzájom si pomáhať. Strečing, pri ktorom vám niekto pomáha, má oveľa väčší účinok, ako keď si naťahujete svaly sami. Pri asistovanom strečingu je nesmierne dôležitá komunikácia. Ak pocítite, že sa sval natiahol, oznámte to svojmu pomocníkovi. V danej polohe vydržte asi dvadsať sekúnd, aby ste predišli prílišnému natiahnutiu a následnému preťaženiu svalov.

Nižšie nájdete niektoré z mojich najobľúbenejších cvičení asistovaného strečingu.

OBRÁZOK 21.12
ASISTOVANÝ STREČING SEDACÍCH SVALOV

SEDACIE SVALY

Ľahnite si na chrbát, zdvihnite nohu a ohnite ju v kolene. Váš pomocník opatrne zatlačí koleno dnu a hore smerom k ramenu (pozri Obrázok 21.12). Cvičenie zopakujte aj s druhou nohou.

OBRÁZOK 21.13
ASISTOVANÝ STREČING ZADNÝCH STEHENNÝCH SVALOV

ZADNÉ STEHENNÉ SVALY

Ľahnite si na chrbát a zdvihnite nohu. Váš pomocník uchopí zdvihnutú nohu pri členku a pri kolene. Opatrne tlačí nohu smerom k hrudníku (pozri Obrázok 21.13). Pomocník by mal zároveň nohou obopnúť vašu ležiacu nohu, aby zabránil jej prirodzenému pohybu hore. Cvičenie zopakujte aj s druhou nohou.

BEDROVÉ PRIŤAHOVAČE A VNÚTORNÉ STEHNÁ

Ľahnite si a zdvihnite obe nohy. Váš pomocník začne vaše nohy od seba opatrne rozťahovať tak, aby sa natiahli svaly vo vnútornej časti stehna (pozri Obrázok 21.14).

OBRÁZOK 21.14
ASISTOVANÝ STREČING
PRIŤAHOVAČOV

OBRÁZOK 21.15
ASISTOVANÝ STREČING
BEDROVÉHO OHÝBAČA

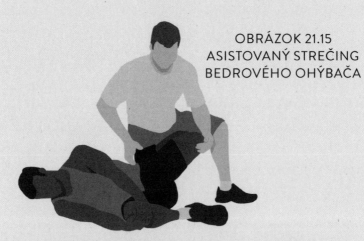

BEDROVÝ OHÝBAČ

Ľahnite si na bok a pokrčte kolená. Koleno, ktoré je bližšie k podlahe, obopnite oboma rukami. Váš pomocník sa postaví za vás a jednou rukou uchopí členok a druhou koleno druhej nohy a vašu nohu opatrne tlačí dozadu (pozri Obrázok 21.15). Mali by ste pocítiť, ako sa naťahuje sval v prednej časti stehna.

OBRÁZOK 21.16
ASISTOVANÝ STREČING
HRUDNÍKA

HRUDNÍK

Sadnite si na kraj postele a ruky zdvihnite nad hlavu. Hlavu držte vzpriamene. Váš pomocník si za vás kľakne, vaše ruky uchopí pri lakťoch a opatrne ich ťahá dozadu (pozri Obrázok 21.16). Mali by ste pocítiť, ako sa naťahujú svaly hrudníka.

MASÁŽ

V priebehu rokov som mnohým pacientom ukázal jednoduché masážne techniky, ktorými môžu premasírovať rodinného príslušníka či známeho. Existuje mnoho spôsobov a typov masáží. Ak nadobudnete sebadôveru pri základných technikách, môžete pokračovať vo vzdelávaní a začať praktizovať aj ďalšie techniky. Na vašej ceste zdokonaľovania sa v masérskom umení narazíte na nikdy sa nekončiace množstvo možností, ktoré vám na oplátku ponúknu nekonečne veľké obohatenie.

Masírovať sa môžete vzájomne na posteli alebo môžete zainvestovať do kúpy masážneho stola. Ak zvolíte masáž na posteli, nezabudnite ju prikryť uterákmi, aby sa obliečky nezašpinili od masážneho oleja. Vyskúšal som nespočetné množstvo masážnych olejov, ale napokon sa vždy vraciam k svojim dvom obľúbeným: bambucké maslo a mandľový olej (ak máte alergiu na orechy, tento olej neskúšajte). Oba ich zmiešam, kým sa nevytvorí zmes, ktorá umožní mojim rukám kĺzať sa pozdĺž svalov a pritom na ne pôsobiť náležitým tlakom.

Pri masáži by malo byť vaším prvotným cieľom uvoľnenie svalov. Zároveň by ste sa mali zameriavať najmä na stuhnuté miesta a uzlíky.

Ak na nejaké natrafíte, venujte sa im asi desať sekúnd a potom pokračujte v masáži. Ak je to potrebné, na problematické miesta sa môžete vrátiť. Tlak vytvárajte pomocou váhy svojho tela. Ak sa budete spoliehať na tlak vytvorený stiskom rúk, môžete si spôsobiť natiahnutie svalov a šliach rúk.

Tieto masážne techniky sú skvelým odrazovým mostíkom do sveta masáží.

OBRÁZOK 21.17
MASÁŽ KRKU

KRK

Poproste známeho alebo rodinného príslušníka, aby si ľahol na brucho. Opatrne stlačte obe jeho plecia. Palcami prechádzajte pozdĺž krku po oboch jeho stranách až k lebke (pozri Obrázok 21.17). Masážne ťahy opakujte, až pokým nepocítite, že sa svaly krku začnú uvoľňovať.

ZADNÁ STRANA NÔH

Poproste známeho alebo rodinného príslušníka, aby si ľahol na brucho. Položte obe ruky na lýtko a pomaly ho stláčajte smerom hore po celej dĺžke nohy až k vrchnej časti stehna. Smerom dole potiahnite ruky jedným dlhým, neprerušovaným pohybom. Masírujte po dobu piatich minút a zakaždým mierne upravte východiskovú polohu tak, aby ste pokryli celú plochu svalov.

RAMENÁ

Poproste známeho alebo rodinného príslušníka, aby si ľahol na chrbát. Masírovať začnite pri zápästiach a pomocou krúživých pohybov prejdite pozdĺž celej dĺžky ruky až k pleciam a znova naspäť.

Mesačná generálka tela nie je o nič menej podstatná ako ktorýkoľvek z návrhov alebo tipov, ktoré ste si práve prečítali. Ak navštívime terapeuta alebo vyskúšame niektoré z vyššie uvádzaných cvičení a metód, vypudíme z tela všetok stres a napätie, ktoré sa v ňom za posledný mesiac nazhromaždili. Naše telá sa tak znova naštartujú a budú pripravené vykročiť do nadchádzajúcich týždňov správnou nohou. Zároveň tak zabránime možným zraneniam, znížime hladiny stresu a dobijeme baterky novou energiou.

OBRÁZOK 21.18
MASÁŽ CHRBTA

CHRBÁT

Poproste známeho alebo rodinného príslušníka, aby si ľahol na brucho. Postavte sa čo najbližšie k jeho hlave a položte obe ruky vedľa chrbtice, do oblasti pliec. Pomaly posúvajte ruky smerom dole. Keď sa dostanete k spodnej časti chrbta, pomocou krúživých pohybov palcov masírujte chrbát po oboch stranách chrbtice (pozri Obrázok 21.18). Niekoľkokrát zopakujte.

RUKY

Ruku masírujte medzi palcom a ukazovákom. V masáži pokračujte krúživými pohybmi po dlani a popri prstoch.

PREDNÁ STRANA NÔH

Poproste známeho alebo rodinného príslušníka, aby si ľahol na chrbát. Obe ruky položte na členok. Prstami kĺžte smerom dole po celej dĺžke nohy až k bedrám a naspäť. Zakaždým mierne upravte východiskovú polohu tak, aby ste pokryli celú plochu svalov.

CHODIDLÁ

Celú masáž zakončite masážou chodidiel. Zameriavajte sa pritom na ich spodnú časť a masírujte ju krúživými pohybmi oboch palcov.

Doslov

Metódy STOP, SPACE a Mesačná generálka tela predstavujú akúsi pomyslenú mapu, vďaka ktorej sa môžete vydať na cestu vzdelávania sa o vlastnom tele, nachádzania odpovedí na svoje otázky a budovania si realistických návykov. Ak sa započúvame a dešifrujeme signály, ktoré nám telo vysiela, naučíme sa vnímať varovné signály a správne na ne zareagovať. Prinavrátime tak svojim životom stratenú rovnováhu a odmeníme samých seba.

Pri boji s bolesťou je prospešné stanoviť si stratégiu, no ešte lepšie je mať pripravenú stratégiu, ako bolesti predchádzať. Skvelým pomocníkom vám pri tom bude metóda SPACE a Mesačná generálka tela. Návšteva terapeuta je len jedným kúskom skladačky. Ak je to potrebné, nastavte si vlastné pravidlá. Nie je mojím cieľom priviesť vás do rozpakov za to, že denne necvičíte dvadsať minút či dokonca hodinu kardio. Ak si však vytýčite cieľ, ktorý je realistický, dlhodobo udržateľný a ktorý vám prináša radosť, odmena sa zaručene dostaví. Každý z nás je jedinečný a každý má len jedno telo, ktoré nám musí vydržať po celý život. Kedy teda niečo zmeniť, ak nie teraz?

Ak si chcete prečítať viac o všetkých témach, ktoré som v tejto knihe načrtol, obráťte sa na zdroje uvedené na nasledujúcej strane. Želám vám veľa úspechov na vašej ceste za slobodou tela. Ak sa príbeh svojej cesty rozhodnete zdieľať na sociálnych sieťach, použite, prosím, hashtag #resetwithjd. Rád si o vás prečítam.

Zdroje

Na nasledujúcom zozname nájdete organizácie, na ktoré sa môže obrátiť v prípade, ak chcete zistiť, či je váš terapeut registrovaný v ich sieti. Zároveň vám poskytnú aj všeobecné informácie o liečbe.

Britská asociácia pre podológiu (British Chiropody and Podiatry Association) (www.bcha-uk.org)

Federácia holistických terapeutov (Federation of Holistic Therapists) (www.fht.org.uk)

Chiropraktická rada (General Chiropractic Council) (www.gcc-uk.org)

Komora doplnkovej a prírodnej medicíny (Complementary and Natural Healthcare Council) (www.cnhc.org.uk)

Komora fyzioterapeutov (Chartered Society of Physiotherapists) (www.csp.org.uk)

Komora zdravotníkov a ošetrovateľov (Health and Care Professions Council) (www.hcpc-uk.org)

Národná zdravotná služba (National Health Service, NHS) (www.nhs.uk)

Národný inštitút pre kvalitu zdravia a zdravotnej starostlivosti (National Institute for Health and Care Excellence, NICE) (nice.org.uk)

Osteopatická rada (General Osteopathic Council) (www.osteopathy.org.uk)

Svetová zdravotnícka organizácia (World Health Organization, WHO) (www.who.int)

O autorovi

James Davies je svetovo uznávaný osteopat, výkonnostný kouč a masér. Pôsobí v Spojených štátoch amerických, v Spojenom kráľovstve a na Jamajke. Spolupracuje s profesionálnymi športovcami vrátane olympionikov, futbalistov anglickej Premier League, hráčov americkej futbalovej ligy NFL či hráčov rugby. Spolupracuje taktiež so špičkovými hercami a s hudobníkmi. Ako výkonnostný terapeut a športový tréner prepája James prvky osteopatie, masáže, akupunktúry, biomechaniky a funkčných a štrukturálnych aplikácií. Je zakladateľom a výkonným riaditeľom osteopatickej a masážnej kliniky Rising Health. Na základe vlastnej skúsenosti vymyslel motto „relieve, restore, and perform" (utíšiť, zregenerovať a podať výkon). V súčasnosti James pracuje s ľuďmi bez ohľadu na ich pôvod.

Poďakovanie

Ďakujem svojim rodičom za ich lásku a za to, že do mňa vštepili základy pracovitosti. Ďakujem svojim starším bratom za to, že boli mojimi vzormi, ochrancami a priateľmi. Ďakujem svojej manželke za to, že po celý čas stála po mojom boku a vždy zachovala pokoj. Ďakujem svojim deťom za to, že dali môjmu životu zmysel a obohatili ho o smiech. Taktiež ďakujem:

Nikovi Raicevicovi za lásku k športu,

olympiáde za zážitky a skúsenosti,

Sue Palfreyman za tri až štyri piatkové hodiny, vďaka ktorým som našiel záľubu v anatómii,

Kyleovi Synclairovi za dôveru a neotrasiteľnosť,

Anthonymu Watsonovi za láskavosť a úprimnosť,

Jonathanovi Josephovi za čestnosť,

Samuelovi Hillovi za Šindžuku, Tokio,

Tez za dobrodružstvá,

Jayovi Anthonymu za mladícku dušu,

Dennisovi Elviemu za hudbu,

Neilovi Kingstonovi za to, že je taký sympoš,

Davidovi Jasonovi za smiech,

Timovi Swielovi za rady,

Tyroneovi Mingsovi za to, že bol prvý,

Deborah Reid za to, že je anjel,

Linfordovi Christiemu za sny,

Dr. Uchenne Okoye za Gloucester Road,

Tanserovi Shinasimu, Georgeovi Brobbeymu a Jonathanovi Edo-
somwanovi za bratstvo,

Anthonymu Toumazouovi za ľudskosť,

Eamonnovi Holmesovi za životné lekcie,

Tomovi Austenovi za pohľad,

Gregovi Guillonovi, môjmu prvému spolubývajúcemu, za bystrosť,

Jamesovi Dasaoluovi za lojalitu a podnety,

Olliemu Thorleymu za rozhovory,

Davidovi Beckhamovi za to, že bol mojím vzorom (ak niekto tvrdí, že
po stretnutí s vaším vzorom zostanete sklamaní, mýli sa),

Mary Noble a Mandy Smith za angličtinu,

Perri (Shakes-Drayton) Edwards za to, že je superstar,

Charlotte Hills a Georgine Woolfrey za radosť,

Sarah Spendloff, Himeshovi Tailorovi, Michelle Blythe, Colinovi Houstonovi a Anne-Marie Houston za spomienky,

Nilam Holmesj, žene, ktorá nikdy nestarne a je tá najpracovitejšia žena, akú poznám, za to, že mi otvorila dvere,

Jane Dodd za pomoc s vyčistením mysle a nazeraním do budúcnosti,

Patrickovi Morganovi za nepretržitú pomoc a podporu,

Kylie Minogue za to, že má nádhernú dušu,

Joeovi Wicksovi za inšpiráciu a spojenectvo pri ľadových kúpeľoch,

Marvinovi Humesovi and Rochelle Humes za to, že sú sami sebou,

Michelle Campbell za to, že je mojou duchovnou sestrou,

Wendy Rowe za to, že je vždy taká úžasná,

vydavateľstvu HarperCollins za šancu podeliť sa o svoju vášeň s celým svetom,

Amy Warren za jej obetavosť a nadanie,

svojmu agentovi Bevovi Jamesovi, že toto celé umožnil,

a v neposlednom rade chcem poďakovať všetkým pacientom, ktorí navštívili moju ordináciu. Ďakujem, že ste mi dovolili pomôcť vám.

Register

Použité fotografie a ilustrácie

CHAPTER OPENERS

Originally published in the English language by HarperCollins Publishers Ltd.
under the title Body.
Translation © IKAR 2023, translated under licence from HarperCollins Publishers Ltd.
James Davies asserts the moral right to be identified as the author of this work.
Copyright © James Davies 2022
Cover design © 2024 by Michaela Bakytová
Interior pictures and photos © Stutterstock
Design © 2024 by LAYOUT, s. r. o.
Translation © 2024 by Karolína Holmanová
Slovak edition © 2024 by IKAR, a.s.

Z anglického originálu Body (HQ, 2022) preložila Karolína Holmanová.
Editorka: Adriana Boľyová
Redakčná úprava: Nina Podmanická
Technická redakcia: Renáta Hrabušická
Vydalo vydavateľstvo IKAR, a.s. – PRÍRODA, Bratislava v roku 2024
ako svoju 7 865. publikáciu.
Prvé vydanie
Sadzba a zalomenie do strán: LAYOUT, s. r. o., Bratislava
Návrh obálky: Michaela Bakytová
Tlač: TBB, a. s., Banská Bystrica

ISBN 978-80-551-9265-9